FORSCHUNGSBERICHTE DES LANDES NORDRHEIN-WESTFALEN

Nr. 2742/Fachgruppe Wirtschafts- und Sozialwissenschaften

Herausgegeben im Auftrage des Ministerpräsidenten Heinz Kühn
vom Minister für Wissenschaft und Forschung Johannes Rau

Dipl.-Volkswirt Wilhelm Laschet
Dr. rer. pol. Hermann Witte
Prof. Drs. Fritz Voigt
Institut für Industrie- und Verkehrspolitik
der Universität Bonn

Kritische Auseinandersetzung mit den Methoden und Modellen zur Bewertung von Verkehrsinvestitionen

Westdeutscher Verlag 1978

CIP-Kurztitelaufnahme der Deutschen Bibliothek

Laschet, Wilhelm
Kritische Auseinandersetzung mit den Methoden und Modellen zur Bewertung von Verkehrsinvestitionen / Wilhelm Laschet ; Hermann Witte ; Fritz Voigt. - 1. Aufl. - Opladen: Westdeutscher Verlag, 1978.
(Forschungsberichte des Landes Nordrhein-Westfalen ; Nr. 2742 : Fachgruppe Wirtschafts- u. Sozialwiss.)
ISBN 978-3-531-02742-5 ISBN 978-3-322-88599-9 (eBook)
DOI 10.1007/978-3-322-88599-9
NE: Witte, Hermann:; Voigt, Fritz:

Gesamtherstellung: Westdeutscher Verlag

ISBN 978-3-531-02742-5

KRITISCHE AUSEINANDERSETZUNG MIT DEN METHODEN UND MODELLEN ZUR BEWERTUNG VON VERKEHRSINVESTITIONEN

INHALTSVERZEICHNIS

SEITE

A. EINLEITUNG: PROBLEMSTELLUNG UND DEFINITIONEN............1

I. DIE PROBLEMATIK DER ERFASSUNG UND BEWERTUNG DER AUSWIRKUNGEN VON VERKEHRSINVESTITIONEN...............1

II. VERKEHRSINVESTITIONEN ALS MITTEL STAATLICHER WIRTSCHAFTSPOLITIK.......................4

III. ABGRENZUNG DES BEGRIFFS "VERKEHRSINVESTITION"........5

a) NEUINVESTITIONEN...............................6

b) ZUSATZINVESTITIONEN............................6

c) ERSATZINVESTITIONEN............................7

B. HAUPTTEIL: AUSEINANDERSETZUNG MIT DEN METHODEN UND MODELLEN ZUR BEWERTUNG VON VERKEHRSINVESTITIONEN UND DIE ENTWICKLUNG EINES GESAMTWIRTSCHAFTLICHEN BEWERTUNGSANSATZES..............9

TEIL I: KRITISCHE WÜRDIGUNG DER METHODEN ZUR BEWERTUNG VON VERKEHRSINVESTITIONEN.......................9

a) QUANTITATIV ORIENTIERTE METHODEN.....................9

1) METHODEN DER INVESTITIONSRECHNUNG IN DER BETRIEBSWIRTSCHAFTSLEHRE........................9

(I) STATISCHE UND DYNAMISCHE VERFAHREN DER INVESTITIONSRECHNUNG BEI SICHERHEIT............9

(A) STATISCHE VERFAHREN.......................9

(B) DYNAMISCHE VERFAHREN ZUR BEWERTUNG EINZELNER INVESTITIONSPROJEKTE..............11

(C) VERFAHREN ZUR BEWERTUNG VON INVESTITIONSPROGRAMMEN BEI SICHERHEIT................14

(II) VERFAHREN DER INVESTITIONSRECHNUNG BEI UNSICHERHEIT..............................15

SEITE

(A) VERFAHREN ZUR BEWERTUNG EINZELNER INVESTITIONSPROJEKTE........................15
(B) VERFAHREN ZUR BEWERTUNG VON INVESTITIONSPROGRAMMEN BEI UNSICHERHEIT................17
2) INPUT-OUTPUT-ANALYSE..................................21
3) LAND-USE UND LAND-VALUE-METHODE......................29
4) KONSUMENTENRENTE......................................31
5) INDUSTRIEKOMPLEXANALYSE...............................36
6) NETZWERKTHEORETISCHE ANSÄTZE..........................39
7) PROGRAMMIERUNGSANSÄTZE................................40
8) ENTSCHEIDUNGS- UND SPIELTHEORIE.......................42
9) THEORIE DER STOCHASTISCHEN PROZESSE...................45
10) SIMULATION..46

B) BEWERTENDE METHODEN...................................47
1) KREATIVE UND STRUKTURFORMENDE METHODEN................47
2) COST-BENEFIT-ANALYSE..................................53
3) KOSTENWIRKSAMKEITSANALYSE.............................56
4) NUTZWERTANALYSE.......................................58

C) ERGEBNISSE UND DISKUSSION DER METHODEN ZUR BEWERTUNG VON VERKEHRSINVESTITIONEN.............................62

TEIL II: DARSTELLUNG UND KRITIK AUSGEWÄHLTER MODELLE ZUR BEWERTUNG VON VERKEHRSINVESTITIONEN.........65

A) DIE BERÜCKSICHTIGUNG DER AUSWIRKUNGEN DES VERKEHRS IN DEN KLASSISCHEN ANSÄTZEN DER RAUMWIRTSCHAFTSTHEORIE...66
1) DIE THÜN'SCHEN KREISE.................................66
2) DIE THEORIE DER ZENTRALEN ORTE........................67

B) DAS PYRAMIDENMODELL VON WALTERS.......................71

C) DAS STANLEY-MODELL ZUR BEWERTUNG VON ZUBRINGERSTRASSEN......................................84

D) DAS BEWERTUNGSVERFAHREN DES BUNDESMINISTERIUMS FÜR VERKEHR ZUR DRINGLICHKEITSREIHUNG VON STRASSENBAU-INVESTITIONEN..87

E) DAS BEWERTUNGSMODELL VON DORNIER-SYSTEM...............94

F) DAS ZIEBUV-MODELL ZUR BEWERTUNG VON VERKEHRS-INVESTITIONEN..103

SEITE

G) DAS MODELL DER INTERTRAFFIC GMBH ZUR BEWERTUNG VON ERSATZINVESTITIONEN IM VERKEHRSWEGEBAU..........116

H) DAS BEWERTUNGSVERFAHREN DES KORRIDORBERICHTES........128

I) DAS MODELL VON FRERICH..........................138

J) DAS VAN DER TAK UND RAY-MODELL....................142

K) DAS MODELL VON ISRAEL............................150

L) DER ANSATZ ZUR BEWERTUNG VON VERKEHRSSYSTEMEN DER RAND CORPORATION..........................156

M) DAS BEWERTUNGSKONZEPT DER CONSAD RESEARCH CORPORATION.......................................177

N) DAS HARVARD-MODELL..............................189

O) KONSEQUENZEN FÜR DIE KONZEPTION EINES GESAMTWIRTSCHAFTLICHEN ANSATZES ZUR BEWERTUNG VON VERKEHRSINVESTITIONEN......................................228

TEIL III: ENTWICKLUNG EINES GESAMTWIRTSCHAFTLICHEN BEWERTUNGSANSATZES FÜR VERKEHRSINVESTITIONEN..236

A) DIE BEDINGUNGEN UND VORAUSSETZUNGEN FÜR DIE ENTWICKLUNG EINES GESAMTWIRTSCHAFTLICHEN ANSATZES ZUR BEWERTUNG VON VERKEHRSINVESTITIONEN.................236

B) DIE KOMPONENTEN DES ANSATZES......................241
1) DAS MAKROÖKONOMISCHE MODELL......................241
2) DAS VERKEHRSMODELL...............................242
(I) DIE VERKEHRSWERTIGKEIT..........................242
(II) DIE AFFINITÄT...................................243
(III) DIE REGIONALEN POTENTIALFAKTOREN...............244
(IV) DIE GESTALTUNGSKRAFT............................245
(V) DIE DIFFERENZIERUNGSEFFEKTE......................246
3) DAS BEWERTUNGSMODELL.............................250

C) DIE VERKNÜPFUNG DER KOMPONENTEN ZU EINEM GESAMTWIRTSCHAFTLICHEN ANSATZ ZUR BEWERTUNG VON VERKEHRSINVESTITIONEN......................................251

SEITE

D) DAS AUSSAGESPEKTRUM DES NEU ENTWICKELTEN ANSATZES ZUR BEWERTUNG VON INVESTITIONEN IM VERKEHRSSEKTOR....... 269

C. SCHLUSSTEIL: KRITISCHE ANMERKUNGEN ZUM PROBLEM DER BEWERTUNG VON VERKEHRSINVESTITIONEN AUS GESAMTWIRTSCHAFTLICHER SICHT........... 271

ANMERKUNGEN.. 273
LITERATURVERZEICHNIS................................ 294
SACHWORTVERZEICHNIS................................. 311

ABKÜRZUNGSVERZEICHNIS

A.E.R.	American Economic Review
Bd.	Band
BHO	Bundeshaushaltsordnung
BMV	Bundesminister für Verkehr
BROP	Bundesraumordnungsprogramm
c.p.	ceteris paribus
DTV	Durchschnittlicher täglicher Verkehr
E	Einwohner
EDV	Elektronische Datenverarbeitung
GRW	Gemeinschaftsaufgabe regionale Wirtschaftsförderung
H.	Heft
H.B.R.	Harvard Business Review
IBRD	International Bank for Reconstruction and Development
I.V.	Internationales Verkehrswesen
Jg.	Jahrgang
LKW	Lastkraftwagen
LZ	Lastzug
N.F.	Neue Folge
p/km	Personen pro Kilometer
PKW	Personenkraftwagen
R.E.S.	The Review of Economics and Statistics
RWS	Richtlinien für wirtschaftliche Vergleichsrechnungen im Straßenverkehr
UJ	Unterhalts-/Instandsetzungskosten
Vol.	Volume
Z.f.B.	Zeitschrift für Betriebswirtschaft
Z.f.d.g.St.	Zeitschrift für die gesamte Staatswissenschaft
Z.f.N.	Zeitschrift für Nationalökonomie
Z.f.V.	Zeitschrift für Verkehrswissenschaft

A. EINLEITUNG: PROBLEMSTELLUNG UND DEFINITIONEN

I. DIE PROBLEMATIK DER ERFASSUNG UND BEWERTUNG DER AUSWIRKUNGEN VON VERKEHRSINVESTITIONEN

Eine Grundvoraussetzung für die wirtschaftliche und soziale Entwicklung einer Volkswirtschaft ist das Vorhandensein eines funktionsfähigen und qualitativ hochwertigen Verkehrssystems. Die Bedeutung des Verkehrs für eine Volkswirtschaft läßt sich durch die drei Funktionen des Verkehrs beschreiben. Diese Funktionen sind die Bereitstellung von Verkehrsleistungen

(1) zur Befriedigung von Konsumbedürfnissen (<u>konsumtive Funktion</u>),
(2) als Bestandteil jeder Arbeitsteilung und des Marktes (<u>produktive Funktion</u>) und
(3) zur Förderung der Integration des Staates und der Gesellschaft (<u>integrative Funktion</u>).[1]

Aufgrund der Trilogie der Funktionen des Verkehrs werden sämtliche Lebensbereiche innerhalb einer Volkswirtschaft durch das Verkehrssystem tangiert. Die Effekte eines Verkehrssystems sind daher über den gesamten Bereich einer Volkswirtschaft verstreut. Sämtliche Veränderungen innerhalb eines ökonomischen und sozialen Systems stehen folglich in irgendeinem Zusammenhang mit dem vorhandenen Verkehrssystem, einem wichtigen Teil der Infrastruktur. Die Entwicklung einer Volkswirtschaft basiert auf dem Vorhandensein und dem Ausbau der Infrastruktur. Zu beachten ist, daß das Verkehrssystem im Rahmen der Infrastruktur und somit im Rahmen der Basiselemente des Entwicklungspotentials einer Volkswirtschaft zwar eine notwendige, jedoch keine hinreichende Bedingung für eine sozio-ökonomische Entwicklung darstellt.

Eine Verkehrsinvestition erhöht bzw. verbessert das Verkehrsinfrastrukturkapital, wodurch neue Impulse für die Entwicklung einer Volkswirtschaft gesetzt werden, da durch eine Verkehrsinvestition das Verkehrssystem sich in seiner Qualität ändert. Bei der Erfassung der Auswirkungen einer Verkehrsinvestition auf die sozio-ökonomischen Prozesse innerhalb einer Volkswirtschaft ergeben sich Probleme der quantitativen Ermittlung des Einflusses des Verkehrssystems, da der Einflußbereich sehr weit gestreut ist. Es ist daher notwendig, das gesamte Auswirkungsspektrum festzustellen und möglichst quantitativ zu belegen. Dies erfordert ein sehr komplexes Modell und eine entsprechende Aufbereitung der Datenbasis.

Neben der Komplexität der Auswirkungen eines Verkehrssystems bzw. einer Verkehrsinvestition ist ihre Langlebigkeit ein wesentliches Merkmal, das eine hohe Unsicherheit des Eintritts der Auswirkungen mit sich bringt und der Erfassung ihres Einflusses auf sozio-ökonomische Prozesse erheblich erschwert. Darüber hinaus laufen die angesprochenen Prozesse in unterschiedlicher Fristigkeit ab, so daß auch hier Erfassungsprobleme entstehen. Unmittelbar verbunden mit der Langlebigkeit einer Verkehrsinvestition und dem langfristigen Ablauf eines durch Verkehr induzierten Entwicklungsprozesses ist das Problem der Prognose der Verkehrsnachfrage. Da Verkehrsleistungen in der Regel nicht auf Vorrat produziert werden können, muß das Verkehrssystem, und somit auch die Verkehrsinvestition, auf einen Spitzenbedarf ausgerichtet sein. Dies führt in Verbindung mit der Input- und Outputunteilbarkeit der Verkehrseinrichtungen und -leistungen dazu, daß im Verkehrssektor außerordentlich hohe Kapazitäten und somit relativ hohe Investitionsmittel benötigt werden. Der hohe Mitteleinsatz zwingt zu Rentabilitätsüberlegungen. Greift man dabei auf betriebswirtschaftliche Methoden der Rentabilitätsrechnung zurück, so ergeben sich neben der Schwierigkeit der Erfassung der Auswirkungen einer Verkehrsinvestition und ihrer monetären Bewertung auch aufgrund der Langfristigkeit der Auswirkungen Probleme bei der Ermittlung der pay-offs. Ferner scheinen betriebswirtschaftliche Methoden zur Erfassung der Rentabilität einer Verkehrsinvestition ungeeignet, da politische und strategische Ziele und Zwecke häufig beim Bau von Verkehrswegen im Vordergrund stehen und in diese methodischen Ansätze keinen Eingang finden. Daher ist "Verkehrsinvestitionen ... nicht immer unmittelbar ein entsprechender Einzahlungsstrom zuzuordnen ..." und "die volkswirtschaftlichen Auswirkungen von Verkehrsinvestitionen ... (sind) nicht ohne weiteres an dem einzelwirtschaftlichen Verhältnis von Aufwand und Ertrag ..."[2] zu messen.

Zur Beurteilung einer Verkehrsinvestition sind hingegen der gesamtwirtschaftliche Aufwand und Ertrag zu messen, ein betriebswirtschaftliches Rentabilitätskalkül führt daher nicht zu volkswirtschaftlich optimalen Entscheidungen. Darüber hinaus ist es die Regel, daß aus Verkehrsinvestitionen Zahlungsrückströme und Nutzenzuwächse nicht beim Investor selbst anfallen bzw. ihm nicht zugerechnet werden können. Damit wird die Rentabilitätsrechnung erheblich verzerrt.

Ein weiteres Problem der Investitionsbewertung im Verkehrssektor ist die Qualität der zu erwartenden Auswirkungen der Veränderung eines Verkehrssystems durch die vorgenommenen Investitionen. Aufgrund der differenzierten Ausprägung der Regionalfaktoren ist es möglich, daß die gleiche Verkehrsinvestition in verschiedenen Räumen zu unterschiedlichen Auswirkungen führt. Hierbei können die ökonomischen und sozialen Prozesse positiv oder negativ beeinflußt werden oder indifferent bleiben, so daß eine ex-ante-Bewertung von Verkehrsinvestitionen nur durch Einbeziehung der regionalen Strukturmerkmale durchgeführt werden kann.

Da es aufgrund der Besonderheiten des Verkehrs und seines weit gefächerten Auswirkungsspektrums nahezu unmöglich ist, die Effekte einer Verkehrsinvestition rein quantitativ zu erfassen, muß auf subjektiv-formalrationale Bewertungsverfahren zurückgegriffen werden. Für diese Bewertungsverfahren gilt jedoch, daß die Präferenzstrukturen der Entscheidungsträger auf der einen Seite transparent und auf der anderen Seite sämtliche von Verkehr tangierten ökonomischen und sozialen Daten in ihrer Abhängigkeit vom Verkehrssystem bzw. der Verkehrsinvestition analysiert sein müssen.

II. VERKEHRSINVESTITIONEN ALS MITTEL STAATLICHER WIRTSCHAFTSPOLITIK

Aufgrund der komplexen Wirkung des Verkehrs bzw. einer Verkehrsinvestition bieten sich verkehrspolitische Maßnahmen als ein wichtiges Instrument der staatlichen Wirtschaftspolitik an. Hierbei ist zu beachten, daß das Instrument Verkehrspolitik im Rahmen der Wirtschaftspolitik nicht isoliert betrachtet oder eingesetzt werden darf, sondern stets als Element eines Maßnahmenbündels zu betrachten ist, wenn gesamtwirtschaftliche Ziele verfolgt werden sollen. Für die Erreichung wirtschaftspolitischer Zielsetzungen stellt der Verkehr zwar eine notwendige, aber keine hinreichende Bedingung dar. Unter diesem Aspekt ist Verkehrspolitik mit einem entsprechenden Stellenwert in das Instrumentarium der Wirtschaftspolitik einzuordnen. Daraus ergibt sich die Forderung, daß im Rahmen eines jeden Politikbereiches, und somit auch im Rahmen der Verkehrspolitik, nicht ressort- bzw. fachspezifisch entschieden werden darf, sondern eine interdisziplinäre Koordination sämtlicher Politikbereiche zu fordern ist. Beachtet man das Wirkungsspektrum der Verkehrspolitik, so wird klar, daß die Verkehrspolitik als Instrument der Wirtschaftspolitik einen relativ hohen Stellenwert besitzt.

Steht man vor dem Problem, über den Einsatz einer verkehrspolititschen Maßnahme zu entscheiden, so ist bei der Bewertung dieser Maßnahme die Verbindung der Verkehrspolitik mit anderen Politikbereichen gebührend zu berücksichtigen. Dies bedeutet, daß neben den Mobilitätserhöhungen, Zeitkostenersparnissen, Unfallkostenreduzierungen und veränderten Umweltbelastungen auch Argumente und Zielsetzungen der anderen Politikbereiche wie der Raumordnung und Sozialpolitik zu berücksichtigen sind. Darüber hinaus sind finanzwirtschaftliche bzw. betriebswirtschaftliche Restriktionen zu beachten.

III. ABGRENZUNG DES BEGRIFFS "VERKEHRSINVESTITION"

Zur Klärung des Begriffs "Verkehrsinvestition" soll zunächst untersucht werden, inwieweit dieser Begriff mit dem Begriffsinhalt der "Investition" im betriebswirtschaftlichen Sinne kongruent ist. Dazu ist zu bemerken, daß die betriebswirtschaftliche Literatur eine Vielzahl von Investitionsbegriffen definiert, deren Inhalte und Umfänge sehr voneinander abweichen.[3)]

Die Vielzahl der Begriffsinhalte liegt darin begründet, daß die Literatur den Begriff "Investition" unter unterschiedlichen Aspekten betrachtet. So stehen z.B. Bilanzierungs-, Abschreibungs-, Liqiditäts- und Finanzierungsprobleme im Mittelpunkt des Interesses. Unter dem jeweiligen Blickwinkel wird der Begriffsinhalt der Investition festgelegt. Eine in der Literatur anerkannte Definition des Begriffs "Investition" findet sich bei Erich SCHNEIDER, der unter Investition einen Prozeß versteht, der durch eine Auszahlungs- und Einzahlungsreihe charakterisiert ist, an dessen Anfang eine Auszahlung steht - z.B. die Anschaffung eines Investitionsobjektes - , die weitere Einzahlungen und Auszahlungen nach sich zieht, bis der Prozeß durch Auflösung des Investitionsobjektes beendet ist.[4)]

Wie oben bereits dargelegt, sind einer Verkehrsinvestition nicht direkt Einzahlungs- und Auszahlungsströme zurechenbar. Daher erscheint diese Definition, um den Begriff der Investition im Verkehrsbereich zu erfassen, zu eng. ROSENBERG erweitert den von SCHNEIDER konzipierten Investitionsbegriff so, daß er auf den Verkehrsbereich anwendbar wird.[5)] Da die folgende Untersuchung öffentliche reale Verkehrsinvestitionen zum Gegenstand hat, soll in Anlehnung an ROSENBERG als Verkehrsinvestition jede Beschaffung und Erstellung von Produktionsfaktoren zur Befriedigung der konsumptiven, produktiven und integrativen Verkehrsbedürfnisse durch die öffentliche Hand verstanden werden, die eine determinierte, zeitlich nicht unterschreitbare Kapitalbindung zur Folge hat.

Verkehrsinvestitionen stellen einen Teil der materiellen Infrastruktur dar und sind somit Teil des volkswirtschaftlichen Realkapitals. "Da es sich um Anlageinvestitionen handelt, ist der Investitionscharakter der materiellen Infrastruktur evident."[6] Obwohl für die Verkehrsinfrastruktur nicht der Fall eines reinen Kollektivgutes vorliegt, ist das Ausschlußprinzip in diesem Bereich selten zu realisieren."Die Unmöglichkeit der Anwendung des "exclusion principle" bei Kollektivgütern führt zu einer Nutzendiffusion, da bei der Nutzung der Kollektivgüter durch eine Vielzahl von Individuen eine Zurechnung von Preisen auf die einzelnen Nutzer nicht möglich ist, weil diese ihre wahren Präferenzen über ihre Zahlungsbereitschaft für die Nutzung des Kollektivgutes nicht offenbaren müssen."[7] Diese Kollektivguteigenschaft des Verkehrs kollidiert nicht mit der obigen Abgrenzung einer Verkehrsinvestition, da sie Zahlungsströme nicht voraussetzt.

Im folgenden sollen einige Charakteristika unterschiedlicher Investitionsarten im Verkehrssektor aufgezeigt werden, die bei der Bewertung einer Verkehrsinvestition nicht vernachlässigt werden sollten.

a) Neuinvestition

Unter einer Neuinvestition im Verkehrssektor ist die Errichtung einer neuen Verkehrsrelation zu verstehen. Eine Neuinvestition verdichtet das gesamte Netz eines bereits bestehenden Verkehrsmittels oder initiiert erst ein Netz, wie z.B. bei der Einführung eines neuen Verkehrsmittels.

b) Zusatzinvestition

Wird durch eine Verkehrsinvestition eine bestehende Verkehrsrelation in quantitativer und/oder qualitativer Hinsicht verbessert, so liegt eine Zusatzinvestition vor. Ermöglicht die Verkehrsinvestition die Bewältigung eines quantitativ stärkeren Verkehrsaufkommens auf einer Relation und einem bereits bestehenden Verkehrsmittel, so soll von einer Erweiterungsinvestition gesprochen werden. Bei einer Erweiterungsinvestition handelt es sich somit stets um eine Investition in eine bereits bestehende

Verkehrsrelation und in ein bestehendes Verkehrsmittel mit dem Zweck, die vorhandene Kapazität zu erweitern. Stehen hingegen qualitative Aspekte der Verkehrsbedienung im Mittelpunkt einer Investitionsentscheidung, so handelt es sich um eine Verbesserungsinvestition. Hier wird das Gewicht auf die qualitativen Aspekte wie Verkehrssicherheit, Bequemlichkeit, Bedienungshäufigkeit etc. verlagert; die eventuell durch eine solche Investition hervorgerufenen quantitativen Effekte werden an den Rand der Zielformulierung gedrängt. Da die Ansprüche an eine Verkehrsversorgung sowohl in zeitlicher als auch in räumlicher Hinsicht Veränderungen unterworfen sind, ergibt sich wegen der langfristigen Bindung des Verkehrsinfrastrukturkapitals die Notwendigkeit, die vorhandene Verkehrsinfrastruktur über zusätzliche Investitionen den sich ändernden Bedürfnissen anzupassen. Hierbei handelt es sich zumeist um Investitionen, die sowohl die Kapazität als auch die Bedienungsqualität auf Verkehrsrelationen verbessern. Für so motivierte Investitionsentscheidungen soll die Bezeichnung Korrekturinvestition herangezogen werden.

Obwohl aus der Zielsetzung, die hinter jeder Investition in den Verkehrssektor steht, eine Unterscheidung der Zusatzinvestitionen in Erweiterungs-, Verbesserungs- und Korrekturinvestitionen möglich sein wird, ist für das Auswirkungsspektrum dieser Investitionen eine derartige Unterscheidung nicht durchzuführen, da sowohl qualitative Verbesserungen als auch quantitative Veränderungen Strukturverschiebungen mit sich bringen können. Da aber die Bewertung einer Verkehrsinvestition an der jeweiligen Zielsetzung auszurichten ist, erscheint es sinnvoll, die obige Unterscheidung bei der Bewertung zu beachten.

c) Ersatzinvestition

Ein Großteil der Investitionen in den Verkehrssektor zielt auf die Erhaltung der Betriebsbereitschaft vorhandener Verkehrsrelationen. Dieser Investitionsbereich soll als Ersatzinvestition bezeichnet werden. Diesem Bereich liegen weniger politische Motivationen als vielmehr technische Notwendigkeiten zugrunde, und er entzieht sich daher einem direkten Bewertungsverfahren. Indirekt besteht jedoch die Möglichkeit, über die Bewertung der Erhaltung einer Verkehrsrelation die zu tätigenden Ersatzinvestitionen einem Bewertungsverfahren zu unterziehen. Hierbei steht jedoch weniger die Ersatzinvestition als vielmehr die Entscheidung der Erhaltung oder der Aufgabe der zu untersuchenden Relation im Mittelpunkt des Interesses, wobei weitgehend die gleiche Problematik auftritt wie für die Entscheidungsfindung bei Neuinvestitionen.

Die Anlage eines Bewertungsverfahrens für eine Verkehrsinvestition hängt neben der jeweils gegebenen Zielsetzung auch von der Wahrscheinlichkeit der Erreichung der gesetzten Ziele ab. Daher ist grundsätzlich zu unterscheiden, ob die Erreichung eines gesteckten Zieles durch eine Verkehrsinvestition sicher eintritt oder mit Unsicherheit behaftet ist. Die Ressourcenknappheit und die Erreichung anderer Zielsetzungen, die entweder den Verkehrsbereich tangieren oder von ihm beeinflußt werden, stellen häufig Restriktionen für die Realisierung von Verkehrsprojekten dar. Ein Bewertungsansatz muß daher auch diesem Gesichtspunkt Rechnung tragen.

ABB. 1: PROBLEMKONSTELLATIONEN BEI DER BEWERTUNG VON VERKEHRSINVESTITIONEN

öffentliche reale Verkehrsinvestitionen	bei Sicherheit		bei Unsicherheit	
	mit Restriktionen	ohne Restriktionen	mit Restriktionen	ohne Restriktionen
Neuinvestitionen				
Zusatzinvestitionen - Korrektur- - Verbesserungs- - Erweiterungs-				
Ersatzinvestitionen				

B. HAUPTTEIL: AUSEINANDERSETZUNG MIT DEN METHODEN UND MODELLEN ZUR BEWERTUNG VON VERKEHRSINVESTITIONEN UND DIE ENTWICKLUNG EINES GESAMTWIRTSCHAFTLICHEN BEWERTUNGSANSATZES

TEIL I: KRITISCHE WÜRDIGUNG DER METHODEN ZUR BEWERTUNG VON VERKEHRSINVESTITIONEN

A) QUANTITATIV ORIENTIERTE METHODEN

1) METHODEN DER INVESTITIONSRECHNUNG IN DER BETRIEBSWIRTSCHAFTSLEHRE

Die Problematik der Bewertung eines Investitionsvorhabens, wie sie sich in der Betriebswirtschaftslehre stellt, ist zwar prinzipiell von der Problematik der Bewertung einer Verkehrsinvestition zu unterscheiden, aber es erscheint sinnvoll, diese Methoden im Rahmen der vorliegenden Arbeit zu behandeln, da Teilprobleme der Bewertung von Verkehrsinvestitionen den betriebswirtschaftlichen Problemen der Bewertung einer Investition oft recht nahekommen,und daher eventuell von den betriebswirtschaftlichen Methoden der Investitionsrechnung die Lösung von Teilproblemen für die Bewertung einer Verkehrsinvestition zu finden ist. Ausgangspunkt der kritischen Würdigung der Investitionsbewertungsmethoden der Betriebswirtschaftslehre sollen die klassischen Methoden der Investitionsrechnung sein. Das Hauptgewicht der Analyse wird auf die neueren Investitionsbewertungsmethoden gelegt, da sie in differenzierterer Weise versuchen, realitätsnahe wirtschaftliche Tatbestände in den Griff zu bekommen.

(I) STATISCHE UND DYNAMISCHE VERFAHREN DER INVESTITIONSRECHNUNG BEI SICHERHEIT

(A) STATISCHE VERFAHREN

Die betriebswirtschaftliche Praxis bedient sich zur Ermittlung der Vorteilhaftigkeit einer Investition neben einer Reihe von Faustregeln einiger Methoden, die Veränderungen innerhalb des Zeitablaufes nicht berücksichtigen. Zu diesen statischen Investitionsrechnungsverfahren zählen die Kostenvergleichsrechnung oder Gewinnvergleichsrechnung, die Rentabilitätsrechnung und die Amortisationsrechnung.

Die Kosten- und Gewinnvergleichsmethode summieren die Kosten bzw. Gewinne einer Planungsperiode der jeweiligen alternativen Investitionsobjekte und vergleichen die Kosten bzw. Gewinne pro Periode und pro Investition miteinander. Die Investition mit den geringsten Kosten bzw. dem höchsten Gewinn wird dabei als die vorteilhaftere bezeichnet. Beide Methoden setzen voraus, daß die erwarteten Erträge bzw. die erwarteten Kosten der zu vergleichenden Investitionsobjekte konstant sind. Obwohl die Gewinnvergleichsmethode die Aufwendungsseite und die Ertragsseite berücksichtigt, weist sie die gleichen Nachteile wie die Kostenvergleichsrechnung auf, da beide von konstanten Kosten- und Ertragsgrößen ausgehen und Entwicklungen im Zeitablauf nicht berücksichtigen.

Eine weitere Methode versucht, den Rückfluß des investierten Kapitals (return on investment)zu ermitteln. Diese Rentabilitätsrechnung ordnet alternativen Investitionsobjekten Rentabilitätskennzahlen zu. Die einfachste Form dieser Rentabilitätskennzahl setzt den erwarteten Jahresgewinn in bezug zum eingesetzten Kapital. Diese Kennzahl läßt sich weiter aufspalten in einen Umsatzerfolg und einen Kapitalumschlag. Eine solche differenziertere Betrachtung der Rentabilitätskennziffer ermöglicht nicht nur den Vergleich alternativer Investitionsobjekte, sondern kann auch für ein gesamtes Unternehmen, Abteilungen oder einzelne Betriebe erstellt werden. Auch diese Methode betrachtet nur einen kurzfristigen Zeitraum und ist in ihrer Grundform nicht in der Lage, Veränderungen der Kosten- und Ertragsentwicklung sowie etwa entstehende Liquidationswerte einzubeziehen.

Die sogenannte "pay-off (pay-back)-Methode" befaßt sich mit der Amortisation einer Investition. Sie ermittelt also die sogenannte Wiedergewinnungszeit des Kapitals, das in einer Investition gebunden war. Diese Methode wirft also das Problem auf, die zukünftigen Nettoeinnahmen, d.h. die Differenz der zusätzlichen Erträge und der zusätzlichen Aufwendungen in bezug auf ein Investitionsobjekt, zu ermitteln. Darüber hinaus vernachlässigt sie eventuell entstehende Restwerte, die sowohl in einer längeren Nutzung als der Amortisationsdauer als auch in eventuellen Liquidationsgewinnen liegen können.

Die oben aufgeführten Methoden[8] betrachten jeweils nur eine kurze Periode und ein einzelnes isoliertes Investitionsprojekt. Darüber hinaus besteht keine Möglichkeit, Entwicklungstendenzen für Kosten bzw. Erträge sinnvoll in diese Methoden einzubauen. Abgesehen von der ausschließlichen Betrachtung von Zahlungsströmen in diesen Methoden sind sie für die Beurteilung der Vorteilhaftigkeit einer Verkehrsinvestition nicht anwendbar, da sie einmal der Langlebigkeit einer Verkehrsinvestition nicht gerecht werden können, zum anderen nicht in der Lage sind, externe Effekte zu erfassen. Die isolierte Betrachtung einer Investition in den obigen Investitionsrechnungsverfahren macht sie für die Beurteilung einer Verkehrsinvestition unbrauchbar, da bei einer Verkehrsinvestition gesamtwirtschaftliche Zielgrößen tangiert werden und Vor- oder Nachteile nicht unmittelbar am Investitionsort und Investitionsobjekt, sondern an anderen Stellen des Verkehrsnetzes und der Volkswirtschaft auftreten. Ferner schlagen die Vor- bzw. Nachteile einer Verkehrsinvestition nicht unmittelbar beim Investor zu Buche, sondern treten bei anderen Wirtschaftseinheiten auf und rufen über externe Effekte erst nach mehreren Perioden sogenannte Rückzahlungen bzw. Kosten beim Investor hervor.

(B) DYNAMISCHE VERFAHREN ZUR BEWERTUNG EINZELNER INVESTITIONSPROJEKTE

Im Gegensatz zu den statischen Verfahren versuchen die dynamischen Investitionsrechnungen, den zeitlich unterschiedlichen Anfall von Ausgaben und Einnahmen in bezug auf eine Investition zu erfassen. Dies bedeutet, daß durch Diskontierung der Einnahmen und Ausgaben über einen bestimmten Zeitraum die jeweiligen Erträge und Aufwendungen vergleichbar gemacht werden.

Zu dieser Gruppe von Investitionsrechnungsmethoden zählt die Kapitalwertmethode.[9] Als Kriterium für die Beurteilung der Vorteilhaftigkeit einer Investition wird der Kapitalwert herangezogen. Hiernach ist eine Investition dann als vorteilhaft zu beurteilen, wenn der Kapitalwert bei einem bestimmten Kalkulationszinsfuß null oder größer ist. Der Kapitalwert errechnet sich aus der Differenz aller mit dem geforderten Mindestzinssatz, d.h. dem Kalkulationszinsfuß,abgezinsten Einnahmen und Ausgaben über die Lebensdauer des Investitionsobjektes. Dadurch ist gefordert, daß das rückfließende Kapital jederzeit wieder zum gleichen Zinssatz wie dem Kalkulationszinsfuß angelegt werden kann.

Der Vergleich alternativer Investitionsobjekte, die entweder eine unterschiedliche Lebensdauer haben, einen unterschiedlichen Kapitaleinsatz erfordern oder mit unterschiedlichen Kalkulationszinsfüßen angesetzt werden, kann mit Hilfe einer Differenzinvestition durchgeführt werden, die die Unterschiede der alternativen Investitionsobjekte bezüglich ihrer Lebensdauer, ihres geforderten Kapitaleinsatzes und/oder des unterschiedlichen Kalkulationszinsfußes ausgleicht.

In ähnlicher Weise wie die Kapitalwertmethode versucht die interne Zinsfußmethode oder discounted-cash-flow-method, die effektive im Gegensatz zu der gewünschten Verzinsung eines Investitionsobjektes zu ermitteln. Die Berechnung erfolgt in ähnlicher Weise wie bei der Kapitalwertmethode, nur wird hier an Stelle der gewünschten Verzinsung die effektive Verzinsung gesucht, indem man den Kapitalwert gleich null setzt. Der interne Zinssatz gibt demnach die Verzinsung wieder, mit der alle Ein- und Auszahlungen über die Lebensdauer des Investitionsobjektes abgezinst werden müssen, damit sich am Ende der Periode alle Ein- und Auszahlungen gegenseitig aufheben. Die Lösung der internen Zinsfußmethode ist nicht immer eindeutig, da es sich stets um eine Gleichung n-ten Grades handelt, die, sobald n größer drei ist, nicht mehr eindeutig lösbar sein muß. So ist es denkbar, daß für ein und dasselbe Investitionsobjekt unterschiedliche positive interne Zinssätze ermittelt werden können, bei denen der Kapitalwert, über die gesamte Lebensdauer berechnet, gleich null wird. Im Falle von Investitionen, denen eindeutig Phasen der Ausgaben- bzw. Einnahmenüberschüsse zugeordnet werden können, hat KILGER[10)] nachgewiesen, daß es für diese Investitionen jeweils nur einen Lösungswert innerhalb des relevanten Bereiches gibt.

Eine Variation der Kapitalwertmethode stellt die Berechnung der Annuitäten dar. Diese Methode vergleicht die jährlichen Einnahmen mit den jährlichen Ausgaben eines Investitionsobjektes, indem die Investitionssumme und die Rückflüsse in gleiche Jahresbeträge umgerechnet werden. Die Vorteilhaftigkeit einer Investition läßt sich an der Differenz zwischen den Annuitäten der Rückflüsse und der Annuität der Investitionssumme feststellen, die gleich, kleiner oder größer als null sein kann, da entsprechend die Verzinsung des noch nicht amortisierten Kapitaleinsatzes gleich, kleiner oder größer als der Kalkulationszinssatz ist.

Eine weitere Variante des oben unter dem Namen Kapitalwertmethode geschilderten Verfahrens stellt die dynamische Amortisationsrechnung dar. Ziel dieser Berechnung ist die Ermittlung der Amortisationszeit einer Investition zu einem bestimmten Kalkulationszinssatz unter der Voraussetzung, daß der Kapitalwert den Wert null annehmen soll.

Diese geschilderten Methoden setzen voraus, daß eine vollkommene Voraussicht der Einzahlungs- und Auszahlungsströme über die gesamte Investitionsperiode, die zusätzlich auch bekannt sein muß, besteht. Darüber hinaus gibt es für die Festlegung des Kalkulationszinsfußes kein allgemeingültiges Verfahren. Auch die Zurechenbarkeit von Einzahlungs- und Auszahlunsströmen ist nur sehr bedingt möglich. So lassen sich zwar Ausgaben zum großen Teil auf ein Investitionsobjekt beziehen, die Einnahmen aber sind zumeist auf ein einzelnes Investitionsobjekt nicht zurechenbar, da in das erstellte Gut die Produktionsleistung aller produktiven Faktoren Eingang findet. Die Voraussetzung, daß zurückfließendes Kapital zum gleichen Zinssatz wie Kalkulationszinsfuß oder interner Zinsfuß wieder angelegt werden kann, setzt einen vollkommenen Kapitalmarkt voraus, auf dem Soll- und Habenzinssätze gleich sind. Dies entspricht jedoch in keiner Weise der Realität.

Die Fragestellung bei der Bewertung von Verkehrsinvestitionen schneidet genau die Punkte an, die die obigen Methoden in ihrer ursprünglichen Konzeption nicht zu lösen in der Lage sind. Die Ermittlung der Lebensdauer bzw. der Investitionsperiode ist für eine Verkehrsinvestition mit erheblichen Schwierigkeiten verbunden und auch die Abgabe von Nutzungen läßt sich nur schwerlich bestimmen, da Verkehrsinvestitionen z.B. in den Straßenbau oder den Kanalbau Nutzungen über einen kaum zu ermittelnden Zeitraum hinweg abgeben. Die Festlegung der Investitionsperiode mag im Rahmen eines Planungshorizontes möglich sein. Bezüglich der Zurechenbarkeit von Einzahlungs- und Auszahlungsströmen zu einer Verkehrsinvestition - selbst über einen Investitions- oder Planungszeitraum - lassen sich kaum Aussagen machen, da abgesehen von den vom Staat zur Verfügung gestellten Finanzierungsmitteln auch bei den Privaten Aufwendungen auftreten; die Einnahmen, d.h. hier die Nutzung der Verkehrsinvestition, entstehen zum größten Teil bei den privaten Benutzern. Da die Einnahmen nicht von einem Investor reinvestiert werden, sondern von vielen, ist die Ermittlung des Reinvestitionszinsfußes nahezu unmöglich und wäre nur unter der Voraussetzung eines vollkommenen Kapitalmarktes gegeben.[11)]

(c) VERFAHREN ZUR BEWERTUNG VON INVESTITIONSPROGRAMMEN BEI SICHERHEIT

Die oben dargestellten dynamischen Methoden der betriebswirtschaftlichen Investitionstheorie sind in der Lage, bei vollkommenem Kapitalmarkt auch gleichzeitig das optimale Investitionsprogramm zu ermitteln. Da die Hypothese des vollkommenen Kapitalmarktes jedoch zu unrealistisch ist, hat die Betriebswirtschaftslehre spezielle Modelle zur Bewertung von Investitionsprogrammen entwickelt, so zum einen Modelle, die auf der Annahme beruhen, daß die einzelnen Projekte eines Investitionsprogramms aggregiert zu betrachten sind und im Produktionsbereich ein entsprechendes Programm zur Verfügung steht. Hierunter fallen die sogenannten kapitaltheoretischen Modelle. Da die Isolierung der Investitionsprojekte in der Realität meist jedoch nicht aufrechtzuerhalten ist und Verflechtungen zwischen Produktions- und Investitionsbereich bestehen, ist man dazu übergegangen, zum anderen Modelle zu entwickeln, die gleichzeitig ein optimales Produktions- und Investitionsprogramm ermitteln. Dies sind die sogenannten produktionstheoretischen Modelle.

Beide Modellgruppen[12] sind im Prinzip verfeinerte und spezialisierte Konzepte der dynamischen Methoden der Investitionsrechnung, so daß eine Darstellung der Grundansätze der Modelle nicht notwendig erscheint, weil für das hier zu lösende Problem keine weiteren Erkenntnisse zu gewinnen sind.

(II) VERFAHREN DER INVESTITIONSRECHNUNG BEI UNSICHERHEIT

(A) VERFAHREN ZUR BEWERTUNG EINZELNER INVESTITIONSPROJEKTE

Ein insbesondere in der älteren betriebswirtschaftlichen Literatur vertretenes Verfahren zur Erfassung der Einflüsse der Unsicherheit in der Investitionsrechnung ist das sogenannte Korrekturverfahren,[13] das dem Entscheidungskriterium Risikoprämien in Form von Ab- und Zuschlägen hinzurechnet. Ein häufig mit solchen Risikoprämien bedachter Wert ist der Kalkulationszinsfuß. Man definiert dabei Risikokategorien, denen entsprechend der zu erwartenden Unsicherheit ein Kalkulationszinsfuß zugeordnet wird. Für jede Risikokategorie wird dann mit dem entsprechenden Kalkulationszinsfuß der Kapitalwert des Investitionsprojektes berechnet, um daraus Rückschlüsse für die Investitionsentscheidung zu gewinnen. Ähnliche Verfahren sind die doppelte Diskontierung und die Diskontierung mit ansteigenden Zinsfüßen.

Das Verfahren der kritischen Werte ist eine Sensitivitätsanalyse, die untersucht, inwieweit unsichere Werte die Rentabilitätsentscheidung, d.h. den Kapitalwert einer Investition, beeinflussen. Gesucht wird der Kapitalwert C, für den die Entscheidung nicht revidiert werden muß; dies ist $C_0 = 0$.

Das Verfahren läuft wie folgt ab:

(1) Bestimme die unsicheren Inputgrößen.

(2) Formuliere für die gegebenen Inputabhängigkeiten zwischen X, Y und Z die Kapitalwertfunktion $C_0 = f(X,Y,Z)$.

(3) Löse diese Funktion für $C_0 = 0$ nach einer Inputgröße auf. Sei X die Absatzmenge, so bestimmt man durch Auflösung der Funktion nach X unter der Bedingung $X_1 = X_2, \ldots, X_n$ die kritische Absatzmenge.

Entsprechende kritische Werte können für die anderen Inputgrößen abgeleitet werden. Bestimmt man die kritische Lebensdauer des Investitionsobjektes, so entspricht dies dem dynamischen Verfahren zur Ermittlung der Amortisationszeit.

Ein ähnliches Verfahren ist das zur Ermittlung der Outputänderung bei vorgegebener Inputänderung, das die Veränderung des Kapitalwertes C_0 aufgrund der Veränderungen der einzelnen Inputgrößen bestimmt.

Die Risikoanalyse ist ein Sammelbegriff für alle Verfahren, die für das Entscheidungskriterium, z.B. den Kapitalwert, eine Wahrscheinlichkeitsverteilung ableiten. Eine allgemeine Darstellung der zur Ermittlung der Wahrscheinlichkeitsverteilung angewandten Methode folgt in Abschnitt B, Teil I, 8), so daß hier nur erwähnt werden soll, daß in der Betriebswirtschaftslehre mehrere Modelle zur Gewinnung von Wahrscheinlichkeitsverteilungen für den Kapitalwert entwickelt worden sind. Bekannt sind u.a. der analytische Ansatz von HILLIER[14)], der bei einer unterstellten Verteilungsfunktion die dreifache Standardabweichung 3σ der Kapitalwertverteilung bestimmt, und der simulative Ansatz von HERTZ[15)], der aufgrund gegebener subjektiver Wahrscheinlichkeitsverteilungen für die Inputs eine Häufigkeitsverteilung des Kapitalwertes simuliert.

(B) VERFAHREN ZUR BEWERTUNG VON INVESTITIONSPROGRAMMEN BEI UNSICHERHEIT

Die im vorhergehenden Abschnitt erörterten Methoden der Investitionsrechnung setzen sichere Erwartungen bzw. bekannte Wahrscheinlichkeiten für den Eintritt von Rückzahlungen und die Kenntnis der Lebensdauer der Investitionsobjekte voraus. Diese Annahmen sind jedoch nicht sehr realitätsnah, so daß sich die moderne Betriebswirtschaftslehre hauptsächlich mit Methoden auseinandersetzt, die der Unsicherheit bezüglich des erwarteten Erfolgs Rechnung tragen. Dies führt notgedrungen zu wesentlich komplexeren Ansätzen und teilweise erheblichen Lösungsschwierigkeiten. Es ist folglich einleuchtend, daß den neueren Ansätzen der betriebswirtschaftlichen Investitionsrechnung in der Praxis ein noch nicht allzu großes Feld eingeräumt wird.

Die <u>Sensitivitätsanalyse</u>[16)] benutzt zur Lösung des Unsicherheitsproblems quasi-sichere Größen und überführt es formal in ein deterministisches Problem, wodurch allerdings die Auswirkungen der Unsicherheit außer Betracht bleiben.

Man unterscheidet zwischen <u>lokalen</u> und <u>globalen</u> Sensitivitätsanalysen. Lokale Sensitivitätsanalysen geben für einen oder mehrere Koeffizienten Schwankungsbereiche an, innerhalb derer die optimale Lösung enthalten ist. Die Verfahren zur Bestimmung dieser Schwankungsbereiche werden aus dem jeweils benutzten Optimierungsansatz abgeleitet. Die globalen Sensitivitätsanalysen ermitteln für den gesamten Schwankungsbereich eines oder mehrerer Koeffizienten die Optimallösungen mit den entsprechenden Zielfunktionswerten. Dazu bedient sich die globale Sensitivitätsanalyse der parametrischen Programmierung und unterstellt, daß die Schwankungen der Koeffizienten von einem oder mehreren Parametern abhängen.

Zur formalen Darstellung des Investitionsproblems und dessen Lösung mit Hilfe der Sensitivitätsanalyse geht man von dem sogenannten LORIE-SAVAGE-Problem aus, das das Investitionsproblem als lineares Programm formuliert, welches mit Hilfe der Simplex-Methode zu lösen ist. Gegeben seien die unabhängigen Investitionsobjekte $x_1, \ldots, x_n$, die Kapitalwerte der Investitionsobjekte $c_1, \ldots, c_n$, der Kapitaleinsatz $a_{t1}, \ldots, a_{tn}$ und die für die Investition zur Verfügung stehenden finanziellen Mittel b_t in den Perioden $t=1,\ldots,T$. Weiter wird unterstellt, daß jedes Investitionsobjekt nur einmal realisiert werden kann. Ferner wird auf die Ganzzahligkeit der Variablen verzichtet, so daß sich das sogenannte LORIE-SAVAGE-Problem als lineares Programm darstellen läßt. Formal ergibt sich:

$$(1) \quad \sum_{j=1}^{n} c_j \cdot x_j = \max!$$

als Zielfunktion mit den folgenden Nebenbedingungen:

$$(2) \quad \sum_{j=1}^{n} a_{tj} \cdot x_j \leq b_t \qquad t=1,\ldots,T$$

$$(3) \quad x_j \leq 1 \qquad j=1,\ldots,n$$

$$(4) \quad x_j \geq 0 \qquad j=1,\ldots,n.$$

Mit einem Parameter in der Zielfunktion läßt sich das LORIE-SAVAGE-Problem in der folgenden Form darstellen, wobei die Koeffizienten der Zielfunktion vom Parameter λ linear abhängig sind:

$$(5) \quad \sum_{j=1}^{n} (c_j + \bar{c}_j \cdot \lambda) \cdot x_j = \max!$$

mit den Nebenbedingungen

$$(6) \quad \sum_{j=1}^{n} a_{tj} \cdot x_j \leq b_t \qquad t=1,\ldots,T$$

$$(7) \quad 0 \leq x_j \leq 1 \qquad j=1,\ldots,n$$

$$(8) \quad \underline{\lambda} \leq \lambda \leq \overline{\lambda}$$

Für eine Sensitivitätsanalyse bezüglich der Koeffizienten des Begrenzungsvektors lautet die Formulierung des LORIE-SAVAGE-Problems dann:

(9) $\sum_{j=1}^{n} c_j \cdot x_j = \max!$

(10) $\sum_{j=1}^{n} a_{tj} \cdot x_j \leq b_t + \bar{b}_t \cdot \lambda \qquad t=1,\ldots,T$

(11) $0 \leq x_j \leq 1 \qquad j=1,\ldots,n$

(12) $\underline{\lambda} \leq \lambda \leq \overline{\lambda}$

Der Nachteil der Sensitivitätsanalyse ist, daß bisher nur Lösungsverfahren für einparametrische lineare Programme ohne Ganzzahligkeitsbedingungen zur Verfügung stehen. Für Probleme mit mehreren Parametern sowie ganz- und gemischtzahligen Bedingungen, wie sie für die Bewertung von Investitionen interessant sind, existieren jedoch noch keine operationalen Lösungsansätze.

Der Chance-Constrained-Programming-Ansatz versucht, die Unsicherheiten zu erfassen, indem er voraussetzt, daß die Nebenbedingungen bei Verwirklichung des optimalen Investitionsprojektes mit einer vorgegebenen Mindestwahrscheinlichkeit erfüllt sind. In dem oben dargestellten LORIE-SAVAGE-Problem wird dann die t-te Nebenbedingung

(13) $\sum_{j=1}^{n} a_{tj} \cdot x_j \leq b_t \qquad t=1,\ldots,T$

durch die Bedingung der Mindestwahrscheinlichkeit ersetzt:

(14) $w = (\sum_{j=1}^{n} a_{tj} \cdot x_j) \geq \delta_t$.

Dabei werden alle oder zumindest einige Elemente der Menge $\{a_{t1}, a_{t2}, \ldots, a_{tn}, b_t\}$ als Zufallsvariable behandelt, und die t-te Nebenbedingung muß mindestens mit der Wahrscheinlichkeit δ_t erfüllt sein. Das Problem wird dann in einem zweistufigen Verfahren gelöst: Erstens wird das stochastische Programm in ein äquivalentes deterministisches transformiert, indem man die Wahrscheinlichkeitsbedingung durch ihr deterministisches Äquivalent ersetzt, zweitens wird dann das aufgrund der Transformation erhaltene lineare oder nicht-lineare Programmierungsproblem mit den dazu bekannten Verfahren gelöst.

Ein erheblicher Nachteil des Chance-Constrained-Programming-Ansatzes ist, daß man die Wahrscheinlichkeitsgrenzen δ_t nicht sinnvoll ableiten kann, da die Auswirkungen der Nichterfüllung der Mindestwahrscheinlichkeit auf die Nebenbedingung laut Voraussetzung nicht bekannt sind.

Die <u>Theorie der Portefeuille-Auswahl</u> geht auf MARKOWITZ[17)] zurück, der sie zur Bestimmung eines Wertpapier-Portefeuilles anwandte. Er maximierte bei gegebenen finanziellen Mitteln und unter Risiko mit Hilfe der Varianz den Erwartungswert des Ertrages. Dieser Ansatz ist prinzipell auch auf das LORIE-SAVAGE-Problem anwendbar, das dann wie folgt dargestellt wird. Mit

$$(15) \quad \sum_{j=1}^{n} E(c_j) \cdot x_j = \max!$$

als Zielfunktion wird der maximale Erwartungswert $E(c_j)$ unter den folgenden Nebenbedingungen gesucht:

$$(16) \quad \sum_{i=1}^{n} \sum_{j=1}^{n} \sigma_{ij} \cdot x_i \cdot x_j \leq \overline{V},$$

das heißt, daß bei den optimalen Investitionsprogrammen die Varianz V den Wert $\overline{V}$ nicht übersteigen darf.

$$(17) \quad \sum_{j=1}^{n} a_{tj} \cdot x_j \leq b_t \qquad t=1,...,T$$

$$(18) \quad 0 \leq x_j \leq 1 \qquad j=1,...,n$$

oder

$$(19) \quad x_j = 0/1$$

mit σ_{ij} = Varianz von c_j für j=i bzw. Kovarianz zwischen c_j und c_i für j≠i.

Die Lösung dieses Problems wird als effizient bezeichnet. Durch parametrische Variationen von $\overline{V}$ ermittelt man die Menge der effizienten Lösungen und bestimmt dann mit Hilfe einer Risikopräferenzfunktion die optimale Lösung.

Die <u>flexible Investitionsprogrammplanung</u> hat die Zielsetzung, eine Folge von Investitionsprogrammen zu bestimmen, die die Erwartung der Zielgröße (z.B. den Kapitalwert) maximiert bzw. deren Zielwertverteilung bei gegebener Risikopräferenz allen übrigen Zielwertverteilungen überlegen ist. Bei der Bestimmung der Investitionsprogramme sind grundsätzlich zwei Situationen zu unterscheiden:

(1) Der Erwartungswert des Ziel- bzw. Kapitalwertes wird unter der Voraussetzung maximiert, daß die Inputwerte für jede zufällige Datenkonstellation quasi-sicher sind. Eine Lösung des Problems ist dann mit Hilfe des "Roll-Back-Verfahrens", aber auch mit einem dynamischen Programmierungsansatz zu suchen.

(2) Die Wahrscheinlichkeitsverteilung des Ziel- bzw. Kapitalwertes wird für jede Alternative unter der Bedingung ermittelt, daß für die Inputwerte bei jeder zufälligen Datenkonstellation subjektive Wahrscheinlichkeiten existieren. Das Problem ist in diesem Fall durch ein kombiniertes Simulations-Optimierungsverfahren zu lösen.

Die flexible Investitionsprogrammplanung wird in der Literatur allgemein als die Methode angesehen, die der Unsicherheitssituation bei der Investitionsplanung vom theoretischen Standpunkt aus am besten gerecht wird. Es entstehen jedoch große Schwierigkeiten bezüglich der Informationsbeschaffung und der Rechenkapazität, da kaum anzunehmen ist, daß die Auswirkungen unterschiedlicher Investitionsprojekte nur von einigen wenigen Zufallsereignissen abhängig sind.

2) DIE INPUT-OUTPUT-ANALYSE

Die Methoden der Investitionsrechnung in der Betriebswirtschaftslehre erfassen ein Investitionsobjekt oder Investitionsprogramm ausschließlich von der Seite der unmittelbaren Effekte, d.h. der durch die Investition oder das Investitionsprogramm hervorgerufenen Zahlungsströme. Da von einer Verkehrsinvestition Auswirkungen auf andere Wirtschaftssektoren zu erwarten sind - denn durch die Nutzung des Infrastrukturkapitals erwachsen den Wirtschaftssektoren differenziert Vor- und Nachteile - erscheint es notwendig für die Bewertung einer Verkehrsinvestition, die gegenseitige Abhängigkeit und Beeinflussung der Wirtschaftssektoren und die Richtung der Geld- und Güterströme zu analysieren. Die Untersuchung der Verflechtungen in Produktion und Konsum verschiedener Wirtschaftssektoren einer Volkswirtschaft soll der Bewertung der ökonomischen Auswirkungen einer Verkehrsinvestition zugrundegelegt werden. Dabei sind besonders die interregionalen und sektoralen Verflechtungen von Interesse, da einer Verkehrsinvestition Auswirkungen auf das regionale Entwicklungspotential und die regionale Entwicklungstendenz zugeschrieben werden. Ein eigens zur Analyse der ökonomischen Verflechtungen einer Volkswirtschaft erarbeitetes Konzept ist die Input-Output-Rechnung. Hierbei ist zu unterscheiden zwischen Input-Output-Tabelle und Input-Output-Analyse. Die Input-Output-Tabelle beschreibt die ökonomischen Verflechtungen innerhalb einer Volkswirtschaft, wo hingegen die Input-Output-Analyse durch die Berücksichtigung von Hypothesen die Ursachen der wirtschaftlichen Beziehungen zwischen den Sektoren herauszuarbeiten versucht. Grundlage aller Input-Output-Ansätze ist ein geschlossenes Input-Output-System, das Wassily LEONTIEF[18)] konzipiert hat.

Auf diesem Grundmodell bauen alle regionalen, interregionalen sowie geschlossenen, offenen, statischen und dynamischen Input-Output-Rechnungen auf. Die realistischste Version dieser Input-Output-Rechnungen stellt ein offenes System dar, in welchem exogene Faktoren auf die Güter- und Leistungsströme einwirken. Für die Bewertung einer Verkehrsinvestition wäre also ein offenes Input-Output-System heranzuziehen, da hier die Einwirkungen auf die Güter- und Leistungsströme durch eine Verkehrsinvestition berücksichtigt werden können. Diesem offenen statischen Modell liegen folgende Annahmen zugrunde:[19)]

(1) Es existieren ausschließlich linear homogene Produktionsfunktionen mit linearer Technologie.

(2) Für jeden Wirtschaftssektor existiert nur ein Produktionsverfahren, das von den Produktionsverfahren der anderen Wirtschaftssektoren verschieden ist.

(3) Als Inputs werden nur Roh- bzw. Betriebsstoffe, Zwischenprodukte, Güter für Ersatzinvestitionen etc. gezählt. Es gibt keine Nettoinvestitionen, bzw. die getätigten Nettoinvestitionen haben keine Kapazitätseffekte.

(4) In der gesamten Volkswirtschaft und in den einzelnen Sektoren herrscht geringe Unterbeschäftigung der Produktionsfaktoren.

Um die Effekte zu erfassen, die durch eine Verkehrsinvestition und damit aus einer Verbesserung des Verkehrssystems resultieren, sind Informationen über die gesamtwirtschaftliche, regionale und interregionale wirtschaftliche Entwicklung notwendig. Dies erfordert eine Regionalisierung der Input-Output-Rechnung, die einerseits die regionalen Interdependenzen der einzelnen Industriezweige innerhalb eines Wirtschaftsraumes analysieren muß und andererseits über eine multiregionale Input-Output-Rechnung die Verflechtungen zwischen den Sektoren mehrerer Regionen zu explizieren hat.[20)]

Bei der Regionalisierung von Input-Output-Modellen ist vor allem darauf zu achten, daß die wirtschaftliche Außenabhängigkeit einer Region u.a. von der Größenordnung der Regionen abhängt. So weist eine Region um so höhere wirtschaftliche Außenabhängigkeit auf, je kleiner das betrachtete Gebiet ist. Für die statische interregionale Input-Output-Analyse auf dem LEONTIEFschen System existieren drei lineare und ein nicht-linearer Ansatz, die sich in folgenden Punkten unterscheiden: Der erste Ansatz unterscheidet streng zwischen "nationalen" und "lokalen" Industrien, die aufgrund ihres relevanten Absatzgebietes in diese beiden Kategorien unterschieden werden. Für die nationalen Industrien gilt, daß ihr Absatzgebiet sich über alle regionalen Grenzen hinweg ausdehnt; für die lokalen Industrien gilt, daß sie nur für einen begrenzten regionalen Bereich produzieren. Sowohl für die nationalen als auch für die lokalen Industrien gelten lineare Input-Output-Relationen. Die strenge Trennung zwischen nationalen und lokalen Industrien entspricht nicht den ökonomischen Gegebenheiten; in der Regel sind die Übergänge zwischen diesen beiden Gruppen fließend.[21)]

Diesen fließenden Übergängen zwischen nationalen und lokalen Industrien versucht ein zweiter Ansatz gerecht zu werden, indem die Wirtschaft der Regionen in Branchen eingeteilt wird. Zwischen diesen Branchen existiert eine feste Marktaufteilung sowohl für die Industrien innerhalb einer Region als auch für die Industrien außerhalb der jeweiligen Region. LEONTIEF errechnet einen Handelskoeffizienten, der den Anteil der Nachfrage nach einem Gut in einer Region darstellt, der von einer anderen Region befriedigt wird. Die Produktion einer jeden Region wird somit als Funktion der Strukturkennziffern, der Inputkoeffizienten und der Handelskoeffizienten beschrieben. Diese interregionale Input-Output-Analyse zeigt die Handelsverflechtungen und somit auch die Zahlungsbilanzen aller Regionen auf.[22)]

Aufbauend auf dem interregionalen LEONTIEF-System versucht ein linearer Programmierungsansatz, optimale Produktionsverfahren und Produktionsmengen innerhalb mehrerer Regionen und den optimalen Handelsaustausch zwischen ihnen zu bestimmen. Als optimal wird hier eine Minimierung der Produktions- und Transportkosten angesehen. Das Modell geht von gegebenen Transport- und Produktionskosten je Einheit eines Produktes, vorgegebenen Input-Output-Koeffizienten und einer vorgegebenen Endnachfrage aus. Die Fragestellung in diesem Ansatz richtet sich auf die Nachprüfung einer gegebenen oder angestrebten Standortverteilung und auf die interregionalen Handelsströme sowie auf die Frage, ob durch die Ausgestaltung der Standortverteilung und der Handelsströme eine kostenminimale Versorgung aller Regionen sichergestellt ist.[23)]

Die Fragestellung, die mit diesem Ansatz gelöst werden soll, ist für die Bewertung einer Verkehrsinvestition von großem Interesse, da Standortverteilung und Handelsströme in unmittelbarem Zusammenhang mit den Verkehrswegen stehen und eine Verkehrsinvestition sowohl die Qualität als auch die Quantität des vorhandenen Systems von Verkehrswegen verändert und dadurch einen unmittelbaren Einfluß auf Standortverteilung und Handelsströme ausübt.

Ausgangspunkt für einen nichtlinearen interregionalen Input-Output-Ansatz ist der oben geschilderte zweite lineare Ansatz. In diesem Konzept ist die strenge Voraussetzung der Konstanz der Relationen zwischen den Gütermengen gleicher Art, die aus unterschiedlichen Regionen importiert werden und in der betrachteten Region selbst hergestellt werden, aufgehoben. Anstelle dieser Voraussetzung tritt die Hypothese, daß der Export eines Gutes aus einer Region in eine andere Region proportional dem Gesamtexport dieses Gutes der versendenden Region sei. Ferner wird unterstellt, daß der Import der anderen Region sich proportional dem Gesamtimport der gleichen Güterart dieser Region aus allen übrigen Regionen verhalte, und daß ferner diese Lieferungen der einen Region an die andere umgekehrt proportional den interregionalen Gesamtumsätzen an diesem Gut seien. Bezeichnet man den Proportionalitätsfaktor mit $q_{i.gh}$, so würde diese Hypothese lauten:

$$(20) \quad x_{i.gh} = q_{i.gh} \frac{x_{i.g0} \cdot x_{i.0h}}{x_{i.00}} \qquad \begin{array}{l} i=1,\dots,n \\ g,h=1,\dots,r;\ g \neq h \end{array}$$

mit

$q_{i.gh}$:= Proportionalitätsfaktor bezüglich der Lieferungen des Gutes i der Region g an die Region h

$x_{i.00}$:= Gesamtexport aller Regionen bezüglich des Gutes i

$x_{i.g0}$:= Export des Gutes i der Region g

$x_{i.0h}$:= Import des Gutes i der Region h

$x_{i.gh}$:= Lieferungen des Gutes i von der Region g an die Region h

i := Güterindices

g,h := Regionsindices.

Dieser Ansatz unterstellt zwar fixe Input-Output-Koeffizienten, und die Endnachfrage nach einem Gut i in der Region g ist als gegeben angenommen. Dieses System ist aber von allen Voraussetzungen her realitätsnäher als die anderen. Der nichtlineare Ansatz weist aber Lösungsschwierigkeiten auf.[24)]

Die statischen LEONTIEF-Systeme werden dem Versuch einer Dynamisierung unterzogen. Daraus ergeben sich jedoch so schwierige mathematische Lösungsprobleme, daß für die praktische Anwendung zumeist wieder auf statische Systeme zurückgegriffen wird bzw. die nichtlinearen dynamischen Systeme auf lineare reduziert werden.[25)]

Die oben kurz dargestellten Input-Output-Ansätze erlauben mehr oder weniger realitätsnah eine quantitative Erfassung wirtschaftlicher Aktionen wie Produktion, Konsum, Investition. Hierbei wird ein Einblick in die Produktionsstruktur einer Volkswirtschaft und in die Interdependenzen der Wirtschaft der Regionen gegeben. Allein die Erfassung der produktionsbedingten Verflechtungen von Sektoren durch Lieferungen und Empfänge hat einen hohen Informationswert. Verwendet man die Input-Output-Analyse als Diagnoseinstrument, so kann für die Planung einer Verkehrsinvestition ein Kriterienkatalog über das Ausmaß der intra- und interregionalen Arbeitsteilung, der räumlichen Streuung der Produktionstechnik, der unterschiedlichen Input-Output-Beziehungen gleicher Sektoren in unterschiedlichen Regionen und der vorhandenen Handelsströme in quantitativer und qualitativer Sicht erstellt werden.

Durch die Ergänzung dieses Kataloges von Diagnosekennziffern durch Untersuchungen z.B. über regionale Faktorausstattung, Kapazitätsgrenzen und Transportkostenverhältnisse besteht die Möglichkeit, mit Hilfe von Hypothesen ein Prognoseinstrument zu entwickeln.

Sobald diese Hypothesen über die Entwicklung der Endnachfrage, der Produktionsstruktur, der interregionalen Austauschbeziehungen etc. sowie die Wirkungen des Verkehrs auf die Produktionsstruktur und die Strukturkennziffern gerechtfertigt erscheinen, können unter Berücksichtigung von Wahrscheinlichkeiten die Struktur der interregionalen Arbeitsteilung, die Höhe der Struktur der regionalen Produktion und Beschäftigung sowie der regionalen Handelsbilanzen etc. abgeleitet werden. Durch Ableitung längerfristiger Perspektiven des interregionalen Austausches kann für die Verkehrsplanung und somit auch für die Bewertung einer Verkehrsinvestition eine qualitative und quantitative Vorstellung über die Entwicklung der interregionalen Verkehrsnachfrage abgeleitet werden. Denn die Verkehrsnachfrage hängt von der produktionsbedingten Struktur des interregionalen Austausches und dessen Entwicklung ab.

Die linearen Produktionsfunktionen enthalten nur totalkomplementäre Faktoren und jede Faktorsubstitution ist ausgeschlossen. Aus dieser Proportionalitätsannahme folgt die zeitliche Invarianz der Input- bzw. Produktionskoeffizienten.[26] Bei der Interpretation der durch die Input-Output-Analyse erzielten Ergebnisse muß berücksichtigt werden, daß sich Ungenauigkeiten bei der Vorausschätzung der Nachfrage, der Varianz der Modellstruktur in der Zeit und den Prämissen des Modells ergeben.

In den statischen Input-Output-Rechnungen scheidet jegliche Berücksichtigung von Produktionsveränderungen aus, da weder der technische Fortschritt noch Substitutionsvorgänge, die langfristig auf die Produktionsprozesse einwirken, erfaßt werden. Auch bei den dynamischen Modellen geht man zumeist von konstanten Input-Koeffizienten aus. Da für die Bewertung einer Verkehrsinvestition ausschließlich eine interregionale Input-Output-Analyse sinnvoll erscheint, muß zusätzlich darauf hingewiesen werden, daß die Variation der Koeffizienten für den betrachteten Gesamtraum möglcherweise nur in abgeschwächter Form zum Tragen kommen, in den einzelnen Regionen die zeitliche Varianz dieser Koeffizienten wesentlich größer sein und somit zu größeren Fehlern in den Input-Output-Analysen führen kann.[27]

Da die Auswirkungen von Verkehrsinvestitionen interregionale und intersektorale Verschiebungen im wirtschaftlichen Entwicklungsprozeß hervorrufen, sind diese Nachteile der Input-Output-Analyse für die Bewertung einer Verkehrsinvestition besonders gravierend.

Neben diesen in der Modellkonstruktion begründeten Nachteilen, ist die Aussagefähigkeit von Input-Output-Analysen für die Bewertung von Verkehrsinvestitionen durch praktische Hemmnisse weiterhin einzuschränken. Zum einen gehen die wichtigsten regionalpolitisch oft entscheidenden Querverbindungen der Industrie zur Infrastruktur nicht in die Analyse ein; auch sämtliche anderen räumlichen, nichtökonomischen Faktoren infrastruktureller Art finden keine Berücksichtigung. Ferner sind die Ansätze der Input-Output-Analyse nicht in der Lage, explikativ die beobachteten Verflechtungen und Strukturen innerhalb einer Volkswirtschaft und innerhalb von Regionen zu analysieren. Die Analyse ist weitgehend deskriptiv und vermag daher keine Antwort auf die Frage nach den Ursachen raumstrukturell entscheidender Anpassungsprozesse der regionalen Entwicklung zu geben. Für die Beurteilung einer Verkehrsinvestition bedeutet dies, daß eventuell festgestellte Veränderungen nicht eindeutig auf die Verbesserung der Qualität einer Verkehrsleistung durch eine Verkehrsinvestition zurückgeführt werden können.[28)]

Neben diesen Einschränkungen der Aussagefähigkeit der Input-Output-Analyse existieren die bekannten Schwierigkeiten bezüglich der Beschaffung und Disaggregierung des Datenmaterials. Diese Schwierigkeiten beziehen sich sowohl auf die Regionalisierung der Inputs und Outputs als auch auf die Ermittlung der regionalen Endnachfrage.[29)]

Eine quantitative Bewertung einer Verkehrsinvestition mit Hilfe der Input-Output-Analyse ist in direkter Weise nicht durchführbar. Da jedoch mit der Input-Output-Tabelle komparativ-statische Veranderungen in der Produktionsstruktur, der Verflechtungsintensität zwischen Zentren und Umland, der Bevölkerungs- und Siedlungsstruktur festgestellt werden können, lassen sich Rückschlüsse auf die Auswirkungen einer Verkehrsinvestition ziehen.[30)]

So repräsentieren z.B. die sektoralen Input-Output-Koeffizienten die Wirkungsrichtung und -verteilung der öffentlichen Nachfrageentwicklung auf die regionale Produktion und Beschäftigung, die regionalen Input-Output-Koeffizienten determinieren die interregionalen Güterströme. Das Problem liegt jedoch darin, die Durchsetzbarkeit der gewollten Änderungen der Handelsstruktur und Produktionstechnik von seiten der öffentlichen Hand vorherzusagen. Die Input-Output-Analyse ist demnach zur Bestimmung der Auswirkungen einer Verkehrsinvestition insofern von Bedeutung, als sie die systematische Erfassung der Einwirkungsmöglichkeiten eines neuen Verkehrsangebots auf die interregionalen, intersektoralen Beziehungen ermöglicht und denkbare Wirkungsverläufe aufzeigt sowie außerdem die Erarbeitung bestimmter Hypothesen erleichtert.

3) LAND-USE UND LAND-VALUE-MODELLE

Die Theorie der Bodenrente geht bereits auf die Physiokraten des 18. Jahrhunderts zurück, die sich ausschließlich mit der Rente landwirtschaftlich genutzten Bodens befaßten. Eine Arbeit von David RICARDO zu Beginn des 19. Jahrhunderts setzt sich mit der Bodenrente in der Landwirtschaft auseinander und legt damit die Grundzüge für einen großen Teil der modernen Bodenwerttheorie.[31)]

Einen in sich geschlossenen Ansatz zur Erfassung der Bodenwertes und der Bodennutzung wurde einige Jahre später von Heinrich VON THÜNEN konzipiert, der die unterschiedliche Bodennutzung in Abhängigkeit von der Entfernung zu einem Marktflecken diskutierte und in einem theoretisch geschlossenen Ansatz niederlegte.[32)]

Schon in diesem Ansatz spielte das Verkehrswesen für die Bodennutzung (und damit auch für den Bodenwert) eine entscheidende Rolle, da die Bodenrente sich aus der Differenz von Erlös aus der Produktion minus den Produktions- und Transportkosten ermittelte. Die Transporkosten ihrerseits determinieren im VON THÜNEN-Modell die maximale Entfernung des Produktionsortes vom Absatzort, d.h. dem Marktflecken. Dieser Ansatz wurde von ISARD und DUNN weiterentwickelt und formalisiert.[33] Der Übergang von der landwirtschaftlich ausgerichteten Bodenwert- und Bodennutzungstheorie zur Analyse städtischer oder industrieller Gebiete wurde zu Beginn des 20. Jahrhunderts hauptsächlich in der amerikanischen Literatur geleistet. Auch hier standen im wesentlichen die Gedanken VON THÜNENs im Mittelpunkt der Diskussion.[34]

William ALONSO formulierte auf der Grundlage seiner Dissertation 1964 ein Modell zur Analyse der städtischen Bodennutzung und des Bodenwertes.[35]

Ausgangspunkt dieses theoretischen Ansatzes ist ein vollkommener Markt für Grundstücke. Als Preise gelten sämtliche Zahlungen des Landbesitzers für das Recht, dieses Land für eine bestimmte Periode zu nutzen. Ferner unterstellt ALONSO eine homogene Fläche. Mit Hilfe der Gleichgewichtstheorie wird die Verteilung der Bodenpreise und Bodennutzungen bestimmt. Für die empirische Forschung modifizierte er seinen Ansatz. In diesem Zusammenhang spricht er auch technische Neuerungen im Transportwesen an und weist ihnen zwei Effekte zu; so wird zum einen das Pendeln erleichtert und zum anderen weniger kostenaufwendig. Aufgrund dieser beiden Effekte verändern sich die Nachfragekurven und somit die Preise für Grundstücke. Die Unterscheidung der beiden Effekte erscheint ALONSO als wichtig, da unterschiedliche Innovationen im Verkehrssektor unterschiedliche Auswirkungen auf diese Effekte haben. Als ein Teilaspekt für die Bewertung einer Verkehrsinvestition könnte somit die Veränderung in der Preisstruktur für Grund und Boden, induziert durch die Einführung oder Verbesserung des Transportsystems, angesehen werden. Aus der veränderten Preisstruktur läßt sich aufgrund des Gleichgewichtansatzes von ALONSO auch eine andere Bodennutzung ableiten, womit auch Erklärungsmomente für die Veränderung der Siedlungsstruktur in diesem Ansatz enthalten sind.[36]

Dieser Ansatz von ALONSO wird von Lowdon WINGO aufgegriffen und realitätsnäher formuliert.[37] In Abhängigkeit vom Transportsystem, den unterschiedlichen Einkommen der Bevölkerung und ihren unterschiedlichen subjektiven Einstellungen erklärt er die differenzierte Nutzung des Bodens in einer Stadt und ihrem Umland. Auch in dieser Arbeit sind Bodenpreis und Transportkosten komplementär, und nur aufgrund dieser Komplementarität sind Bodenpreis und Bodennutzung zu erklären.

Die Land-Use und Land-Value-Ansätze werden zur Bewertung von Verkehrsinvestitionen herangezogen. Ein eindeutiger Nachteil ist jedoch, daß sie nur Auswirkungen von Verkehrinvestitionen berücksichtigen, die sich in der Veränderung der Bodennutzung bzw. der Bodenpreise niederschlagen. Aufgrund der relativ hohen Beharrungszeiten für gegebene Bodennutzungen sind Auswirkungen von Verkehrsinvestitionen in bereits entwickelten Regionen schwer nachzuweisen. Dies gilt insbesondere für viele Effekte, die sich erst sekundär in den Bodenpreisveränderungen niederschlagen. Handelt es sich jedoch um eine Verkehrsinvestition, die die Verkehrsqualität in einem gravierenden Ausmaß verändert, so sind auch in bereits entwickelten Gebieten starke Auswirkungen auf die Bodenpreise und die Bodennutzung nachzuweisen.[38]

4) KONSUMENTENRENTE

Eine weitere Möglichkeit, Verkehrsinvestitionen zu bewerten, besteht darin, ihren Nutzen mit Hilfe des Konzepts der Konsumentenrente zu ermitteln. Wenn auch die allgemeinen Grundlagen für die Theorie der Konsumentenrente von Adam SMITH[39] stammen und der Begriff selbst auf Alfred MARSHALL[40] zurückgeht, so wurde die spezielle Anwendung im Verkehrsbereich bereits von DUPUIT[41] in der Mitte des 19. Jahrhunderts zur Planung von Brücken vorgenommen.

Das Konzept der Konsumentenrente war jedoch wegen seiner normativen Eigenschaften und der unterstellten kardinalen Nutzenmessung gravierender Kritik ausgesetzt und verlor mit der Zeit an Bedeutung.[42)]

Seit Ende der dreißiger Jahre unseres Jahrhunderts wird das Konzept der Konsumentenrente hingegen wieder zur Verkehrsplanung herangezogen. Zuerst wurden in den Vereinigten Staaten verschiedene Straßenbauprojekte mit Hilfe dieser Methode evaluiert, während heute fast alle Kosten-Nutzen-Analysen im Verkehrssektor auf dem Konzept der Konsumentenrente basieren.[43)]

Das Konzept der Konsumentenrente wird im wesentlichen zur Bestimmung des Nutzens im Güterverkehr herangezogen. Eine Übertragung auf den Personenverkehr ist jedoch möglich. Es ist in diesem Falle statt von unterschiedlichen Marktpreisen für die Güter einzelner Regionen von dem Lohnwert, Wohnwert und Freizeitwert in der Region auszugehen.

In seinem allgemeinen Ansatz geht das Konzept der Konsumentenrente davon aus, daß eine Volkswirtschaft aus zwei Regionen i und j besteht, in denen nur ein bestimmtes Gut angeboten und nachgefragt wird. Aufgrund der unterschiedlichen Angebots- und Nachfrageverhältnisse sind die Gleichgewichtspreise in beiden Regionen von den Preisen verschieden, die sich bei völliger räumlicher Isolation ergeben hätten. Es wird unterstellt, daß es für die Unternehmer in der Region i trotz hoher Transportkosten von Vorteil ist, in den Markt der Unternehmer der Region j einzudringen. Legt man Gewinnmaximierungsabsichten zugrunde, so ergibt sich aufgrund eines stetigen Anpassungsprozesses, in dessen Verlauf die Preise in der Region i steigen und in der Region j sinken, ein neues Gleichgewicht, so daß die neue Differenz der Marktpreise in i und j gleich dem Transportpreis ist ("Without"-Gleichgewicht). Diese Situation wird als Status quo bezeichnet und unterscheidet sich grundsätzlich von der Situation, die sich durch die Verbesserung der Verkehrsverbindung zwischen den beiden Regionen i und j ergeben hätte. Die Transportkosten wären in dem zweiten Fall geringer und der interregionale Güterstrom größer. Bei einem sich einpendelnden Gleichgewicht wäre wiederum die Differenz der Marktpreise zwischen der Region i und j gleich den Transportkosten ("With"-Gleichgewicht). Aufgrund der vorgenommenen Verkehrsinvestition würden die Unternehmer in der Region i eine höhere Produzentenrente erzielen, da sich die Transportkosten senken und die Güterströme intensivieren würden. Für die Nachfrager in dieser Region ergäbe sich aus denselben Gründen eine geringere Konsumentenrente. Die Differenz ist jedoch positiv. Andererseits ergibt sich für die Unternehmer in der Region j eine Senkung der Produzentenrente sowie für die Nachfrager eine erhöhte Konsumentenrente. Die Differenz ist ebenfalls positiv. Die Summe der bewerteten Differenzen wird als Nutzenzuwachs der Verkehrsinvestition bezeichnet. Dieser Nutzenzuwachs kann unter der Voraussetzung interpersonell und interregional konstanter Grenznutzen als Veränderung der Fläche unter der Nachfragekurve für die Transportleistungen zwischen den Regionen i und j errechnet werden. Unterstellt man für die Angebots- und Nachfragefunktionen der Region i und j sowie für die Transportleistungsnachfragekurve zwischen i und j Linearität, so läßt sich die Differenz zwischen der zunehmenden Produzentenrente und der abnehmenden Konsumentenrente in der Region i durch die Fläche ABCD bestimmen (vgl. dazu Abb.2 und 3).[44] Dementsprechend ergibt sich für die Differenz zwischen der Zunahme der Konsumentenrente und der Abnahme der Produzentenrente die Fläche EFGH.

Da sich, wie eingangs angenommen wurde, die räumlichen Preisdifferenzierungen allein aus den Transportkosten ergeben, können die beiden Flächen ABCD und EFGH addiert werden und ergeben die Flächenveränderung unter der Nachfragekurve für die Transportleistungen zwischen den Regionen i und j. Dies wird als der Gesamtnutzen einer Verkehrsinvestition bezeichnet, der aus zwei Komponenten besteht: Erstens den Transportkostenersparnissen für den Normalverkehr und zweitens dem Entwicklungsnutzen.

Ob dieser so definierte Maßstab "Nutzen" zur Bewertung von Verkehrsinvestitionen heranzuziehen ist und ob die damit erzielbaren Ergebnisse als hinreichend zu bezeichnen sind, hängt im wesentlichen von den Bedingungen des Konzeptes der Konsumentenrente ab. Die Rahmenbedingung für dieses Konzept ist die vollkomme-

ABB. 2: GRAPHISCHE DARSTELLUNG DER KONSUMENTENRENTE

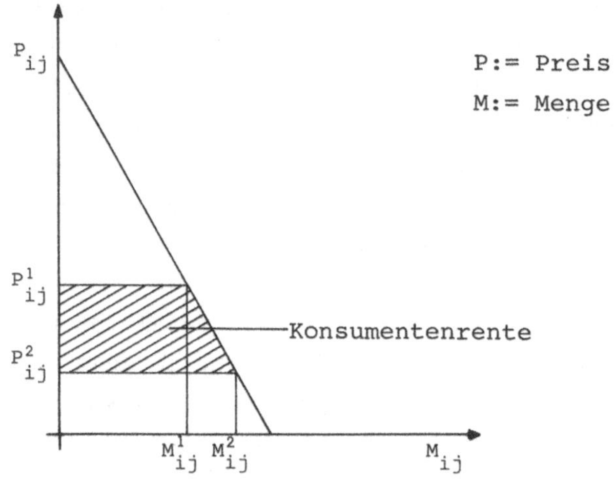

Quelle: FRERICH, J.: Die Konsumentenrente ..., a.a.O., S. 375

ABB. 3: ZWEI-REGIONEN-FALL

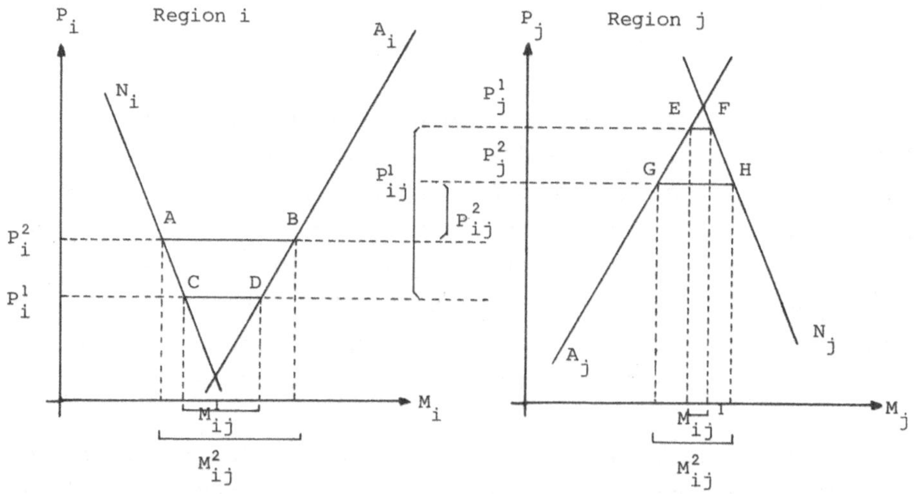

N:= Nachfrage A:= Angebot

Quelle: FRERICH, J.: Die Konsumentenrente ..., a.a.O., S. 375

ne Konkurrenz und damit die Annahme, daß die Transportpreise gleich den sozialen Grenzkosten des Transportes und diese wiederum gleich den privaten Grenzkosten sind. Die Grundbedingung der vollkommenen Konkurrenz ist sicherlich wegen der Input- sowie Outputunteilbarkeit und aufgrund der von einer Verkehrsinvestition hervorgerufenen externen Effekte unrealistisch. Darüber hinaus wird die Grenzkostenpreisbildung für den Verkehrssektor im allgemeinen als nicht angemessen abgelehnt, da sie politische Zielsetzungen konterkarieren würde.[45]

Ob trotz der Verletzung der Rahmenbedingungen und der praktisch nicht durchgeführten Grenzkostenpreisbildung das Konzept der Konsumentenrente zur Bewertung von Verkehrsinvestitionen aussagekräftig ist, kann generell nicht gesagt werden. Es ist vielmehr zu prüfen, ob es nicht dennoch für einige spezielle Fälle anwendbar ist. FRERICH unterscheidet dazu zwei Situationen, in denen er lineare Kostenverläufe unterstellt und annimmt, daß die Grenzkosten erst kurz vor Erreichung der Kapazitätsgrenze ansteigen.[46]

1. Fall: Es wird angenommen, es bestehe ein gemeinnütziges Verkehrsmonopol und die Verkehrsleistungen würden zu den totalen Durchschnittskosten angeboten. Die Menge der Verkehrsleistungen bestimmt sich aufgrund des Schnittpunktes der Durchschnittskostenkurve mit der Nachfragekurve. Eine Produzentenrente entsteht nicht, und aufgrund der anstehenden Verkehrsinvestitionen werden die Durchschnittstransportkosten gesenkt. Es bildet sich dann ein neuer Gleichgewichtsdurchschnittstransportkostenpreis, und der gesamte Nettonutzen der Verkehrsinvestition schlägt sich in einer erhöhten Konsumentenrente nieder, da eine Produzentenrente nicht vorhanden ist. Das heißt, die Konsumentenrente erfaßt den gesamten Zusatznutzen der durchgeführten Verkehrsinvestition, obwohl die Bedingungen der vollkommenen Konkurrenz nicht erfüllt sind.

2. Fall: Es bestehe ein Verkehrsangebotsmonopol, das die Gewinnmaximierungszielsetzung verfolgt. Es entsteht neben der Konsumentenrente also auch eine Produzentenrente. Das bedeutet, daß

sich der Nutzen einer Verkehrsinvestition nur zum Teil in der Konsumentenrente widerspiegelt und diese somit kein adäquates Mittel zur Bewertung der durchgeführten Investition darstellt. Wird jedoch auch in diesem Fall eine Durchschnittskostenpreisbildung zugrundegelegt, so kann das Konzept der Konsumentenrente dennoch zur Bewertung von Verkehrsinvestitionen herangezogen werden. Voraussetzung ist jedoch, daß die Einflüsse eines konkurrierenden Verkehrsmittels ausgeschlossen werden. Darüber hinaus gilt dies nur für kurzfristige statische Betrachtungen.

5) INDUSTRIEKOMPLEXANALYSE

Ein räumlich orientiertes Analyse- und Prognoseinstrument stellt die Industriekomplexanalyse dar, die als partial-regionaler Ansatz versucht, eine optimale Verteilung von Industrien im Raum zu bestimmen. Diese Methode erfaßt wie die Input-Output-Analyse die Beziehungszusammenhänge in den inter- und intraregionalen Verflechtungen und ferner die Verteilung und Entwicklung der Produktionsstandorte. In gleicher Weise wie die Input-Output-Analyse ist die Industriekomplexanalyse am gesamtwirtschaftlichen Produktionsbereich orientiert. Als Diagnoseinstrument identifiziert und typisiert sie die Agglomeration von Industrien, und als Prognoseinstrument zeigt sie die Alternativen für die Agglomeration von Industrien, d.h. von Industriekomplexen auf. Dieses Analyse- und Prognoseinstrument enthält sowohl die Vorteile der interregionalen Input-Output-Analyse, der linearen Programmierung als auch der komparativen Kostenanalyse.[47)]

Die Problemstellung in der Studie über Industriekomplexe von ISARD, SCHOOLER und VIETORISZ geht von einem wenig industrialisierten Raum aus und versucht, einen effizienten Industriekomplex für diesen Raum zu konstruieren. Für bereits industrialisierte Regionen ist die Fragestellung nicht mehr auf die Konstruktion eines gesamten Komplexes, sondern vielmehr auf die Ergänzung bestehender Teilkomplexe ausgerichtet.[48)]

Bei der Konstruktion eines gesamten Industriekomplexes oder der Ergänzung eines bereits bestehenden Teilkomplexes sind die Überlegungen über die konkreten Standortbedingungen und die aufgrund der konkreten Standortbedingungen möglichen Industriekomplexe der Ausgangspunkt. Es werden also die Standortfaktoren auf ihre komparativen Vorteile hin einer Analyse unterzogen. Den Standortfaktoren werden Produktionsprozesse zugeordnet, für die an dem Standort des Industriekomplexes offensichtlichen Vorteile im Vergleich zu anderen Standorten zu finden sind, wodurch alle anderen Produktionsorte in der Region mit komparativen Kostennachteilen aus der Betrachtung ausscheiden. Auf dieser Basis werden mit Hilfe einer interindustriellen Matrix besonders eng miteinander verflochtene Sektoren herauskristallisiert und dahingehend untersucht, ob innerhalb dieser miteinander verflochtenen Sektoren Kombinationen von Produktionseinheiten zu finden sind, die sich zur Bildung eines Industriekomplexes eignen.[49)]

Die so herausgearbeiteten, miteinander verflochtenen Industriegruppen werden bezüglich ihrer Vorteile am betrachteten Standort gegenüber anderen Standorten untersucht. Hierzu dienen Schätzungen der Inputs und Outputs sowie Kostenvergleichsrechnungen mit anderen Produktions- und Standortzentren. "Dabei wird sich ergeben, daß für jeden Standort ein anderer Prozeß und für jeden Prozeß ein anderer Standort optimal ist. Es gilt also, den Standort und den Prozeß zu bestimmen, die insgesamt die höchsten Kostenvorteile und den höchsten Gewinn bringen."[50)]

Auch die unterschiedlichen externen Effekte, die sich aus der Ansiedlung und Kombination von Industriebetrieben ergeben, sind Gegenstand der Untersuchung. Das Ergebnis der Industriekomplexanalyse ist ein Verbund von Industriebetrieben, "der unter Ausnutzung der Agglomerationsgewinne optimal auf die komparativen Kostenvorteile einer bestimmten Region zugeschnitten ist".[51)]
Für den gesamten Raum ist dann ein Optimalzustand erreicht, "wenn die gesamten Kosten, welche die Gesellschaft zur Befriedigung ihrer Ansprüche einsetzt, durch eine andere Raumverteilung nicht verringert werden können."[52)]

Die Industriekomplexanalyse kann sowohl als Diagnose- als auch als Prognoseinstrument eingesetzt werden. In der Diagnose wird mit Hilfe der Industriekomplexanalyse die Verbundenheit von Industrien untereinander, d.h. die räumliche und sachliche Nähe einzelner Aktivitäten im Gegensatz zu anderen Aktivitäten und deren komparative Kostenvorteile einer Analyse unterzogen. Ferner werden die Standortfaktoren und die auslösenden Anreizeffekte auf Betriebe und Menschen, die in der Lage sind, Wirtschaftskomplexe hervorzurufen, isoliert.[53)]

Als Planungsmodell arbeitet die Industriekomplexanalyse mit komparativen Kostenvorteilen für die analysierten Komplexe und ist damit unmittelbar auf die Ableitung von regionalen Planungsmodellen ausgerichtet. Sie zielt auf den simultanen Einsatz industrieller Investitionen an unterschiedlichen zu vergleichenden Orten. In diese Investitionsplanung können auch personelle, materielle und institutionelle Infrastrukturgegebenheiten und -entwicklungen und Struktur- und Entwicklungstendenzen der privaten Sektoren einbezogen werden. Da die Industriekomplexanalyse hauptsächlich auf der quantitativen Erfassung des räumlichen Zusammenspiels von Industrien - also der Agglomerationsvor- und -nachteile - aufbaut und diese Erfassung noch nicht befriedigend gelöst ist, ergeben sich für die praktische Anwendung dieser Methoden erhebliche Schwierigkeiten. Die Untersuchungen sind meist sehr zeitraubend und schwierig; so blieb die praktische Anwendung nur auf einige wenige Fälle beschränkt und wurde immer recht skeptisch beurteilt.[54)]

In ähnlicher Weise wie bei der Input-Output-Analyse lassen sich mit Hilfe der Industriekomplexanalyse Rückschlüsse auf die Auswirkungen einer Verkehrsleistung ziehen. So ist es z.B. möglich, bestimmten Industrien und Industriekomplexen einen Katalog von Standortfaktoren zuzuordnen, wobei für die Bewertung einer Verkehrsinvestition besonders die Verkehrswegeorientierung der Betriebe zu analysieren ist. Die Verkehrsaffinität der angesiedelten oder anzusiedelnden Betriebe stellt somit einen Bewertungsmaßstab für die Bedeutung der Verkehrsinvestition dar.

Obwohl die Industriekomplexanalyse mehr Komponenten in die Betrachtung einbezieht als die Input-Output-Analyse, ist dennoch als Nachteil zu bemerken, daß sie rein industriell ausgerichtet ist.

6) NETZWERKTHEORETISCHE ANSÄTZE

Die Netzwerktheorie, auch Graphentheorie genannt, wird in der Praxis in der Form der Netzplantechnik angewandt. Die Netzplantechnik stellt Verfahren zur Analyse, Beschreibung, Planung, Steuerung und Überwachung von Abläufen auf der Grundlage der Graphentheorie zur Verfügung, wobei als Einflußgrößen Zeit, Kosten und andere Faktoren berücksichtigt werden.[55)] In der Verkehrsplanung wird die Netzplantechnik im wesentlichen auf zwei Gebieten eingesetzt: Erstens zur Planung des Verkehrsnetzes und zweitens zur Durchführungsplanung eines einzelnen Investitionsprojektes. Im folgenden soll überprüft werden, inwieweit die Netzplantechnik auch zur Bewertung von Investitionsprojekten im Verkehrssektor geeignet ist. Dabei soll im wesentlichen gezeigt werden, was unter welchen Bedingungen mit der Netzplantechnik zu optimieren ist; es soll weniger die Berechnung von Netzplänen dargestellt werden.[56)]

Ein Verkehrsnetz läßt sich mit Hilfe der Graphentheorie beschreiben. Dabei bilden die einzelnen Strecken bzw. Verkehrsrouten die Kanten und die Stellen, an denen sich Strecken kreuzen oder Stationen befinden, die Knoten eines Graphen. Netze einzelner Verkehrsmittel bilden Teilgraphen. So läßt sich z.B. die Bedeutung einer Strecke bzw. Route im gesamten Netz darstellen und als Kriterium für die Entscheidung über alternative Investitionsprojekte heranziehen. Neben dieser reinen Beschreibung des Verkehrsnetzes können auch bestimmte Strecken mit und ohne Berücksichtigung der Verkehrsmenge ausgewählt, d.h. die optimale oder alternative Verbindung ausgesucht werden.

Andererseits wird die Netzplantechnik zur Ablaufplanung eines Investitionsprojektes herangezogen. Es ist möglich, bezüglich der Zeit, der Kapazität und der Kosten einen optimalen Ablaufplan für eine Investition zu erstellen. Auch diese zeitliche, kapazitätsmäßige und kostenorientierte Planung kann als Kriterium zur Bewertung einer Verkehrsinvestition herangezogen werden.

Aus dieser rein netz- und ablaufbezogenen Bewertung einer Verkehrsinvestition ist natürlich keine umfassende Information über die Entscheidung zwischen alternativen Verkehrsinvestitionen zu gewinnen, da z.B. sämtliche Auswirkungen einer solchen Investition unberücksichtigt bleiben. Das heißt, die Netzplantechnik kann nie als alleinige Bewertungsmethode herangezogen werden, sondern höchstens im Rahmen eines Methodenmix Teilaspekte des Bewertungsproblems im Verkehrswesen lösen.[57)]

7) PROGRAMMIERUNGSANSÄTZE

Die mathematischen Programmierungsverfahren sind Optimierungsverfahren, die unter Vorgabe gewisser Nebenbedingungen die günstigste von mehreren möglichen Lösungen ermitteln. Von einer Vielzahl der Programmierungsverfahren ist die lineare Programmierung die am weitesten entwickelte Methode. Sie wird häufig zur Lösung ökonomischer Probleme herangezogen, wenn auch die Unterstellung linearer Zusammenhänge nicht immer realitätsnah ist. Da die Auswahl von Investitionsalternativen als Optimierungsproblem aufgefaßt werden kann, für das der optimale Zielerreichungsgrad unter bestimmten Nebenbedingungen zu ermitteln ist, wird die lineare Programmierung in der Betriebswirtschaftslehre zur Lösung von Investitionsproblemen bei Sicherheit herangezogen. Sind die Auswirkungen einer Verkehrsinvestition sicher und können annähernd lineare Zusammenhänge unterstellt werden, so ist dieses Verfahren auch zur Bewertung von Verkehrsinvestitionen geeignet.

Die lineare Programmierung ermittelt für eine genau definierte lineare Zielfunktion unter vorgegebenen Restriktionen die optimale Lösung. Der allgemeiner Ansatz lautet:

(21) $z = c_i \cdot x_i$ max! oder min! (Zielfunktion)

(22) $a_{ij} \cdot x_i \leq b_i$ mit $j=1,...,n$; $i=1,...,m$ (Nebenbedingungen)

(23) $x_i \geq 0$ (Nichtnegativitätsbedingung),

wobei x_i die Variablen darstellt und c_i, a_{ij} und b_i die Konstanten sind. Mit Hilfe dieses linearen Programmierungsansatzes werden für die Entscheidungsvariablen x_i die optimalen Mengen bzw. optimalen Werte bestimmt; c_i können z.B. Preise oder Erträge darstellen, b_i die beschränkten Produktionskapazitäten oder die beschränkten finanziellen Mittel. Die Konstanten a_{ij} bilden dann den Wert, den eine Variable x_i von den knappen Komponenten b_i jeweils benötigt.

Dieser Grundansatz der linearen Programmierung kann je nach Problemstellung variiert und/oder durch spezielle Nebenbedingungen erweitert werden. Die Lösungen erfordern dann aber die Einführung "künstlicher" Variablen oder die Änderung der Anforderungen an die Entscheidungsvariablen bzw. die Parameter. Durch diese Variation sind die dem Modell zugrundeliegenden Funktionen meist nicht mehr linearer Art und müssen über Hilfskonstruktionen linearisiert und damit wieder für die Algorithmen der linearen Programmierung lösbar gemacht werden.

Ist das zu lösende Problem von mehreren Entscheidungsvariablen abhängig, so muß man dynamische Programmierungsverfahren anwenden. Sind hingegen die Informationen unvollständig oder verändern sich die Daten, so muß man zur adaptiven Programmierung übergehen. Dies bringt jedoch mathematisch bisher nicht lösbare Schwierigkeiten mit sich.[58)]

Die lineare Programmierung kann zur Ermittlung von optimalen Investitionsalternativen im Verkehrssektor dann angewandt werden, wenn lineare Zusammenhänge als realistisch angenommen werden können und die Variablen nicht negativ, substituierbar, linear unabhängig und quantitativ begrenzt sind. Unter diesen Bedingungen kann die optimale Lösung mit Hilfe von Algorithmen und Iterationsverfahren ermittelt werden. Es werden sukzessive die ineffizienten Alternativen eliminiert, bis schließlich die optimale Lösung gefunden ist. Bei der Lösung dieses Problems kommt der Dualitätstheorie eine besondere Bedeutung zu, da für jede primale Aufgabe auch eine duale existiert und zur gleichen Lösung führt. Sind z.B. die Variablen des Primals Mengeneinheiten, so sind die des Duals Werteinheiten, d.h. sogenannte Schattenpreise.[59)]

Der Anwendbarkeit der linearen Programmierung für die Ermittlung der optimalen Investitionsalternative im Verkehrssektor sind allerdings methodische Beschränkungen gesetzt. So ist die Unterstellung linearer Zusammenhänge unrealistisch. Zudem bestehen die Unabhängigkeit und vollkommene Teilbarkeit der einzelnen Investitionsobjekte in der Realität selten. Auch die Annahme vollkommener Information ist nicht in allen Fällen zu erfüllen. Das heißt, daß die lineare Programmierung im Verkehrssektor nur dann anzuwenden ist, wenn die Auswirkungen einer Investition und der Eintritt dieser Auswirkungen sicher sind. Da dies aber nur für einige Investitionsprojekte im Verkehrssektor zutrifft, kann der linearen Programmierung keine generelle Anwendbarkeit im Verkehrssektor zuerkannt werden.

8) ENTSCHEIDUNGS- UND SPIELTHEORIE

Die Bewertung von alternativen Verkehrsinvestitionen ist mit Hilfe der Entscheidungstheorie[60)] möglich. Die Entscheidungstheorie analysiert Situationen, in denen ein Entscheidungsträger vor dem Problem steht, zwischen mehreren Alternativen, deren Erfolg - sprich Nutzen - mehr oder weniger sicher eintritt, eine Entscheidung treffen zu müssen. Der Entscheidende hat die Zielsetzung, seinen Nutzen zu maximieren, kann dabei aber nicht die Umweltzustände beeinflussen.

Diese Entscheidungssituation läßt sich im Modell darstellen, wobei zwischen offenen und geschlossenen Modellen zu unterscheiden ist. Offene Modelle berücksichtigen die Interaktionen zwischen Umwelt und Entscheidungssystem. Für die Bewertung von Verkehrsinvestitionen sind offene Modelle angebracht, da ja gerade die Umweltzustände für die Richtung der Auswirkungen einer Verkehrsinvestition verantwortlich sind.

Der Grundsatz der Entscheidungstheorie läßt sich anhand der Ergebnis- und Entscheidungsmatrix[61)] veranschaulichen:

Der Entscheidende hat n Alternativen A_i zur Auswahl, die entsprechend dem jeweiligen Umweltzustand UW_j, $j=1,\ldots,m$ zu einem anderen Ergebnis e_{ij} führen. Die Ergebnisse sind allerdings nicht mit Sicherheit vorauszusagen.

ABB. 4: ERGEBNISMATRIX

Umweltzustände / Alternativen	UW_1	UW_2	...	UW_m
A_1	e_{11}	e_{12}	...	e_{1m}
A_2	e_{21}	e_{22}	...	e_{2m}
.	.	.	.	.
.	.	.	.	.
.	.	.	.	.
A_n	e_{n1}	e_{n2}	...	e_{nm}

Diese Ergebnisse e_{ij} hat der Entscheidende gemäß seiner Präferenzordnung zu beurteilen und jedem Ergebnis einen Nutzen u_{ij} zuzuordnen:

ABB. 5: ENTSCHEIDUNGSMATRIX

Umweltzustände / Alternativen	UW_1	UW_2	...	UW_m
A_1	u_{11}	u_{12}	...	u_{1m}
A_2	u_{21}	u_{22}	...	u_{2m}
.	.	.	.	.
.	.	.	.	.
.	.	.	.	.
A_n	u_{n1}	u_{n2}	...	u_{nm}

Diese Entscheidungsmatrix läßt sich insofern erweitern, als daß man die Nutzen noch gemäß unterschiedlicher Zielsetzungen ermittelt.

ABB. 6: ERWEITERTE ENTSCHEIDUNGSMATRIX

Alternativen \ Umweltzustände / ZIELE	UW_1	...	UW_m
	$z_a, z_b, \ldots, z_g$	...	$z_a, z_b, \ldots, z_g$
A_1	$u_{11a}, \ldots, u_{11g}$	...	$u_{1ma}, \ldots, u_{1mg}$
A_2	$u_{21a}, \ldots, u_{21g}$	...	$u_{2ma}, \ldots, u_{2mg}$
.	.	.	.
.	.	.	.
.	.	.	.
A_n	$u_{n1a}, \ldots, u_{n1g}$	...	$u_{nma}, \ldots, u_{nmg}$

Die Entscheidung erfolgt dann bei Sicherheit gemäß dem Prinzip der Nutzenmaximierung, d.h. der Entscheidungsträger realisiert die Alternative A_i mit dem höchsten Nutzen u_{ij}. Ist der Eintritt des Umweltzustandes j unsicher und risikobehaftet, so muß die Entscheidung gemäß einer Entscheidungsregel,[62] die als Präferenzvorschrift anzusehen ist, getroffen werden. Lösungsmethoden sind die Roll-Bäck-Analyse, die dynamische Programmierung und die Branch-and-Bound-Methode.[63]

Wenn auch in der Literatur nicht immer streng zwischen Entscheidungs- und Spieltheorie getrennt wird, so besteht dennoch ein Unterschied insofern, als in der Spieltheorie Spieler und Gegenspieler, die gemäß gewissen Strategien handeln, aufeinandertreffen, deren Erfolg als Gewinn bzw. Verlust bezeichnet wird, während man in der Entscheidungstheorie nur unter Bezug auf Umweltzustände bzw. die Natur zu entscheiden hat und sich der Erfolg in Nutzen ausdrückt.

Die Spieltheorie wurde von NEUMANN und MORGENSTERN[64] begründet, die einen bestehenden Ansatz von BOREL[65] ausgebaut haben. Jedes Spiel läßt sich analog der Entscheidungssituation, die in einem Entscheidungsbaum dargestellt wird, in einem Spielbaum ausdrükken; die Gewinne bzw. Verluste eines Spielers werden in einer

Auszahlungsmatrix getrennt nach möglichen Strategien aufgeführt. Ein Spiel läßt sich dann mit Hilfe eines linearen Programmierungsansatzes lösen, d.h. die Spieltheorie ist analog den Ausführungen zur linearen Programmierung auf die Investitionsbewertung im Verkehrssektor anwendbar.

9) THEORIE DER STOCHASTISCHEN PROZESSE

Mit Hilfe der Theorie der stochastischen Prozesse[66)] versucht die Ökonomie, reale Abläufe modellmäßig zu erfassen, die ständig von zufallsabhängigen Variablen determiniert werden. Da bei häufiger Wiederholung des gleichen zufallsbedingten Prozeßablaufs bestimmte Zustände mit relativ konstanter Häufigkeit auftreten, hat man versucht, diese Prozesse mit Hilfe der Wahrscheinlichkeitstheorie zu analysieren. Dies trifft auch für die von einer Verkehrsinvestition induzierten Folgeprozesse zu. Man weiß zwar, daß eine Verkehrsinvestition einen Wachstums-, Entleerungs- oder Indifferenzprozeß auslösen kann, aber man ist nicht in der Lage, den Ursachenkomplex (z.B. Reaktionen der Bevölkerung bezüglich Benutzung und Bewertung der Verkehrseinrichtung) zu analysieren, so daß man diesen Prozeßablauf als zufallsbedingt annehmen kann, um ihn mit Hilfe der Theorie der stochastischen Prozesse als Modell abzubilden, Wahrscheinlichkeiten über den Trend des Prozeßablaufs zu ermitteln und zukünftige Entwicklungen abzuschätzen.

Ein stochastischer Prozeß liegt dann vor, wenn eine zufallsabhängige Variable x von einem Parameter t determiniert wird, der in einer definierten reellen Zahlenmenge T variiert, wobei T eine Teilmenge der Menge der reellen Zahlen R ist ($T \subset R$). Formal läßt sich dieser stochastische Prozeß wie folgt beschreiben:

(24) $(x_t, t \in T)$,

d.h. der Parameter t ist ein Element der Menge T, die als Indexmenge des stochastischen Prozesses bezeichnet wird. Die zufallsabhängige Variable x wird dabei als Bild einer reellen Funktion, die jedem Element einer Menge zufälliger Ereignisse einen reellen Zahlenwert zuordnet (z.B. einen Auszahlungsbetrag) betrachtet; x realisiert diesen Prozeß, den Zustand i mit der Wahrscheinlichkeit $P_i = P\ (x \Rightarrow i)$, wobei $f(T) = \sum_i P_i$, i mit $x_i\ \{\leq, <, >, \geq\}T$ die Verteilungsfunktion von x ist, also die Wahrscheinlichkeit, mit der x einen Wert realisiert, der $\{\leq, <, >, \geq\}$ als ein Schwellenwert T ist.

Ist bei einem stochastischen Prozeß die Wahrscheinlichkeit aufgrund vergangener Ereignisse determiniert, so kann man den Prozeßablauf mit Hilfe bedingter Wahrscheinlichkeiten beschreiben; man spricht in diesem Fall von einem Markov-Prozeß. Ist hingegen die Wahrscheinlichkeit von der Zeitdauer des Prozesses oder einem Teilabschnitt davon abhängig, so sind für diese Zeitintervalle Erwartungswerte zu formulieren. Es handelt sich in diesem Fall um einen Poisson-Prozeß.

10) SIMULATION

Die Simulation als Methode zur Erforschung von Modellen als Abbilder der Realität hat insbesondere in der Ökonomie die Hoffnung erweckt, bisher ungelöste Probleme in den Griff zu bekommen. Ein Hauptziel ist die Erforschung von Konsequenzen alternativer Entscheidungen bzw. der Optimierung von Entscheidungsvorgängen.[67)]

Aus dieser Zielsetzung ist abzuleiten, daß die Simulation auch zur Bewertung von Investitionen im Verkehrssektor herangezogen werden kann. Grundlage müßte jedoch ein Modell sein, das die Auswirkungen einer Verkehrsinvestition erfaßt und ein Experimentieren mit den Modellbedingungen erlaubt, bis die in der Realität zu beobachtenden Zusammenhänge hinreichend genau beschrieben werden. Es wird so das direkte Experiment in der Realität umgangen und statt dessen durch die Modellsimulation ersetzt.

Ein Simulationsverfahren setzt sich im allgemeinen aus folgenden Phasen zusammen:[68)]

(1) Formulierung des Problems,

(2) Erfassung der erforderlichen Daten,

(3) Konstruktion eines mathematischen Modells,

(4) Schätzung der Parameter,
(5) Auswahl einer Programmiersprache und Übertragung des Modells in ein Computerprogramm und
(6) Auswertung der Simulationsergebnisse und formale Überprüfung auf Richtigkeit und Präzision.

Auch wenn es mit Hilfe der Simulation gelungen ist, in der Ökonomie Experimente durchzuführen, so muß doch auf Grenzen dieser Methode hingewiesen werden. Denn jede Simulation kann nur so gut sein, wie das ihr zugrundeliegende Modell. Das heißt, daß nicht das Verfahren an sich zu fehlerhaften Ergebnissen führt, sondern die Qualität der Ergebnisse von der problemadäquaten Formulierung des Modells abhängt.

B) BEWERTENDE METHODEN

1) KREATIVE UND STRUKTURFORMENDE METHODEN

Da die Bewertung einer Verkehrsinvestition die künftigen Auswirkungen eines durchzuführenden Projektes als wesentliche Elemente innerhalb des Bewertungsprozesses zu berücksichtigen hat, müssen die Möglichkeiten, Arten, Richtungen und Tendenzen dieser Auswirkungen erkannt und einer Systematisierung unterzogen werden. Zur Erforschung und Klärung des Auswirkungsspektrums einer Verkehrsinvestition können als erstes vorhandene empirische Studien und theoretische Erörterungen herangezogen werden. Diese Materialien stellen ein weitgehend objektiviertes Faktenwissen dar, das jedoch nicht immer alle möglichen zu berücksichtigenden Effekte beinhaltet. Daher erscheint es sinnvoll, im Bewertungsprozeß einer Verkehrsinvestition Methoden einzusetzen, die in der Lage sind, neue, bisher nicht gekannte und formulierte Hypothesen in die Diskussion einzubringen. Im folgenden soll daher kurz auf einige methodische Ansätze eingegangen werden, die bei der Konzeption eines Bewertungsansatzes für Verkehrsinvestitionen aufgrund ihres Spielraumes für Kreativität von außerordentlichem Nutzen sein können.

Das "Scenario-writing"[69] ermöglicht, aufgrund seines niedrigen Organisationsgrades der Kreativität von Experten ein weites Feld zu eröffnen. Voraussetzungen für den Erfolg eines Scenarios sind die gründliche Kenntnis des relevanten Datenkranzes. Experten geben ohne Einschränkung durch äußere Einwirkungen ihre Ansichten über Lösungsmöglichkeiten des gestellten Problemes kund. Bei sehr komplexen Problemstellungen wie bei der Erfassung von Auswirkungen einer Verkehrsinvestition empfiehlt es sich, die Problemstellung in einzelne Aspekte aufzuspalten, wodurch innerhalb der einzelnen Bereiche genauere quantitative Betrachtungen durchgeführt werden können. Das Ergebnis eines Scenarios ist die Projektion der gegebenen Situation in die Zukunft, wobei die logische Weiterentwicklung der Gegenwart und mögliche externe Einwirkungen in die Projektion Eingang finden.

Im Gegensatz zu der logisch deduktiven Vorgehensweise einzelner Experten bei der Abfassung von Projektionen in Scenarien bedient sich das Brainstorming[70] mehr der gruppendynamischen Effekte bei der Produktion von Ideen. Intensives Faktenwissen ist auch hier die Voraussetzung für die Teilnehmer einer Brainstorminggruppe. Der aufgeworfene Problembereich soll innerhalb der Gruppe in allen möglichen Aspekten diskutiert werden. Daher ist es für eine solche Brainstorminggruppe von Vorteil, wenn sie möglichst heterogen zusammengesetzt ist. Eine repräsentative Auswahl von Experten zu dem aufgeworfenen Problemkreis ist eine weitere Voraussetzung für den Erfolg eines Brainstormings. Die Zahl der Teilnehmer und die Dauer der jeweiligen Sitzungen sind abhängig von der Qualifikation der Teilnehmer und dem anstehenden Problem. Mit Hilfe von Organisationsschemata besteht die Möglichkeit, auch große Gruppen in ein Brainstorming einzubeziehen, wie es z.B. die Methode Philipps 66 ermöglicht. Hier wird eine große Anzahl von Teilnehmern in 6er-Gruppen aufgeteilt, die jeweils sechs Minuten untereinander diskutieren und einen gewählten Sprecher in eine Diskussionsrunde delegieren. Eine Verbesserung der Kreativität und der Qualifikation der Teilnehmer sehen die Synektik und das Sensitivity Training vor. Hier werden Experten auf Kreativität für bestimmte Problembereiche intensiv trainiert und erst nach einer eingehenden Ausbildung in eine Diskussionsrunde entsandt.

Das Ergebnis einer Brainstorming-Sitzung ist häufig eine diffuse und mit Analogien durchsetzte Sammlung von Ideen und Problemlösungsvorschlägen. Eine Bewertung der gesammelten Ideen oder Lösungen ist innerhalb dieses methodischen Rahmens nicht vorgesehen. Hierzu bedarf es eines weiteren verarbeitenden Schrittes auf der Ebene der Erkenntnisfindung und Strukturierung. Für die Auffindung von Alternativen und Auswirkungsmöglichkeiten von Verkehrsinvestitionen ist diese Methode sicherlich von erheblichem Nutzen, da noch nicht auf eine ausgebaute Theorie bezüglich der Auswirkungen von Verkehrsinvestitionen zurückgegriffen werden kann und die langen Beharrungszeiten und breiten Auswirkungsspektren von Verkehrsinvestitionen eine intensive Beschäftigung mit ihren Folgewirkungen rechtfertigen.

Um den Spontaneitätsbarrieren der Gruppendiskussion im Brainstorming auszuweichen, greift die Delphi-Methode[71)] auf Fragebögen zurück, die einen abgegrenzten Problemkreis behandeln. Die Fragen sind von ausgewählten Experten gesondert zu beantworten. Voraussetzung für den Erfolg einer solchen Delphi-Befragung ist ein möglichst gleicher Informationsstand der befragten Experten bezüglich des angesprochenen Problemkreises. Ziel der Delphi-Methode ist es, durch wiederholte Befragungen einen Konsensus der Expertenmeinungen herbeizuführen. Dies wird dadurch erreicht, daß alle Meinungen, die außerhalb eines bestimmten Interquartilbereiches liegen, von den Experten begründet werden müssen. Nach Zuleitung abweichender Meinungen und ihrer Begründung an alle Befragten erfolgt eine erneute Befragungsaktion. Hierdurch werden jedoch die Kreativitätsbarrieren, die durch die isolierte Befragung von Experten aufgehoben werden sollen, erneut in die Methode eingeführt. Die Delphi-Methode mißt der Konvergenz der Expertenmeinungen einen höheren Objektivitäts- und Wahrscheinlichkeitsgrad zu als den Außenseitermeinungen. Daher werden die Äußerungen, die nicht im Bereich des Medians liegen, eliminiert. Eine Variation dieser Delphi-Methode besteht darin, daß zum einen Experten mit in die Befragung einbezogen werden, die einen hohen Kreativitätsgrad besitzen, und zum anderen die Fragen zu dem anstehenden Problemkreis in offener Form gestellt werden. Dadurch wird den Experten ein größerer kreativer Spielraum gelassen.

Scenarien, Brainstormings und Delphi-Methoden mit ihren Variationen sind geeignet, Programme, Strategien und Projekte für komplexe gesellschaftliche Probleme zu formulieren. Im Gegensatz zu Scenarien und Brainstormings werden die Meinungsäußerungen in den Delphi-Methoden einer Bewertung seitens eines Koordinators oder der Gruppe selbst unterzogen. Ferner sind dem Kreativitätsspielraum in den Brainstormings und Scenarien weniger Grenzen gesetzt als bei der Delphi-Methode. Die Delphi-Methode erlaubt, Problembereiche tiefer zu durchleuchten, die noch nicht auf ausformulierte Theorien zurückgreifen können, und ist speziell dann anwendbar, wenn die Parameter künftiger Entwicklungen nicht durch unmittelbar quantitativ formulierbare Aussagen festgelegt werden können.

Die oben beschriebenen methodischen Ansätze sind heuristische Verfahren, die zur Vorfeldklärung von Problemlösungs- und Bewertungsprozessen dienen. Es handelt sich also um erkenntnisorientierte Verfahren, die einer weiteren Verarbeitung durch auswahl- und bewertungsorientierte Methoden bedürfen. Sie sind demnach ideale Vorstufen für die Erkennung von Wirkungszusammenhängen und Alternativlösungen. Für die Bewertung einer Verkehrsinvestition können diese oben aufgeführten Methoden zwar weniger quantitative Aussagen machen, aber die qualitativen Aussagen über die Auswirkungen einer Verkehrsinvestition und ihre Bedeutung im Beurteilungsspektrum von Experten für die künftige Entwicklung sind eine wertvolle Hilfe für die Entscheidungsvorbereitung und Entscheidungsfindung im Bewertungsprozeß für Verkehrsinvestitionen.

Wie schon erwähnt, sind diese erkenntnistheoretischen Methoden einer weiteren Verarbeitung zu unterziehen. Es entsteht somit zunächst die Aufgabe, die zum Teil diffusen Ideensammlungen in strukturierte Systeme zu überführen. Diese Strukturierung soll dazu dienen, Lösungswege für die gestellten Probleme aufzufinden und, soweit möglich, bereits einer Bewertung zu unterziehen.

Auch dieser methodische Schritt bezieht sich noch weitgehend auf den Erkenntnisprozeß und berührt weniger das Problem der Bewertung. Da es sich bei der Bewertung einer Verkehrsinvestition zumeist um Projektionen in die Zukunft handelt, müssen Entscheidungen für oder gegen Veränderungen, d.h. für oder gegen eine Verkehrsinvestition, getroffen werden. Da der Investor zumeist nur über beschränkte Ressourcen verfügt, ist es unabdingbar, alle möglichen Alternativen und alternativen Auswirkungen eines zu realisierenden Projektes zu kennen. Diese Forderung beinhaltet die Notwendigkeit einer Strukturierung des vorgegebenen Problems. Um dieser Forderung nachzukommen, wurden Ordnungsschemata wie Morphologiestudien und Relevanzbäume entwickelt.

Der erste Schritt zur Strukturierung von Problemkreisen liegt im Ordnen und Klassifizieren der das Problem kennzeichnenden Elemente. In Morphologiestudien[72)] werden zu einem vorgegebenen Problem Bestimmungsmerkmale und Erscheinungsformen der einzelnen Elemente in Tabellenform dargestellt. So enthält jede Zeile einer Morphologietabelle ein Bestimmungsmerkmal in all seinen möglichen und denkbaren Erscheinungsformen. Der erste Zielkomplex einer Morphologiestudie liegt darin, sowohl alle Parameter als auch alle Erscheinungsformen möglichst vollständig aufzuzeigen. Anhand einer solchen Tabelle, die alle relevanten Parameter und alle Erscheinungsformen enthält, werden durch Verbindung der einzelnen Erscheinungsformen mit den Parametern Lösungsmöglichkeiten aufgezeigt, wobei sowohl bekannte und erklärliche als auch unbekannte und unerklärliche Lösungswege auftreten können. Dabei steht die Realisierbarkeit der aufgezeigten Lösungsmöglichkeiten häufig in Frage. Die Menge der Lösungsmöglichkeiten innerhalb einer solchen Morphologiestudie wird jedoch durch eine Anzahl trivialer Lösungen und Restriktionen, die in dem System selbst enthalten sein können, stark reduziert. Mit Hilfe dieses Verfahrens ist es somit möglich, die aus Brainstormings oder Scenarien erworbenen diffusen Problemlösungsansätze in überschaubarer Weise zu ordnen und zu klassifizieren. Im Bereich der Bewertung von Verkehrsinvestitionen ist diese Methode bei der Zusammenstellung der möglichen Auswirkungen und dem Aufzeigen möglicher alternativer Lösungen ein brauchbares Instrument, das den anschließenden Bewertungs- und Entscheidungsprozeß in einen transparenten Rahmen stellt. Es fehlen für die Bewertung der Verkehrsinvestition zwar noch quantitative Aussagen, jedoch das strukturierte Denken, das diese Methode voraussetzt, vermag unkonventionelle Lösungsmöglichkeiten und Bewertungskriterien aufzuzeigen. Diese Methode hat jedoch den Nachteil, daß sie bei komplexen Problemstellungen, deren Parameter eine Vielzahl von Erscheinungsformen aufweisen können, außerordentlich viele Kombinations- und Lösungsmöglichkeiten zuläßt. Hier liegt eine Gefahr der Unüberschaubarkeit der angebotenen und zu selektierenden Lösungsalternativen. Für abgegrenzte, überschaubare Teilprobleme erscheinen Morphologiestudien jedoch von außerordentlichem Nutzen.

Eine weiteres problemstrukturierendes Verfahren ist die Relevanzbaummethode,[73] die von einem vorgegebenen Zielkatalog ausgeht und Alternativen zur Erreichung der gesetzten Ziele über unterschiedliche aufeinanderfolgende Ebenen klassifiziert. Im Gegensatz zur Erarbeitung der Morphologie eines Problems geht die Relevanzbaummethode einen Schritt weiter, indem sie Bewertungskriterien für die einzelnen Alternativen aufstellt und ihnen Gewichte zuordnet. Die Aussagefähigkeit des Relevanzbaumverfahrens hängt ab von der Gültigkeit der Bewertungskriterien und deren Gewichtung. Ferner ist eine Aktualisierung der Kriterien und der ihnen zugeordneten Gewichte unumgänglich. Zur Durchführung eines Relevanzbaumverfahrens werden sogenannte "significance-numbers" durch Multiplikation der Bewertungskriterien für eine Alternative mit den Gewichten ermittelt. Diese "significance-numbers", die sich auf das jeweilige Bewertungskriterium beziehen, werden mit Gewichten bezüglich der betrachteten Alternative multipliziert und ergeben summiert die "relevance-numbers". Durch Multiplikation der "relevance-numbers" der ausgewählten Alternativen pro Ebene ergeben sich sogenannte "relevance-figures". Diese "relevance-figures" zeigen auf, welche Alternativfolgen optimal sind, d.h. welche Alternative der nachfolgenden Ebene der vorangegangenen ausgewählten Alternative folgen soll, um die Zielerreichung am besten sicherzustellen. Es handelt sich hierbei demnach um eine normative Projektion, Zielauswahl oder Projektauswahl. Da es sich in diesem Verfahren weitgehend um Bewertungskriterien in Verbindung mit subjektiven Bewertungen handelt, ist eine stete Überprüfung der Ergebnisse unbedingt notwendig. Die Sensitivitätsanalyse ist für ein solches Relevanzbaumverfahren zur Erhärtung der Aussagefähigkeit unumgänglich. Zu bedenken ist, daß bei sehr komplexen Systemen die Addition der Werte der einzelnen Elemente und die Multiplikation der ausgewählten Alternativen je Ebene die Empfindlichkeit dieses Analyseinstruments erheblich abschwächt. Dennoch bietet dieses Verfahren quantitative, wenn auch subjektiv bestimmte Ansätze für die Bewertung von alternativen Problemlösungsmöglichkeiten.

Ist es bereits gelungen, ein Problem genau zu definieren und sind die konditionalen Zusammenhänge der einzelnen Elemente untereinander bekannt, so erleichtert das Entscheidungsbaumverfahren[74] die Findung des optimalen Lösungsweges. Ausgangspunkt für dieses Verfahren ist die Festlegung aller möglichen alternativen und relevanten Entscheidungspunkte. Neben dem notwendigen Datenmaterial müssen Wahrscheinlichkeiten gegeben sein, mit denen bestimmte Ereignisse auf eine gewählte Alternative hin auftreten. Darüber hinaus wird vorausgesetzt, daß der Nutzen eines jeweils eintretenden Ereignisses und somit auch der Nutzen des optimalen Pfades innerhalb eines Entscheidungsbaumes erfaßbar und meßbar ist. Die Elemente eines Entscheidungsbaumes lassen sich in zwei Gruppen unterteilen, und zwar ist die eine Gruppe durch den Akteur beeinflußbar und kontrollierbar, während die andere Gruppe nicht in seiner Disposition steht, sondern vom Zufall oder vom Verhalten eines möglichen Gegners abhängt. Dieser methodische Ansatz zwingt zum logischen, deduktiven Denken und ist in der Lage, eindeutige Folgeerscheinungen auf diesem Wege erkennbar zu machen. Unter normativen Annahmen werden somit mögliche Entwicklungen aufgezeigt und die sequentielle Auswahl von Entscheidungen erleichtert.

2) COST-BENEFIT-ANALYSE

Der Einsatz des Instrumentes der Cost-Benefit-Analyse bei der staatlichen Investitionsentscheidung soll eine ökonomische Rationalisierung und Versachlichung der Investitionsproblematik und -argumente herbeiführen. Ihr Einsatzsspektrum reicht von der Orientierungs- bzw. Entscheidungshilfe bis hin zur Erfolgskontrolle.[75)]

Die Cost-Benefit-Analyse ist weitgehend als ein Mittel der Entscheidungshilfe zu verstehen, da sowohl die anzustrebenden Ziele als auch die zu untersuchenden Mittel oder Projekte in der Regel außerhalb der Analyse festgelegt werden. Die Cost-Benefit-Analyse versucht unter Zugrundelegung eines bestimmten gesamtwirtschaftlichen Zieles, alle möglichen monetären Nutzen und Kosten eines bestimmten öffentlichen Investitionsprojekts zu erfassen. Voraussetzung für die Anwendung dieses Entscheidungsvorbereitungsinstruments ist eine operationale Formulierung der Zielfunktion. Die traditionelle Cost-Benefit-Analyse geht dabei meist von einer monetär quantifizierbaren Zielfunktion der Sozialproduktsmaximierung aus. Dieser traditionelle Ansatz wurde durch Einbeziehung distributiver und allokativer Zielsetzungen erweitert. Außerdem sind Nebenbedingungen in den methodischen Ansatz einbezogen worden.[76)]

Entsprechend der Formulierung der Zielfunktion sind die Kosten- und Nutzenarten zu bestimmen, die auf die Zielformulierung einwirken. Von erheblicher Bedeutung ist hierbei eine systematische Erfassung aller positiven und negativen Effekte, die sowohl direkt als auch indirekt bei staatlichen Investitionen auftreten. Durch das Fehlen des Ausschlußprinzips und die Unteilbarkeit der öffentlich angebotenen Leistungen im Verkehrssektor existieren zumeist indirekte und außermarktmäßige Wirkungen, deren explizite Identifikation und Quantifizierung erhebliche Probleme aufwirft.[77)]

Als direkte Kosten gehen die unmittelbar anfallenden Projektkosten eines Investitionsprojektes in die Kosten-Nutzen-Analyse ein, während sich die indirekten Kosten aus den Folge- und Nebenwirkungen des Projektes ergeben und bei anderen Wirtschaftssubjekten als dem Investitionsträger selbst entstehen, wie z.B. bei privaten Haushalten, privaten Unternehmen oder anderen öffentlichen Institutionen.[78)]

Das Bewertungskriterium der Cost-Benefit-Analyse ist die Differenz zwischen den gesamten Kosten und gesamten Nutzen eines zu realisierenden Projektes. Neben der Bedingung, daß alle projektbedingten Aufwendungen und Erträge sowohl identifiziert, quantifiziert und monetär bewertbar sein müssen, sind die anfallenden Kosten und Nutzen eines Projektes über einen Zeitraum verteilt und müssen daher mit Hilfe einer Diskontierungsrate auf einen Zeitpunkt vergleichbar gemacht werden. Dies bedeutet, daß der gesamtgesellschaftlich zu erwartende Nutzenentgang und Nutzenzuwachs durch ein Projekt mit Hilfe einer Diskontierungsrate, die eine dynamische Präferenzstruktur widerspiegeln soll, auf einen Zeitpunkt hin quantifizierbar gemacht werden muß. Um diesen Diskontierungszinssatz näherungsweise festzulegen, wird teilweise vorgeschlagen, vom Kapitalmarktzins auszugehen bzw. Opportunitätskosten als Grundlage für die Errechnung des Diskontierungszinssatzes heranzuziehen. Geht man vom Kapitalmarktzins für die Ermittlung des Diskontierungssatzes aus, so wird eine vollkommene Konkurrenz auf dem Kapitalmarkt vorausgesetzt, und erweiterte betriebswirtschaftliche Investitionskriterien liefern hierbei das Entscheidungskriterium für die Bewertung des Investitionsprojektes.[79)]

Werden Opportunitätskosten als Ausgangspunkt für die Ermittlung des Diskontierungszinssatzes gewählt, so liegt dem die realistische Annahme der unvollkommenen Kapitalmärkte zugrunde. Für öffentliche Investitionen muß dabei jedoch weiter beachtet werden, daß der Kapitalbedarf nicht im Wettbewerb mit der Kapitalnachfrage für andere Verwendungsarten auf dem Markt steht. Diese Begründung rechtfertigt die Aufstellung einer normativen Diskontrate zur Beurteilung einer öffentlichen Investition. Die normative Festlegung einer Diskontrate entzieht sich weitgehend der ökonomischen Kalkulation und reicht in den Politikbereich hinüber.[80)]

Da für eine Reihe von Effekten, die durch eine Verkehrsinvestition hervorgerufen werden, keine Marktpreise zur Erfassung der

Kosten und Nutzen existieren und auch Schattenpreise aufgrund einer Reihe von intangiblen Effekten kaum oder nur unter großen Schwierigkeiten zu ermitteln sind, wird in Kosten-Nutzen-Analysen häufig auf eine verbale Beschreibung dieser Auswirkungen ausgewichen. Hier birgt die Kosten-Nutzen-Analyse die Gefahr, daß den quantifizierbaren Elementen weit mehr Bedeutung zugemessen wird als den nur verbal beschriebenen Auswirkungen. Dadurch werden Fehlentscheidungen hervorgerufen, denn für eine Reihe der nicht quantifizierbaren Elemente kann unterstellt werden, daß sie zur gesamtwirtschaftlichen Entwicklung einen hohen Beitrag leisten. Zur Bewertung einer Verkehrsinvestition erhält die Cost-Benefit-Analyse nur dann ihre volle Bedeutung, wenn das anstehende Problem es erlaubt, sämtliche Kosten und Erträge, d.h. auch die inkonsumerablen bzw. intangiblen Größen zu erfassen und zu bewerten.

Auch die Zugrundelegung einer gesamtwirtschaftlichen Zielfunktion auf der Sozialproduktsbasis ist für die Bewertung eines Investitionsprojektes im Verkehrssektor von Nachteil, da sie zu global und undifferenziert abgefaßt ist und die Komplexität des Auswirkungsspektrums einer Verkehrsinvestition nicht voll abdeckt. Daraus ergibt sich die Konsequenz, daß die Cost-Benefit-Analyse nur für einzelne, möglichst eng abgegrenzte Projekte im Infrastrukturbereich erfolgversprechend eingesetzt werden kann.[81)]

3) KOSTEN-WIRKSAMKEITSANALYSE

Ebenso wie die Cost-Benefit-Analyse wird die Kosten-Wirksamkeitsanalyse zur Auswahl von alternativen Infrastrukturprojekten herangezogen, um die ökonomische Rationalität von staatlichen Allokationsentscheidungen zu gewährleisten.[82)] Der Unterschied zwischen der Cost-Benefit-Analyse und der Kosten-Wirksamkeitsanalyse besteht in ihrer verschieden gelagerten Zielsetzung. Die Kosten-Wirksamkeitsanalyse ist mehr einzelwirtschaftlich orientiert, und es werden keine monetären Größen miteinander verglichen, sondern den Projektkosten werden die Zielerreichungsgrade der multiplen Zielsetzungen des Entscheidungsträgers gegenübergestellt. Die Nutzen einer Projektalternative werden also nicht wie bei der Cost-Benefit-Analyse monetär, sondern durch einen Zielerreichungsgrad bewertet. Zur Ermittlung des Zielerreichungsgrades werden aus dem gegebenen Zielsystem des Entscheidungsträgers Wirksamkeitsskalen abgeleitet, mit deren Hilfe die jeweiligen Zielerreichungsgrade gemessen werden. Durch Multiplikation des Zielerreichungsgrades mit einem subjektiven Zielgewicht, das die relative Bedeutung der Erreichung eines Teilzieles im Rahmen des Gesamtzielsystems widerspiegelt, wird die Teilwirksamkeit errechnet. Die Ermittlung der Wirksamkeitswerte im Rahmen der Kosten-Wirksamkeitsanalyse ist weitgehend mit der Ermittlung der Nutzwerte im Rahmen der Nutzwertanalyse identisch und soll daher hier nicht näher erörtert werden.

Im Rahmen der Kosten-Wirksamkeitsanalyse können sowohl monetäre Kosten als auch Opportunitätskosten (Schattenpreise) zugrundegelegt werden. Intangible Kosten werden nicht berücksichtigt, d.h. soziale Nebenwirkungen etc. werden vernachlässigt. Die Bewertung der Projektalternativen erfolgt durch Gegenüberstellung der Wirksamkeitswerte und der direkt erfaßbaren Kosten. Eine absolute Vorteilhaftigkeit einer Alternative kann so jedoch nicht ermittelt werden, da multiple Zielsetzungen und Gewichtungen die Vergleichbarkeit der Ergebnisse einschränken. Eine Rangfolge der Projektalternativen ist nur dann aufzustellen, wenn die Alternativen zu gleichen Kosten, aber unterschiedlichen Wirksamkeitsgraden zu realisieren sind. Über Alternativen mit höheren Kosten und gleichfalls höheren Wirksamkeitsgraden kann keine eindeutige Entscheidung getroffen werden. In diesem Falle ist subjektiv abzuwägen, ob die höheren Kosten noch den höheren Wirksamkeitsgraden adäquat sind. Eine Alternative wird als ineffizient bezeichnet, wenn sie bei höheren Kosten gleichzeitig geringere Wirksamkeitsgrade aufweist. Darüber hinaus kann die Rangfolge der Projektalternativen grundsätzlich auf zwei verschiedene Arten bestimmt werden. Erstens nach dem kostenbezogenen Ansatz (fixed-cost-approach) und zweitens nach dem wirksamkeitsbezogenen Konzept (fixed-efficiency-approach), d.h. es kann entweder bei gegebenen Projektkosten die Wirksamkeit maximiert oder aber eine Kostenminimierung bei gegebener Wirksamkeit verfolgt werden.[83)]

4) NUTZWERTANALYSE

Die Nutzwertanalyse als Instrument der systematischen Entscheidungsvorbereitung ist ein Verfahren der messenden Bewertung, das insbesondere dann angewandt wird, wenn es darum geht, eine Auswahl aus komplexen Projektalternativen zu finden, denen nicht unmittelbar ein monetärer Gegenwert zuzurechnen ist. Die Nutzwertanalyse stützt sich dabei auf eine Vielzahl von Zielkriterien, die jeweils separat bewertet und anschließend zu einem Gesamtwert aggregiert werden. Der Nutzwertanalyse wird allgemein eine Multivalenz nachgesagt, so daß sie ohne Modifikationen auch für die Bewertung von Verkehrsinvestitionen herangezogen werden kann. Inwieweit die Ergebnisse allerdings als befriedigend bezeichnet werden können, ist im folgenden zu prüfen. Zunächst soll jedoch das Verfahren der Nutzwertanalyse charakterisiert werden.[84)]

Die multidimensionale Nutzwertanalyse setzt sich aus den folgenden Schritten zusammen (vgl. dazu Abb. 7):[85)]
(1) Auswahl der relevanten Projektalternativen,
(2) Fixierung der relevanten Zielpräferenzen,
(3) Ableitung eines operationalen Zielsystems,
(4) Fixierung der Zielgewichte,
(5) Bewertung der Projektalternativen in der Form, daß alle Zielkriterien separat unter Berücksichtigung der jeweiligen Zielgewichte bewertet werden,
(6) Synthese der Zielerträge zu einem Gesamtwert, der als Nutzwert bezeichnet wird und
(7) Deduktion einer Rangfolge der Projektalternativen gemäß der Höhe ihrer Nutzwerte.

Im ersten Schritt der Nutzwertanalyse sind also die Projektalternativen zu definieren, die im Rahmen des Verfahrens verglichen und bewertet werden sollen. Dabei ist es wesentlich, daß die Alternativen, die zur Lösung des anstehenden Entscheidungsproblems relevant sind, vollständig berücksichtigt werden, da andererseits eine falsche Lösung des Problems ermittelt wird, obwohl die Methode ansonsten richtig angewandt wird. Der zwei-

ABB. 7: SCHEMATISCHER AUFBAU EINER NUTZWERTANALYSE

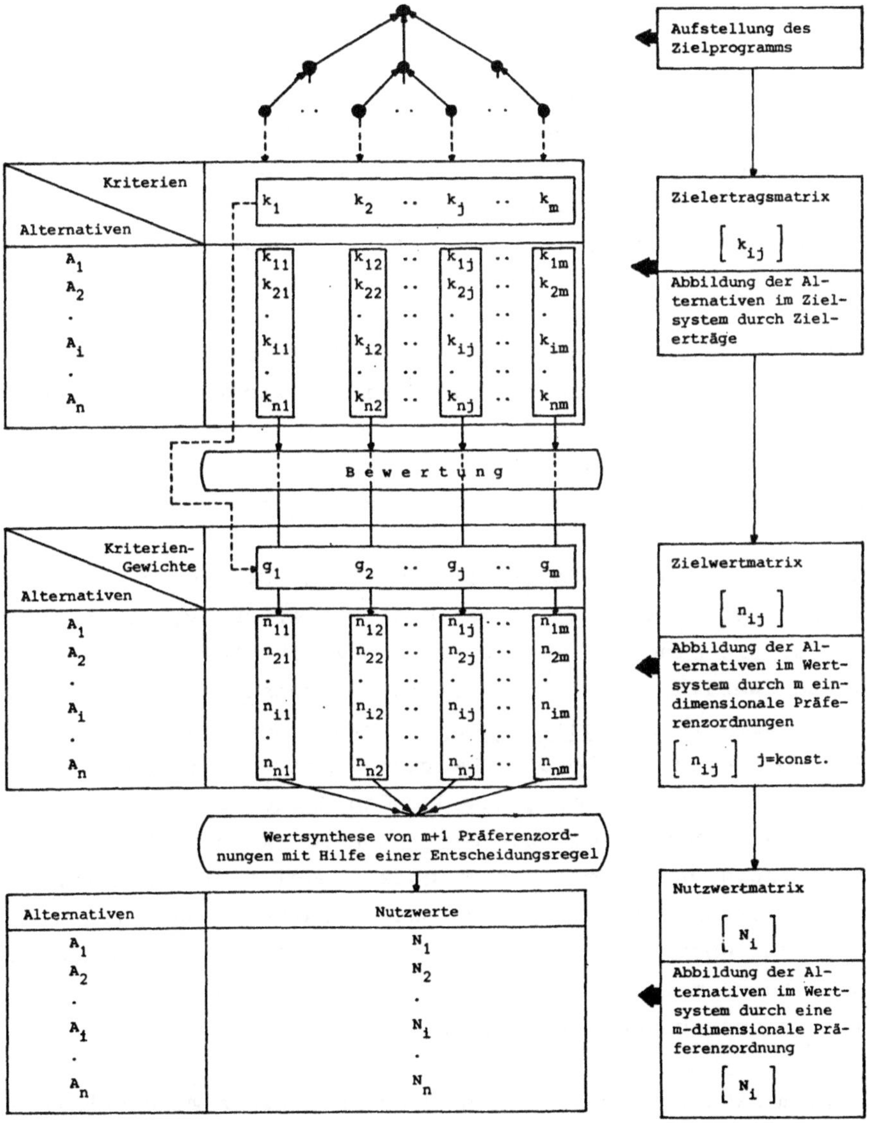

Quelle: ZANGEMEISTER, C.: Nutzwertanalyse ..., a.a.O., S. 73

te Schritt besteht darin, die Ziele zu fixieren, die die zu realisierende Projektalternative zu erfüllen hat. Dazu wird zweckmäßigerweise eine Zielhierarchie abgeleitet, auf deren unterster Ebene Kriterien bzw. Indikatoren auftreten, die den Zielerreichungsgrad messen. Die Kriterien müssen strenggenommen nutzenunabhängig sein, da ihre Aggregation zu einem Gesamtwert nur unter dieser Bedingung möglich ist. Da es in der Praxis jedoch selten ist, den isolierten Beitrag einer Projektalternative zum Gesamtnutzwert zu messen, ist man dazu übergegangen, die strenge Nutzenunabhängigkeit durch eine bedingte Unabhängigkeit abzuschwächen. Man spricht von einer Abhängigkeit in Sollgrenzen.[86)]

Nachdem die relevanten Ziele und die Indikatoren abgeleitet sind, ist für die einzelnen Ziele eine Gewichtung vorzunehmen, die ihre relative Bedeutung am Gesamtwert widerspiegelt. Diese Gewichte sind für eine zeitlich abgegrenzte Nutzwertanalyse konstant und addieren sich auf jeder Zielebene zu eins.

Als nächster Schritt folgt die Bewertung. Die Bewertung der n Alternativen A_i wird im Rahmen der Nutzwertanalyse so vorgenommen, daß die eingangs abgeleiteten m Zielkriterien k_j separat bewertet werden. Das heißt, das multidimensionale Bewertungsproblem wird in m eindimensionale Bewertungsvorgänge differenziert. Die eindimensionale Bewertung geht so vor, daß die den einzelnen Zielkriterien zuzuordnenden Zielerträge auf jeweils einer Skala abgebildet und somit gemessen werden. Die Messung erfolgt aufgrund formal festgelegter Regeln, die sich für die drei Skalierungsniveaus in nominale, ordinale und kardinale Skalierung unterscheiden. Die Kardinalskalierung wird als das Meßverfahren mit der größten Genauigkeit angesehen und führt somit zu den aussagekräftigsten Ergebnissen.

In einem nächsten Schritt sind diese einzelnen Meßergebnisse zu einem Gesamtwert zusammenzufassen. Gilt für alle eindimensionalen Messungen die gleiche Bewertungseinheit und der gleiche Skalenursprung, so sind die Ergebnisse direkt vergleich- und addierbar. Liegen hingegen unterschiedliche Bewertungseinheiten und/oder Skalenursprünge vor, so muß eine Vergleichbarkeit der Meßergebnisse durch eine entsprechende Transformation erreicht werden. Nach dieser Transformation können die Einzelergebnisse dann gewichtet und gemäß einer Entscheidungsregel zu einem Gesamtnutzwert aggregiert werden. Schließlich kann in einem letzten Schritt aus der Höhe der Gesamtnutzwerte für die n Alternativen A_i eine Rangfolge der Vorteilhaftigkeit abgeleitet werden.

Formal läßt sich dieser Grundansatz der Nutzwertanalyse wie folgt darstellen:[87)]

$$(25)\quad N_i = PR\,(k_{i1}, k_{i2}, \ldots, k_{im}) \qquad i=1,\ldots,n$$

sei die m-dimensionale Präferenzfunktion PR, die den Nutzwert N einer Alternative A_i aufgrund der Zielerträge k_{ij}, $j=1,\ldots,m$, beschreibt. Diese Funktion läßt sich in m eindimensionale Präferenzfunktionen aufspalten:

$$(26)\quad N_i = PR\left[PR_1(k_{i1}), PR_2(k_{i2}), \ldots, PR_m(k_{im})\right].$$

Nach Bewertung der einzelnen Zielelemente schreibt sich diese Funktion mit den Teilnutzwerten n_{ij} wie folgt:

$$(27)\quad N_i = PR\,(n_{i1}, n_{i2}, \ldots, n_{im}),$$

wobei

$$(28)\quad PR_j(k_{ij}) = n_{ij} \qquad i=1,\ldots,n;\ j=1,\ldots,m$$

gilt. Nach der gewichteten Wertsynthese gemäß einer entsprechenden Entscheidungsregel ER ergibt sich dann:

$$(29)\quad N_i = ER\left\{g_j;\ n_{ij}\right\} \qquad i=1,\ldots,n;\ j=1,\ldots,m;\ \sum_{j=1}^{m} g_j = 1.$$

Die multidimensionale Nutzwertanalyse ist ein Verfahren zur Auswahl alternativer Projekte, das aufgrund seiner Simplizität und Transparenz des Bewertungsprozesses gegenüber anderen Methoden einige Vorteile aufweist: Vereinfachung der komplexen Entscheidungssituation durch Zerlegung des multidimensionalen Problems in m eindimensionale Probleme; Offenlegung der Werturteile und ihrer Gewichtung, auf denen die Entscheidung basiert. Durch die Offenlegung sämtlicher Verfahrensschritte ist ein Höchstmaß an Kontrolle erreicht. Es ist möglich, die von einer Entscheidung betroffenen Individuen an dem Entscheidungsprozeß zu beteiligen, zudem wird eine systematische und einheitliche Entscheidungsvorbereitung garantiert.[88)]

Diesen Vorteilen der Nutzwertanalyse stehen einige Nachteile gegenüber, die die Aussagefähigkeit der Nutzwertanalyse beeinträchtigen: Zunächst schließt das Bewertungsverfahren nicht aus, daß nur die beste von insgesamt schlechten Alternativen ausgeführt wird; zudem führt das Verfahren nicht zu einer mathematischen Optimallösung. Die Nutzwertanalyse ist ein Verfahren, das lediglich subjektiver Formalrationalität genügt und das ökonomische Prinzip vernachlässigt.[89)]

C) ERGEBNISSE DER DISKUSSION DER METHODEN ZUR BEWERTUNG VON VERKEHRSINVESTITIONEN

Das Bewertungskriterium der betriebswirtschaftlich orientierten Investitionsrechnungen ist ein monetär dimensionierter Kosten-, Gewinn- oder Renditebegriff. Die quantitative Bestimmung dieses Entscheidungskriteriums setzt die monetäre Erfaßbarkeit der Ein- und Auszahlungsströme voraus, die eine Investition nach sich zieht. Auch die Einführung einer dynamischen Betrachtungsweise, die Berücksichtigung unsicherer Erwartungen und die simultane Lösung für Investitions- und Produktionsprogramme können die Nachteile dieser Ansätze für die Bewertung von Verkehrsinvestitionen nicht wettmachen, daß ausschließlich ein monetärer Wert die Optimalität einer Alternative bestimmt.

Ein zweiter Komplex von Methoden ist primär auf die Analyse von wirtschaftlichen Verflechtungen ausgerichtet und zeigt Interaktionen zwischen Sektoren und Regionen auf. Zum Teil werden Verkehrsleistungen zum expliziten Analysegegenstand und zur

Erklärung der Interaktionen herangezogen. Dieser Komplex umfaßt die Input-Output-Analyse, deren Erkenntnisziele in der sektoralen und regionalen industriellen Verflechtung und deren Strukturmerkmale in Verbindung mit Standortverteilungsanalysen liegen. Diese Informationen sind als relevante Kriterien eines Bewertungsprozesses für Verkehrsinvestitionen anzusehen. Das gleiche gilt für die Land-Use- und Land-Value-Methoden, die auch auf die Messung der Veränderungen des Bodenwertes und der Bodennutzung ausgerichtet sind. Speziell auf die Nutzen, die durch eine Transportkostenveränderung induziert werden im Handel zwischen zwei Regionen, stellt das Konzept der Konsumentenrente ab. Das räumliche Allokationsphänomen von Industriekomplexen wird mit Hilfe einer speziellen Methode, der Industriekomplexanalyse, auf der Basis regionaler komparativer Kostenvorteile unter Einbeziehung externer Effekte erklärt. Hier ist der Bereich des Verkehrs als ein Standortfaktor berücksichtigt, dessen Anteil an der Standortgunst als Bewertungskriterium herangezogen werden kann.

Graphentheorie, Programmierungsverfahren, Entscheidungs- und Spieltheorie und Simulationsverfahren stellen Entscheidungsvorbereitungsverfahren dar, die im Zusammenhang mit anderen methodischen Ansätzen den Entscheidungsprozeß für Verkehrsinvestitionen formalisieren helfen. Ihre Prämissen sind bei einer Anwendung jedoch auf Kompatibilität mit dem gestellten Problem zu überprüfen.

Sowohl zur Strukturierung des Bewertungsproblems als auch zur Auffindung der relevanten Bewertungskriterien sind die kreativen und strukturformenden Methoden heranzuziehen. Sie bilden jedoch nur ein Hilfmittel zur Vervollständigung eines Bewertungsansatzes. Konzeptionelle Rahmen einer Bewertung liefern Kosten-Nutzen-, Kosten-Wirksamkeits- und Nutzwertanalyse. Aufgrund ihrer restriktiven Annahmen sind die Kosten-Nutzen- und die Kosten-Wirksamkeitsanalyse nur begrenzt anwendbar. Die Nutzwertanalyse ist prinzipiell in der Lage, aufgrund ihrer Multidimensionalität und Multivalenz die Vielschichtigkeit des Bewertungsproblems einer Verkehrsinvestition zu verarbeiten.

Die Transformation von physikalisch oder monetär gemessenen Größen in Teilnutzwerte ist jedoch theoretisch nicht einwandfrei gelöst.

Der Komplexität des Bewertungsproblems einer Verkehrsinvestition wird keine der dargestellten Methoden in der Weise gerecht, daß sie zur alleinigen Bewertung einer Verkehrsinvestition herangezogen werden kann. Daher scheint es angebracht, ein Methodenmix zu entwickeln, der die Vorteile der Konzepte nutzt und versucht, ihre Nachteile durch eine optimale Methodenmischung zu kompensieren.

TEIL II: DARSTELLUNG UND KRITIK AUSGEWÄHLTER MODELLE ZUR BEWERTUNG VON VERKEHRSINVESTITIONEN

Nach der Darstellung der Methoden zur Bewertung von Verkehrsinvestitionen ist nunmehr eine Reihe von Bewertungskonzepten zu analysieren, die wir als Modelle bezeichnen wollen. Damit wird die Untersuchung problemorientierter, da die darzustellenden Modelle im Gegensatz zu den Methoden sich speziell auf die Problematik einer Verkehrsinvestition beziehen und zudem teilweise bereits in der Praxis erprobt worden sind. Abgesehen von einigen einfach strukturierten Modellen, die im wesentlichen auf einer Lösungsmethode basieren, werden in den komplexeren Modellen die bereits oben dargestellten Methoden in einer mehr oder weniger großen Anzahl wiederzufinden sein. Es soll daher nicht bei jedem Modell noch einmal die Kritik der im Modell verarbeiteten Methoden aufgegriffen werden, sondern lediglich die Operationalität des Gesamtmodells behandelt werden.

Aus der Vielzahl der in der verkehrswissenschaftlichen Literatur vorhandenen Modelle kann nur eine begrenzte Anzahl ausgewählt werden, da ansonsten der Rahmen dieser Untersuchung gesprengt würde. Es sind bewußt einige einfach strukturierte Modelle komplexeren Modellen gegenübergestellt, um Abstraktionsgrad und Operationalität der einzelnen Konzepte aufzuzeigen. Darüber hinaus hoffen wir, mit der Auswahl der hier behandelten Modelle, die wichtigsten erfaßt und die Möglichkeiten der Strukturierung von Bewertungsansätzen für Verkehrsinvestitionen in ihrer Breite diskutiert zu haben, um Konsequenzen zur Formulierung eines gesamtwirtschaftlich ausgerichteten Bewertungsansatzes ziehen zu können. Für die Reihenfolge der Abhandlung der einzelnen Modelle läßt sich kein allgemein anerkanntes Kriterium festlegen, das eine eindeutige Reihenfolge begründet. Weder die historische Entwicklung, noch das methodische Anspruchsniveau gaben den Ausschlag für die gewählte Reihenfolge der einzelnen Konzepte, sondern der sukzessive Abbau der allen Modellen zugrundeliegenden c.p.-Klausel, wobei auch diese Gruppierung nicht mit letzter Konsequenz durchgeführt werden konnte, da methodisches Anspruchsniveau und Realitätsnähe durch Reduzierung der c.p.-Klausel nicht per se kongruent sind und das methodische Anspruchsniveau auch gleichzeitig als Kriterium für die Ableitung der Reihenfolge herangezogen worden ist.

A) DIE BERÜCKSICHTIGUNG DER AUSWIRKUNGEN DES VERKEHRS IN DEN KLASSISCHEN ANSÄTZEN DER RAUMWIRTSCHAFTSTHEORIE

1) DIE THÜN'SCHEN KREISE

Da einer Verkehrsinvestition unter anderem Auswirkungen auf die ökonomische Struktur eines Raumes zugeschrieben werden, sollte die Bewertung dieses Investitionskomplexes auch auf einer raumwirtschaftlichen Analyse beruhen. Auf der Basis marktwirtschaftlicher Prinzipien versucht VON THÜNEN[90], die ökonomische Struktur eines Raumes zu erklären. Unter der Annahme einer homogenen Fläche, in deren Mitte eine große Stadt liegt, die vom Umland mit Nahrungsmitteln versorgt wird und die ihrerseits das Umland mit gewerblichen Produkten beliefert, zeigt VON THÜNEN räumlich unterschiedliche Spezialisierungsgrade in der Agrarproduktion auf, die durch das Verhältnis von Produktions- und Transportkosten zu den zu erzielenden Marktpreisen, die als Daten gegeben sind, bestimmt werden. Bei seiner theoretischen Erörterung unterstellt VON THÜNEN weiter, daß die Transportkosten der landwirtschaftlichen Produkte sich proportional zu der Entfernung entwickeln, und daß die Landwirte Gewinnmaximierung betreiben. Durch den Transportkostenanteil an den Marktpreisen für die verschiedenen in der Stadt nachgefragten Güterarten wird die Höchstgrenze für die lokalen Produktionskosten festgelegt. Dadurch sind auch gleichzeitig die optimalen Kombinationen der Produktionsfaktoren und somit die Formen der räumlichen Produktionsspezialisierung mit den jeweils höchsten Bodenerträgen bestimmt. In diesem System wird die Struktur der ökonomischen Landschaft durch das vorhandene Verkehrssystem geformt. Jeder Verkehrsweg deformiert die angenommenen konzentrischen Produktionskreise um die Stadt, da in Abhängigkeit von der Qualität der Verkehrswege die Transportkosten variieren.

Ferner wird ein preisangepaßtes Verhalten der Produzenten bei räumlich konzentrierter Nachfrage unterstellt. Dieses Modell baut auf dem Gesetz der relativen räumlichen Vorzüglichkeit unterschiedlicher Produktionsarten auf und ist so in seinem Ansatz im eigentlichen Sinne eine Bodenrententheorie.

Da den Transportkosten, und somit auch dem Verkehrssystem, eine zentrale Bedeutung in diesem Modell zukommt, liegt es nahe, diesen Ansatz zur Bewertung von Verkehrsinvestitionen heranzuziehen. Theoretisch ist dies möglich, wenn unterstellt werden kann, daß die steigende Intensität der Produktion gleichzeitig wirtschaftliches Wachstum impliziert und Wachstum als wirtschaftspolitisches Ziel anerkannt wird. Da dieses Modell ausschließlich die Beziehungen einer Stadt in Abhängigkeit von dem Verkehrssystem zu ihrem Umland analysiert und Kommunikationsstrukturen sowie deren Auswirkungen zwischen mehreren Städten nicht erfaßt, gingen bei der Bewertung einer Verkehrsinvestition ein großer Teil der funktional bedingten Auswirkungen dieser Investition verloren. Eine Bewertung von Verkehrsinvestitionen auf der Basis der THÜN'SCHEN Kreise scheint daher als zu restriktiv.

2) DIE THEORIE DER ZENTRALEN ORTE[91)]

Die zentrale Frage, auf der das Modell von CHRISTALLER aufbaut, ist auf die Existenz eines Gesetzes gerichtet, das die Anzahl, Größe und Verteilung der zentralen Orte im Raum bestimmt. CHRISTALLER geht von einer homogenen Fläche, einer gleichmäßigen Bevölkerungsverteilung und dem zentralisierten Angebot von Güter- und Dienstleistungen aus. Der Bedarf der Bevölkerung in der Fläche an zentralen Gütern soll mit dem geringsten Kostenaufwand gedeckt werden. CHRISTALLER konzentriert seine Analyse auf den tertiären Sektor und konstruiert aufgrund der Reichweite einzelner zentraler Güter zentralörtliche Systeme. Er unterstellt, daß die Häufigkeit der Nachfrage nach einem Gut die Bereitschaft der Nachfrager, größere Entfernungen für den Erwerb der Güter zurückzulegen, bestimmt. Für die einzelnen Güterarten ermittelt er obere und untere

Reichweiten. So ist die obere Grenze der Reichweite durch die Bereitschaft der Nachfrager determiniert, ein Gut an einem bestimmten Ort zu erwerben. Die Bereitschaft, räumliche Entfernungen für den Erwerb eines Gutes zurückzulegen, beinhaltet Annahmen über die Preisbereitschaft der Nachfrager und somit über die Elastizität der Nachfrage. Die untere Grenze der Reichweite der zentralen Güter ist durch die Mindestmenge des Verbrauchs eines Gutes bestimmt, die erforderlich ist, damit die Produktion bzw. das Angebot eines Gutes gerade noch rentabel sind. Mit anderen Worten ist die obere Reichweite eines zentralen Gutes nachfragebedingt, die untere Reichweite hingegen produktionstechnisch determiniert. Daraus ergibt sich, daß zentrale Güter, deren Nachfrage, bezogen auf den einzelnen Einwohner, groß ist, wie z.B. Güter des täglichen Bedarfs, eine geringe Zentralität, und Güter mit geringer Nachfrage pro Einwohner, wie z.B. Güter des mittel- und langfristigen Bedarfs, eine hohe Zentralität und damit auch eine große Reichweite aufweisen. Aufgrund der unterschiedlichen Reichweiten der einzelnen zentral angebotenen Güter und der damit unterschiedlich großen Marktgebiete bilden sich zentralörtliche Systeme heraus. So bestimmt die Differenz zwischen der oberen und unteren Grenze der Reichweite eines zentralen Gutes, ob ein Gut nur an einem oder an mehreren Orten angeboten wird. Gleichzeitig ist dadurch auch die Rangordnung der zentralen Orte bestimmt, da Güter größerer Reichweiten nur an Orten höherer Zentralität angeboten werden. Es bildet sich somit eine Hierarchie von zentralen Orten heraus, wobei an den Orten höherer Zentralität auch alle Güter der niedrigeren Zentralität angeboten werden. Gleichzeitig wird durch die untere Grenze der Reichweite der Abstand zentraler Orte gleicher Hierarchiestufe festgelegt. Aus diesem zentralörtlichen Versorgungsprinzip ermittelt CHRISTALLER ein Verkehrsprinzip, das neben seiner subsidiären Funktion auch die Verteilung der zentralen Orte dahingehend beeinflußt, daß dort, wo dieses Verkehrsprinzip wirksam wird, sich das Netz der zentralen Orte verdichtet.

Im Unterschied zu CHRISTALLER geht LÖSCH von der Produktionsebene aus und ermittelt unter gleichen Annahmen und gleichem methodischen Ansatz absatzorientiert eine räumliche Verteilung unterschiedlich großer Städte.

Da eine Verkehrsinvestition die Erreichbarkeit von Zentren verändert und sich auf das Gefüge der Zentren auswirkt, indem z.B. Orte an Verkehrslinien sich möglicherweise stärker entwickeln als Orte abseits dieser Linien und ferner die Versorgung mit Verkehrsleistungen durch eine Verkehrsinvestition verbessert wird, scheinen die zentralörtlichen Modelle zur Bewertung von Verkehrsinvestitionen anwendbar.

Die beiden Ansätze von CHRISTALLER und LÖSCH gehen jedoch von so restriktiven Annahmen aus, daß ihr Bezug zur Realität beinahe verneint werden muß. Ferner findet sich in beiden Ansätzen der Widerspruch, daß einerseits Ballungstendenzen von Produktionsstätten bzw. Angeboten an zentralen Orten entstehen, während die Bevölkerung weiterhin gleichmäßig über den Raum verteilt bleibt. Auch die Annahme der gleichmäßigen Verteilung der Kaufkraft im Raum, auf der die wabenförmige Regelmäßigkeit der Marktnetze basiert, ist in der Realität nicht anzutreffen, da sich mit der Konzentration der Bevölkerung auch gleichzeitig die Kaufkraft konzentriert. Ebenfalls unrealistisch ist die Annahme einer identischen Produktionsfunktion für jedes betrachtete Gut. Zudem gehen Agglomerationseffekte nicht in die Analysen ein. Obwohl LÖSCH auf die Standortvorteile, die sich in Produktionskostensenkungen niederschlagen und zum Teil erhöhte Nachfrage bewirken können, hinweist, bezieht er sie nicht in sein Modell ein.

In jüngster Zeit hat die Theorie der zentralen Orte einen Interpretationswandel erlebt, durch den den Bestimmungskriterien der Zentralität und ihrem Einflußbereich mehr Interesse entgegengebracht wird als den Regelmäßigkeiten in den Standort- und Produktionsstrukturen. In diesem Sinne kann der Zentralitätsbegriff als eine Maßeinheit angesehen werden, die zur Bewertung von Verkehrsinvestitionen herangezogen werden kann. So sind die Effekte auf die Entwicklung eines Raumes, die eine Verkehrsinvestition hervorruft, für die Zentralität des Raumes und seiner Strukturen von großer Bedeutung. Die Attraktivitäts-, Wachstums- und Struktureffekte sowie die Veränderung der Versorgung mit Verkehrsleistungen erhöhen den Zentralitätsgrad und entsprechend die Entwicklung eines zentralen Ortes. Die Zentralität ist jedoch eine Funktion einer Vielzahl von Faktoren, unter denen der Verkehr nur einen Faktor darstellt. Aus diesem Grund läßt sich auch der Einfluß des Verkehrs auf die Zentralität eines Ortes nicht quantitativ separieren, denn der Einfluß und die Intensität anderer Maßnahmen und vorhandener Faktoren sind meist weitgehend unbekannt. So können diese Modelle zwar qualitative Aussagen über eine Verkehrsleistung oder ein Verkehrssystem treffen, quantitativ bestimmbar ist die Bedeutung des Faktors Verkehr in diesen Modellen jedoch nicht. Ferner gehen die originären qualitativen Eigenschaften einer Verkehrsleistung nicht in die Analyse ein, denn "es würde den rationalen geometrischen Aufbau sprengen, wollte man berücksichtigen, daß die Billigkeit, Schnelligkeit, Häufigkeit und Massenhaftigkeit des Verkehrs auf den großen Strecken einen besonderen Standortvorteil bilden kann."[92)]

Legt man einem Bewertungsverfahren für Verkehrsinvestitionen die Theorie der zentralen Orte zugrunde, so könnte, ausgehend von dem Zentralitätsgrad der durch die Verkehrsinvestition berührten Orte, eine Reihung von alternativen Verkehrsinvestitionen erfolgen. Insofern könnte die Bewertung von Verkehrsinvestitionen anhand von Bewertungsklassen durchgeführt werden, die so tief gegliedert sind wie die Klassen der zentralen Orte. Ein derartiges Bewertungsverfahren wäre in überwiegendem Maße raumbezogen und würde Qualitätsaspekte der Verkehrsleistung und verkehrsbedingte Differenzierungseffekte kaum berücksichtigen können. Dies trifft auch für alle Weiterentwicklungen der Raumwirtschaftstheorie (u.a. ALONSO, BECKMANN, HOOVER, ISARD)[93)] zu.

Bei den oben aufgeführten Ansätzen zur Analyse der Auswirkungen einer Verkehrsinvestition steht der Aspekt der Raumstruktur im Mittelpunkt. Der folgende Ansatz konzentriert sich demgegenüber auf die Auswirkungen aufgrund einer Transportkostensenkung und vernachlässigt dabei strukturelle Effekte.

B) DAS PYRAMIDENMODELL VON WALTERS

Das 1968 von WALTERS entwickelte Pyramidenmodell ist ein sogenanntes Partialmodell zur Beurteilung von Straßenbauinvestitionen.[94] Das Modell versucht, die Auswirkungen einer Straßenbauinvestition auf die wirtschaftliche Entwicklung eines Raumes zu erfassen. Dabei werden die Auswirkungen auf die wesentlichen Effekte der Neuerschließung von Land und die Effekte der Kostenersparnisse im agrarischen Produktionssektor beschränkt. Zudem werden diese Effekte nur für eine vorgegebene Untersuchungsregion, ein einziges Produkt und folglich auch nur für einen Wirtschaftssektor verfolgt, so daß das Modell mit einer geringen Datenzahl arbeitet, was seine Anwendbarkeit insbesondere bei schlechter Datenbasis steigert. Aufgrund dieser einschränkenden Bedingungen besitzt das Modell nur begrenzte Aussagekraft. WALTERS ist sich dieser Restriktion durchaus bewußt und bezeichnet sie als gewollt, um den komplexen Modellen, wie z.B. dem Harvard-Modell, eine Alternative entgegenzusetzen, die statt durch Komplexität durch Simplizität überzeugt.[95]

Voraussetzung für diese Isolation der Effekte einer Verkehrsinvestition auf Produktion und Bodenrente sind die folgenden von WALTERS getroffenen Annahmen:[96]

(1) Es besteht freier Zugang zum Transportmarkt.
(2) Die Betriebskosten im Transportsektor sind konstant.
(3) Die Transportkosten pro transportierte Einheit sinken mit wachsendem Verkehrsaufkommen.
(4) Aufgrund der vollkommenen Konkurrenz werden die relativen Transportkostensenkungen voll an die Benutzer weitergegeben.

Neben diesen Grundvoraussetzungen trifft WALTERS die folgenden zusätzlichen Annahmen zur Ableitung seines Pyramidenmodells:[97)]

(1) Um einen Hafen D liegt Land homogener Qualität (d.h. mit überall gleichen Produktionsbedingungen).

(2) Überall herrscht eine gleiche konstante Produktivität (d.h. der Schattenpreis zusätzlichen Arbeitseinsatzes ist gleich null).

(3) Im Hafen D ist die Nachfrage unendlich elastisch ($\varepsilon = \infty$)

(4) nach einem einzigen Gut x, das im Hinterland von D angebaut wird.

(5) Das Gut x kann auf zwei Arten nach D transportiert werden:

 (a) Mit Lastträgern zum Preis b pro t/km,

 (b) mit Lastwagen über eine zu bauende Straße zum Preis a pro t/km.

(6) Beide Transportarten erfolgen zu konstanten Preisen.

(7) Es wird nur senkrecht oder parallel zur Küste transportiert.

ABB. 8: GRAPHISCHE DARSTELLUNG DER ANBAUFLÄCHE MIT UND OHNE STRASSE

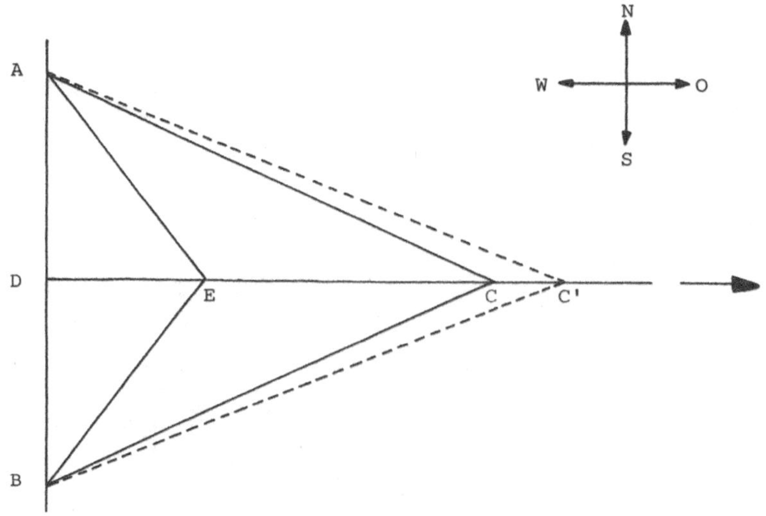

Quelle: WALTERS, A.A.: The Economics ..., a.a.O. S. 122

Es existiert zunächst keine Straße, der Transport wird mit Lastträgern bewältigt. Der Gewinn eines Farmers G_F errechnet sich aufgrund der getroffenen Annahmen aus der Differenz zwischen Absatzpreis p_A und der Summe aus Faktor- k_f und Transportkosten k_T:

(30) $G_F = p_A - (k_f + k_T)$.

Somit ist errechenbar, welche Landfläche sich zu bebauen lohnt. Die Anbaugrenze ergibt sich dort, wo die Transportkosten gleich der Differenz zwischen Erzeuger- und Marktpreisen sind:

(31) $0 = p_A - (k_f + k_T)$; also für $G_F = 0$ ergibt sich

(32) $k_T = p_A + k_f$

bzw.

(33) $k_f = p_A - k_T$,

woraus die Fläche des maximal zu bebauenden Landes errechenbar ist, wenn die Faktorkosten pro Hektar angegeben werden.

Die optimale Anbaufläche bei Transporten mit Lastträgern ergibt sich als gleichschenkliges Dreieck um D, da gemäß der Bedingung (7) nur Transporte senkrecht oder parallel zur Küste vorgenommen werden. Ohne diese Annahme würde sich die optimale Anbaufläche als Halbkreis um D ergeben. Die Seitenlänge des Dreiecks errechnet sich aus der Entfernung, bei der die Transportkosten gerade gleich der Differenz aus Absatzpreis und Faktorkosten sind. Dies sei in unserem Beispiel (Vgl. Abb. 8) im Punkt A, B und E der Fall, so daß sich ein gleichschenkliges Dreieck ABE ergibt, dessen Höhe $\overline{DE}$ gleich der halben Grundseite, also $\overline{AD}$ bzw. $\overline{BD}$ ist. $\overline{DE}$, $\overline{AD}$ und $\overline{BD}$ sind die Entfernungen, bei denen sich der Anbau gerade noch lohnt.

Durch den Bau einer endlosen Straße senkrecht zur Küste von D durch E, die einen kostengünstigeren Transport mit Lastwagen ermöglicht, verändert sich die Anbaufläche erheblich. Der Punkt E wird so weit hinausgeschoben, bis die Differenz aus Absatzpreis und Summe aus Transport- und Erzeugerkosten gleich null wird. Dies ist im Punkt C der Fall.

Unter der Voraussetzung einer besseren Ausnutzung der Straßenkapazität nach einer gewissen Übergangszeit sinken die Kosten für den Transport mit Lastwagen. Dadurch vergrößert sich das Anbaugebiet nochmals und der Punkt C wird nach C' hinausgeschoben.

Dieses Grundmodell erfährt folgende Variationen:

(1) Es wird angenommen, daß die Lohn- und Ausrüstungskosten mit in das Kalkül einbezogen werden. Diese Kosten haben aber nach der Analyse von WALTERS keinen Einfluß auf die Elastizität der Nachfrage nach Transportleistungen.[98)]

(2) Es wird keine endlose Straße, sondern eine Stichstraße gebaut. Dadurch verringern sich die Elastizität der Nachfrage nach Transportleistungen und somit die Effekte der Investition.[99)] (Vgl. hierzu Abb. 9)

(3) Mit zunehmender Entfernung von D sinkt die Qualität der Straße, d.h. es sinkt auch die Elastizität der Nachfrage nach Transportleistungen, und die Effekte werden im Vergleich zum Grundmodell wesentlich eingeschränkt.[100)] (Vgl. hierzu Abb. 10)

(4) Die Einführung des Verkehrs in beide Richtungen hat auf die Modellaussagen keinen Einfluß, es sei denn, die Transportkostenstruktur verändert sich.[101)]

(5) Die Elastizität nach dem Gut x ist in D völlig unelastisch. Dadurch konzentriert sich die Verteilung der Anbaufläche, die benötigt wird, um die in D vorhandene Nachfrage zu befriedigen, um die Straße in Abhängigkeit von Transport- und Erzeugerkosten sowie Marktpreis.[102)] (Vgl. hierzu Abb. 11)

ABB. 9 : FALL EINER NICHT ENDLOSEN STRASSE

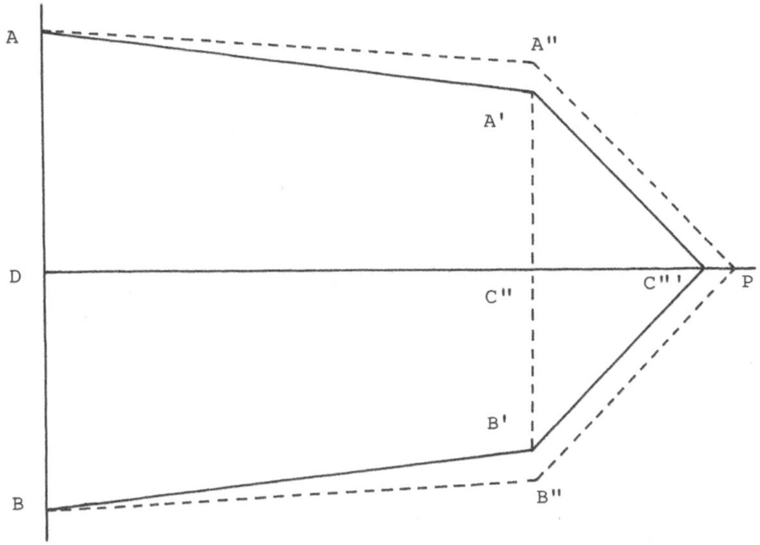

Quelle: WALTERS, A.A.: The Economics ..., a.a.O., S. 127

ABB. 10 : FALL EINER STRASSE MIT ABNEHMENDER QUALITÄT

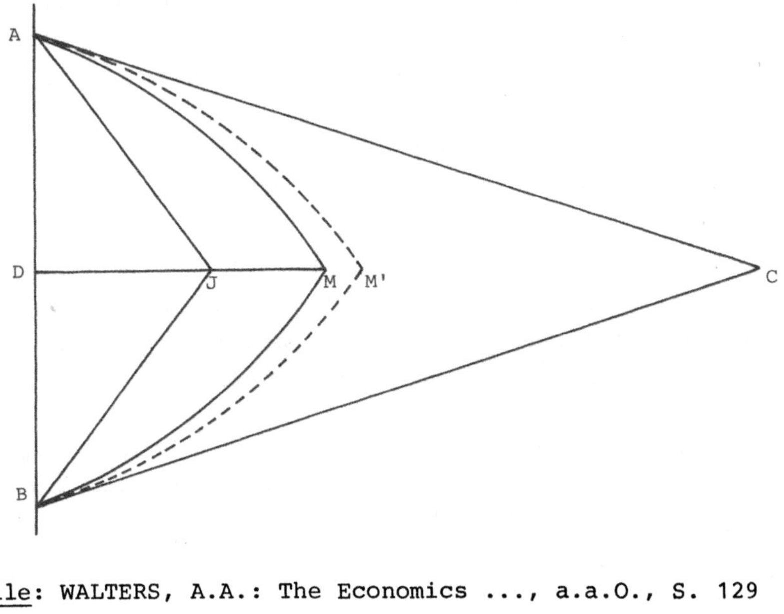

Quelle: WALTERS, A.A.: The Economics ..., a.a.O., S. 129

ABB. 11: FALL DER VÖLLIG UNELASTISCHEN NACHFRAGE

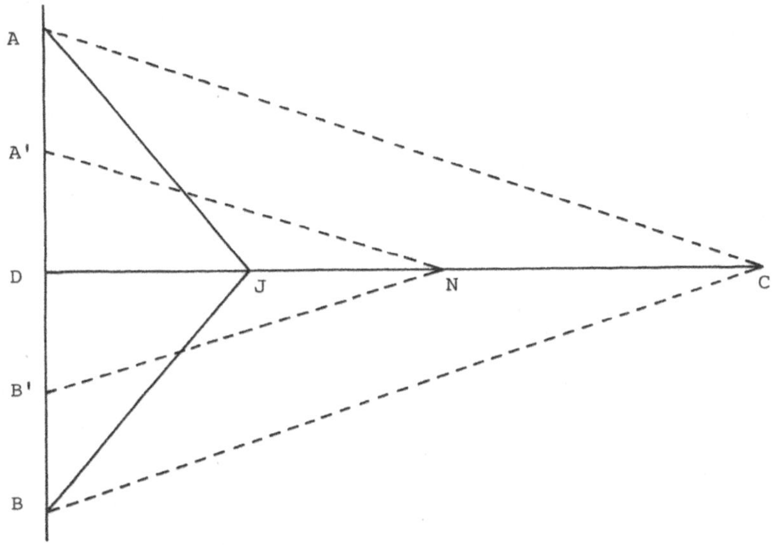

Quelle: WALTERS, A.A.: The Economics ..., a.a.O., S. 131

(6) Die Elastizität der Nachfrage nach dem Gut x ist in D endlich elastisch. Dadurch wird die Nachfrageelastizität nach Verkehrsleistungen, bezogen auf die transportierte Menge, gemessen in Tonnen, zwischen null und eins liegen, bezüglich der t/km jedoch zwischen eins und zwei. Dies bedeutet, daß sich ein bestimmter Vergrößerungseffekt der Anbaufläche in Abhängigkeit von den Nachfrageelastizitäten ergibt.[103)]

Der Nutzen dieser Straßenbauinvestition sei beispielhaft am Grundmodell aufgezeigt. Gemäß den Annahmen (1) bis (7) kann der Nutzen einer Straßenbauinvestition durch den Gewinn der Farmer dargestellt werden, der sich aus der Differenz von Marktpreis und Transport- plus Erzeugerkosten ergibt, wobei die Erzeugerkosten überall konstant sind und daher vernachlässigt werden können. Somit ist für eine Einheit des Gutes x, produziert in D, der Gewinn gleich dem konstanten Marktpreis p.

Der Gewinn in jedem anderen Punkt der Anbaufläche ist definiert als

(34) $G_F = p_A - k_T$.

Die Summe aller Gewinne kann als dreiseitige Pyramide (Tetraeder) mit dem Gipfel über D und der Höhe p dargestellt werden:

ABB. 12: GEWINNPYRAMIDE MIT UND OHNE STRASSE

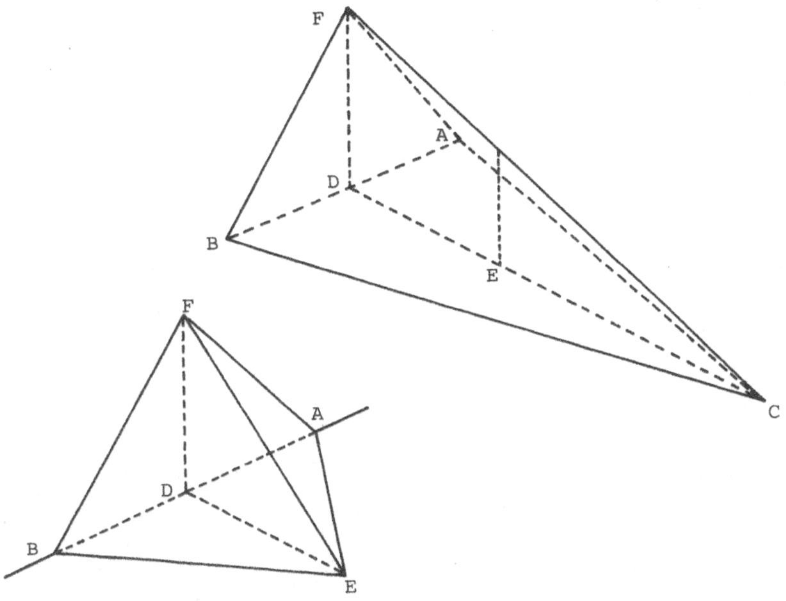

Quelle: WALTERS, A.A.: The Economics..., a.a.O., S. 135 f.

Aus Abb. 8 ergibt sich Abb. 12 , wenn in der dritten Dimension der Preis p abgetragen wird. Vor dem Bau der Straße ist der Gewinn an allen Punkten der Strecke $\overline{BE}$ und $\overline{AE}$ gleich null. Bei F bzw. D ist der Gewinn maximal, d.h. gleich p, und fällt gegen A, B und E bis auf null ab. Nach dem Bau der Straße dehnt sich die Anbaufläche bis auf C bzw. C' aus, und der Gewinn ist auf den Strecken $\overline{BC}$ bzw. $\overline{BC'}$ und $\overline{AC}$ bzw. $\overline{AC'}$ gleich null. Wiederum ist der Gewinn in F bzw. D maximal und fällt gegen A, B und C bzw. C' bis auf null ab. Der Gewinn in den Punkten der

Strecken $\overline{AD}$, $\overline{DC}$, $\overline{BC}$ und $\overline{AC}$ bzw. entsprechend für die Strecken bis C' ist jeweils durch die Höhe der entsprechenden Seitenflächen FBC oder FAC der Pyramide AFCD bzw. den Seitenflächen FBC' oder FAC' der Pyramide AFC'D zu ermitteln.

Der Gesamtgewinn ohne die neu gebaute Straße wird durch den Rauminhalt der Pyramide AFBE repräsentiert, während der Gesamtgewinn mit der neu gebauten Straße durch den Rauminhalt der Pyramide AFBC widergespiegelt wird. Der Nutzen der Straßenbauinvestition N_{St} ergibt sich aus der Differenz des Rauminhaltes RI der beiden Pyramiden:

(35) $RI(AFBC) - RI(AFBE) = N_{St}$

bzw.

(36) $\frac{1}{3} \cdot \overline{DF} \cdot \overline{DE} \cdot \overline{DC} - \frac{1}{3} \cdot \overline{DF} \cdot \overline{DE}^2 = N_{St}$

oder

(37) $\frac{1}{3} \cdot p \cdot \overline{DE} \cdot \overline{DC} - \frac{1}{3} \cdot p \cdot \overline{DE}^2 = N_{St}$

bzw., wenn man die Strecken $\overline{DC}$ und $\overline{DE}$ du^r^ch die entsprechenden Transportkosten a und b ausdrückt

(38) $\frac{1}{3} \cdot p \cdot \left(\frac{p}{a \cdot b}\right)^2 - \frac{1}{3} \cdot p \cdot \left(\frac{p}{b}\right)^2 = N_{St}$

bzw.

(39) $\frac{p^3}{3(a \cdot b)} - \frac{p^3}{3b^2} = N_{St}$.

<u>Beweis</u>:

Wenn $\overline{DC} = \frac{p}{a}$ und $\overline{DE} = \overline{DB} = \overline{DA} = \frac{p}{b}$ gilt,
so berechnet sich der Rauminhalt der Pyramide gemäß

(40) $RI_{Pyr} = \frac{1}{3} \cdot F \cdot h$

mit F:= Flächeninhalt des Grunddreiecks der Pyramide
h:= Höhe der Pyramide.

Da die Grundseite der Pyramide ein Dreieck ist, das sich aus zwei rechtwinkligen Dreiecken zusammensetzt, berechnet sich der Flächeninhalt gemäß

(41) $F_{\Delta DFB} = \frac{1}{2} \cdot \overline{DF} \cdot \overline{DB} = \frac{1}{2} \cdot \frac{p}{b}$

(42) $F_{\Delta DFA} = \frac{1}{2} \cdot \overline{DF} \cdot \overline{DA} = \frac{1}{2} \cdot \frac{p}{b}$,

wobei sich der Flächeninhalt des Dreiecks AFB aus der Summe der Flächeninhalte der beiden kleinen rechtwinkligen Dreiecke DFB und DFA ergibt:

(43) $F_{\Delta AFB} = F_{\Delta DFB} + F_{\Delta DFA}$

(44) $F_{\Delta AFB} = \frac{1}{2} \cdot p \cdot \frac{p}{b} + \frac{1}{2} \cdot p \cdot \frac{p}{b} = p \cdot \frac{p}{b}$,

und für die Pyramide AFBE ergibt sich somit der Rauminhalt

(45) $RI_{Pyr\ AFBE} = \frac{1}{3} \cdot F_{\Delta AFB} \cdot \overline{DE}$

(46) $= \frac{1}{3} \cdot p \cdot \frac{p}{b} \cdot \frac{p}{b}$

(47) $= \frac{p^3}{3b^2}$;

für die Pyramide AFBC ergibt sich der Rauminhalt

(48) $RI_{Pyr\ AFBC} = \frac{1}{3} \cdot F_{\Delta AFB} \cdot \overline{DC}$

(49) $= \frac{1}{3} \cdot p \cdot \frac{p}{b} \cdot \frac{p}{a} = \frac{p^3}{3ab}$.

Subtrahiert man nun den Rauminhalt der Pyramide AFBE von dem der Pyramide AFBC, so ergibt sich

$$(50)\quad N_{ST} = RI_{Pyr\ ABCG} = \frac{p^3}{3ab} - \frac{p^3}{3b^2} \qquad \text{q.e.d.}$$

Das Nutzenmaximum der Straßenbauinvestition findet sich im Punkt E, der die Grenze der Bebauung ohne die Straßeninvestition angibt, da dort die Transportkosten ohne die Straße am höchsten waren und hier durch den Bau der Straße die höchste Einsparung an Transportkosten auftritt.

ABB. 13: NUTZENPYRAMIDE DER STRASSE

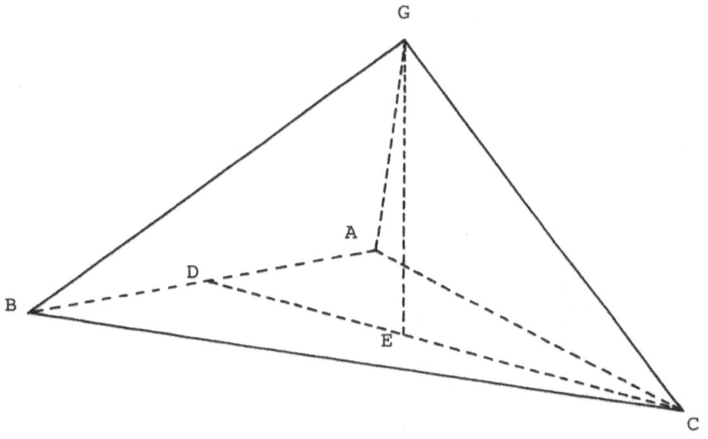

Quelle: WALTERS, A.A.: The Economics ..., a.a.O., S. 136

Vom Punkt E aus fällt der Nutzen der Straßenbauinvestition zu allen Seiten bis auf null ab.

Zur speziellen Analyse bei der Berücksichtigung von Einkommens- und Transportsteuer in allen Modellvariationen zerlegt WALTERS die dreidimensionalen Gewinn- und Nutzengebirge in einzelne Segmente und erreicht somit wieder eine zweidimensionale Betrachtungsweise, die die Lösung der jeweiligen Probleme erleichtert.[104] Ferner zeigt WALTERS, daß dieses Modell auch auf Verkehrsnetze übertragen werden kann, wobei er für die Analyse jedoch die Untersuchung von einzelnen Segmenten des Transportnetzes vorschlägt, da die Interpretation der Ergebnisse für ein Gesamtnetz aufgrund der unendlichen Elastizität in D äußerst schwierig ist.[105]

Dagegen macht die Einführung mehrerer zu transportierender Güter keine Schwierigkeiten, da jedem einzelnen Gut unterschiedliche Transportaffinitäten zuzuordnen sind und somit die Nutzen der Transporte durch die jeweiligen Affinitäten bestimmt sind.[106]

Auch die Betrachtung mehrerer Transportmittel ist mit diesem Modell möglich, vorausgesetzt, die Transportmittel weisen unterschiedliche Wertigkeiten auf.[107]

Die bestechende Einfachheit des Pyramidenmodells von WALTERS und der geringe Anspruch an die Datenbasis prädestinieren diesen Ansatz für die Bewertung von Straßenbauinvestitionen, die dem oben definierten Bereich der Neuinvestitionen zuzurechnen sind und vorwiegend den Gegebenheiten in Entwicklungsländern entsprechen, insbesondere dann, wenn diese Länder für den Weltmarkt wichtige Rohstoffe (wie Kautschuk, Kaffee, Kupfer etc.) exportieren. Die räumlichen Effekte der Verkehrsinvestition werden ausschließlich durch das Verhältnis von Absatzpreis zu Transportkosten bestimmt. Die Anwendbarkeit dieses Modells wird durch seine Annahmen jedoch weitgehend eingeschränkt und ist aus folgenden Gesichtspunkten für verkehrlich gut erschlossene Regionen, in denen eine Entwicklung bereits stattfindet, nicht anwendbar.

(1) Das Modell berücksichtigt keine sinkenden Grenzkostenverläufe, weder für den Transportsektor noch für den Produktionssektor, und vernachlässigt daher den Effekt der Verkehrsinvestition auf die Investitionsfunktionen der Produktionseinheiten.

(2) Das Absatzgebiet ist auf einen Punkt - den Hafen - beschränkt. Die Veränderung der Absatzchancen durch die Veränderung der Verkehrssituation eines Unternehmens geht nicht in die Analyse ein.

(3) Für den Transportsektor werden konstante Kosten angenommen. Diese Annahme entspricht zwar nicht der Realität, jedoch sind die meisten Verkehrseinrichtungen mit hohen fixen Kosten belastet, so daß die variablen Kosten zumeist nur geringfügig zu Buche schlagen.

(4) Die Annahme der vollkommenen Konkurrenz im Transportsektor und die davon abhängige volle Weitergabe der Transportkostensenkung durch die intensivere Nutzung der Straße an die Benutzer ist zumeist nicht berechtigt, da der Verkehrsbereich häufig staatlichen Reglementierungen unterliegt.

(5) Das Modell setzt voraus, daß sich Transportkostensenkungen unmittelbar auf das Produktionsvolumen einer Region niederschlagen. Hierbei wird unterstellt, daß die Produzenten über eine vollkommene Markttransparenz verfügen und die Nachfrageelastizität nach dem produzierten Gut unendlich ist.

(6) Die Homogenität des betrachteten Raumes, in dem eine Verkehrsinvestition durchgeführt werden soll, ist eine idealtypische Betrachtung, die jedoch Voraussetzung für die Anwendbarkeit des Modells ist.

(7) Topographische Gegebenheiten gehen nicht in die Analyse ein.

(8) Standortgebundene Produktionen können in diesem Modell nicht berücksichtigt werden.

(9) Regionale Attraktivitätsmerkmale und damit Agglomerations- und Wanderungstendenzen sind verkehrsabhängige, räumliche Erscheinungen, die in das Modell von WALTERS nicht eingehen.

(10) Der Nutzen einer Verkehrsinvestition wird ausschließlich durch die Ausweitung der Produktion beschrieben. Agglomerationsvorteile und -nachteile, die in der Lage sind, konstante Produktivitäten zu verändern, sind nicht Gegenstand der Analyse.

(11) Das Modell von WALTERS berücksichtigt ausschließlich den Verkehr vom Produktionsort zum Absatzort. Die Effekte einer Straßenbauinvestition auf den Durchgangsverkehr und den intraregionalen Verkehr gehen nicht in die Analyse ein.

(12) Die Affinität des zu transportierenden Gutes zu einem bestimmten Verkehrsleistungsangebot wird nicht berücksichtigt. Es wird unterstellt, daß die angebotene Verkehrsleistung ein ausreichendes Qualitätsprofil aufweist, um die Affinität zu befriedigen.

Die Untersuchung von VAN DER TAK und DE WEILLE[108] im Iran kam zu dem Ergebnis, daß aufgrund der fehlenden Nachfrageelastizität für Verkehrsleistungen in bezug auf die Kostenersparnisse die aus dem Pyramidenmodell resultierenden Effekte nicht nachzuweisen waren. Dies läßt den Schluß zu, daß das Modell von WALTERS nur unter der Voraussetzung von Konkurrenz sowohl im Transportsektor als auch im Produktionssektor realitätsnahe Ergebnisse liefern kann.

Als Beleg für die praktische Relevanz seines Modells verweist WALTERS auf Untersuchungen in Liberia und Sabah (British North Borneo), die die Annahme einer dreieckigen Entwicklungszone bestätigen.[109] Darüber hinaus ist er sich durchaus der beschränkten Aussagekraft seines Modelles bewußt und weist ihm die Funktion eines ersten Analysekonzeptes zu.

Ein auf anderer Basis entwickeltes Modell zur Bewertung von Verkehrsinvestitionen in Entwicklungsländern, das im folgenden abgehandelt werden soll, legt STANLEY vor. Auch in diesem Modell sind die Anforderungen an die Datenbasis bewußt gering gehalten. Sowohl der Ansatz von WALTERS als auch der von STANLEY sind als erste Annäherungsschritte zur Bewertung einer Straßenbauinvestition konzipiert.

c) DAS STANLEY-MODELL ZUR BEWERTUNG VON ZUBRINGERSTRASSEN

Bei dem STANLEY-Modell[110)] handelt es sich um ein einfaches Punktbewertungsmodell zur Prioritätsreihung von Straßenbauinvestitionen in Entwicklungsländern, das ohne große Anforderungen an die vorhandenen Daten arbeitet und bereits in Liberia getestet wurde. Dem Modell liegt ein Bewertungsschema (vgl. Tab. 1) zugrunde, das neun Kriterien berücksichtigt, um die Wirkungen bzw. Nutzen einer Zubringerstraße (farm-to-market-road) zu erfassen. Die neun Kriterien werden mit Hilfe der sog. "Hundertpunkteregel" bewertet. Für das erste Kriterium wird die betroffene Bevölkerung geschätzt und kardinal bewertet, wobei der höchste Wert an betroffener Bevölkerung 100 Punkte und der niedrigste O Punkte erhält. Die restlichen Entscheidungskriterien werden ordinal bewertet, indem Kategorien für die Ausprägung der einzelnen Kriterien festgelegt werden und entsprechend diesen Kategorien entweder 100, 75, 50 oder O Punkte zugeordnet bekommen. Die einzelnen Kriterien sind gewichtet, indem ihnen Prozentanteile (15, 10 oder 5%) am Gesamtnutzen zuerkannt werden. Hier ist nicht geklärt, aufgrund welcher Autorität diese Kriterien ausgewählt und die Gewichte verteilt werden. Die Zuordnung der Punkte kann gegebenenfalls von einem Expertenteam vorgenommen werden.

Den Nutzen N_i für eine Investitionsalternative i ermittelt man, indem man die der Alternative bezüglich der einzelnen Kriterien zugeordneten Punkte P_{ij} mit ihrem Gewicht g_j multipliziert und aufsummiert:

(51) $N_i = \sum_{j=1}^{9} g_j \cdot p_{ij}$ mit $i = 1,\ldots,n$.

Die Quantifizierung der einzelnen Kriterien erfolgt in unterschiedlichen Meßniveaus. So wird für das erste Kriterium die durch das Straßenbauprojekt betroffene Bevölkerung ermittelt, indem man die Zahl der im Einflußbereich der Straße lebenden Menschen schätzt. Dieser Einflußbereich wird zu beiden Seiten der Straße durch eine Tagesmarschentfernung oder maximal je 20 Meilen abgegrenzt.

Entsprechend der jeweils betroffenen Bevölkerung wird dann die Punktezuteilung wie oben beschrieben vorgenommen.

Den Stellenwert der Straße im Verkehrsnetz (8.Kriterium) ermittelt STANLEY mit Hilfe einer auf der Graphentheorie basierenden Netzwerkmatrix und erhält somit für jeden Knoten innerhalb dieses Graphen Erreichbarkeitsziffern, die den einzelnen Straßenbaualternativen zugeschrieben werden. Die Ergebnisse teilt er in drei Kategorien ein und bewertet sie nach dem oben beschriebenen Verfahren.

Die Kriterien 5 und 9 sind als Originärwerte meßbar. Die Kriterien 2, 3 und 4 lassen sich aus der Entwicklung des Untersuchungsraumes ableiten und fortschreiben. Hingegen weist das Kriterium 7 lediglich auf neue Produktionsmöglichkeiten hin, wobei für die Bewertung die nationale Bedeutung festgestellt werden muß.

Die Kostenermittlung (6.Kriterium) basiert zum einen auf dem Verlauf der Trasse und zum anderen auf den Erfahrungswerten der ausführenden Organe.

Die beste Alternative wäre zunächst die, die aufgrund des beschriebenen Bewertungsverfahrens die maximale Punktzahl erhält. Dieses Ergebnis wird jedoch noch auf die Straßen- und Bevölkerungsdichte der einzelnen Regionen des Untersuchungsraumes bezogen und die endgültige Entscheidung somit aufgrund von politisch orientierten Versorgungsargumenten getroffen.

TAB. 1 : BEWERTUNGSSCHEMA DES STANLEY-MODELLS ZUR BEWERTUNG VON STRASSENBAUINVESTITIONEN

I. KLASSIFIKATIONSKRITERIEN ZUR FESTLEGUNG DER PRIORITÄTEN	II. PROZENT. GEWICHT DER KRITERIEN	III. BEWERTUNGSSKALA	IV. BEWERTUNGSPROZENTSATZ
1. Bevölkerung, die von der Straße bedient wird	15	Für die Straße mit der höchsten geschätzten Bevölkerung	100
2. Zukünftige Reisproduktion	10	Überschüssige Produktion	100
		nicht ausreichende Produktion	75
		selbst versorgend	0
3. Zukünftige Produktion landwirtschaftlicher Exportgüter	10	hoch	100
		durchschnittlich	50
		keine	0
4. Produktion verderblicher Lebensmittel	5	Überschüssige Produktion	100
		nicht ausreichende Produktion	75
		selbstversorgend	0
5. Vorhandensein anderer Transportmittel	15	keine	100
		Bahn- oder Wasserweg	50
		Bahn- und Wasserweg	0
6. Durchschnittliche Baukosten einer Straße pro Meile inklusive Fähren und Brücken	15	Geringe Kosten	100
		durchschnittliche Kosten (regionsbezogen)	50
		hohe Kosten (aufgrund von Brückenbau und Einsatz von Fähren)	0
7. Ansiedlungsmöglichkeiten für kleine und mittlere Betriebe der Holzindustrie	5	für den nationalen Bedarf und den Export	100
		für den nationalen Bedarf	75
		für den lokalen Bedarf	0
8. Stellenwert der Straße als Element des Verkehrsnetzes	15	Verbindungsfunktion für 2 Elemente des nationalen Straßennetzes (hoher Verbindungsfaktor)	100
		Verbindungsfunktion für 2 Elemente (niedriger Verbindungsfaktor)	75
		Anbindung an das nationale Straßennetz	50
9. Administrativer Faktor (Anzahl administrativer Zentren entlang der geplanten Straße)	10	2 oder mehr Zentren	100
		1	50
		0	0

Quelle: STANLEY, W.R.: Evaluating Construction Priorities..., S. 419

Das STANLEY-Modell basiert auf der subjektiven Bewertung vorgegebener Kriterien. Nicht nur die Bewertung selbst, sondern auch die Auswahl der Kriterien sowie ihre Gewichtung sind von subjektiven Einflüssen abhängig und speziell auf das zu evaluierende Projekt abgestellt, da es nach STANLEY kein universelles Evaluierungsmodell gibt.[111] Das hat den Vorteil, daß das Modell relativ geringe Anforderungen an die vorhandenen Daten stellt. Jedoch wird die Möglichkeit der Manipulation und der beschränkten Aussagekraft dafür in Kauf genommen. Es handelt sich bei diesem Ansatz um eine sehr einfache Nutzwertanalyse, in der kein Zielsystem als Grundlage der Bewertung herangezogen wird. Der Bereich der Kosten bezieht sich lediglich auf die Baukosten und vernachlässigt Unterhaltskosten und ähnliches. Zudem scheint es nicht sehr sinnvoll, die Kosten als Bewertungselement einzubeziehen, da die Kosten entweder die realisierbaren Alternativen beschränken und somit an anderer Stelle zu berücksichtigen oder ins Verhältnis zu den Nutzen zu setzen sind, um sog. Kostenwirksamkeitswerte zu ermitteln.

Im Gegensatz zu diesen für Entwicklungsländer konzipierten Ansätzen der Bewertung von Verkehrsinvestitionen wird im folgenden Abschnitt ein dem Verfahren von STANLEY ähnliches Konzept vorgestellt, das speziell auf die Gegebenheiten in der Bundesrepublik Deutschland ausgerichtet ist. Dieser Ansatz arbeitet nicht mit theoretischen Abstraktionen, wie z.B. WALTERS, sondern versucht, praxisorientiert alternative Straßenbaumaßnahmen zu bewerten.

D) DAS BEWERTUNGSVERFAHREN DES BUNDESMINISTERIUMS FÜR VERKEHR ZUR DRINGLICHKEITSREIHUNG VON STRASSENBAUINVESTITIONEN

Die Abteilung Straßenbau des Bundesverkehrsministeriums hat für die Bewertung von Straßenbauinvestitionen eine Methode zur Dringlichkeitsreihung entwickelt.[112]

Dieses Verfahren wird vom Bundesministerium für Verkehr zur Bewertung von Fernstraßen herangezogen, um Prioritäten der einzelnen Investitionsvorhaben abzuleiten. Basis dieser Methode sind 10 Kriterien K_i, i=1,...,10, die sich in drei Gruppen, nämlich verkehrliche, raumordnerische und sonstige Kriterien unterteilen:

I. Die verkehrlichen Kriterien:

K_1:= die Verkehrsbelastung 1973

K_2:= der Prognoseverkehr 1985 aufgrund einer Trendfortschreibung

K_3:= der Prognoseverkehr 1985 aufgrund eines Prognosemodells

II. Die raumordnerischen Kriterien:

K_4:= die Erschließung (nach GRW und BROP)

K_5:= die Anbindung (nach GRW und BROP)

K_6:= die Bedeutung für wichtige Verkehrsachsen (nach BROP)

K_7:= die Bedeutung für das Zonenrandgebiet

III. Sonstige Kriterien:

K_8 := die Umweltbelastung in Ortsdurchfahrten

K_9 := die internationale Verbindung

K_{10}:= die Verkehrssicherheit (Unfallrate)

Die zu beurteilenden Straßenbauinvestitionen werden auf der Basis des Zielsystems der Bundesverkehrswegeplanung und der Straßenbauplanung[113)] bezüglich der

(1) Sicherstellung eines wirtschaftlichen Verkehrsablaufs, d.h. Vermeidung von Engpässen und Stauungen,

(2) Berücksichtigung der Belange der Raumordnung und der regionalen Wirtschaftspolitik,

(3) Verringerung der Umweltbelastung und Verbesserung der internationalen Verkehrsbeziehungen sowie Erhöhung der Verkehrssicherheit,

(4) Berücksichtigung der Strecken- und Stückgutbahnhofstillegung der Deutschen Bundesbahn sowie deren Neubauten und die parallele Streckenführung von S-Bahnen und

(5) Minimierung der Kosten

bewertet, indem jeder Alternative bezüglich der 10 Kriterien jeweils Punkte zwischen 0 und 100 zugeordnet werden. Diese Punkte werden für jede Alternative nach entsprechender Gewichtung der Kriterien addiert. Eine Entscheidung zwischen den möglichen Alternativen wird dann gemäß der erreichten Punktzahl getroffen. Je höher die erreichte Punktzahl einer Alternative ist, um so höher ist ihre Priorität.

Die Zuordnung der Punkte zu jeder Maßnahme bezüglich der einzelnen Kriterien erfolgt, indem man zuerst jeweils von einem spezifischen Indikator S_i ausgeht, der den Zielerreichungsgrad in physikalischen Größen mißt. Dieser spezifische Indikator wird aufgrund eines Ausgangsindikators und gegebenenfalls eines Umrechnungsfaktors errechnet, implausible Maximalwerte ausgesondert und der so bereinigte Maximalwert als Obergrenze $S_{i_{max}}$ der Punkteskala zwischen 0 und 100 angesetzt. Gemäß der Formel

$$(52)\quad P_i' = \frac{S_i}{S_{i_{max}}} \cdot 100$$

wird für alle Kriterien eine Rohpunktzahl P_i' berechnet. Aus P_i' wird mit Hilfe eines Bereinigungsfaktors die bereinigte Punktzahl P_i aufgrund einer Mittelwerteichung festgestellt;[114] dabei werden alle Punkte P_i', die über 100 liegen, vernachlässigt.

Die vorzunehmende Gewichtung erfolgt durch eine sog. innere und äußere Gewichtung, d.h. die einzelnen Kriterien werden zunächst innerhalb ihrer Gruppe gewichtet, und jede Gruppe wird dann wiederum insgesamt gegenüber den anderen Gruppen ins Gewicht gesetzt. Damit ergibt sich für die Berechnung der Summe der Punkte einer Straßenbaumaßnahme die folgende Formel:

$$(53)\quad \Sigma P = G_v\,(g_1 \cdot P_1 + \dots + g_3 \cdot P_3) + G_r\,(g_4 \cdot P_4 + \dots + g_7 \cdot P_7) + G_s\,(g_8 \cdot P_8 + \dots + g_{10} \cdot P_{10})$$

mit P := Punktzahl

G_j := äußeres Gewicht, j=v,r,s, wobei v für verkehrliche Kriterien steht, r für raumordnerische und s für sonstige;

g_i := inneres Gewicht, i=1,...,10 mit $\sum_{i=1}^{3} g_i = G_v$;

$$\sum_{i=4}^{7} g_i = G_r; \quad \sum_{i=8}^{10} g_i = G_s$$

Die Summe g_i für jeweils eine Kriteriengruppe wird gleich 3,0 gesetzt.
Die Kriterien K_1 - K_3 haben gleiche innere Gewichte, denen jeweils der Wert 1 zugeordnet ist (g_1=1; g_2=1; g_3=1). Die Gewichte der Kriteriengruppe Raumordnung sind: g_4=1,4; g_5=1,4; g_6=0,1 und g_7=0,1, wobei g_4 und g_5 zunächst in Untergruppen a für GRW und b für BROP aufgespalten werden. Es gilt g_{4a}=0,7; g_{4b}=0,7; g_{5a}=0,7 und g_{5b}=0,7. Die Gewichte für die Gruppe "Sonstige" lauten: g_8=1,0; g_9=0,5; g_{10a}=0,5 und g_{10b}=1,0, wobei K_{10} = die Unfallrate in zwei Gruppen - a für Unfallschwerpunkte und b für Bahnübergänge - unterteilt wird.

Für die äußere Gewichtung werden fünf Alternativen vorgeschlagen:

(54)	$G_v : G_r : G_s$ = 1,0 : 2,0 : 0,5	für die Normallage
(55)	= 1,0 : 1,0 : 0,5	zur Hervorhebung des Verkehrs
(56)	= 1,0 : 3,0 : 0,5	zur Hervorhebung der Raumordnung
(57)	= 1,0 : 0 : 0,5	für den Extremfall Verkehr
(58)	= 0 : 1,0 : 0	für den Extremfall Raumordnung

Die Extremfälle sind nicht praxisrelevant. Favorisiert ist der Fall der Normallage.

In besonderen Fällen ist es möglich, Zusatzkriterien zur Bewertung der Straßenbaumaßnahmen heranzuziehen, so daß einigen Maßnahmen Zusatzpunkte zugeordnet werden können. Die Gesamtsumme der Punkte wird dann durch die Baukosten BK dividiert und aus dem Quotienten die Platzziffer bzw. die Dringlichkeit D der entsprechenden Baumaßnahme abgeleitet, indem man den Maßnahmen mit dem größten Wert für D den ersten, denen mit dem zweitgrößten Wert für D den zweiten Platz usw. zuordnet. Für die Berechnung von D benutzt man die folgende Formel:

$$(59)\quad D = \frac{\Sigma P + ZP}{BK} \quad ,$$

wobei Punkte bzw. Nutzen und Baukosten jeweils auf einen Kilometer der zu bewertenden Straßenbaumaßnahme bezogen werden.

Dieses Verfahren der Dringlichkeitsreihung von Investitionen im Fernstraßenbau mit Hilfe der Zuordnung von Punkten zu bestimmten Bewertungskriterien, die dann nach Gewichtung aggregiert werden, entspricht im Prinzip dem einfachsten Fall einer Nutzwertanalyse.[115] Die Reihung der Alternativen erfolgt aufgrund des Quotienten Punkte/Baukosten, was dem Ansatz der Kostenwirksamkeitsanalyse nahekommt.

Das vorliegende Konzept teilt die Kriterien zur Ermittlung des Nutzens einer Straßenbauinvestition in drei Gruppen ein: Die erste Gruppe soll verkehrliche Kriterien, die zweite raumordnerische und die dritte sonstige Kriterien beinhalten. Diese drei Gruppen werden untereinander gewichtet. Ferner führt man eine weitere, sog. innere Gewichtung der einzelnen Kriterien innerhalb der jeweiligen Gruppen durch. Sinnvoll erscheint eine solche Gruppierung der einzelnen Kriterien jedoch nur, wenn es sich innerhalb der Gruppen um Kriterien handelt, die in der Lage sind, ein Gruppenziel zu beschreiben. Die erste Kriteriengruppe setzt sich aus einem Belastungskriterium des vorhandenen Straßennetzes und zwei prognostizierten Verkehrsaufkommenskriterien zusammen. Die beiden prognostizierten Werte werden auf unterschiedliche Art und Weise ermittelt und gehen getrennt als Bewertungskriterien in die erste Gruppe ein. Obwohl diese erste Gruppe verkehrsspezifische Kennzahlen beinhaltet, erscheint es uns nicht gerechtfertigt, das künftige Verkehrsaufkommen, einmal mit Hilfe einer Trendberechnung und zum zweiten aufgrund eines Prognosemodells ermittelt, doppelt in das Bewertungsmodell einzubringen. Zweifellos ist das erwartete Verkehrsaufkommen eine wichtige Kennziffer für die Bewertung von Straßenbauinvestitionen, jedoch ist es nicht einsichtig, eine Straßenbauinvestition bezüglich des künftigen Verkehrsaufkommens gleichzeitig mit einer Trendberechnung und einem Prognosemodell zu bewerten. Sinnvoller wäre es hier, mit optimistischen und pessimistischen Werten zu arbeiten, die vergleichsweise beurteilt werden und somit nicht doppeltes Gewicht erhalten.

Der zweite Kriterienkomplex versucht aus raumordnerischer Sicht, eine Straßenbauinvestition zu bewerten. Als Kriterien gehen hier Kennziffern über Erschließung und Anbindung ein, ferner die Bedeutung für wichtige Verkehrsachsen, die mehr ein verkehrliches als ein raumordnerisches Kriterium darstellt, und die Bedeutung der Straßenbauinvestition für das Zonenrandgebiet, wodurch weniger die Zielvorstellung der Raumordnung als vielmehr der Wirtschafts- und Verteidigungspolitik Rechnung getragen wird. Die Kriterien der Erschließung und Anbindung stellen in dieser Gruppe die einzigen rein raumordnerisch orientierten Elemente dar. Die Bedeutung der Straßenbauinvestitionen für wichtige Verkehrsachsen ist mehr als ein nachfrageorientiertes, verkehrliches Kriterium zu werten denn als raumordnerisches. Der Ausbau bereits bestehender wichtiger Verkehrsachsen verstärkt vielmehr die bestehende Wirtschafts- und Siedlungsstruktur und ist somit aus raumordnerischer Sicht nicht als Bewertungskriterium heranzuziehen. Sind hingegen die wichtigen Verkehrsachsen aus raumordnungspolitischer Sicht projiziert, so ist die raumordnungspolitische Relevanz gegeben. Die Zonenrandgebietsförderung ist ein politisch motivierter Komplex, der weniger aus den Zielen der Raumordnung als vielmehr von Verteidigungsargumenten und Gerechtigkeitsmotiven getragen wird. Daher erscheint es wenig sinnvoll, in ein allgemeines Bewertungskonzept das Argument der Bedeutung für das Zonenrandgebiet einzubringen. Es erscheint logischer, Straßenbauprojekte, die der Zonenrandförderung dienen sollen, an den allgemeinen verkehrlichen, raumordnerischen oder sonstigen Kriterien zu messen, als das Kriterium der Bedeutung für das Zonenrandgebiet in ein Bewertungsverfahren einzubringen.

Der dritte Kriterienkomplex setzt sich aus den Elementen Umweltbelastung, internationale Verbindung und Unfallrate zusammen. Diese Kriterien sind äußerst heterogen, und es scheint inkonsistent, diese Kriterien zu einer Gruppe zusammenzufassen und sie gegenüber den anderen Gruppen insgesamt zu gewichten.

Das Bewertungsverfahren sieht vor, zusätzlich Kriterien zur Bewertung einer Straßenbauinvestition heranzuziehen. Wird von dieser Möglichkeit bei der Bewertung Gebrauch gemacht, so ist ein Vergleich von Investitionsobjekten und die Bestimmung der Prioritäten so weit verfälscht, daß die Aussagekraft des gesamten Verfahrens aufgehoben ist.

Abgesehen von der Ermittlung der Nutzenpunkte und deren Zusammenfassung führt das Verfahren der Dringlichkeitsreihung über den Quotienten Nutzenpunkte/Baukosten zu Ergebnissen, die jeder Straßenbauinvestition mit geringem finanziellen Aufwand Vorrang einräumen. Nur für den Fall technisch gleichwertiger Investitionsalternativen mit unterschiedlichem Baukostenaufwand würde das Verfahren zu einer konsistenten Dringlichkeitsreihung führen. Da aber Kostenaufwand und technische Qualität sehr stark miteinander korrelieren, kann daraus geschlossen werden, daß Projekte mit technisch niedrigeren Qualitäten stets in eine höhere Bewertungsstufe eingehen als tatsächlich gerechtfertigt wäre. Gleiches gilt für Projekte mit kurzfristig auftretenden Effekten. Es wird somit eine ad-hoc-Politik begünstigt.

Bei diesem Verfahren werden den künftigen Nutzen, ausgedrückt durch Bewertungspunkte, Gegenwartskosten gegenübergestellt, ohne daß der Versuch einer Diskontierung unternommen wird. Es wird also einer der wesentlichen Kritikpunkte an der Cost-Benefit-Analyse völlig ignoriert, anstatt eine Verbesserung anzustreben.

Durch die Nichtberücksichtigung der über 100 liegenden Rohpunkte P_i' wird eine Verzerrung herbeigeführt, die unnötig ist, da nachher die bereinigten Punktzahlen P_i durchaus über 100 liegen können. Es besteht also kein Grund, die Rohpunkte über 100 zu vernachlässigen.

Zudem steht bei der Dringlichkeitsreihung der budgetäre Aspekt der Verteilung der Mittel eindeutig im Vordergrund, während Effizienzgesichtspunkte der zu realisierenden Maßnahme vernachlässigt werden. Zudem bleiben externe Effekte außer Betracht.

Voraussetzung der Vergleichbarkeit alternativer Straßenbaumaßnahmen - ungleichartige Verkehrsinvestitionen können mit dieser Methode per se nicht verglichen werden - ist die Annahme, daß die Kriteriengewichte für einen Bewertungsansatz konstant sind. Diese vom Methodischen her notwendige Voraussetzung wird jedoch nicht gemacht.

Lag das Ziel des vorhergehenden Ansatzes in der Evaluierung bzw. Dringlichkeitsreihung technologisch bekannter Investitionsalternativen und wurden Qualitätsaspekte der Bedienung erst gar nicht in das Kalkül gezogen, so konzentriert sich der folgende Bewertungsansatz auf die Analyse der Anforderungen an zukünftige Verkehrsalternativen und versucht, hierfür ein Bewertungskonzept anzubieten.

E) DAS BEWERTUNGSMODELL VON DORNIER-SYSTEM

Das Bewertungsmodell von DORNIER-SYSTEM[116)] hat zum Ziel, alternative künftige Verkehrssysteme einer bewertenden Analyse zu unterziehen. Ausgangspunkt des Ansatzes ist zum einen die vorhandene bzw. erwartete Verkehrstechnologie und zum anderen die tatsächlichen bzw. zukünftigen Anforderungen an die Verkehrssysteme. Für die Auswahl der zu bewertenden Alternativen werden keine Mindestanforderungen gestellt, die zur Vorauswahl der Alternativen herangezogen werden müßten. Bewertungsaspekte sind die Bedienung von eigenst abgegrenzten Verkehrsregionen, die Funktion eines Verkehrsmittels innerhalb der Transportkette, die Ergänzung des Leistungsspektrums des bestehenden Verkehrsangebots und die Art des Transportgutes.

Das Bewertungssystem geht davon aus, daß drei Bewertungsgruppen - Benutzer, Anbieter und Umwelt - subjektiv-rational die jeweiligen Alternativen beurteilen und erstellt auf dieser Basis eine Prioritätenfolge der Alternativen[117] (vgl. dazu Abb. 14).

Das Konzept unterstellt, daß alle Wirkungsbereiche des Verkehrs durch diese drei Bewertergruppen abgedeckt sind. Eine notwendige Annahme, die sicherstellt, daß das Bewertungsergebnis zweckentsprechend ist.

ABB. 14: STRUKTUR DES BEWERTUNGSMODELLS VON DORNIER-SYSTEM

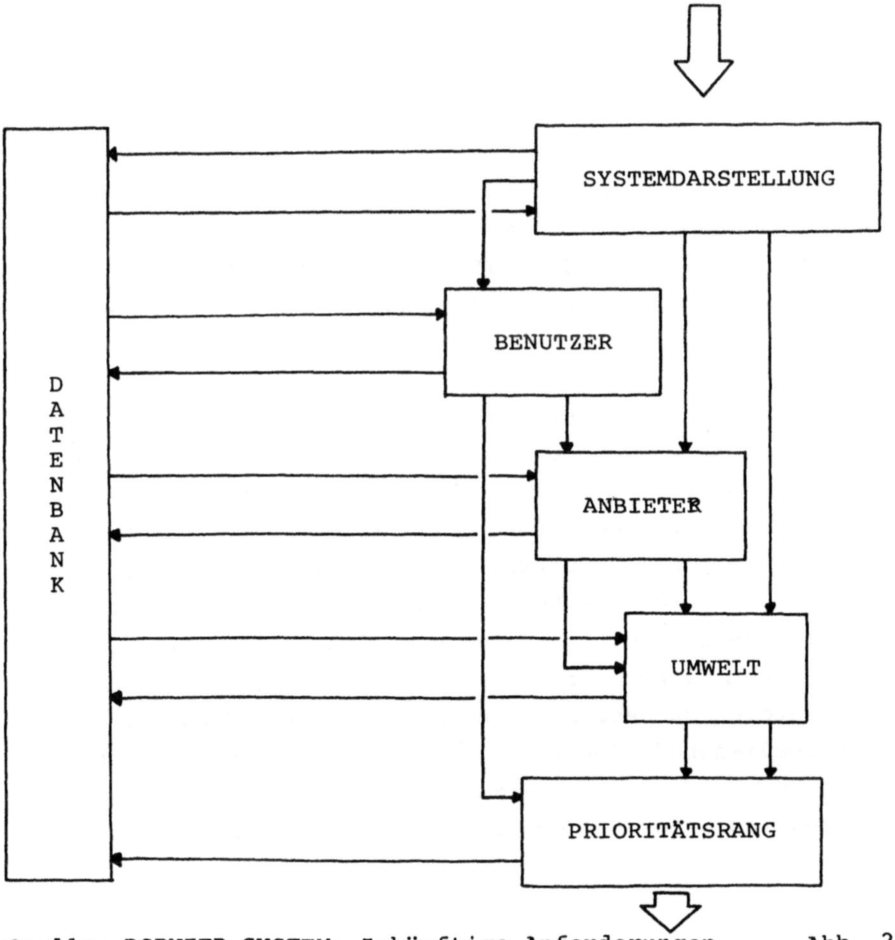

Quelle: DORNIER-SYSTEM: Zukünftige Anforderungen ..., Abb. 2

Das Modell setzt voraus, daß die drei Teilbereiche des Wirkungsspektrums eine Rangfolge der Mittelbarkeit zum Verkehrssystem ausdrücken. In erster Ebene der Mittelbarkeit steht der Benutzer, in zweiter Ebene der Anbieter und in dritter die Umwelt als nur mittelbar beteiligt an den zwischen Benutzer und Anbieter ablaufenden Verkehrsaktionen.[118] Dem ist entgegenzuhalten, daß durch eine Verkehrsaktion auch Benutzer, Anbieter und Umwelt unmittelbar betroffen sein können. Die Annahme, daß sich die drei Wirkungsbereiche unter vorgegebenen Aspekten überschneiden, ist realistisch. Problematisch ist in diesem Fall jedoch die Festlegung der Überschneidungsbereiche und die Bestimmung dieser Überlagerungen für die Evaluierung. In dem von DORNIER-SYSTEM angeführten Beispiel der Überschneidung der Wirkungsbereiche nach dem Gesichtspunkt der Wirtschaftlichkeit werden die Deckungsbereiche Benutzer-Anbieter und Benutzer-Anbieter-Umwelt als relevant angesehen. Die Überschneidungsbereiche Anbieter-Umwelt und Benutzer-Umwelt scheinen hingegen vernachlässigt werden zu können (vgl. Abb. 15). Es ist im Gegensatz zu der dortigen Darstellung durchaus möglich, daß einer der Wirkungsbereiche, z.B. Umwelt, völlig in einen anderen Wirkungsbereich oder in beiden aufgeht, nämlich dann, wenn z.B. das Verursacherprinzip für Umweltschäden bis zur letzten Konsequenz durchgeführt würde.

Als adäquate Bewertungsmethode für dieses System der Wirkungsbereiche wird wegen der Multidimensionalität des Bewertungsproblems die Nutzwertanalyse in kardinaler Ausprägung herangezogen.[119] Die Bewertung erfolgt mit Hilfe von zeitunabhängigen Bewertungs- respektive Nutzwertfunktionen. Die zeitlichen Variationen werden durch die Verschiebung der Gewichte erfaßt. Entsprechend dieser Bewertungsmethode werden die einzelnen Wirkungsbereiche in eine Hierarchie von Kriterien untergliedert. Für den Bereich "Benutzer" spielen "Fahrzeit", "Annehmlichkeit", "Verkehrsbedienung", "Preis" und "Sicherheit", die entscheidende Rolle. Diese Kriterien werden durch Ableitung von Unterkriterien und Indikatoren operationalisiert (vgl. Abb. 16).

ABB. 15: ÜBERSCHNEIDUNG DER WIRKUNGSBEREICHE, DARGESTELLT AM BEISPIEL DER WIRTSCHAFTLICHKEIT

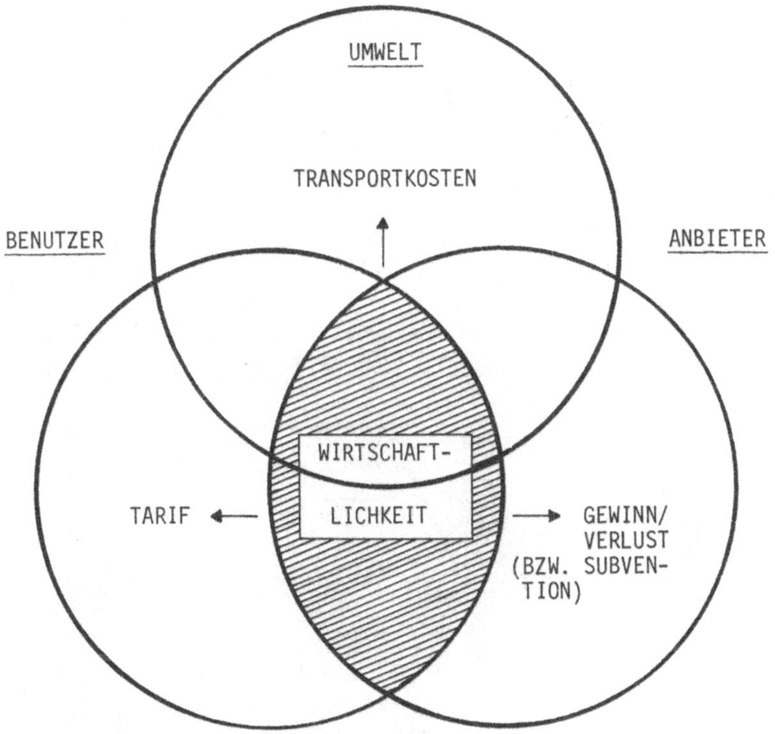

Quelle: DORNIER-SYTEM: Zukünftige Anforderungen ..., a.a.O., Abb. 3 .

Für die Wirkungsbereiche "Anbieter" und "Umwelt" wird analog verfahren. Die Kriterienbereiche "Leistungsfähigkeit", "Wirtschaftlichkeit" und "Sicherheit" sind für den Bereich "Anbieter" von Bedeutung, für die "Umwelt" sind es sozio-ökonomische Effekte, "Struktureffekte" und "Umweltbelastung" (vgl. dazu die Abb. 17 und 18).[120)]

ABB. 16: GLIEDERUNG DES WIRKUNGSBEREICHES "BENUTZER"

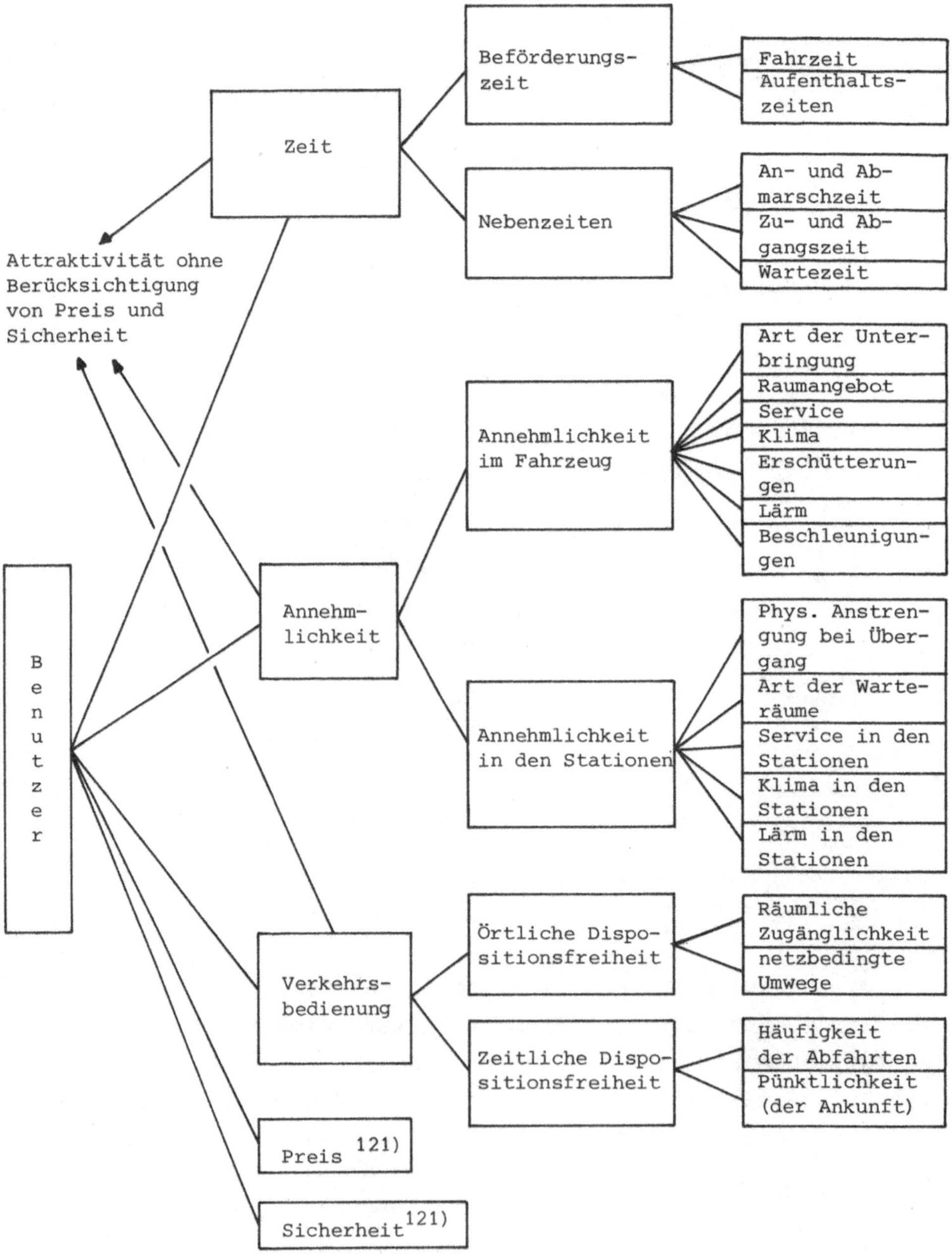

Quelle: DORNIER-SYSTEM: Zukünftige Anforderungen ..., Abb. 5.

ABB. 17: GLIEDERUNG DES WIRKUNGSBEREICHES "ANBIETER"

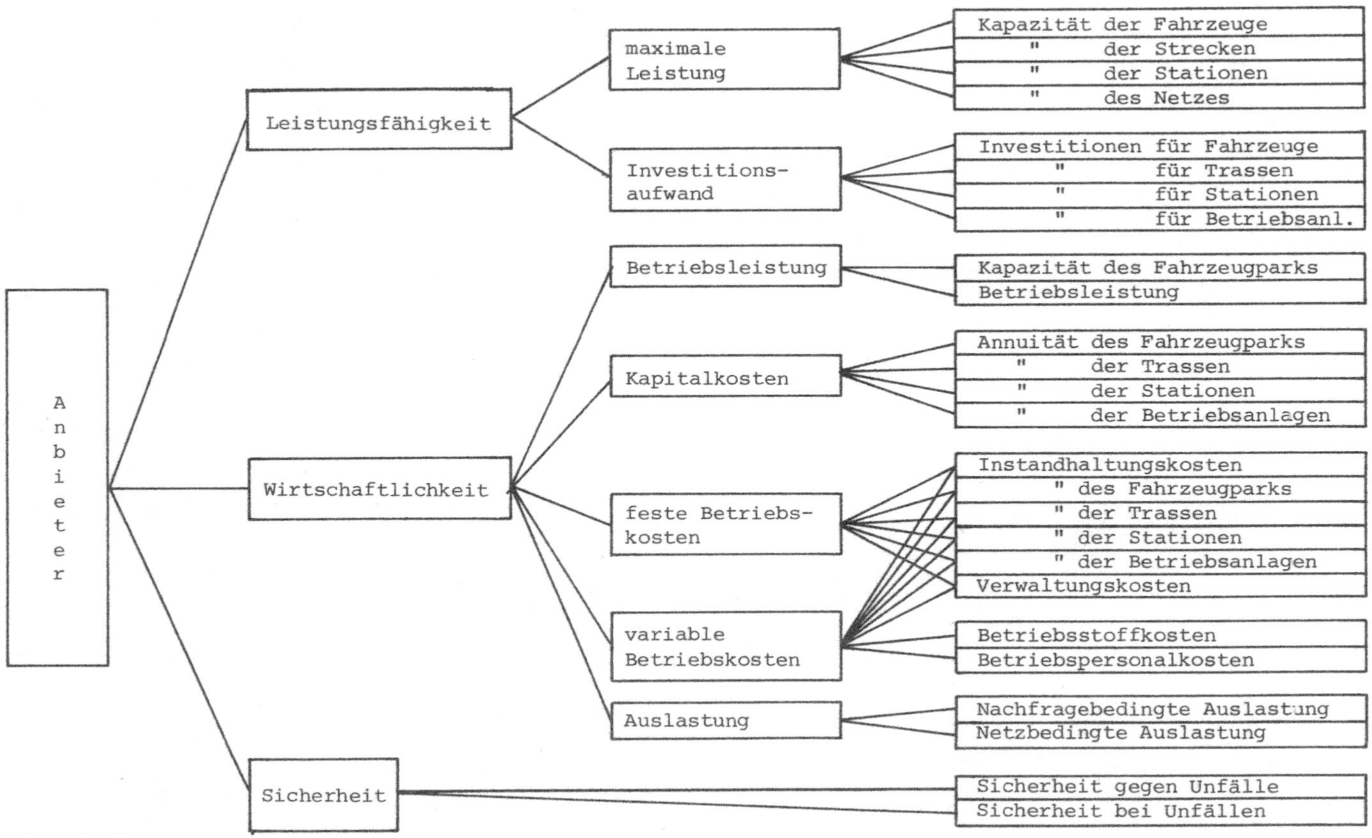

Quelle: DORNIER-SYSTEM: Zukünftige Anforderungen ..., Abb. 6.

ABB. 18: GLIEDERUNG DES WIRKUNGSBEREICHES "UMWELT"

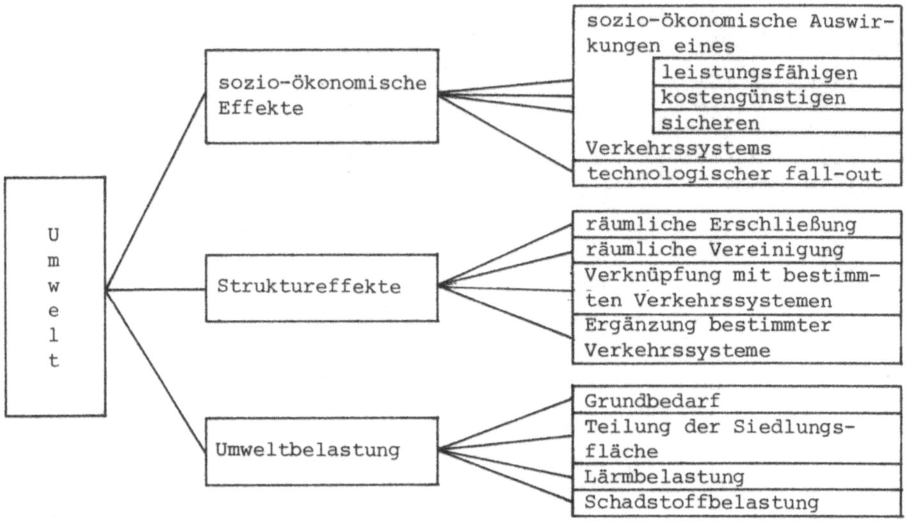

Quelle: DORNIER-SYSTEM: Zukünftige Anforderungen ..., Abb. 7

Für die Ebene der Indikatoren unterbreiten die Verfasser der DORNIER-Studie Meßvorschläge, die eine Quantifizierung ermöglichen sollen. Soweit es sich um technische Größen handelt, werden praktikable Maßeinheiten zur Quantifizierung vorgeschlagen. Für alle nicht direkt quantifizierbaren Größen werden Bewertungstafeln als Hilfskonstruktionen herangezogen.

Den so abgegrenzten Wirkungsbereichen der alternativen Verkehrsmittel werden Systemkomponenten in einer Matrix gegenübergestellt. Die Systemkomponenten charakterisieren das Fahrzeug, die Strecken, die Stationen, das Netz und den Betrieb. Die Beziehungsmatrix (vgl. dazu Abb. 56 der DORNIER-Studie) weist auf bestehende funktionale Zusammenhänge zwischen den Systemeigenschaften (Indikatoren) der Wirkungsbereiche und den Systemparametern der Systemkomponenten hin und unterscheidet dabei zwischen formal darstellbaren und formal schwer oder gar nicht erfaßbaren Zusammenhängen. Diese Beziehungsmatrix beschreibt die Interaktionen zwischen den technischen Ausgestaltungsmerkmalen einer Verkehrstechnologie und dem technischen Anforderungsprofil aus der Sicht der Benutzer, der Anbieter und der Umwelt.

Externe Effekte, die sich in der Veränderung der Wirtschaftsstruktur, der Verteilung des Einkommens und der Wachstumsraten niederschlagen, gehen in die Analyse nicht explizit ein. Dies steht im Gegensatz zu der eingangs gestellten Forderung, daß alle Komponenten der Einwirkung berücksichtigt werden müssen.[122)]

Aus der Sicht eines jeden Wirkungsbereiches wird eine getrennte Bewertung des gesamten Systems anhand der Systemparameter und der Systemeigenschaften vorgenommen. Dazu werden zunächst die Formeln für die funktionalen Zusammenhänge zwischen den einzelnen Parametern und Eigenschaften abgeleitet bzw. geschätzt. Damit ist der Nutzenbeitrag jedes Parameters für den jeweiligen Wirkungsbereich festgelegt. Die einzelnen Beiträge werden in eine einheitliche Dimension "Nutzen" transformiert, wozu Transformationskurven erstellt werden. Die Ergebnisse werden jeweils für die einzelnen Wirkungsbereiche zusammengefaßt, so daß man für jede zu bewertende Alternative drei Teilnutzwerte für die unterschiedlichen Bewertungsstandpunkte erhält. Zur endgültigen Festlegung des Prioritätsranges der zu bewertenden Alternativen wird entweder ein Kompromiß zwischen den drei Bewertungsstandpunkten vorgeschlagen, durch den eine Gewichtung der Wirkungsbereiche erfolgt, oder "man bildet gemäß der angegebenen Gewichtung jeder beteiligten Person eine Rangfolge der zu bewertenden alternativen Systeme, um anschließend festzustellen, welche der Alternativen am häufigsten den ersten Rang erhält."[123)]

Die Gewichtung der einzelnen Systemparameter ist bei geringer Veränderung der Parameterwerte konstant. Bei wesentlicher Veränderung ist eine neue Gewichtung vorzunehmen. Die Bewertung und Gewichtung der Kriterien kann bei geringen technologischen Veränderungen bereits bekannter Systeme durch die Methode der offenbarten Präferenzen bestimmt werden. Soll eine Bewertung von noch nicht bekannten Systemen durchgeführt werden, so steht eine repräsentative Befragung zur Diskussion für die Fälle, in denen der Bewertende sich das künftige System und seine Auswirkungen vorstellen kann. Übersteigt allerdings das zu bewertende System die Vorstellungskraft der Bewertungspersonen innerhalb der Repräsentativbefragung, so sind Expertenbefragungen durchzuführen. Dies impliziert, daß man stets mit nicht sicheren Zielerträgen rechnet. Die Langfristigkeit der Investitionsplanung und -durchführung sowie die Langlebigkeit der Investitionsobjekte im Verkehrswesen stellen sichere Zielerträge in hohem Maße in Frage. Dieser Problematik wird im Rahmen der DORNIER-Studie unzureichend Rechnung getragen. Die durchgeführten Sensitivitätsrechnungen für die Veränderung der Systemparameter sollten besser durch kontinuierliche Simulation ersetzt werden.[124)]

Neben der allgemeinen Kritik an der Methode der Nutzwertanalyse, die hier nicht noch einmal repetiert werden soll,[125)] muß darauf hingewiesen werden, daß eine Quantifizierung externer Effekte im Rahmen dieses Bewertungsmodells nicht geleistet wird. Vielmehr steht die Einschätzung technologischer Veränderungen bezüglich der Benutzer, Anbieter und Umwelt aus technischer Sicht im Vordergrund. Dabei sind nur ca. 1/3 aller Wirkungszusammenhänge funktional beschrieben. Die übrigen 2/3 der Zusammenhänge sind nicht eindeutig identifiziert und werden aufgrund von Befragungen annäherungsweise ermittelt.[126)]
Das Ziel der Arbeit, eine normative Vorhersage der Auswirkungen eines neuen Verkehrssystems zu leisten und damit eine Bewertung des Systems vornehmen zu können, ist unter Ausklammerung sozio-ökonomischer und struktureller Effekte nur teilweise erreicht. Eine wichtige Voraussetzung der Nutzwertanalyse ist die möglichst weitgehende Unabhängigkeit der herangezogenen Bewertungskriterien. Dies ist jedoch im Ansatz von DORNIER-SYSTEM nicht der Fall, da aufgrund der sich überschneidenden Wirkungsbereiche Doppel- und Dreifachbewertungen einiger Systemaspekte möglich sind, so daß nicht einmal eine bedingte Unabhängigkeit, wie sie die Nutzwertanalyse fordert, gewährleistet ist. Ferner ist nicht geklärt, in welchem Maße sich die einzelnen Wirkungsbereiche überschneiden. Die Lage und Größe der in Abb. 15 dargestellten Wirkungsbereiche ist nicht begründet.

Schließlich wird durch die Einbeziehung der Kosten im Bereich "Anbieter" die im Rahmen der Kosten-Nutzen-Analyse bestehende Problematik der Diskontierung wieder eingebracht, was allerdings auch bei System- und Technologievergleichen nicht zu umgehen sein wird.

Ein Bewertungskonzept, das sich im Gegensatz zur DORNIER-Studie weniger mit der technischen Seite einer Verkehrsinvestition befaßt, sondern mehr Gewicht auf die individuellen und gesellschaftlichen Bedürfnisse nach Verkehrsleistungen und deren Auswirkungen legt, ist das im folgenden dargestellte ZIEBUV-Modell.

F) DAS ZIEBUV-MODELL ZUR BEWERTUNG VON VERKEHRSINVESTITIONEN

Im Gegensatz zur herkömmlichen Verkehrsplanung, die primär eine "Anpassungsplanung" war, die auf die rasche wirtschaftliche Entwicklung reagierte, versucht das ZIEBUV-Modell unter Zuhilfenahme der normativen Planung und des Instruments der Simulation unter Einbeziehung gesamtgesellschaftlicher Entwicklungstendenzen, ein Planungssystem zu entwickeln, das angesichts der knapper werdenden Ressourcen und des sich verstärkenden Verteilungskampfes, eine eindeutigere Definition der politischen Zielvorstellungen der Entscheidungsträger ermöglicht.[127)]

Zur Verbesserung der Verkehrsplanung schlägt das ZIEBUV-Modell die Einbeziehung der Datenverarbeitungstechnik vor, um große Informationsmengen zielorientiert verarbeiten zu können.

Das ZIEBUV-Modell ist ein computergestütztes, nutzwertanalytisches Verfahren zur Bewertung öffentlicher Investitionen, insbesondere im Verkehrssektor. Es berücksichtigt quantitativ (z.B. Investitions- und Betriebskosten) sowie nicht direkt quantitativ erfaßbare Größen (z.B. Abgas- und Lärmbelästigungen). Die zu erfassenden Größen werden aus einem Zielsystem abgeleitet, das alle für eine Gesellschaft relevanten Effekte eines Verkehrsmittels respektive -systems[128)] berücksichtigt

ABB.19: METHODISCHES BEZIEHUNGSSCHEMA DES ZIEBUV-MODELLS

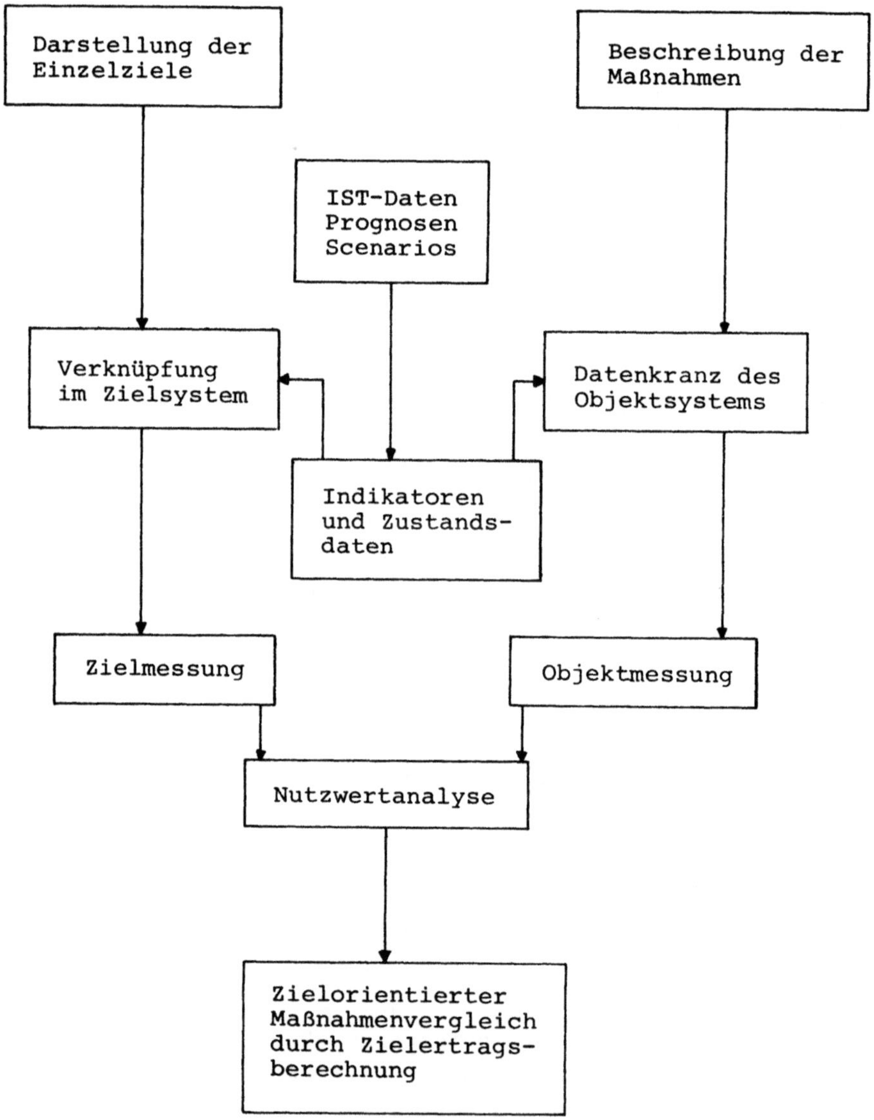

Quelle: ZIEBUV, S. 97

ABB. 20: VEREINFACHTES INPUT-OUTPUT-SCHEMA DES ZIEBUV-MODELLS

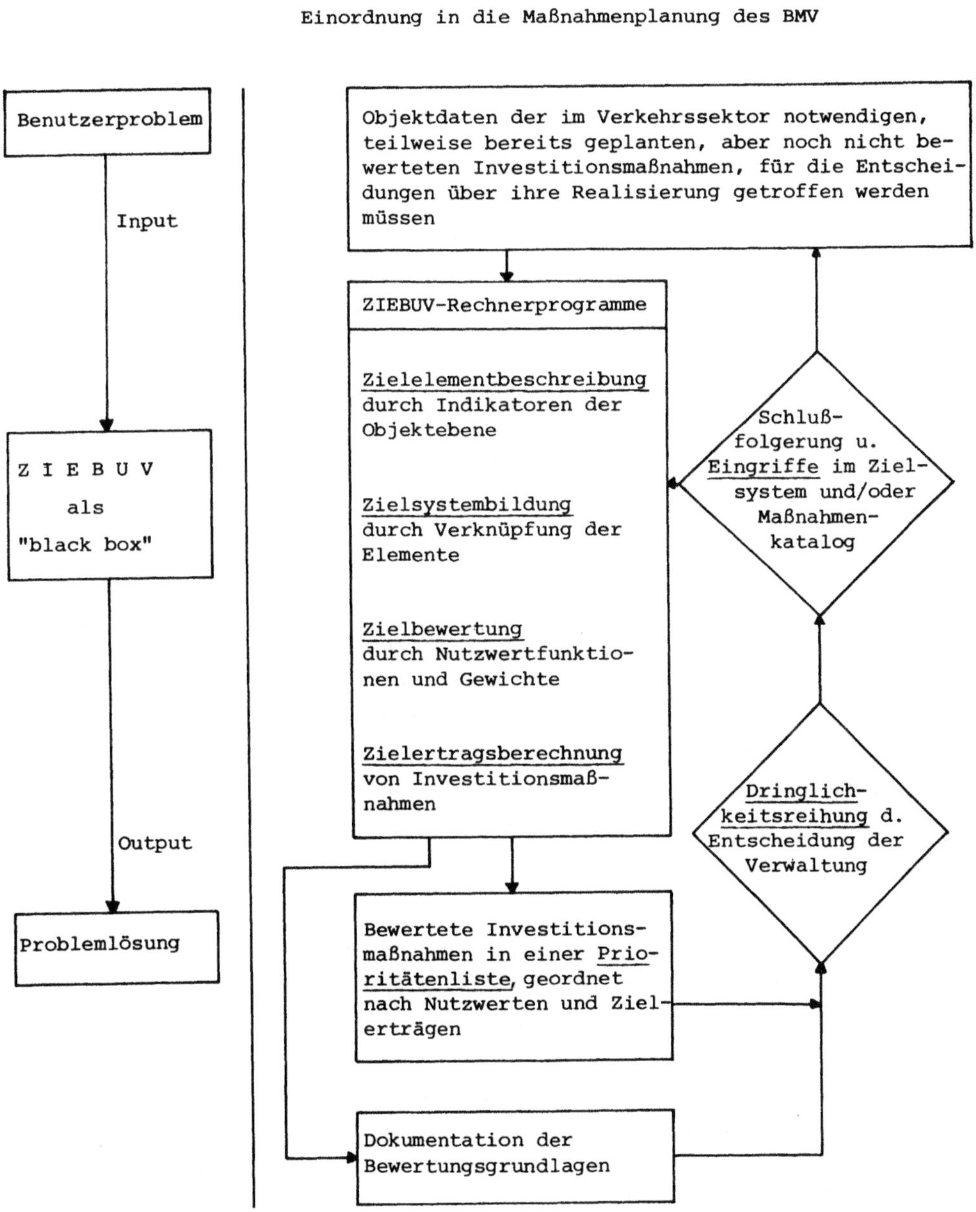

Quelle: ZIEBUV, S. 93

und nach Gewichtung zu einem Gesamtwert aggregiert. Gemessen werden die Zielerreichungsgrade der zu bewertenden Investitionsmaßnahme bezüglich der abgeleiteten Zielgrößen.

Die Entstehung des Verkehrsaufkommens erklären die Verfasser des ZIEBUV-Modells durch das Bedürfnis von Interessengruppen zur Ortsveränderung von Personen, Gütern, Energie und Informationen. Dieses Verkehrsaufkommen verteilt sich auf die verschiedenen Verkehrsmittel gemäß den Verkehrsaffinitäten der Verkehrsnachfrager. Aus diesen Verkehrsbedürfnissen leitet sich ein Sollzustand des Systems ab, der sowohl durch verkehrsspezifische als auch gesamtgesellschaftliche Ziele charakterisiert wird. Innerhalb dieser konkretisierten Ziele sind die Zielinterdependenzen bzw. Zielkonflikte zu lokalisieren, um sie im formalen Planungssystem durch die Transparenz des Systems im Laufe des Entscheidungsprozesses zu bewältigen.

Zur Überwindung der Differenz zwischen Soll- und Istzustand sind Maßnahmen einzusetzen, die zur Erreichung der definierten Ziele beitragen. Die Beurteilung der Maßnahmen hat sowohl aus verkehrsspezifischer als auch gesamtgesellschaftlicher Sicht zu erfolgen. Von wesentlicher Bedeutung für die Einsatzmöglichkeit und Einsatzbereitschaft von Maßnahmen ist die Entscheidungskompetenz für die Verwendung von Ressourcen zur Realisierung der einzusetzenden Maßnahmen.

Da die Bewertung der Maßnahmen von dem Wertsystem der Zielträger abhängig ist, wird die Abbildung dieser Wertvorstellungen gefordert, um Bewertungsdifferenzen und wirksame Machtpotentiale aufzuzeigen. Auch die Bedeutung des Zeithorizontes für die Evaluierung eines Objektes sowohl aus der Sicht der kumulativen Nutzen als auch des Ressourcenverzehrs wird in der Studie stark betont.

Die verkehrsspezifischen Maßnahmen werden drei unterschiedlichen Zielstrukturen zur Bewertung unterzogen, und zwar:

"(a) Rein verkehrsspezifisch ohne Berücksichtigung der Folgewirkungen verkehrsspezifischer Maßnahmen in anderen Bereichen der Gesellschaft,

(b) unter Berücksichtigung der wichtigsten Folgewirkungen und
(c) unter Berücksichtigung aller erkennbaren Folgewirkungen in anderen Bereichen."[129)]

Diesen Zielstrukturen werden beispielhaft drei alternative Zielsysteme - Benutzer-, Verkehrsanbieter- und staatlich orientiertes Zielsystem - gegenübergestellt und mit Vorschlägen für relevante Indikatoren ausgestattet.[130)]

Die Anfüllung der Zielsysteme mit Zielelementen erfolgt im Rahmen des ZIEBUV-Modells unter den folgenden Annahmen:[131)]

(1) Die Zielelemente können zur Zeit nicht präzise aus der normativen Gesetzgebung und den entsprechenden Durchführungsvorschriften abgeleitet werden, da unterschiedliche Interpretationen aufgrund bewußt unpräziser Formulierungen möglich sind und daher lediglich negative Grenzwerte, nicht aber Zielzustände fixiert werden können. Zudem werden diese gesetzlichen Normen meist mit einem "time-lag" bezüglich ihrer Notwendigkeit erlassen.
(2) Die bisher in der Literatur bekannten Systeme von Sozialindikatoren sind nicht verkehrsorientiert, daher nur mit erheblichem Aufwand übertragbar. Zudem können diese Sozialindikatoren meist nicht in ein widerspruchsfreies Zielsystem überführt werden, da häufig Doppelzählungen vorliegen bzw. die Größen nicht meßbar sind.
(3) Die Zielelemente sind nicht objektivierbar und daher nur aufgrund gesellschaftspolitischer Entscheidungen zu fixieren. Das gesamte Zielsystem sollte folglich für Veränderungen offen sein. Ein Zielsystem sollte <u>begründbar</u>, <u>zweckmäßig</u> und <u>vollständig</u> sein. Eine Überlegenheit gegenüber anderen Zielsystemen ist jedoch nicht zu beweisen.
(4) Die Zielelemente sind von subjektiven respektive gesellschaftlichen Normenvorstellungen abhängig und daher nur aus der gegebenen Struktur der Realität ableitbar.

Bei der Ableitung des ZIEBUV-Zielsystems ist man von zwei Stoßrichtungen ausgegangen: Erstens hat man den Bereich "Fernverkehr" hinsichtlich der Eigenschaften mit Zielcharakter analysiert, und zweitens wurde das angenommene Hauptziel "Befriedigung gesellschaftlicher Bedürfnisse" in Zielbereiche, Zielgruppen und schließlich in Zielelemente zerlegt. Diese so ermittelten Teilzielsysteme wurden dann aneinander überprüft und, soweit nötig, ergänzt, um sie kongruent zu machen.

Als Ausgangspunkt für die Zielformulierung wurde die leerformelhafte Zielbeschreibung "Befriedigung gesellschaftlicher Bedürfnisse" gewählt und durch verkehrsspezifische Indikatoren angefüllt. Diese Leerformel ist identisch mit dem Ziel der "Erhöhung der Lebensqualität". Dieses oberste Ziel wurde durch folgende untergeordnete Zielbereiche präzisiert:
(1) materielle Bedürfnisse,
(2) körperliche respektive gesundheitliche Bedürfnisse,
(3) geistig-seelische Bedürfnisse und
(4) sonstige Bedürfnisse.[132)]

Diese vier Zielbereiche wurden weiter in Zielgruppen unterteilt:
(1.1) Produktivitätserhöhung und Kosteneinsparung,
(1.2) Verteilung des Wohlstandes,
(1.3) Lenkung der Verkehrsmittelwahl,
(2.1) Schutz der Biosphäre,
(2.2) Vermeidung von Personenschäden (soweit nicht bereits im Bereich (1) "materielle Bedürfnisse" als Unfallkosten (Versicherungsaufwand) erfaßt),
(2.3) Erholungsmöglichkeiten,
(3.1) soziale Kontaktmöglichkeiten,
(3.2) mobile Unabhängigkeit,
(4.1) internationale Beziehungen,
(4.2) Beachtung militärischer Erfordernisse und
(4.3) Förderung neuer Technologien.

Diesen Zielgruppen wurden noch Zielelemente zugeordnet, die aus Tab. 2 zu entnehmen sind.[133)]

TAB. 2: ZIEBUV-ZIELSYSTEM FÜR DIE BUNDESVERKEHRSWEGEPLANUNG (ERWEITERTES SYSTEM):

Lfd.Nr.	System-Nr.	Oberziel, Zielbereiche, Zielgruppen, Zielelemente (Indikatoren)
1	1	Befriedigung gesellschaftlicher Bedürfnisse
2	10	Materielle Verbesserung durch Verkehrswegeinvestitionen
3	11	Erhöhung der gesamtwirtschaftlichen Produktivität
4	12	Verbesserung der regionalen Verteilung des Wohlstandes
5	13	Positive Beeinflussung der Verkehrsmittelwahl durch Benutzer
6	20	Berücksichtigung gesundheitlicher Erfordernisse
7	21	Verminderung von Schäden der Biosphäre
8	22	Vermeidung von Personenschäden
9	23	Unterstützung des Gesundheitswesens
10	24	Verbesserung der Erholungsmöglichkeiten
11	30	Berücksichtigung von Zielen des Sozialbereichs
12	31	Positive Beeinflussung sozialer Strukturen
13	32	Verbesserung der Erreichbarkeit von Zentraleinrichtungen
14	33	Verbesserung der Kontaktgunst ländlicher Gebiete
15	34	Verbesserung der mobilen Unabhängigkeit
16	40	Berücksichtigung weiterer Erfordernisse
17	41	Beachtung der Ziele der internationalen Beziehungen
18	42	Beachtung militärischer Erfordernisse
19	43	Förderung neuer Technologien
20	111	Förderung gezielter Ressourceneinsparung (unabhängig von Kosten)
21	112	Einsparung direkter Verkehrskosten
22	113	Indirekter Beitrag zur Erhöhung der Produktivität
23	121	Lenkung privatwirtschaftlicher Aktivitäten (Standortfaktoren für Industrie und Dienstleistungssektor)
24	123	Förderung von schwach entwickelten Fremdenverkehrsgebieten
25	131	Erhöhung der Attraktivität ausgewählter Verkehrsmittel
26	132	Tarifgestaltung zum Zwecke der Lenkung der Verkehrsmittelwahl
27	211	Verminderung von Schädigungen und Belästigungen
28	212	Erhaltung des ökologischen Gleichgewichts
29	221	Verminderung unfallbedingter Personenschäden

Lfd.Nr	System-Nr.	Indikator
30	222	Verminderung von Streßsituationen
31	241	Verbesserung des Landschaftsbildes
32	242	Zusätzliche Erschließung von Naherholungsgebieten
33	311	Zusätzliche Anbindung unterstrukturierter Räume an Zentralorte
34	312	Zusätzliche Erschließung unterstrukturierter Räume für soziale Kontakte
35	313	Vermeidung von Zerschneidung sozialer Strukturen durch Verkehrswege
36	331	Erhöhung der Attraktivität zur Steigerung des Wohlbefindens
37	1111	Einsparung von Energie
38	1112	Restriktive Bodennutzung durch Verkehrsanlagen
39	1113	Verminderung des Ölverbrauchs
40	1114	Verminderung des Energieverbrauchs auf Nicht-Öl-Basis
41	1115	Einsparung anderer knapper Ressourcen, unabhängig von Kosten
42	1121	Minimierung der öffentlichen Aufwendungen
43	1122	Minimierung öffentlicher Investitionen
44	1123	Minimierung öffentlicher betriebsabhängiger Aufwendungen
45	1124	Minimierung der Aufwendungen der Benützer
46	1125	Verminderung der Transportzeit im Gütertransport
47	1126	Minimierung der privaten Betriebsaufwendungen
48	1127	Minimierung der Unfallkosten
49	1128	Verminderung der Reisezeit im Berufsverkehr
50	1129	Verminderung der Reisezeit im Freizeitverkehr
51	1131	Konjunktursteuerung
52	1132	Konjunktursteuerung durch Investitionszeitpunkt
53	1133	Konjunktursteuerung durch Investitionsumfang
54	1211	Förderung von Investitionen in Entwicklungsräumen
55	1212	Förderung der Entballung von Ballungsgebieten
56	1213	Förderung der Rationalisierung und Absatz landwirtschaftlicher Produkte
57	1221	Zusätzliche Erschließung schwach entwickelter Gebiete für Industrie
58	1222	Zusätzliche Anbindung schwach entwickelter Gebiete für Industrieansiedlung
59	1223	Zusätzliche Erschließung ländlicher Gebiete
60	1224	Zusätzliche Anbindung ländlicher Gebiete
61	1231	Zusätzliche Erschließung für den Fremdenverkehr

Lfd.Nr.	System-Nr.	Indikator
62	1232	Zusätzliche Anbindung für den Fremdenverkehr
63	1310	Verkehrliche Attraktivität
64	1311	Knotendichte
65	1312	Wählbarkeit des Abfahrtzeitpunktes
66	1313	Pünktlichkeit der Ankunft
67	1314	Fahrtunterbrechungsmöglichkeit
68	1315	Verfügbarkeit am Zielort
69	1320	Attraktivität der Bequemlichkeit
70	1321	Raumangebot, Unterbringung
71	1322	Gepäckmitnahmemöglichkeiten
72	1323	Erschütterungen, Beschleunigungen
73	1324	Lärm im Fahrzeug
74	1325	Subjektive Sicherheitseinschätzung
75	1326	Gelegenheit zum Arbeiten, Essen, Schlafen während der Fahrt
76	1327	Störung durch Mitreisende
77	1328	Service
78	1329	Bequemlichkeit und Service während der Wartezeiten
79	1330	Möglichkeit zum Selbstfahren
80	2111	Verminderung verkehrsbedingter Luftverunreinigungen
81	2112	Verminderung verkehrsbedingter Lärmemission
82	2113	Verminderung verkehrsbedingter Schädigung des Wassers
83	2114	Vermeidung verkehrsbedingter Schädigung des Bodens in ökologischer Hinsicht
84	2221	Verkehrsdichte, bezogen auf den verfügbaren Verkehrsraum
85	2222	Streßfaktor des Verkehrsmittels bzw. -weges
86	2411	Landschaftsverbesserung bzw. Vermeidung von Landschaftsschädigung
87	2412	Vermeidung indirekter landschaftlicher Beeinträchtigung durch Zersiedlung
88	2421	Zusätzliche Erschließung von Naherholungsgebieten
89	2422	Zusätzliche Anbindung von Naherholungsgebieten
90	3121	Neu erschlossene Fläche innerhalb 10-Min.-Isochrone des übergeordneten Netzes
91	3122	Neu erschlossene Fläche innerhalb 30-Min.-Isochrone des übergeordneten Netzes
92	3123	Mittlere Einwohnerdichte im Gebiet des Indikators 3121
93	3124	Mittlere Einwohnerdichte im Gebiet des Indikators 3122
94	3125	Zeitaufwand zur Erreichung des betrachteten übergeordneten Verkehrsnetzes

Lfd.Nr.	System-Nr.	Indikator
95	3131	Querdurchlaßwiderstand des Verkehrsweges für Fußgänger
96	3132	Länge der Trassenabschnitte durch Siedlungsgebiet
97	3133	Mittlere Einwohnerdichte im Gebiet des Indikators 3132

<u>Quelle</u>: ZIEBUV, Anlage 2

Die quantitative Erfassung der Ziele[134] wird durch die Messung der Zielerreichungsgrade anhand der Zielindikatoren ermittelt, wobei auch das Nichterreichen eines Zieles berücksichtigt wird und zu einer Nutzenverringerung führt. Die Ziel- bzw. Nutzwertfunktionen, die die Zielerreichungsgrade (ZG) angeben, werden dabei für den Ordinatenbereich [-1,+1] definiert.

Der Einfluß jedes Zielelements auf den Gesamtnutzwert wird mit Hilfe einer Gewichtung (G) gemäß der relativen Wichtigkeit eines Zielelements und durch seine Wirkungsquantität (WQ), einem Mengenindikator (z.B. Anzahl der betroffenen Personen), fixiert. Die zu aggregierenden Teilnutzwerte (TNW) errechnen sich demnach gemäß der folgenden Beziehung:

(60) $TNW = ZG \cdot WQ \cdot G$.

Die Verknüpfung der Teilnutzwerte miteinander zu den übergeordneten Zielbeiträgen geschieht zumeist durch Addition. Die Absolutgewichte der Zielelemente repräsentieren die Bedeutungen der Elemente für die Erreichung des Gesamtzieles. Die Teilnutzwerte stellen die Nutzenabgabe der zu bewertenden Maßnahme bezüglich des betreffenden Elements dar. Absolutgewicht, multipliziert mit Nutzenabgabe, ergibt den Nutzenbeitrag des Elements, wobei sich die Nutzenbeiträge der Indikatoren zum Nutzenbeitrag des zugehörigen Oberelements addieren. Auf der Indikatorenebene findet sich häufig auch eine multiplikative Verknüpfung der Elemente, "nämlich dann, wenn Mengenindikatoren miteinander zu verknüpfen sind oder wenn der Zielwert eines Zielindikators mit den Daten der Mengenindikatoren zu gewichten ist."[135]

Die Bewertung der Alternativen über das Zielsystem erfolgt mit Hilfe eines Systems von Rechenprogrammen im Dialogbetrieb.[136] Es werden folgende Schritte mit Hilfe dieses Programmes durchgeführt:

(1) Definition der Zielelemente mit Indikatoren,
(2) hierarchische Zuordnung der Zielwerte und Verknüpfung zu einer Zielstruktur,
(3) Angabe der Verknüpfungsregeln und Übergang zum Zielmodell,
(4) Relativgewichtung der Unterziele,

(5) Definition und Zuordnung der Ziel- bzw. Nutzwertfunktion zu den entsprechenden Indikatoren,
(6) Berechnung der absoluten Gewichte der Zielelemente (bezogen auf die Indikatoreneinheit),
(7) graphische und tabellarische Auflistung der Daten.

Die nach diesem Verfahren ermittelten Nutzwerte der alternativen Verkehrsinvestitionen repräsentieren die Dringlichkeitsreihung bzw. Rangfolge der zur Verfügung stehenden Alternativen und sind durch die Bewertungsdifferenz bezüglich der Nutzen und dem Finanzierungsbedarf verdeutlicht. Dabei werden direkte Nutzen und Kosten der Maßnahmen selbst, als auch deren Folgewirkungen in anderen Bereichen als dem Verkehrssektor berücksichtigt.

Ziel des ZIEBUV-Modells ist es, einen konstruktiven Beitrag zu den Möglichkeiten der Bewertung komplexer Systeme für Verwaltung und Praxis zu leisten. In diesem Rahmen wird beispielhaft die Bewertung von Verkehrsmaßnahmen einer Systemanalyse und Bewertung unterzogen. Die Definition der Bewertungsbereiche ist im Gegensatz zu anderen Bewertungskonzeptionen von Verkehrsinvestitionen ein positiver Ansatz. Die Operationalisierung dieser Zielbereiche durch 60 Indikatoren, die ihrerseits für eine Quantifizierung teilweise noch weiter aufgespalten werden müßten, stellt die Operationalität dieses Systems aufgrund der Datenanforderungen in Frage.

Die vorgeschlagene Messung der Teilnutzwerte in einem Bereich [-1,+1] ermöglicht die Erfassung positiver und negativer Effekte der zu bewertenden Verkehrsmaßnahme und versetzt das System in die Lage, eine Nutzenfunktion sowohl in ihren positiven als auch negativen Elementen zu beschreiben. Fraglich erscheint die Möglichkeit, Indikatoren gleichzeitig in unterschiedlichen Zielbereichen mit Nutzenbeiträgen anzusiedeln, wie dies im Rahmen des ZIEBUV-Modells geschieht.[137] Denn durch diese Mehrfachberücksichtigung eines Indikators in verschiedenen Zielbereichen ist die für die praktische Nutzwertanalyse geforderte bedingte Nutzenunabhängigkeit der Zielelemente erheblich verletzt.[138]

Methodisch nicht vertretbar ist die Verknüpfung von Zielerreichungsgraden mit Mengenindikatoren, die die Wirkungsquantität repräsentieren sollen, da so die Unteilbarkeit der Faktoren verletzt wird. Diese Unteilbarkeit der Faktoren hat insbesondere im Bereich der Infrastrukturinvestitionen Gültigkeit, da Leistungsbereitschaft und Leistungsabgabe dieser Einrichtungen, wie z.B. einer Autobahn oder eines Flughafens, nur als Ganzes erfolgen und somit auch nur als Ganzes der Bewertung unterzogen werden können. Eine Bewertung der Wirkungsquantität ist in den Faktor Zielerreichungsgrad direkt einzubeziehen und nicht durch eine multiplikative Verknüpfung vorzunehmen.

Zudem ist die Multiplikation der Zielerreichungsgrade mit einem Mengenindikator nur dann zulässig, wenn für alle Indikatoren die gleiche Bezugsdimension herangezogen wird. Dies ist notwendig, da nur Teilnutzwerte gleicher Dimension zu einem Gesamtnutzwert aggregiert werden können, andererseits ist eine Aussagefähigkeit nicht mehr gewährleistet. Dem gesamten Ansatz des ZIEBUV-Modells ist ferner mit den Bedenken gegenüber der Nutzwertanalyse zu begegnen.

Die Durchführung der Nutzwertanalyse über EDV-Anlagen in dialogfähiger Form erscheint eine sinnvolle Operationalisierung und Vereinfachung des Bewertungsprozesses von komplexen Systemen zu sein. Die Beurteilung der im Rahmen des ZIEBUV-Modells verwandten Rechenprogramme entzieht sich im übrigen einer ökonomischen Beurteilung.

Befaßten sich die bisher dargestellten Modelle mehr mit der Bewertung einer Verkehrsinvestition als Ganzes, so konzentriert sich die INTERTRAFFIC-Studie ausschließlich auf die Bestimmung einer optimalen Ersatzalternative und simultan auf die Fixierung eines optimalen Ersatzzeitpunktes.

G) DAS MODELL DER INTERTRAFFIC GMBH ZUR BEWERTUNG VON ERSATZ-INVESTITIONEN IM VERKEHRSWEGEBAU[139]

Der hohe Anteil an Ersatzinvestitionen am Gesamtinvestitionsvolumen im Verkehrssektor erfordert einen effektiven Einsatz der begrenzten Ressourcen. Diese Effektivität kann durch eine Verbesserung der Entscheidungsgrundlagen erreicht werden. Die erste Stufe der Bundesverkehrswegeplanung zieht daher zur Beurteilung der gesamtwirtschaftlichen Vorteilhaftigkeit von Neu- und Ausbauinvestitionen im Verkehrssektor die Kosten-Nutzen-Analyse als Entscheidungsvorbereitungsinstrument heran.[140]

Nach Meinung der Verfasser der INTERTRAFFIC-Studie ist die Methode zur Überprüfung der Vorteilhaftigkeit von Ersatzinvestitionen bezüglich des Ersatzzeitpunktes und der Maßnahmenalternativen nicht unabhängig von anderen Richtlinien über die wirtschaftliche und sparsame Haushaltsführung zu wählen. Die Auswahl der Bewertungsmethode für Ersatzinvestitionen hat sich daher an den "Änderungen und Ergänzungen zu den vorläufigen Verwaltungsvorschriften zur Bundeshaushaltsordnung vom 21. Mai 1973 II A 3 - H 1005 - 33/73" und den "vorläufigen Verwaltungsvorschriften zu § 7 Abs. 2 BHO 'Erläuterung zur Durchführung von Nutzen-Kosten-Untersuchung', vom 21. Mai 1973, II A 3 - H 1012/10-15/73" des BUNDESMINISTERS DER FINANZEN orientiert.[141] Es wurde folglich die Kosten-Nutzen-Analyse zur Evaluierung von Ersatzinvestitionen herangezogen.

Zur optimalen Allokation der knappen finanziellen Mittel ist eine Vergleichbarkeit von Ersatzmaßnahmen für alle Verkehrswege, die unter die Baulastträgerschaft des Bundes fallen, von erheblicher Bedeutung. Auch diesen Aspekt versucht die INTERTRAFFIC-Studie aufzugreifen. Zur Erreichung der Zielsetzung der Studie, die Entscheidungsfindung für den Komplex der Ersatzinvestitionen zu verbessern und die Vergleichbarkeit der Ersatzinvestitionen in sämtlichen Verkehrsbereichen durch ein einheitliches methodisches Konzept zu sichern, setzt zunächst eine Analyse der derzeitigen Planungskonzepte bezüglich

a) der Maßnahmen und ihrer Einordnung zu verschiedenen Investitionsbereichen,
b) der Maßnahmenanlässe,
c) der heutigen Investitionsstrategie und der Ergebniskontrolle sowie
d) des heutigen Entscheidungsprozesses voraus.[142)]

Auf der Grundlage dieser Analyse versucht die Studie durch eine Reihe von Falluntersuchungen, die Kosten-Nutzen-Analyse auf ihre Einsatzfähigkeit für die Evaluierung von Ersatzinvestitionen mit Blick auf die Bestimmung der besten Alternative und des optimalen Ersatzzeitpunktes zu überprüfen. Durch Variation verschiedener Parameter wird die Sensitivität des Analyseverfahrens getestet.[143)]

Das Modell der INTERTRAFFIC-Studie ist ein spezielles Verfahren zur Bewertung von Ersatzinvestitionen auf der Basis von Nutzen-Kosten-Untersuchungen, die durch einen Vergleich der volkswirtschaftlichen Nutzenzuwächse und -entzugseffekte unter Zuhilfenahme der Kapitalwertmethode
1) die optimale Maßnahmenalternative auswählt und
2) iterativ den kostengünstigsten Ersatzzeitpunkt bestimmt.
Für Verkehrswege[144)] wird unter Ersatzinvestitionen jede "Maßnahme zur Erhaltung der bislang zugrundegelegten Leistungsfähigkeit unter Berücksichtigung neuer Erkenntnisse im Verkehrswegebau" verstanden. "Ausgeschlossen sind jedoch Maßnahmen, die
1) regelmäßig zum Betrieb und zur Unterhaltung durchgeführt werden müssen, bzw.
2) aufgrund neuer Verkehrsbedürfnisse oder anderer Gesichtspunkte (z.B. Umweltschutz) wesentliche Ergänzungen und Erweiterungen erfordern."[145)]

Diese Definition wird für die Verkehrswege Straße, Binnenwasserstraße und Luftverkehrsweg konkretisiert.[146)] Der bauliche Maßnahmenkatalog ist vorab bezüglich der Investitionsbereiche Erhaltung, Instandsetzung und Erneuerung zu differenzieren.[147)] Ferner werden die Maßnahmenanlässe und die jeweiligen Investitionsstrategien und Ergebniskontrollen analysiert.[148)] Wie schon oben dargelegt, basiert das Verfahren zur Bewertung von Ersatzinvestitionen auf einer Gegenüberstellung der volkswirtschaftlichen Nutzen und Kosteneffekte im Rahmen einer Kosten-Nutzen-Analyse. Die über den Zeitraum der Lebensdauer der zu evaluierenden Investitionen anfallenden Kosten und Nutzen werden mit Hilfe der Kapitalwertmethode auf einen Zeitpunkt abdiskontiert. Als Entscheidungskriterium werden die abdiskontierten jährlichen Gesamtkosten der zu vergleichenden Alternativen herangezogen, wobei der niedrigste abdiskontierte positive Saldo die günstigste Lösung charakterisiert.

Die von INTERTRAFFIC in diesem Zusammenhang gegebene Begründung für die Auswahl der Kapitalwertmethode ist nicht stichhaltig. Die Argumente, die gegen die Anwendung der Methode des internen Zinsfußes vorgebracht werden, gelten im Gegensatz zu den Ausführungen der INTERTRAFFIC-Studie in gleicher Weise für die Kapitalwertmethode.[149)]

Die im Rahmen der INTERTRAFFIC-Studie vorgesehene Anwendung des "with-/without-Prinzips" ist streng genommen keine echte Realisierung dieses Prinzips, da der "without-Fall", so wie ihn die INTERTRAFFIC-Studie definiert, entweder eine alternative Investitionsstrategie darstellt und somit in die Kosten-Nutzen-Untersuchung mit einbezogen werden muß oder der "without-Fall" als Vergleichsfall angesehen werden kann, auf den alle anderen Alternativen bezogen sind, wodurch lediglich mehr Rechenaufwand erforderlich wird, die Aussagekraft des Ergebnisses sich aber keineswegs erhöht.[150)] Die Festlegung des Betrachtungszeitraumes orientiert sich an der technischen Lebensdauer der frühesten Ersatzmaßnahme, die mindestens in dem zu betrachtenden Zeitraum enthalten sein soll. Der Zeitpunkt der frühestmöglichen Ersatzmaßnahme ist abhängig von technischen oder finanziellen Bedingungen. Eine eindeutige Fixierung des frühestmöglichen Ersatzzeitpunktes ist aus der Studie nicht abzuleiten. Für alle Ersatzmaßnahmen, die zu einem späteren Zeitpunkt erfolgen, wird der Betrachtungszeitraum konstant gehalten und unter der Annahme einer linearen Abschreibung der Restwert der Ersatzinvestition auf den Gegenwartswert abdiskontiert und in Abzug vom Kapitalwert gebracht. Die Annahme einer linearen Abschreibung für Verkehrsinvestitionen erscheint zumal für den Bereich Straße nicht gegeben, da bei geringen Fahrbahnschäden jede weitere Nutzung überproportional wachsende Abnutzungen verursacht.[151)] Ferner soll der Betrachtungszeitraum sowohl den frühest- als auch spätestmöglichen Ersatzzeitpunkt beinhalten. Durch diese Forderung wird jedoch der "status-quo-Fall" als Vergleichszeitpunkt ausgeschlossen und in die Analyse voll integriert. Die Vernachlässigung von zukünftigen Preisniveauänderungen ist aufgrund der Schwierigkeiten von Preisprognosen gerechtfertigt.

Da die Kapitalwertmethode als Mittel zur Errechnung der optimalen Alternative herangezogen wird, stellt die Festlegung der Diskontierungsrate das zentrale Problem für die Kosten-Nutzen-Ermittlung dar. Theoretisch müßten die Kosten einer Investitionsalternative als entgangener Nutzen anderer möglicher Alternativen ermittelt werden. Eine optimale Allokation der finanziellen Ressourcen ist nur über die Ermittlung der Opportunitätskosten und der daraus resultierenden Zinshöhen möglich. Die Berechnung von Opportunitätskosten ist vornehmlich im Bereich der Infrastruktur mit großen Schwierigkeiten verbunden, da man sich hier nur auf Schätzungen stützen kann. Als Diskontierungsrate wird daher zumeist auf den Zinsfuß für langfristige Kapitalanleihen zurückgegriffen. Als Diskontierungsrate wählt die INTERTRAFFIC-Studie einen 7%igen Satz. In Alternativrechnungen werden Zinssätze von 5 und 9% zugrundegelegt.

Die in die Kosten-Nutzen-Analyse der Ersatzinvestition eingehenden Kostentitel umfassen die Investitionskosten und die Kosten für den Unterhalt der Verkehrswege. Die Investitionskosten werden nur für den Fall der Durchführung einer Ersatzmaßnahme im betreffenden Baujahr realisiert. Für künftig anstehende Ersatzinvestitionen wird für den Kostenbereich auf Erfahrungswerte der planenden und ausführenden Dienststellen zurückgegriffen. Die Kostenansätze werden durch die Einbeziehung unterschiedlicher Teilleistungen und Investitionsjahre variiert.

Die Kosten für den Verkehrswegeunterhalt umfassen sowohl die Instandsetzungskosten als auch laufend anfallende Unterhaltskosten. Sowohl die Richtwerte der RWS (vgl. Anlage 26 der INTERTRAFFIC-Studie) als auch die Ermittlung dieses Kostentitels in Anteilen an der Investitionssumme scheinen als Grundlage der Untersuchung der Vorteilhaftigkeit von Ersatzinvestitionen nicht geeignet, da der Instandsetzungsaufwand in starkem Maße von dem Lebensalter und der zu bewältigenden Verkehrsmenge eines Verkehrsweges abhängt. Da dieser funktionale Zusammenhang theoretisch noch nicht ausreichend erfaßt ist, um quantitative Berechnungen vorzunehmen, werden diese Kostentitel durch Schätzungen angefüllt.

Die Nutzenelemente setzen sich zusammen aus den Ersparnissen an Zeitkosten, Betriebskosten und Unfallfolgekosten. Der Zeitkostenansatz der INTERTRAFFIC-Studie basiert auf den Zeitkostenermittlungen der RWS, die in Kapitel 5.314 der INTERTRAFFIC-Studie einer Aktualisierung unterzogen werden. Auch die Ermittlung der Betriebskosten geht von den Berechnungen der RWS aus, die als theoretisch abgesichert angesehen werden können. Der Komplex der Unfallfolgekosten wird durch die Effekte einer Ersatzinvestition kaum berührt, da Maßnahmen ausgeklammert sind, die zur Verbesserung der Verkehrssicherheit und Entschärfung von Unfallschwerpunkten dienen. Da die Ersatzinvestitionen vornehmlich auf die Beschaffenheit der Fahrbahnoberfläche bezogen sind, müßten zur Quantifizierung des Effektes einer Ersatzinvestition auf das Unfallgeschehen, die Fahrbahnoberfläche als Einflußfaktor auf die Unfallhäufigkeit und Unfallschwere identifiziert werden und ihr ein Anteil an den Unfallursachen zugerechnet werden. Die Zurechenbarkeit nach dem heutigen Erkenntnisstand ist - wie die INTERTRAFFIC-Studie richtig aufzeigt - nicht gegeben.[152)] Soweit es sich bei der Ersatzmaßnahme um einen Zwischenausbau handelt, stellt die veränderte Fahrbahnbreite ein Hauptkriterium für die veränderten Unfallursachen und -folgen dar.[153)]

Die Veränderung der Umweltbelastung wird nicht in die Bewertung des Modells mit einbezogen, da die Steigerung der Leistungsfähigkeit des Verkehrsweges, die den maßgeblichen Parameter für die Umweltbelastung darstellt, nicht Ziel einer Ersatzinvestition ist. Auch Erschließungs- und Wachstumskomponenten werden nicht berücksichtigt, da ausschließlich Veränderungen des Verkehrsangebots, d.h. Veränderungen der Verkehrsqualität, Effekte auf Wachstum und Struktur erwarten lassen. Qualitätsverbesserungen des Verkehrsangebots sind jedoch von einer Ersatzinvestition, so wie die INTERTRAFFIC-Studie sie definiert, nicht zu erwarten. Auch die Auswirkungen auf das Landschaftsbild, die Trennwirkungen und die Veränderung der sozialen Verhältnisse in der Umgebung der zu ersetzenden Investition werden neben der Veränderung des Fahrkomforts und der Verlagerung des Verkehrs aus der Analyse ausgeklammert, da es die Zielsetzung der Studie ist, ein praktikables und unkompliziertes Verfahren zu entwickeln, und die Einbeziehung dieser Effekte auf der einen Seite hohen Erhebungsaufwand verursachen würde und andererseits das Auftreten dieser Effekte aufgrund einer Ersatzinvestition theoretisch nicht abgesichert ist.

Um die Vergleichbarkeit sowohl der Durchführung als auch der Ergebnisse der Fallstudien sicherzustellen, wurde allen Fallstudien ein einheitliches Ablaufschema der Kosten-Nutzen-Untersuchung zugrundegelegt.

Die Vorgehensweise gliedert sich in fünf Schritte:

(1) Darstellung der Information und die Ermittlung von Ausgangsdaten für die Durchführung der Kosten-Nutzen-Untersuchung der relevanten Alternativen;

(2) Auflistung und Erläuterung der Eingabewerte, die zur Ermittlung der einzelnen Nutzen erforderlich sind sowie Angabe der Investitions-, Unterhalts- und Instandsetzungskosten in Abhängigkeit von den jeweils zu betrachtenden Alternativen;

(3) Quantifizierung der Nutzentitel in Abhängigkeit von den einzelnen Alternativen;

(4) Durchführung der Kosten-Nutzen-Untersuchung mit Restwertbetrachtung der Kostentitel sowie Errechnung der Gegenwartswerte für verschiedene Alternativen und Ersatzjahre.

(5) Erörterung der Ergebnisse und damit verbunden die Durchführung einer Sensitivitätsanalyse ausgewählter Parameter.[154)]

Obwohl der methodische Rahmen, der der INTERTRAFFIC-Studie zugrundeliegt, aus theoretischer Sicht nicht eingehend erörtert wird, muß hervorgehoben werden, daß die Argumente für die Auswahl der Kosten-Nutzen-Analyse zwar überzeugen, denn die Vergleichbarkeit - auch in methodischer Sicht - unterschiedlicher Investitionen der öffentlichen Hand erhöht die Transparenz und Nachvollziehbarkeit der Entscheidungsprozesse. Die grundsätzliche Kritik an dem Instrument der Kosten-Nutzen-Annalyse bleibt aber als Vorbehalt weiter bestehen.[155)] Das zentrale Problem der INTERTRAFFIC-Studie ist in der Bestimmung der volkswirtschaftlich kostengünstigsten Alternative der Ersatzinvestition und des Ersatzzeitpunktes zu sehen. Die Auswahl der Alternative und des Ersatzzeitpunktes soll die Leistungsfähigkeit des Verkehrsweges zur Grundlage haben. Hierzu ist anzumerken, daß es der INTERTRAFFIC-Studie nicht gelungen ist, den Begriff der Leistungsfähigkeit des Verkehrsweges in ausreichender Weise zu definieren. Es wird lediglich auf die Erhaltung des bisherigen Leistungsstandes hingewiesen. Es fehlt sowohl die Festlegung eines technischen als auch gesamtwirtschaftlich bedeutsamen Leistungsstandards. Dieser Leistungsbegriff müßte u.E. neben den technischen Größen auch Qualitätsmerkmale und gesamtwirtschaftliche Funktionsindikatoren enthalten, an die Minimalanforderungen aus politischer Sicht zu stellen sind. Die Beurteilung der Aussagefähigkeit der INTERTRAFFIC-Studie und die Abgrenzung ihrer Relevanz liegt eindeutig in der Definition der Ersatzinvestition. Der abgegrenzte Begriff umschließt einen sehr engen Komplex von Investitionen im Verkehrswegebau. Die Ersatzinvestition stellt ausschließlich Erneuerungen bisher bestehender Verkehrsanlagen dar. Sämtliche Maßnahmen, die über die reine Erhaltung eines Verkehrsweges hinausgehen, sind nicht Gegenstand der Analyse. Dies bedeutet, daß sämtliche begleitenden Maßnahmen im Falle der Erneuerung eines Verkehrsweges grundsätzlich anderen Bewertungskriterien zur Beurteilung unterzogen werden müssen. Unter der Voraussetzung einer ein-

ABB. 21 : MÖGLICHE WIRKUNGSKOMPONENTEN (WERDEN NICHT ALLE IN DEN FALLSTUDIEN BERÜCKSICHTIGT)

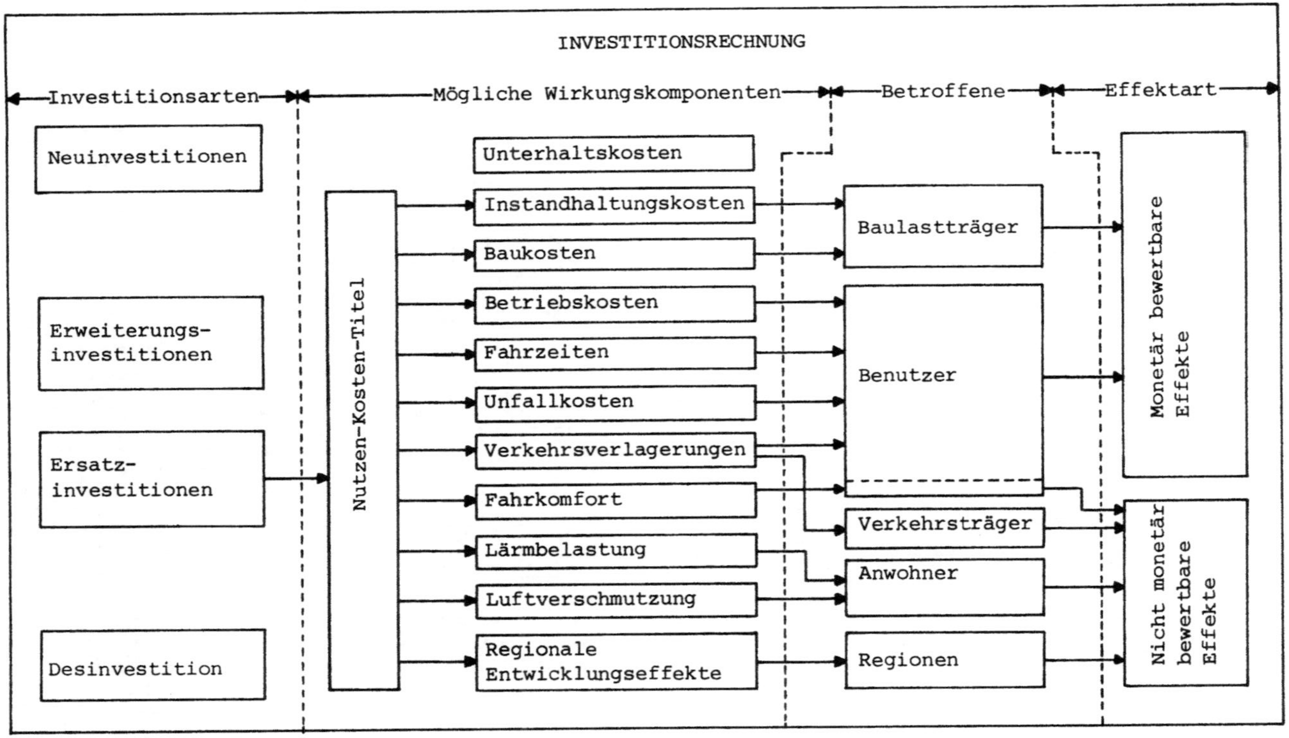

Quelle: INTERTRAFFIC GMBH: Das Ersatzproblem ..., a.a.O., S. 92

ABB. 22 : ABLAUFSCHEMA DER NUTZEN-KOSTEN UNTERSUCHUNG IN DER INTERTRAFFIC-STUDIE

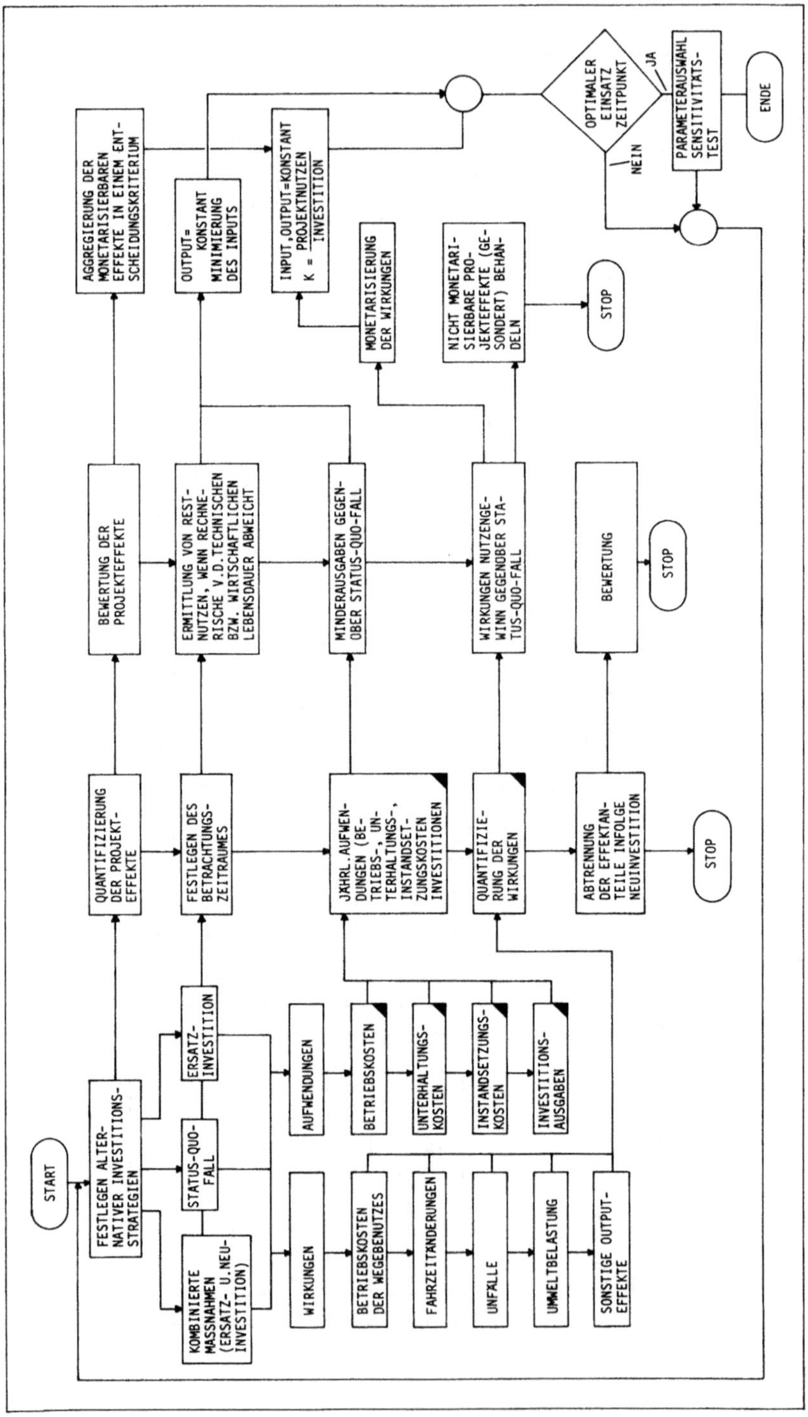

Quelle: Intertraffic GmbH: Das Ersatzproblem ... , a.a.O., S. 123a

TAB. 3 : INFORMATIONSBEDARF FÜR DIE DURCHFÜHRUNG VON FALLSTUDIEN

Fallstudien / Informationen	1) Erneuerung der Fahrbahndecke auf Bundesautobahnen (Verschleißschicht = Beton)	2) Erneuerung der Fahrbahndecke auf Bundesautobahnen (Verschleißschicht = Gußasphalt)	3) Erneuerung der Fahrbahndecke auf Bundesautobahnen (Verschleißschicht = Walzasphalt)
1. Kosten der Ersatzinvestition, einschl. Baustelleneinrichtung und Beschilderung	x pro km, einschl. der erforderlichen Erneuerung der Tragschicht (1)	x pro km, ausschl. Tragschicht (1)	x pro km, ausschl. Tragschicht (1)
2. Technische Lebensdauer der Ersatzinvestition	x ab wann, in Jahren	x ab wann, in Jahren	x ab wann, in Jahren
3. Kosten der Erneuerung der Tragschicht	-	x pro km	x pro km
4. Technische Lebensdauer der Erneuerung der Tragschicht	-	(2) x ab wann, in Jahren	(2) x ab wann, in Jahren
5. Zeitdauer und Umfang der Behinderung der Straßennutzer wegen Durchführung der (3)			
- Ersatzinvestition	x pro km, einschl. Tragschicht	x pro km, ausschl. Tragschicht	x pro km, ausschl. Tragschicht
- Ersatzinvestition einschl. Tragschicht	-	x pro km	x pro km
6. UJ-Kosten pro Jahr über die Lebensdauer laut 2. ab frühestmöglichen Zeitpunkt der Ersatzinvestition	x pro km	x pro km	x pro km
7. Zeitdauer und Umfang (3) der Behinderung der Straßennutzer durch UJ-Maßnahmen	x pro Jahr und km	x pro Jahr und km	x pro Jahr und km
8. Verkehrsmenge 1975 PKW, LKW, LZ (DTV)	x	x	x
9. Zukünftige Verkehrsmenge solange vorhersehbar PKW, LKW, LZ (DTV)	x	x	x

Fallstudien / Informationen	1) Erneuerung der Fahrbahndecke auf Bundesautobahnen (Verschleißschicht = Beton)	2) Erneuerung der Fahrbahndecke auf Bundesautobahnen (Verschleißschicht = Gußasphalt)	3) Erneuerung der Fahrbahndecke auf Bundesautobahnen (Verschleißschicht = Walzasphalt)
10. Zustand der Fahrbahnoberfläche (laut RWS) pro Jahr über die Lebensdauer laut 2. sowie Straßencharakteristika	x	x	x
- mittlere Neigung	x	x	x
- Fahrbahnbreite	x	x	x
- Sichtweite	x	x	x
11. Veränderung der Unfallhäufigkeit und Zusammensetzung nach Ersatzinvestition	x	x	x

(1) Frühestmöglicher Zeitpunkt der Ersatzinvestition
(2) Letztmalige Erneuerung
(3) Länge, Breite, Beschilderung (Geschwindigkeitsbeschränkungen)

<u>Quelle</u>: INTERTRAFFIC GMBH: Das Ersatzproblem ..., a.a.O., S. 126

deutigen Abgrenzung des Begriffes "Leistungsfähigkeit des Verkehrsweges" würden die anfallenden Nutzenkomponenten einer Ersatzinvestition, die hier hauptsächlich in der Verringerung der Zeit- und Betriebskosten zu finden sind, sich innerhalb bestimmter vorgegebener Bandbreiten bewegen. Sofern für diesen Bereich beträchtliche Schwankungen im Leistungsbegriff enthalten sind, ist eine Einbeziehung dieser Titel in die ökonomische Bewertung der Ersatzinvestition durchaus begründet. Handelt es sich jedoch nur um geringe Schwankungen, so können auch diese Titel vernachlässigt werden, wie es die INTERTRAFFIC-Studie bereits mit den Umwelt- und Unfalleffekten sowie Wachstums- und Struktureffekten etc. tat. Das Kernstück der Analyse liegt in der Bestimmung der kostengünstigsten Ersatzalternative - unter der Voraussetzung, daß die zur Untersuchung stehenden Alternativen vollständig sind - und der Bestimmung des kostengünstigsten Ersatzzeitpunktes. Die Erfassung und Berechnung der Kostentitel, wie Investitions-, Unterhalts- und Instandsetzungskosten, sind für künftige Ersatzmaßnahmen zwar nur zu schätzen, jedoch ist anzunehmen, daß diese Schätzungen nicht erheblich von den tatsächlich auftretenden Kosten in diesen Bereichen abweichen werden.

Für den Bereich der Ersatzinvestition, so wie er von INTERTRAFFIC definiert wurde, ist der Bewertungsansatz praktikabel. Durch die Eliminierung sämtlicher externer Effekte einer Verkehrsinvestition aus dem Analyseverfahren aufgrund der engen Definition der Ersatzinvestition bleiben sämtliche gesamtwirtschaftlichen Aspekte außer Ansatz. Daher erscheint es nicht gerechtfertigt, von einem gesamtwirtschaftlich orientierten Bewertungsansatz für Ersatzinvestitionen zu sprechen. Dennoch ist das angeschnittene Problem der Bestimmung des optimalen Zeitpunktes einer Ersatzinvestition und der Auswahl der besten Alternative der möglichen Maßnahmen prinzipiell als gelöst anzusehen.

Beschränkten sich die bisher dargestellten Modelle auf die Evaluierung von Verkehrsinvestitionen in einzelnen Verkehrszweigen, so unternimmt der im folgenden behandelte Korridorbericht den Versuch, Investitionen in unterschiedlichen Verkehrszweigen eines Korridors simultan zu bewerten. Dabei geht es nicht ausschließlich um die Selektion einer Investitionsalternative, sondern zur Wahl steht auch die Kombination mehrerer Investitionsprojekte aus unterschiedlichen Verkehrszweigen. In dem Bewertungsansatz werden monetäre und nicht-monetäre Größen erfaßt.

H) DAS BEWERTUNGSVERFAHREN DES KORRIDORBERICHTES

Die Projektgruppe "Korridoruntersuchungen"[156) hatte die Aufgabe, in drei ausgewählten Korridoren der Bundesrepublik Deutschland unterschiedliche Verkehrsinvestitionen aus den Bereichen Schiene, Straße und Wasserstraße zu bewerten, wozu die gesamtwirtschaftlichen Kosten und Nutzen zu bestimmen waren, um daraus eine Dringlichkeitsreihung der geplanten Projekte abzuleiten. Prinzipiell sind die Kosten und Nutzen einer Verkehrsinvestition für die gesamte Nutzungsdauer zu bestimmen und auf einen einheitlichen Zeitpunkt abzudiskontieren. Da dies aber aufgrund der Langlebigkeit der Investitionsobjekte im Verkehrswesen objektiv unmöglich ist, bezieht sich die Projektgruppe auf eine Gegenüberstellung der Kosten und Nutzen des Jahres 1985.[157)]

Nach Ansicht der Projektgruppe ist es ebenfalls unmöglich, die Nutzenkomponente Attraktivitätsgewinne, die aufgrund der von einer Investition induzierten oder wegen Erreichung der Leistungsfähigkeitsgrenze eines Verkehrsmittels erfolgten Verkehrsverlagerung auf ein anderes Verkehrsmittel quantitativ exakt zu erfassen. Diese Attraktivitätsgewinne auf Kosten eines anderen Verkehrsmittels bleiben daher in der Korridoruntersuchung außer Betracht.[158)]

Die in die Analyse eingehenden Nutzenkomponenten werden in monetär und nicht monetär erfaßbare Elemente unterteilt. Der Komplex der monetär bewerteten Nutzen umfaßt die Beiträge aus der Verbesserung der Leistungsfähigkeit des Verkehrssystems und der Erhöhung der Sicherheit. Die Verbesserung der Leistungsfähigkeit wird durch die Indikatoren Zeitersparnisse und Betriebskostenersparnisse charakterisiert, die Erhöhung der Sicherheit durch die Verminderung der Unfallkosten.

Der zweite Komplex umfaßt die nicht-monetär bewertbaren Nutzenkomponenten. Aus der Erhöhung der Attraktivität des Leistungsangebots im Personenverkehr, die durch die Bedienungsqualität und den Fahrkomfort charakterisiert wird, leitet sich die erste nicht-monetär bewertbare Nutzenkomponente einer Verkehrsinvestition ab. Ein weiterer Komplex befaßt sich mit den Einflüssen einer Verkehrsinvestition auf die Umwelt. Als Nutzen einer Verkehrsinvestition wird die Verminderung der Lärmbelästigung, der Luftverunreinigung und der Wasserverschmutzung angesehen. Ferner werden Einflüsse auf die soziale Struktur und die Landschaft den Verkehrsinvestitionen zugeschrieben und eine Minimierung der Störungen der sozialen Struktur, der Beanspruchung besonders genutzter Flächen und der Veränderung des Landschaftsbildes als Nutzen angesehen. Aus der Sicht der Raumordnung ergibt sich ein weiterer Nutzenkomplex, der als Nutzenkomponenten die Verbesserung der Erreichbarkeit zentraler Einrichtungen, die Förderung wirtschaftlicher Aktivitäten und die Erweiterung des Einzugsbereiches von Naherholungsgebieten umfaßt. (Zu den im Korridorbericht berücksichtigten Nutzenelementen einer Verkehrsinvestition vgl. Tab. 4)

Die Kostenelemente setzen sich zusammen aus den Jahresinvestitionskosten und den jährlichen Unterhaltungs- und Instandsetzungskosten. Bei der Ermittlung der aktualisierten Bau- und der Jahresinvestitionskosten legt die Projektgruppe für alle Verkehrszweige einen einheitlichen Zinssatz von 7% und alternativ einen von 5% zugrunde. Die Unterhaltungs- und Instandsetzungskosten beinhalten alle Aufwendungen der Verkehrsträger für die Erhaltung des verkehrssicheren Zustandes der von ihnen betreuten Verkehrswege.

Um aus diesen Nutzen- und Kostenelementen eine Dringlichkeitsreihung von Verkehrsinvestitionen abzuleiten, wird von der Projektgruppe eine Methode angewandt, die sie selbst als Kombination von Kosten-Nutzen- und Kostenwirksamkeitsanalyse bezeichnet (vgl. dazu Abb. 23).[160)]

TAB. 4 : IM KORRIDORBERICHT BERÜCKSICHTIGTE NUTZENELEMENTE

I. Die monetär bewerteten Nutzenkomponenten
  1. Nutzenbeitrag aus der Verbesserung der Leistungsfähigkeit des Verkehrssystems
    a. netzfallbezogene Zeitersparnisse [Stundensätze in Anlehnung an RWS[160)]]
    b. Betriebskostenersparnisse
      aa. Vergleichskosten für die einzelnen Verkehrsträger [⌀ Kosten pro t/km oder P/km]
      bb. netzfallbezogene Betriebskostenersparnisse [Mill. DM aufgrund aa. und Verkehrsprognosen]
  2. Nutzenbeitrag aus der Erhöhung der Sicherheit des Verkehrssystems [Mill. DM pro Jahr, errechnet über Unfallkosten je Fahrzeugkilometer bzw. Personen- oder Tonnenkilometer]

II. Die nicht-monetär bewerteten Nutzenkomponenten
  1. Nutzenbeitrag aus der Erhöhung der Attraktivität des Verkehrsangebots im Personenverkehr
    a. Bedienungsqualität
      aa. Knotendichte
      bb. Abfahrtsdichte
      cc. Pünktlichkeit
      dd. Fahrtunterbrechungsmöglichkeit
      ee. Verfügbarkeit am Zielort
    b. Fahrkomfort
      aa. Raumangebot und Unterbringung
      bb. Gepäckmitnahmemöglichkeit
      cc. Service
      dd. Klima im Fahrzeug
      ee. Erschütterungen und Beschleunigung
      ff. Lärm im Fahrzeug
      gg. Arbeiten, Schlafen und Essen bei der Fahrt
      hh. Störung durch Mitreisende
  2. Nutzenbeitrag aus der Verminderung der Lärmbelästigung
    a. in Abhängigkeit von der Verkehrsart und -menge
    b. in Abhängigkeit von der Entfernung zur Schallquelle
    c. in Abhängigkeit von der betroffenen Bevölkerung

d. in Abhängigkeit von der modifizierten Verkehrsmenge aufgrund der unterschiedlichen Einschätzung der Lärmbelästigung bei Tag und Nacht [jeweils Punkte im Bereich 0-10 dB (A)]

3. Nutzenbeitrag aus der Verminderung der Luftverschmutzung [Punkte im Bereich 0-10 pro Energieverbrauch bezogen auf die Verkehrsleistung]

4. Nutzenbeitrag aus der Verminderung der Wasserverschmutzung [Punkte im Bereich 0-10 pro m^3 wassergefährdenden Schadstoff bezogen auf Mill. t/km Verkehrsleistung]

5. Nutzenbeitrag aus der Minimierung der negativen Einflüsse auf die soziale Struktur und die Landschaft

a. Störung der sozialen Struktur	jeweils
b. Beanspruchung besonders genutzter Flächen	Zustands-änderung
c. Veränderung des Landschaftsbildes durch den Verkehrsweg	in Punkten 0-10

6. Nutzenbeitrag aus der Verbesserung der Erreichbarkeit zentraler Einrichtungen [Punkte im Bereich 0-10 für die Vergrößerung des 45-Minuten-Einzugsbereiches von Oberzentren oder Ballungskernen]

7. Nutzenbeitrag aus der Förderung wirtschaftlicher Aktivitäten

   a. Einflußbereich des Verkehrsweges "Straße" [Punkte im Bereich 0-10 für den erreichten max. Anteil des Einflußbereiches von 20 km zu jeder Seite der Autobahn]

   b. Arbeitskräftereserven [Punkte im Bereich 0-10 für Anteil der landwirtschaftlich Erwerbstätigen bezogen auf die Bevölkerungsdichte]

   c. Ansiedlungsfläche [Punkte im Bereich 0-10 nach Nutzungsmöglichkeiten für typisierte Flächen]

8. Nutzenbeitrag aus der Erweiterung des Einzugsbereichs von Naherholungsgebieten [Zeitgewinne nicht relevant und daher Erweiterung der Kapazität der Straßen bewertet mit 5 Punkten pro km 4spuriger Autobahn].

Quelle: Zusammengestellt entsprechend den Ausführungen des Korridorberichtes, BUNDESMINISTER FÜR VERKEHR (Hrsg.): Korridorbericht, a.a.O., S. 60-100

ABB. 24: ZWEISTUFIGES BEWERTUNGSVERFAHREN DES KORRIDORBERICHTS

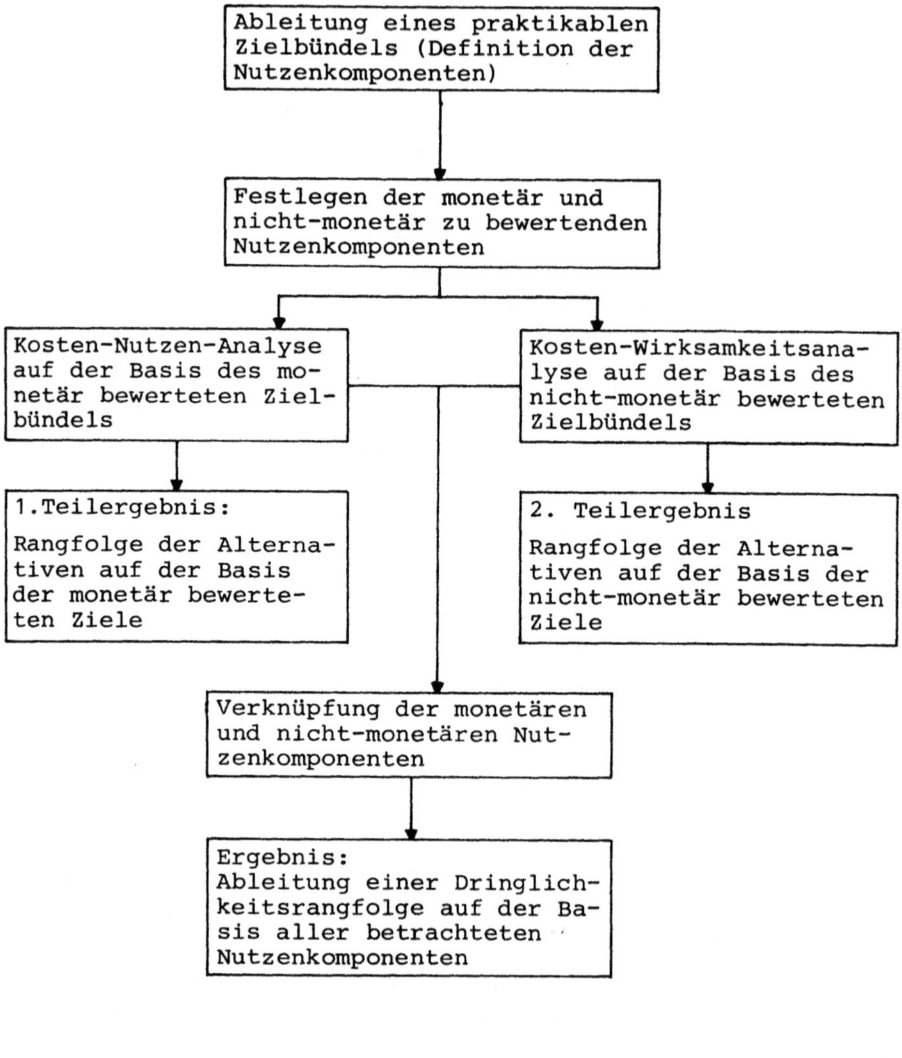

<u>Quelle</u>: BUNDESMINISTER FÜR VERKEHR (Hrsg.): Korridorbericht, a.a.O., S. 119

ABB. 25: ZIELSYSTEM DER KORRIDORUNTERSUCHUNG

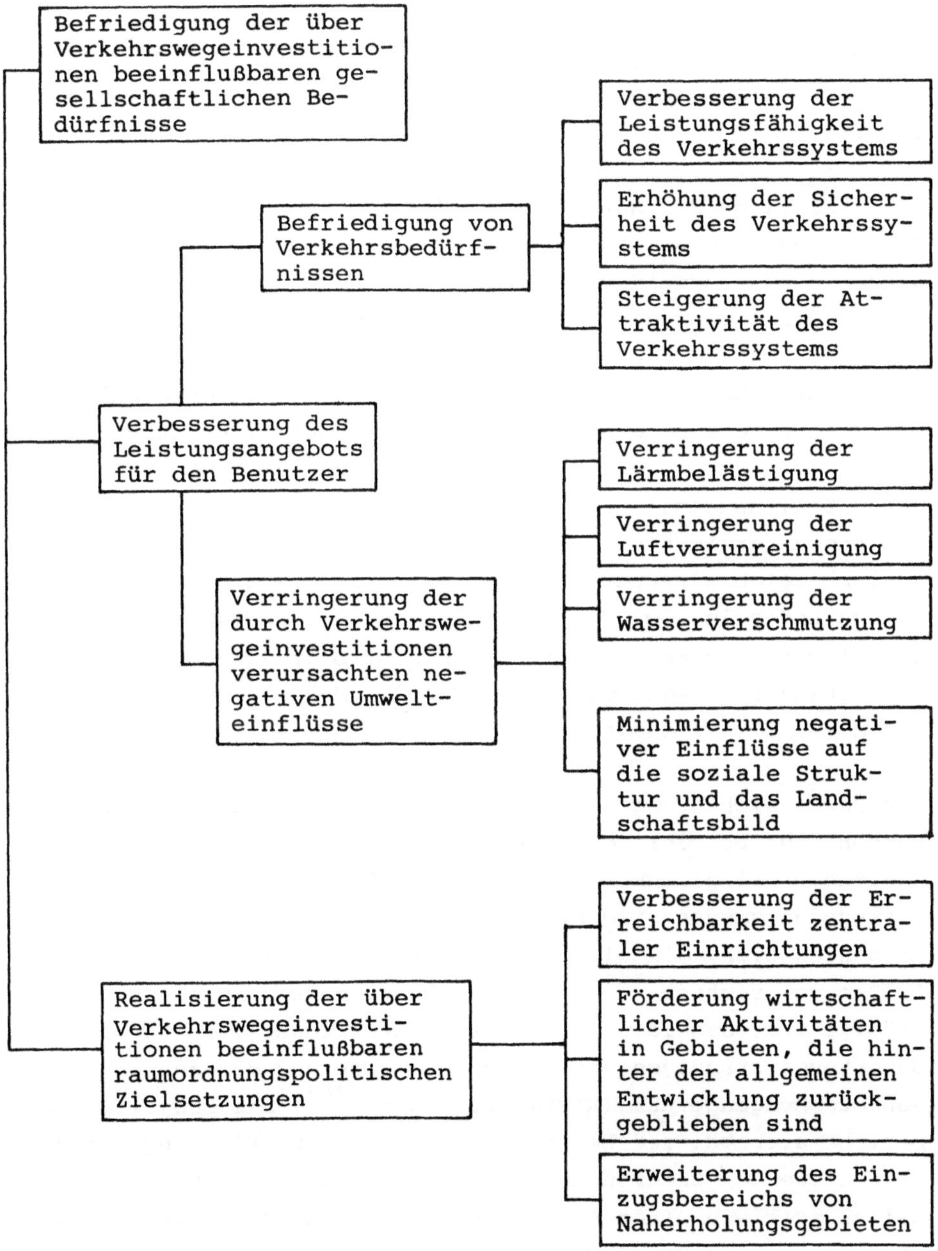

Quelle: BUNDESMINISTER FÜR VERKEHR (Hrsg.): Korridorbericht, a.a.O., S. 118

Dieses Verfahren faßt getrennt jeweils die monetär und die nicht-monetär bewerteten Elemente zusammen. Die monetär bewerteten Elemente des Zielbündels - Zeitersparnisse, Betriebskostenersparnisse, Nutzen aus der Erhöhung der Sicherheit - werden für die jeweilige Investitionsmaßnahme für das Jahr 1985 unter Zugrundelegung des Preisstandes von 1970 errechnet und addiert.

Die Ermittlung des Nutzenwertes der nicht-monetär bewerteten Zielelemente setzt eine einheitliche Skalierung voraus. Zu diesem Zweck wurde durch paarweisen Vergleich innerhalb einer Gruppendiskussion die Skalierung und Gewichtung der einzelnen Nutzenelemente festgelegt. Da der Nutzenbeitrag auf der Basis der monetär bewerteten und der nicht-monetär bewerteten Elemente sich sehr unterschiedlich zusammensetzt, ermittelt der Korridorbericht getrennt nach monetär und nicht-monetär bewerteten Zielbündeln je eine Rangordnung der Investitionsmaßnahmen und unterzieht sie einer Sensitivitätsanalyse, indem dem Kostenbereich alternativ eine Diskontierungsrate von 7 bzw. 5% zugrundegelegt wird. Die Ableitung der jeweiligen Rangfolge der Dringlichkeiten der Maßnahme erfolgt aufgrund von Rentabilitätskriterien, die durch das DM/DM-Verhältnis bzw. Punkte/DM-Verhältnis dargestellt werden.

Die Berücksichtigung der monetären und nicht-monetären Nutzenkomponenten bei der Festlegung einer auf beiden Komplexen basierenden Dringlichkeitsrangfolge erfordert einen geeigneten Verknüpfungsmodus. Die Arbeitsgruppe "Korridoruntersuchungen" entschied sich, die nicht-monetären Zielelemente in monetäre Größen umzurechnen.[161)] "Die Kopplung an den monetären Teil erfolgt über das Teilziel 'Luftverunreinigung', für welches Bewertungsvorschläge vorliegen, die sich auf das auch hier verwendete Mengengerüst (Kfzkm) beziehen."[162)] Die Projektgruppe bezieht sich bei der Bewertung der Luftverunreinigung auf die Ergebnisse der Untersuchung von WILLEKE und KENTNER, die für Ballungsgebiete einen Bewertungsansatz auf der Vermeidungskostenbasis von 1 Dpf/PKWkm ermitteln.[163)] "Berücksichtigt man, daß dieser Betrag allein dazu aufgewendet werden muß, um gesundheitsschädliche und belästigende Wirkungen der Abgase zu beseitigen, daß aber weiterhin Abgase ausgestoßen werden, so erscheint der genannte Bewertungssatz zu niedrig. Dies ergibt sich auch bei einem Vergleich der so monetarisierten Zielerträge mit anderen, unmittelbar monetär bewerteten Zielerträgen.

Z.B. würden nach dem genannten Bewertungssatz folgende Zielerträge als gleichwertig angesehen werden:

1. Das vollständige Verschwinden der von einer 100 km langen, mit 24000 Kfz pro Tag belasteten, Autobahn ausgehenden Luftverunreinigung in einem mit 200 E/km^2 besiedelten Gebiet.
2. Das Erzielen einer Zeitersparnis von 7 Minuten pro Fahrzeug auf einer gleich langen, gleich stark belasteten Autobahn. Die Zeitersparnis entspricht einer Steigerung der mittleren Geschwindigkeit von 90 auf 100 km/h.

Die Zielerträge in den beiden Beispielen erscheinen offensichtlich nicht als gleichwertig. Vielmehr erscheint die Verminderung der Abgasbelastung unterbewertet. Setzt man folglich für diese einen Wert von 2 Dpf/PKWkm (doppeltes Gewicht wie in dem ausgeführten Gutachten) an, so findet man, daß

1000 Punkte 17,5 Mio. DM

entsprechen."[164)]

Dieser Berechnungsmodus wird auf alle anderen nicht-monetär bewerteten Nutzenkomponenten übertragen. Aus der Zusammenfassung der monetär bewerteten Nutzenkomponenten und der nicht-monetär bewerteten und in DM-Beträge transformierten Nutzenkomponenten wird eine Dringlichkeitsreihung der Investitionsmaßnahmen abgeleitet. Diese Dringlichkeitsreihung wird einer Sensitivitätsanalyse unterzogen, die einmal mit veränderten Punkt/DM-Verhältnissen arbeitet und zum anderen eine Verminderung des Verkehrsaufkommens unterstellt. Beide Sensitivitätsanalysen zeigen, daß sich keine wesentlichen Veränderungen in der Rangfolge der Dringlichkeiten der Investitionsmaßnahmen ergeben.

Der Korridorbericht versucht simultan, eine Dringlichkeitsreihung für Verkehrsinvestitionen verschiedener Verkehrswege aufgrund ihrer Nutzen und Kosten abzuleiten. Von zentraler Bedeutung für diese Untersuchung sind die Auswirkungen der Interdependenzen zwischen der Qualität des Angebots an Verkehrswegen und der Verteilung der Nachfrage auf die einzelnen Verkehrswege. Die Lücken im Datenmaterial versucht man durch Schätzungen zu schließen.

Sowohl die Ermittlung der Nutzen als auch der Kostenwerte bezieht sich auf das Stichjahr 1985 unter der Voraussetzung, daß es sich um ein durchschnittliches Jahr bezüglich der Kosten- und Nutzenentwicklung handelt. Dies beinhaltet, daß über die gesamte Lebensdauer der Projekte nahezu konstante Kosten und Nutzen anfallen. Das widerspricht aber allen bisherigen Erfahrungen und Untersuchungen über die Auswirkungen von Verkehrsinvestitionen und ihrer Kostenentwicklungen.

Die ermittelten Quotienten aus Nutzen und Kosten werden von der Projektgruppe selbst lediglich als Anhaltspunkte für die Ableitung einer Dringlichkeitsreihung bezeichnet, und die endgültige Entscheidung über die Realisierung der Maßnahmen ist nach Meinung der Bearbeitergruppe von der Einbeziehung anderer Vorhaben außerhalb des betrachteten Korridors abhängig.[165)]

Grundsätzlich ist zunächst auf die allgemeine Kritik der Kosten-Nutzen-Analyse und der Kostenwirksamkeitsanalyse hinzuweisen. Die Festlegung der Nutzenbereiche im Korridorbericht ist maßnahmenspezifisch erfolgt. Sie genügen jedoch nicht der Forderung der Maßnahmenrelevanz in dem Sinne, daß jede Größe, für die aufgrund der Maßnahme im Ablauf der Zeit eine Veränderung erwartet werden kann, als maßnahmenrelevant zu bezeichnen ist.[166)]

Die aufgeführten Nutzenbereiche scheinen vielmehr die Relevanz für den Entscheidenden widerzuspiegeln.[167)] Die Zielformulierung der Verbesserung der Erreichbarkeit zentraler Einrichtungen, die Förderung wirtschaftlicher Aktivitäten und die Erweiterung der Einzugsbereiche von Naherholungsgebieten spiegeln die raumordnungspolitischen Zielsetzungen für den Verkehrsbereich wider. Hierdurch werden regionale Unterschiede bzw. regional unterschiedliche Zielsetzungen in die Analyse mit einbezogen. Hingegen werden alle anderen Zielkriterien weder nach unterschiedlichen regionalen Strukturen noch nach differenzierten Zielgruppen bewertet. Es wird unterstellt, daß die räumlichen Auswirkungen der Maßnahmen bezüglich der betreffenden Zielkriterien im gesamten Korridor gleich sind oder doch zumindest gleich gewichtet werden können.[168)] Diese Unterstellung der Gleichgewichtigkeit der Bewertungskriterien für den gesamten Raum des Korridorberichts geht aus der multiplikativen Verknüpfung der Punktwerte mit dem jeweiligen Mengengerüst (z.B. der Länge der Trasse) deutlich hervor.[169)]

Die Forderung der Nutzenunabhängigkeit der einzelnen Teilziele ist für das Zielsystem des Korridorberichtes weitgehend erfüllt, und die gegenseitige Beeinflussung der Ziele liegt höchstwahrscheinlich in vertretbaren Toleranzgrenzen. Die absolute Nutzenunabhängigkeit der Teilziele, wie sie die Theorie fordert, ist für praktisch angewendete Kosten-Nutzen-Analysen, Kostenwirksamkeitsanalysen und Nutzwertanalysen nicht durchführbar, sondern hier muß man sich auf eine relative und bedingte Nutzenunabhängigkeit beschränken.[170)]

Das Bewertungsverfahren des Korridorberichts basiert auf der Definition eines Wertgerüstes und eines Mengengerüstes, die miteinander multipliziert werden. Die multiplikative Verknüpfung des Wertgerüstes mit dem Mengengerüst beinhaltet konstante Nutzenzuwächse, deren Existenz die Nutzentheorie jedoch sehr bestreitet.[171)]

Ferner ergeben sich aus der Multiplikation von Wertziffern und Mengenziffern keine dimensionslosen Nutzwerte, sondern die Dimension ergibt sich aus der Zusammenfassung der Wertdimension und der Mengendimension. Hier liegt im Korridorbericht ein methodischer Fehler vor. Dieser Fehler führt dazu, daß die Vergleichbarkeit der bewerteten Teilziele und Alternativen völlig aufgehoben wird, denn die festgelegte Wertskala zwischen 0 und 10 wird durch die Multiplikation mit dem jeweiligen Mengengerüst völlig verzerrt. Diese Verzerrung ist nicht über alle Zielelemente gleichmäßig, sondern ist von den jeweiligen Mengen, mit denen die Werte multipliziert werden, abhängig.

Der Korridorbericht befaßt sich ausschließlich mit den Auswirkungen der in Erwägung gezogenen Investitionsvorhaben im untersuchten Korridor. Unberücksichtigt bleiben sämtliche Wirkungen der Investition im Korridor auf die gesamte Netzstruktur und Netzeffizienz der jeweiligen Verkehrsmittel und auf das gesamte Verkehrssystem.

Abschließend ist zu betonen, daß der Versuch des Korridorberichts durchaus neue Ansätze zur Bewertung von Verkehrsinvestitionen aufzeigt und die schwierige Problematik der simultanen Investitionsbewertung in unterschiedlichen Verkehrszweigen angeht. Ein methodischer Fortschritt ist die Kombination von Kosten-Nutzen- und Kostenwirksamkeitsanalyse und der Versuch, über eine normativ festgelegte Wertkonvention monetäre und nicht-monetäre Elemente der Bewertung zu verknüpfen. Trotz dieser Vorteile sind die Ergebnisse des Korridorberichts wegen der oben aufgeführten methodischen Schwächen kritisch zu beurteilen.

Im Gegensatz zu den bisherigen Bewertungskonzeptionen stellt FRERICH in seinem Ansatz die indirekten Effekte einer Verkehrsinvestition in den Mittelpunkt der Analyse und versucht, sie mit Hilfe der Input-Output-Technik zu quantifizieren.

I) DAS MODELL VON FRERICH

Ausgangspunkt des Modells von FRERICH[172)] ist, daß eine Autobahn regionale Wachstums- und Struktureffekte induziert, wie sie in der verkehrswissenschaftlichen Literatur u.a. von VOIGT[173)] beschrieben werden. Anhand des Ausmaßes dieser Effekte ist die Bewertung einer Autobahn vorzunehmen. Dazu werden diese Effekte in solche unterteilt, die bei der Leistungserstellung, d.h. dem Bau einer Autobahn, und solchen, die bei der Leistungsabgabe, d.h. beim Betrieb der fertigen Autobahn, entstehen. FRERICH ermittelt die Effekte der Leistungserstellung als industrielle Produktionseffekte aufgrund des Baus der Autobahn vom pessimistischen Standpunkt aus als ${}_{min}P^{BAU}_{i,t}$ bzw. vom Standpunkt des Optimisten als ${}_{max}P^{BAU}_{i,t}$ und die Effekte der Leistungsabgabe als Erweiterungseffekte $P^{EEA}_{i,t}$ und Neuansiedlungseffekte $P^{NEA}_{i,t}$. Damit ergibt sich der Gesamteffekt einer Autobahn in einer Region i zum Zeitpunkt t im Minimalfall als ${}_{min}P^{BAB}_{i,t}$ bzw. im Maximalfall als ${}_{max}P^{BAB}_{i,t}$ gemäß

$$(61)\quad {}_{min}P^{BAB}_{i,t} = {}_{min}P^{BAU}_{i,t} + P^{EEA}_{i,t} + P^{NEA}_{i,t}$$

und

$$(62)\quad {}_{max}P^{BAB}_{i,t} = {}_{max}P^{BAU}_{i,t} + P^{EEA}_{i,t} + P^{NEA}_{i,t}$$

Für den gesamten Wachstumseffekt $WE^{BAB}_{i,t}$ ergibt sich dann ebenfalls ein Minimal- und ein Maximalwert:

$$(63)\quad {}_{min}WE^{BAB}_{i,t} = \frac{{}_{min}P^{BAB}_{i,t}}{P^{+}_{i,t}}$$

und

$$(64)\quad {}_{max}WE^{BAB}_{i,t} = \frac{{}_{max}P^{BAB}_{i,t}}{P^{+}_{i,t}}\ ,$$

indem man den Produktionseffekt aufgrund der Autobahn in einer Region i zum Zeitpunkt t ins Verhältnis zum gesamten Produktionseffekt $P^{+}_{i,t}$ dieser Region zum Zeitpunkt t setzt. Der gesamte Struktureffekt $SE^{BAB}_{i,t}$ einer Autobahn errechnet sich aufgrund der autobahnbedingten Veränderungen der relativen Anteile der einzelnen Industriebranchen am Gesamtoutput. Für den Struktureffekt wird wiederum ein Minimal- und ein Maximalwert ermittelt. Der Minimalwert ergibt sich:

$$(65)\quad {}_{min}SE^{BAB}_{i,t} = \begin{bmatrix} {}_{min}d\alpha^{BAB}_{1,i,t} \\ {}_{min}d\alpha^{BAB}_{2,i,t} \\ \cdot \\ \cdot \\ \cdot \\ {}_{min}d\alpha^{BAB}_{J,i,t} \end{bmatrix}$$

mit

${}_{min}d\alpha^{BAB}_{j,i,t}$:= minimale gesamte autobahninduzierte Veränderung des relativen Anteils der Branche j, j=1(1)J am Gesamtoutput der Region i zum Zeitpunkt t.

Die Werte für ${}_{min}d\alpha^{BAB}_{j,i,t}$ bestimmen sich gemäß

$$(66)\quad {}_{min}d\alpha^{BAB}_{j,i,t} = \frac{{}_{min}p^{BAB}_{j,i,t} - p^{+}_{j,i,t}\;{}_{min}WE^{BAB}_{i,t}}{P^{+}_{i,t}\left(1 + {}_{min}WE^{BAB}_{i,t}\right)} \qquad \begin{matrix} j = 1(1)J \\ \Sigma\, p = \Sigma\, P \end{matrix}$$

dabei gilt:

$$(67)\quad {}_{min}d\alpha^{BAB}_{1,i,t} + {}_{min}\,d\alpha^{BAB}_{2,i,t} + \ldots + {}_{min}d\alpha^{BAB}_{J,i,t} = 0$$

d.h., daß die Summe der autobahninduzierten Veränderungen der relativen Anteile am Gesamtoutput gleich null ist.

Somit ergibt sich ein Struktureffekt von null in zwei Fällen, erstens, wenn nur eine einzige Branche vorhanden ist, "ein trivialer Fall", und zweitens, wenn alle Branchen durch die Autobahninvestition in gleichem Maße begünstigt werden und daher keine autobahninduzierten Verschiebungen innerhalb der Produktionsstruktur eintreten.

Analog lassen sich Beziehungen für die maximalen autobahninduzierten Veränderungen der relativen Anteile der einzelnen Branchen am Gesamtoutput ableiten.

Zur Ermittlung der Werte für die einzelnen Strukturparameter und damit der Wachstums- und Struktureffekte dienen Input-Output-Tabellen, mit deren Hilfe die intersektoralen und interregionalen Verflechtungen und Produktionsstrukturen offengelegt werden. Damit ist allerdings erst ein Kriterium für die Bewertung einer Autobahn quantitativ erfaßt, nämlich der Einfluß auf die industrielle Wirtschaftstätigkeit im Einflußbereich der Autobahn. Als weiteres Kriterium zum Vergleich mehrerer alternativer Autobahnen sind weiterhin die Baukosten in die Entscheidung einzubeziehen und mit dem ersten Kriterium in Form einer Kostenwirksamkeitsanalyse zu verknüpfen, um einen Gesamtindikator zur Ermittlung der Vorteilhaftigkeit einer Alternative abzuleiten. Bei dieser Kostenwirksamkeitsanalyse wären zudem noch die außerindustriellen Wirtschaftssektoren zu berücksichtigen. FRERICH schlägt dies vor, ohne es jedoch selbst in seiner Untersuchung zu verwirklichen.[174)]

Nachteile dieses Ansatzes liegen in der beschränkten Aussagefähigkeit der Input-Output-Tabelle bezüglich der industriellen Verflechtung und Produktion sowie in der Vermischung von autobahnabhängigen und autobahnunabhängigen Effekten auf die industrielle Produktion im Faktor $P^{+}_{i,t}$, der den gesamten Produktionseffekt in einer Region i zum Zeitpunkt t angibt. Somit gehen also regionale Strukturkrisen mit in die Betrachtung ein und sind in den autobahnunabhängigen Strukturkomponenten $d\alpha^{BAB}_{J,i,t}$ ein nicht zu eliminierender Einflußfaktor.

Das im folgenden dargestellte Modell von VAN DER TAK und RAY beschreibt die Effekte einer Verkehrsinvestition auf regionale Produktions- und Konsumveränderungen, die mit Hilfe der Produzenten- und Konsumentenrente erfaßt werden. Diese Effekte beschreiben den Nutzen einer Verkehrsinvestition. Der Nutzen kann bei Veränderungen der Transportpreise auch alternativ über die Transportnachfragefunktion errechnet werden.

J) DAS VAN DER TAK- UND RAY-MODELL

Das Evaluierungsmodell von VAN DER TAK und RAY basiert auf der Methode der Sozialrenten (social-surplus-method), d.h. der Nutzen einer Verkehrsinvestition wird anhand der Konsumenten- und Produzentenrenten (consumers' and producers' surplusses) ermittelt. Mit dieser Methode soll der Einfluß einer Verkehrsinvestition auf das Angebot und die Nachfrage transportabhängiger Güter analysiert werden.[175)]

Die Darstellung der Methode der Sozialrenten erfolgt in mehreren Schritten, ausgehend von einem Zwei-Regionen-Modell, das
(1) den Wettbewerb zwischen Verkehrsmitteln ausschließt,
(2) Marktunvollkommenheiten nicht berücksichtigt und
(3) externe Effekte nicht zuläßt,
(4) die Additivität von Konsumenten- und Produzentenrenten als gegeben unterstellt.[176)]

In dieses einfache Zwei-Regionen-Modell wird eine dritte Region zur Demonstration der uneingeschränkten Anwendbarkeit des Modells auch bei einer Vielzahl von Regionen eingeführt. In dem Modell werden auch steigende Transportkosten erörtert. Die Annahmen, daß weder Wettbewerb im Transportsektor noch Marktunvollkommenheiten und externe Effekte existieren, sind im Laufe der Untersuchungen aufgehoben worden.

Das Zwei-Regionen-Modell unterstellt, daß
(1) die beiden Regionen nur durch eine einzige Verkehrsrelation, in diesem Falle eine Straße, verbunden sind,
(2) diese Straße ausschließlich zum Transport eines einzigen Handelsgutes zwischen diesen beiden Regionen benutzt wird,
(3) die Transportkosten pro transportierter Einheit konstant sind,
(4) der Handelsstrom nur von der Region B zur Region A verläuft,
(5) der Preis des Handelsgutes in den Regionen A und B sich nur um die Transportkosten unterscheidet und
(6) sich durch die Verbesserung der Straße niedrigere Transportkosten pro Einheit ergeben, die wiederum konstant sind und den Preisunterschied des Handelsgutes in den beiden Regionen repräsentieren.[177)]

In diesem Zwei-Regionen-Modell analysieren die beiden Autoren, wie sich der Nutzen einer Straßenbauinvestition aufgrund der quantitativen Variationen von regionaler Produktion und regionalem Konsum verändert. Dabei wird der soziale Nettonutzen auf zwei verschiedenen Wegen, die beide zum gleichen Ergebnis kommen, ermittelt:

1. Über eine Transportnachfragefunktion, bei der der soziale Nettonutzen durch die Veränderung des Transportpreises bewertet wird.

ABB. 26: BESTIMMUNG DES SOZIALEN NETTONUTZENS EINER STRASSENBAUINVESTITION ÜBER DIE TRANSPORTNACHFRAGEFUNKTION

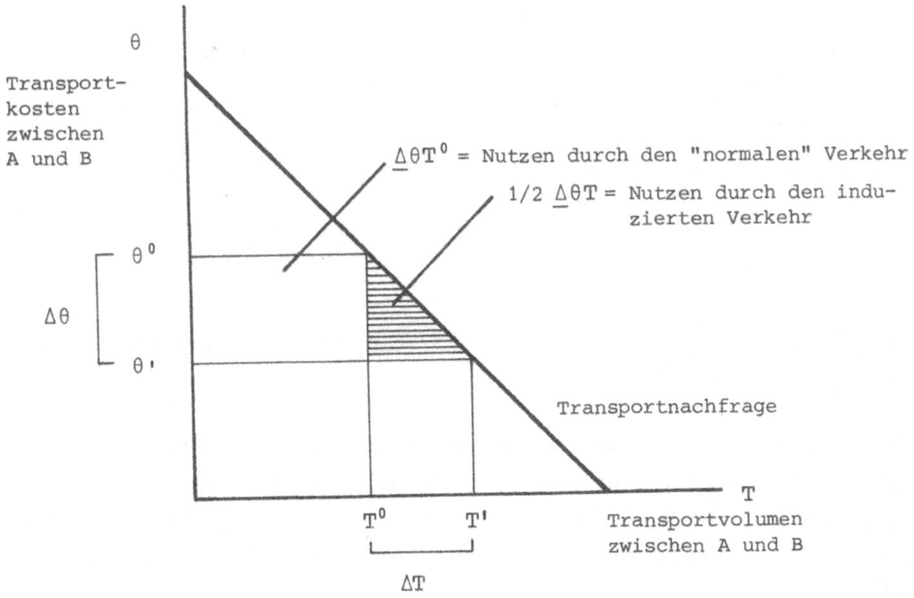

Quelle: VAN DER TAK, H.; RAY, A.: The Economic Benefits ..., a.a.O., S. 6

2. Über die Konsumenten- und Produzentenrenten in beiden Regionen.

ABB. 27: BESTIMMUNG DES SOZIALEN NUTZENS ÜBER DIE KONSUMENTEN- UND PRODUZENTENRENTEN

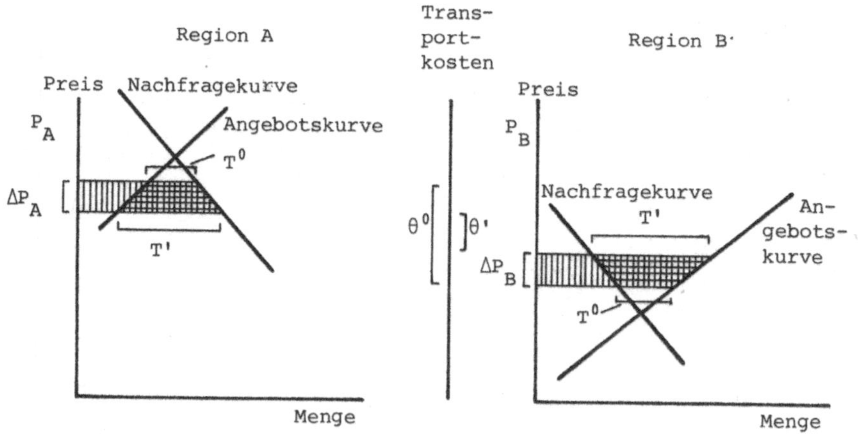

Quelle: VAN DER TAK, H.; RAY, A.: The Economic Benefits ..., a.a.O., S. 7

Der Nutzen aus der Veränderung der Transportnachfrage ist gleich dem Nutzen aus Konsumenten- und Produzentenrente, da die Nachfrage nach Transportleistungen sich aus den Elastizitäten der Angebots- und Nachfragefunktionen der beiden Regionen errechnen läßt. Denn es gilt:

$$(68) \quad \frac{\delta T}{\delta p_A} = \frac{\delta D_A}{\delta p_A} - \frac{\delta S_A}{\delta p_A}$$

mit

A := Index der Region A

D := Nachfrage

S := Angebot

p:= Peis

T := Transportvolumen

Die Preiselastiziztät der Nachfrage in Region A sei -u und die Angebotselastizität in bezug auf den Preis sei v. Dann läßt sich die Gleichung (68) formen zu

(69) $\frac{\delta T}{\delta p_A} = -u - v$

oder wenn u + v = L, dann ergibt sich

(70) $\delta T = -L \cdot \delta p_A$.

Entsprechend ergibt sich für die Region B

(71) $\frac{\delta T}{\delta p_B} = \frac{\delta S_B}{\delta p_B} - \frac{\delta D_B}{\delta p_B}$

mit B := Index für die Region B.

Ist die Preiselastizität der Nachfrage in der Region B -w und die Preiselastizität des Angebots x und x + w = M, so ergibt sich

(72) $\delta T = x - (-w) \cdot \delta p_B$

bzw.

(73) $\delta T = M \cdot \delta p_B$.

Da die Transportpreisänderung $\delta\theta$ gleich der Preisänderung in A δp_A minus der Preisänderung in B δp_B ist, gilt

(74) $\delta\theta = \delta p_A - \delta p_B$

bzw. wenn man Gleichung (70) und (72) nach δp_A bzw. δp_B auflöst und in (74) einsetzt, ergibt sich

(75) $\delta\theta = -\frac{\delta T}{L} - \frac{\delta T}{M}$.

Durch Umformung erhält man

(76) $\frac{\delta T}{\delta\theta} = -\frac{L \cdot M}{L + M}$

bzw. mit L = u + v und M = x + w

(77) $\frac{\delta T}{\delta\theta} = \frac{-[(u + v) \cdot (x + w)]}{(u + v) + (x + w)}$,

wobei $\frac{\delta T}{\delta\theta}$ den Anstieg der Transportnachfragefunktion darstellt.

Aus (77) läßt sich ableiten, daß bei gegebenen Nachfragefunktionen der beiden Regionen A und B die zusätzliche Nachfrage nach Transportleistungen bei Senkung der Transportkosten um eine Einheit um so größer ist, desto größer die Preiselastizität in einer der beiden Angebotsfunktionen ist. Entsprechend gilt bei gegebener Angebotsfunktion, daß die zusätzliche Verkehrsnachfrage umso stärker anwächst, desto höher die Preiselastizitäten der Nachfragekurven sind. Somit ist die Elastizität der Transportnachfrage in dem Punkt am größten, in dem die Ausgangssituation eine absolut hohe Elastizität bezüglich der vier Nachfrage- bzw. Angebotsfunktionen aufweist.[178)]

Aus der Transportnachfragekurve errechnet sich der Nutzen der Straßenbauinvestition wie folgt:

(78) $N = \delta\theta \, (T_o + \frac{1}{2}\,\delta T)$ (vgl. dazu Abb. 26) .

Die Ableitung des Nutzens aus den Angebots- und Nachfragefunktionen der jeweiligen Region ergibt für das importierende Land einen Nutzenzuwachs in der Höhe von

(79) $N_A = |\delta p_A| \cdot (T_o + \frac{1}{2}\,\delta T)$.

Entsprechend ergibt sich für das exportierende Land ein Nutzenverlust von

(80) $N_B = \delta p_B \; (T_o + \frac{1}{2} \delta T)$.

Durch Addition dieser beiden Nutzenkomponenten ergibt sich der Gesamtgewinn aus dem Handel zwischen der Region A und B gemäß

(81) $N = (|\delta p_A| + \delta p_B) \cdot (T_o + \frac{1}{2} \delta T)$.

Da laut Definition der Preisunterschied in den Regionen A und B gleich den Transportkosten ist, gilt

(82) $|\delta \theta| = |\delta p_A| + \delta p_B$.

Somit ergibt sich für den Gesamtnutzen die Beziehung

(83) $N = |\delta \theta| \; (T_o + \frac{1}{2} \delta T)$.

Diese Beziehung entspricht der Nutzenberechnung aus der Transportnachfragekurve.

Dieses einfache Zwei-Regionen-Modell läßt sich ohne weiteres auf drei oder mehr Regionen erweitern, wodurch sich allerdings keine grundsätzliche Veränderung in den Resultaten ergibt.

Führt man variable Transportkosten in das Modell ein, so wird durch den Anstieg der Transportangebotsfunktion der Nutzen der Verbesserung eines Verkehrsweges bestimmt.[179)]

Auch die Einführung der Wettbewerbssituation im Verkehrssektor, d.h. es bestehen jetzt mehrere konkurrierende Straßen zwischen den Untersuchungsregionen, bringt keine grundsätzlichen Veränderungen. Solange die Transportkosten auf allen Straßen gleich sind und die Güterpreise konstant, verteilt der Verkehr sich gleichmäßig auf alle Straßen. Durch die Verbesserung einer Straße wird der Verkehr ganz oder teilweise auf diese umgelenkt. Der Anteil dieser Umlenkung hängt ab von der Steigung der Transportangebotsfunktion auf der verbesserten Relation. Der Gesamtnutzen, der sich aus der Verbesserung einer Relation ergibt, errechnet sich aus der aggregierten Gesamtangebotsfunktion von Verkehrsleistungen bei gegebenen Nachfragefunktionen. Das Ergebnis entspricht dem des Grundmodells.[180)]

Die Einführung von Marktunvollkommenheiten und externen Einflüssen sowohl auf dem Transportsektor als auch auf dem Produktionssektor zeigt, daß die Sozialrente nicht in der Lage ist, alle gesellschaftlichen Gewinne und Verluste zu erfassen. Die Methode der Sozialrenten muß daher modifiziert und erweitert werden.[181)]

Es wird in diesem Modell ohne Diskussion vorausgesetzt, daß die Frage der Bewertung der Verteilung der Güter auf die einzelnen Regionen keine Rolle spielt. Zur realistischen Gestaltung des Modells wäre die Berücksichtigung dieser Verteilungsaspekte von entscheidender Wichtigkeit, da sich hierin die politischen Zielvorstellungen und Zielkonflikte manifestieren. In der Erweiterung des Ansatzes wird vorgeschlagen, durch die Gewichtung der Gewinne und Verluste bezüglich der Konsumenten- und Produzentenrente das Verteilungsproblem mit einzubeziehen, jedoch wird hierbei von einer vorgegebenen Machtverteilung ausgegangen, die dynamische Veränderungen im Machtgefüge nicht erfaßt. Ein grundsätzliches Problem stellt die Bestimmung der Angebots- und Nachfragekurven dar, die in der Praxis nur punktuell oder teilweise bekannt sind. Zudem ist die Bedingung der völligen Überwälzung der Transportkostensenkung aufgrund einer Verbesserung der Straße an die Produzenten bzw. Konsumenten eine heroische Annahme, der nicht gefolgt werden kann, da meist Abschöpfungen von irgendeiner Seite vorgenommen werden. Ein eindeutiger Nachteil des Modells ist, daß der Einbau von institutionellen und soziologischen Einflußfaktoren nicht möglich ist und sie nur in einer Diskussion außerhalb des Modells bei der Bewertung eines Verkehrsprojektes berücksichtigt werden könnten. Zentrales Problem des Modells ist die Identifizierung verkehrsverursachender Faktoren wie Konsum und Produktion, Preisunterschiede, Marktunvollkommenheiten und externe Einflüsse. Hingegen wird nicht analysiert, auf welche Faktoren der Verkehr Einfluß nimmt, es werden also keine Erschließungs- und Entwicklungskomponenten berücksichtigt, wodurch ein wesentlicher Teil der Nutzeffekte einer Verkehrsinvestition unberücksichtigt bleibt. Die statische Konzeption des Modells erlaubt es ferner nicht, die feed-backs zwischen Ursachen- und Wirkungsfaktoren zu erfassen.

Die gleiche Kritik gilt für das Modell von TINBERGEN,[182] der ein statisch-komparatives Konzept zur Bewertung von Transportkostenveränderungen entwickelt hat, die auf Investitionen im Verkehrssektor zurückgeführt werden können. Das Modell basiert auf einer sektoralen und regionalen Disaggregation von Produktion und Konsum und der Bestimmung der Güterströme zwischen den verschiedenen Orten des Untersuchungsraumes. Die einzige Variable ist der Transportpreis, deren Einfluß auf die gesamte Produktion ermittelt wird. In diesem Zusammenhang tritt an die zentrale Stelle die Analyse der Wettbewerbssituation zwischen Anbietern homogener Güter an unterschiedlichen Orten; TINBERGEN unterstellt dabei, daß einmal die Substitutionselastizität der Nachfrager in bezug auf die Anbieter eines Gutes unendlich und im anderen Fall endlich ist. Der zweite Fall berücksichtigt somit Marktunvollkommenheiten, die durch TRIFFIN-Koeffizienten für eine monopolistische Konkurrenz widergespiegelt werden. TINBERGEN formuliert ein Gleichungssystem auf monetärer Basis, das Angebot und Nachfrage für jeden Ort des Untersuchungsraumes bestimmt.

Stand in dem vorhergehenden Ansatz die Veränderung der Produktionskapazität, verursacht durch eine Verkehrsinvestition, im Vordergrund der Analyse, so konzentriert sich das Modell von ISRAEL, das im folgenden dargestellt wird, auf die Wirkungen einer Verkehrsinvestition in den Produktionsstrukturen einer Region. Die verursachenende Größe ist die Senkung der Transportkosten.

K) DAS MODELL VON ISRAEL

Arturo ISRAEL hat ein lineares Programmierungsmodell entwickelt mit dem Ziel, Zubringerstraßen in ländlichen Regionen, vornehmlich von Entwicklungsländern zu bewerten.[183)]

Ausgangspunkt der Überlegungen von ISRAEL ist, daß eine Verkehrsinvestition nicht nur Auswirkungen auf die Benutzer in Form von Transportkostenersparnissen hat, sondern auch Effekte auf die lokale Produktionsstruktur von ihr ausgehen. Eine Zubringerstraße ist definiert als eine Verkehrsverbindung, deren Nutzen sich hauptsächlich in einer Erhöhung des Verkehrsaufkommens niederschlägt (Entwicklungsnutzen) und weniger in Transportkostenerparnissen der Straßenbenutzer liegt. Zudem hat eine Zubringerstraße nur geringen oder gar keinen Durchgangsverkehr. Eine solche Straße wird auch als Land-, Seiten-, Tertiär-, Durchdringungs-, Hof-, Markt-, Landwirtschafts-, Service- oder Dorfstraße bezeichnet. Spezifische Charakteristika können ein niedriger Konstruktionsstandard, geringe Länge, geringes Verkehrsaufkommen sein· oder es kann sich um eine Stichstraße handeln. Für die Analyse sind ISRAEL diese Eigenschaften aber weniger wichtig als die Tatsache, daß eine solche Straße zusätzlichen Verkehr hervorruft.[184)]

Im Modell werden die Interaktionen zwischen Verkehrssektor und den produktiven Sektoren einer einfach strukturierten Agrarwirtschaft abgebildet. Die Anwendung der linearen Programmierung führt dazu, daß die Entscheidungen der Farmer im Grundmodell zunächst idealtypisch dargestellt werden, also institutionelle und soziologische Faktoren unberücksichtigt bleiben. Es wird unterstellt, daß eine Transportkostenersparnis aufgrund einer Verbesserung der Verkehrsverhältnisse infolge im Verkehrssektor getätigter Investitionen in den Produktionssektoren

(1) geringere Inputpreise (außer im Verkehrssektor),
(2) niedrige Outputpreise,
(3) höhere Produktionsniveaus und
(4) eventuell die Einführung neuer Produktionstechniken für

Agrarprodukte
bewirkt.[185]

Bei der Formulierung seines Modells geht ISRAEL von zwei zentralen Fragestellungen aus. Erstens fragt er nach den Barrieren, die eine durch Verkehr induzierte Entwicklung verhindern oder neutralisieren können. Mögliche Barrieren und ihre Art sowie ihre Umgehungsmöglichkeiten sind aufgezeigt. ISRAEL sieht als mögliche Barrieren auf nationaler, regionaler oder lokaler Ebene ökonomische, politische, institutionelle und soziologische Entwicklungshemmnisse. Der zweite Fragenkomplex stellt die Art der von der Verkehrsinvestition induzierten Veränderungen in den Mittelpunkt und fragt, ob diese Veränderungen zu einer Produktionssteigerung führen und welche Methode diese durch das Verkehrsprojekt hervorgerufene Produktionssteigerung am besten erfassen kann.

Zur Operationalisierung des linearen Programmierungsansatzes unterstellt ISRAEL fünf vereinfachende Annahmen, die erfahrungsgemäß für die Entwicklung in ländlichen Regionen Gültigkeit haben. Die fünf Annahmen lauten:[186]

(1) Für die landwirtschaftlichen Produkte existieren vollkommen elastische Nachfragekurven, so daß die Preise unabhängig von der Outputmenge sind;
(2) die Angebotskurven für die Inputgüter sind ebenfalls vollkommen elastisch, so daß die Preise dieser Güter von der Inputmenge unabhängig sind und nicht durch lokale Nachfragevariationen beeinflußt werden können;
(3) die Zahl der angebauten landwirtschaftlichen Produkte ist gering, und die Zahl der Produktionstechniken ist beschränkt;
(4) es werden zwei Ernten pro Jahr erzielt;
(5) alle Farmen profitieren von einer Verbesserung der Verkehrsverhältnisse in gleicher Weise.

Auf der Basis dieser Annahmen wird mit Hilfe eines linearen Programmierungsansatzes die optimale Wertschöpfung Z einer Untersuchungsregion mit und ohne Verkehrsinvestition ermittelt und aus der Differenz Rückschlüsse auf den Nutzen dieser Investition gezogen. Die Wertschöpfung wird durch die Outputmaximierung bei gegebenen Ressourcen, Inputkoeffizienten und Transportkosten ausgedrückt. Für die Produktion von vier unterschiedlichen Produkten und den Transportsektor lautet die zu maximierende Zielfunktion:

(84) $Z = c_1 \cdot X_1 + c_2 \cdot X_2 + c_3 \cdot X_3 + c_4 \cdot X_4 + c_5 \cdot X_5 \rightarrow \max!$

Dabei sind folgende Restriktionen zu beachten:

(85) $a_{11} \cdot X_1 + a_{12} \cdot X_2 + a_{13} \cdot X_3 + a_{14} \cdot X_4 + a_{15} \cdot X_5 \leq B_1$

(86) $a_{21} \cdot X_1 + a_{22} \cdot X_2 + a_{23} \cdot X_3 + a_{24} \cdot X_4 + a_{25} \cdot X_5 \leq B_2$

(87) $a_{31} \cdot X_1 + a_{32} \cdot X_2 + a_{33} \cdot X_3 + a_{34} \cdot X_4 + a_{35} \cdot X_5 \leq B_3$

(88) $a_{41} \cdot X_1 + a_{42} \cdot X_2 + a_{43} \cdot X_3 + a_{44} \cdot X_4 + a_{45} \cdot X_5 \leq B_4$

(89) $a_{51} \cdot X_1 + a_{52} \cdot X_2 + a_{53} \cdot X_3 + a_{54} \cdot X_4 - X_5 = 0$

(90) $X_1 \geq 0, X_2 \geq 0, X_3 \geq 0, X_4 \geq 0, X_5 \geq 0$.

In der Zielfunktion (84) ist das Niveau der Aktivitäten in den vier Produktionsprozessen (X_1, X_2, X_3, X_4) und dem Transportsektor (X_5) dargestellt; c_i stellt die Beiträge der einzelnen Aktivitäten zur Wertschöpfung dar. Die Restriktionen (85)-(88) beschreiben die Beschränkungen der Produktionsressourcen 1-4. Die Nebenbedingung (89) besagt, daß der Transportsektor nicht durch eine festgelegte Nachfragefunktion beschrieben werden kann, sondern von der Verkehrsnachfrage der einzelnen Aktivitäten abhängt. Es gilt immer Angebot gleich Nachfrage nach Verkehrsleistungen. Der Transportsektor ist in diesem Modell also gleichzeitig Produktionsprozeß und Inputfaktor. Durch diese duale Rolle des Transportsektors wird es möglich, mit Hilfe des Modells die Beziehungen zwischen dem Transportsektor und den anderen ökonomischen Aktivitäten explizit zu analysieren. Die Nebenbedingung (90) besagt, daß in keinem der betrachteten Produktionsprozesse eine negative Produktion zulässig ist.

Der Nutzen einer Verkehrsinvestition (hier einer Zubringerstraße) errechnet sich wie folgt:

(1) Mit Hilfe des linearen Programms werden die Wertschöpfungen der Region ohne die Investition optimiert;

(2) dann wird die Wertschöpfung mit der Investition optimiert;

(3) aus der Differenz dieser beiden Werte ergibt sich der Nutzen der Investition;

(4) wenn man zwei Saisons pro Jahr annimmt, läßt sich der Nutzen der Investition für jede Saison berechnen. Es kann aber auch der Gesamtnutzen über die Lebensdauer des Investitionsobjektes durch die Bestimmung der Nutzen für einige wenige Saisons extrapoliert werden. Neben der Nutzenbestimmung liefert das Modell für die vorhandenen Produktionsfaktoren die Schattenpreise, die die relative Knappheit dieser Faktoren anzeigen.

Um über die Vorteilhaftigkeit einer Verkehrsinvestition entscheiden zu können, setzt ISRAEL die nach dem obigen Verfahren errechneten Nutzen in eine Kosten-Nutzen-Analyse ein und stellt ihre diskontierten Werte den abgezinsten Kosten gegenüber und erhält somit aus der Differenz dieser beiden Werte ein Vorteilhaftigkeitskriterium. Bei dieser Kosten-Nutzen-Analyse werden weder die Probleme der Bestimmung zu benutzender Zinssätze noch die Ermittlung und die Komponenten der Kosten offengelegt, und die Feststellung des Zeithorizontes entbehrt jeglicher Erklärung.

Um den Anwendungsbereich seines Modells zu demonstrieren, rechnet ISRAEL alternative Investitionsstrategien auf der Datenbasis einer ländlichen Regionen im Hochland Perus aus. Diese Ausgangsdaten basieren auf einer Untersuchung, die von COFFY durchgeführt wurde.[187)]

Unter der Voraussetzung, daß die Produktionsstruktur einer Region tatsächlich durch lineare Zusammenhänge gekennzeichnet ist, ermöglicht das Modell über die Evaluierung einer Transportinvestition hinaus, die Berücksichtigung von außerverkehrspolitischen Maßnahmen wie Technisierungs- und Ausbildungsprogramme etc. simultan in einem Ansatz zu berücksichtigen und zu bewerten. Ein Vorteil des Modells ist, daß es sich gut variieren läßt. So ist es z.B. möglich, eine Veränderung der Ausgangssituation in der Untersuchungsregion zu berücksichtigen und für die veränderten Produktionsstrukturen einen neuen Ansatz durchzurechnen. Prinzipiell können alle Größen gleichzeitig simultan optimiert werden. Es ist jedoch nicht möglich, dynamische Wertschöpfungsvariationen in dem Modell zu berücksichtigen. In diesem komparativ-statischen Modell sind keine Rückkopplungsmechanismen erfaßt. Zudem erreicht das Modell einen geringen Grad an Aggregation, so daß durch diese Disaggregation Beziehungen zwischen den Produktionssektoren und dem Verkehrssektor eingehend beschrieben sind. Damit ist natürlich der Nachteil einer relativ großen Menge von benötigten Daten verbunden. Somit entstehen Datenbeschaffungsprobleme, und es erhöht sich die Zahl der Fehlerquellen.

Ein Kritikpunkt ist sicher die Annahme linearer Produktionsfunktionen vom Typ WALRAS-LEONTIEF, durch die Änderungen der Produktionsfunktion nicht erfaßbar sind. Der linearen Modellen häufig gemachte Vorwurf der Realitätsferne trifft für das ISRAEL-Modell sicherlich nur bedingt zu, da die Möglichkeit besteht, durch die Spezifizierung der Nebenbedingungen das Modell den Gegebenheiten in der Untersuchungsregion anzupassen. Zudem ist es möglich, auch nichtlineare Zusammenhänge näherungsweise zu linearisieren, und selbst umfangreiche lineare Programme lassen sich heute per Computer ohne Schwierigkeiten lösen, so daß dieser Kritikpunkt weitgehend nicht mehr zutrifft. Aufgrund dieser Voraussetzungen halten sich die auftretenden Fehler in akzeptablen Toleranzgrenzen. Ein Vorteil der linearen Programmierung ist hingegen die Möglichkeit, die Schattenpreise mit auszuweisen und so die Knappheit der Produktionsfaktoren anzugeben. Aus dieser Information lassen sich wichtige Hinweise für die Strategie zur Entwicklung einer Region ableiten, da die Schattenpreise die Engpaßfaktoren identifizieren. Zudem besteht die Möglichkeit, mit Hilfe einer Sensitivitätsanalyse den Stabilitätsgrad der Optimallösung gegenüber Variationen der Ausgangssituation zu bestimmen. Es kann somit der Einfluß verschiedener Variablen auf das Ergebnis ermittelt werden, wodurch eine Konzentration auf die wichtigsten Entwicklungskomponenten bei der Datenerfassung möglich wird.

Ein gravierender Einwand gegen das ISRAEL-Modell ist die Nichteinbeziehung von institutionellen und soziologischen Faktoren in das Programmierungsmodell. Es erscheint fraglich, ob es überhaupt möglich ist, die institutionellen und soziologischen Faktoren in statische, lineare und programmierbare Funktionen zu überführen. Hier sind vielmehr dynamische und nichtlineare Betrachtungsweisen notwendig. Auch wird die Produktionsumstellung auf die optimale Produktionsstruktur sicherlich nicht ohne Reibungsverluste vor sich gehen, so daß während eines Entwicklungsprozesses Korrekturentscheidungen getroffen werden müssen, die abhängig sind von früher getroffenen Entscheidungen. Solche feed-backs im Projektablauf kann das lineare Optimierungsmodell von ISRAEL nicht leisten.

Gegenstand der Analyse im ISRAEL-Modell ist lediglich die Beziehung zwischen einer ländlichen Region und einer zu versorgenden Stadt. Für diese Beziehung maximiert ISRAEL die Wertschöpfung. Die komplementäre Beziehung Stadt - Land wird nicht berücksichtigt, so daß keine Aussagen über eine optimale Auslastung des Verkehrssystems gemacht werden können. Bei den getroffenen Modellannahmen fehlt praktisch die Wertschöpfung der komplementären Verkehrsleistung Stadt - Land, was dazu führt, daß der gesamte Nutzen der Verkehrsinvestition fehleingeschätzt wird.

Obwohl sich die Verfasser der oben aufgeführten Modelle zum Ziel gesetzt haben, die relevanten Effekte einer Verkehrsinvestition in ein Bewertungsverfahren einzubringen, gelingt es ihnen nicht, eine umfassende Analyse der Effekte zu geben, da teilweise wichtige Effekte nicht gesehen oder bewußt vernachlässigt werden. Die im folgenden behandelten Studien streben hingegen eine Evaluierung aller verkehrsinduzierten Effekte an, wobei die folgende RAND-Studie sich auf die Qualität des Verkehrssystems bzw. -netzes bezieht.

L) DER ANSATZ ZUR BEWERTUNG VON VERKEHRSSYSTEMEN DER RAND CORPORATION

Ziel der RAND-Studie ist die Erarbeitung einer umfassenden systematischen Methode zur Evaluierung der potentiellen Nutzen alternativer Verkehrsprojekte.[188] Das angestrebte Bewertungsverfahren soll sich nicht ausschließlich auf den Verkehrssektor beziehen, sondern die gesamtwirtschaftlichen Evaluierungsaspekte in den sozialen Kontext einbeziehen. Zur Bewältigung des Projektes wurde die Untersuchung in fünf Hauptabschnitte unterteilt.

(1) Die Identifikation, Definition und hierarchische Strukturierung sowie die Messung individueller Nutzenelemente zur Bestimmung der Effektivität eines Verkehrssystems;

(2) die Aggregation und Verbindung der individuellen Nutzenkomponenten zu einem aggregierten Nutzenzuwachs fordert eine spezielle Aggregationsmethode. Hierzu setzt die Studie sich mit Bewertungstechniken und Nutzentheorien auseinander.

(3) Die Entwicklung einer Analysemethode zusätzlicher Effekte einer Kombination von Transportmitteln;

(4) die Erweiterung der Analyse der Kombination von Transportmitteln auf einer Strecke zu einer Netzanalyse, die die Untersuchungsregion insgesamt erfaßt.

(5) Zur Prognose langfristiger regionaler Trends werden im Rahmen des Forschungsprojektes der RAND CORPORATION Analysemethoden erörtert, um den Einfluß dieser Trends auf die Nachfrage nach Transportleistungen und die technolo-

gischen Möglichkeiten vorherzusagen sowie die Qualität des Lebens der betroffenen Bevölkerung in der Untersuchungsregion zu bestimmen.

Die Hauptstudie legt das größte Gewicht auf die ersten beiden Abschnitte und bringt hier sehr detaillierte Analysen. Die Punkte (3) und (4) hingegen sind nur in konzeptioneller Weise bearbeitet und zeigen lediglich einen möglichen Rahmen zur Erfassung der Auswirkung von verschiedenen Transportmitteln, Transportsystemen und -netzen für eine Region. Der fünfte Teil ist in der hier besprochenen Hauptstudie und den fünf ihr zugrundeliegenden Studien nicht enthalten. Dieser Teil sollte in einem besonderen Band veröffentlicht werden, der den Verfassern der vorliegenden Studie nicht zugänglich war.

Im folgenden soll die Struktur des Bewertungsansatzes der RAND CORPORATION in seinen Grundzügen dargestellt werden:[189)]

(1) Ausgangspunkt ist ein gegebenes Transportsystem in einer Region, das aus fest vorgegebenen Netzen der einzelnen Verkehrsmittel besteht, über dessen Routen innerhalb der Region Güter und Personen von Quell- zu Zielorten transportiert werden.

(2) Die zu entwickelnde Methode zur Bewertung von Veränderungen im bestehenden Verkehrssystem soll eine umfassende Evaluierung dieser Veränderungen ermöglichen. Die Veränderungen können von unterschiedlicher Art sein, so z.B. in den Fahrplänen, in der Preisgestaltung, in der Reglementierung und Subventionierung des Verkehrssektors, in der Modifikation des bestehenden Verkehrssystems und in der Einführung neuer Systeme oder Verkehrsmittel. Alle diese Veränderungen können sowohl auf einzelnen Strecken oder Netzteilen als auch im gesamten Verkehrsnetz auftreten.

(3) Um die Attraktivitätssteigerungen im Verkehrssystem zu messen, ist es wichtig, Einwirkungen dieser Veränderungen auf die Benutzer, Anbieter, die gesamte sozio-ökonomische Umwelt und die Industrie zu bestimmen. Zu jeder dieser Gruppen gehört eine große Zahl von Bewertungskriterien, von denen in der Literatur schon eine Reihe identifiziert ist

und in quantifizierbarer Form vorliegt. Die Studie versucht, für alle Wertungselemente Maßzahlen zu finden, die gleichzeitig zu Gewichten und kombinierten Maßzahlen für das gesamte Kriteriensystem führen, die künftige Transportnachfrage zu charakterisieren und externe Effekte zu bestimmen. Dieser Vektor der gewichteten Bewertungskriterien definiert den Zusammenhang zwischen den Merkmalen der Transportnachfrage und den technologischen Alternativen zu ihrer Befriedigung. Der Vektor enthält sowohl qualitative als auch quantitative Informationen.

(4) Die Matrix dieser gewichteten Bewertungskriterien dient zur Beschreibung gewünschter Nutzenmuster bezüglich der gesamten Transportleistung für Benutzer, Anbieter und soziale Umwelt. Im Gegensatz zu diesem Bruttonutzen wird der Nettonutzen aus der Differenz zwischen diesem Bruttonutzen und dem geschätzten Nutzen, der aus dem momentanen Transportsystem erwächst, errechnet.

(5) Ein solcher Nettonutzen kann durch alternative Ergänzungen des gegenwärtigen Transportsystems hervorgerufen werden und ist Gegenstand der im folgenden kurz beschriebenen Kosten-Nutzen-Analyse bzw. Systemanalyse.

Geht man von einem vorgegebenen Budgetzuwachs aus, der in eine Erhöhung der Leistungsfähigkeit des Verkehrssystems umgesetzt werden soll und von alternativen Transportsystemen und -mitteln, die die künftige Technologie zur Verfügung stellt, können unterschiedliche Kombinationen von Verkehrsmitteln aus dem Budgetzuwachs finanziert werden. Zusätzlich kann für unterschiedliche Budgets mit unterschiedlichen Kombinationen von Verkehrsmitteln gerechnet werden. Alle möglichen Kombinationen von Verkehrsmitteln haben unterschiedliche Leistungscharakteristika und wirken unterschiedlich auf die sozio-ökonomische Umwelt ein. Auf diese Weise lassen sich die Charakteristika und die Einflüsse der Verkehrsinvestition in unterschiedliche Zusammensetzungen von geschätzten Nutzen für die Struktur der Bewertungskriterien umsetzen.

Das Ziel einer solchen Sensitivitätsanalyse liegt in der Bestimmung der möglichen Kombinationen von Verkehrsmitteln, die durch eine Budgetveränderung möglich werden. Hiermit sind auch gleichzeitig die jeweiligen Nutzenänderungen bestimmt. In entgegengesetzter Weise ließen sich ein bestimmter Effektivitätsgrad und ein befriedigender Nutzenzuwachs fixieren und unter der Berücksichtigung der Kostenminierung die optimale Kombination der Verkehrsmittel bestimmen.

Im folgenden werden die Phasen des Bewertungsprozesses im Konzept der RAND CORPORATION dargelegt und diskutiert.

1.Phase: Ausgangspunkt der Analyse ist das Sammeln, Ordnen und Aufbereiten von Daten, die zur Quantifizierung des Analyseobjektes benötigt werden. Es werden die folgenden sieben Schritte durchgeführt:

(1) Identifizierung und Strukturierung der von einer Veränderung im Verkehrssystem betroffenen Gruppen.

Als betroffene Gruppen werden in der RAND-Studie die Anbieter von Verkehrsleistungen, die Nachfrager und die soziale Umwelt identifiziert. Da diese Einteilung für eine exakte Bewertung zu grob ist, werden die einzelnen Gruppen weiter differenziert.

(2) Ableitung einer Hierarchie der Zielelemente.

Zur Bewertung von Transportsystemen ist die Formulierung von Zielen,ausgerichtet an allgemein anerkannten Wohlfahrtskriterien,unabdingbare Voraussetzung, da eine Bewertung nur bezüglich vorher festgelegter Ziele möglich ist. Eine globale Zielformulierung mag hierbei eine gute Hilfestellung für die Ableitung einer detaillierten, iterativ erstellten Zielfunktion leisten. Die RAND-Studie unterteilt die Gesellschaft in drei Gruppen, für die sie jeweils Zielfunktionen ableitet. Es wird unterstellt, daß eine Gruppe oder eine Kombination von Gruppen ihren Nutzen maximiert. Als Nebenbedingung gilt, daß der Nutzen für die verbleibende Gruppe bzw. Gruppen nicht unter ein vorher festgelegtes Niveau sinken darf. Bei drei angenommenen betroffenen Gruppen gibt es acht Kombinationsmöglichkeiten und folglich acht alternative Zielfunktionen.[191]

TAB. 5 : GRUPPENKOMBINATIONEN ZUR FORMULIERUNG ALTERNATIVER GLOBALER ZIELFUNKTIONEN

	Gruppe(n), die ihren Nutzen maximieren	Gruppe(n), die einen Mindestnutzen erreichen
Gruppenkombinationen	1. Benutzer	1. Anbieter und soziale Umwelt
	2. soziale Umwelt	2. Benutzer und Anbieter
	3. soziale Umwelt und Benutzer	3. Anbieter
	4. Anbieter	4. soziale Umwelt und Benutzer
	5. Benutzer und Anbieter	5. soziale Umwelt
	6. Anbieter und soziale Umwelt	6. Benutzer
	7. Benutzer, Anbieter, soziale Umwelt	7. --------
	8. --------	8. --- = Status-quo-Fall

Die Zielformulierungen aufgrund der Gruppenkombination (7) und (8) fallen als realistische Zielfunktionen aus, da die Zielfunktion (7) für alle Gruppen den Nutzen maximiert, was in der Realität kaum anzutreffen sein wird, während (8) den "Status-quo-Fall" darstellt, der ebenfalls nicht in die Betrachtung einbezogen wird, da die Studie davon ausgeht, daß Veränderungen im Verkehrssystem stattfinden. Diese Formulierung von Zielfunktionen kann jedoch lediglich als globales Orientierungsinstrument im Rahmen der Verkehrspolitik herangezogen werden, da die Vorstellungen der einzelnen Zielgruppen zu wenig spezifiziert sind, um realistische Nutzenfunktionen abzuleiten. Zudem ist zu bezweifeln, daß die Spezifizierung von drei betroffenen Gruppen ausreichend und die Identifizierung der Individuen zu jeweils einer dieser Gruppen eindeutig möglich ist. So scheint es denkbar, daß ein Individuum zu mehreren Gruppen zugeordnet werden kann und Ziele der einzelnen Gruppen voneinander abhängig sein können. Die Aggregation von individuellen Zielvorstellungen zu einer gruppenspezifischen Zielfunktion wirft die allgemeine Problematik der Aggregation von verschiedenen Präferenzstrukturen auf, die als nicht zufriedenstellend gelöst angesehen werden muß.[192] Zudem ist bei der Erstellung von Zielfunktionen zu beachten, daß die individuellen Zielstrukturen innerhalb der Zeit varriieren können.

(3) Auflistung, hierarchische Ordnung und Definition von Maßeinheiten der Bewertungskriterien für die drei zu analysierenden Gruppen.

Die Auflistung der Bewertungskriterien erfordert Vollständigkeit, gegenseitige Unabhängigkeit und Allgemeingültigkeit.[193] Die ermittelten Kriterien sind in eine Hierarchie zu überführen, die, von einem Oberziel ausgehend, über Zwischen- und Unterziele auf der untersten Ebene zu meßbaren Indikatoren führt.

(4) Um sicherzustellen, daß die Evaluierungsmethode die unterschiedlichen Reaktionen der einzelnen betroffenen Gruppen erfassen kann, sind die Wirkungsbereiche "Benutzer", "Anbieter" und "soziale Umwelt" in Untergruppen unterteilt worden. So wird die Gruppe "Benutzer" bezüglich der Transportobjekin zwei Unterbereiche "Personen" und "Güter" unterteilt.

TAB. 6: HIERARCHISCHE STRUKTURIERUNG DER WIRKUNGSKOMPONENTEN IM BEREICH BENUTZER - GÜTERVERKEHR

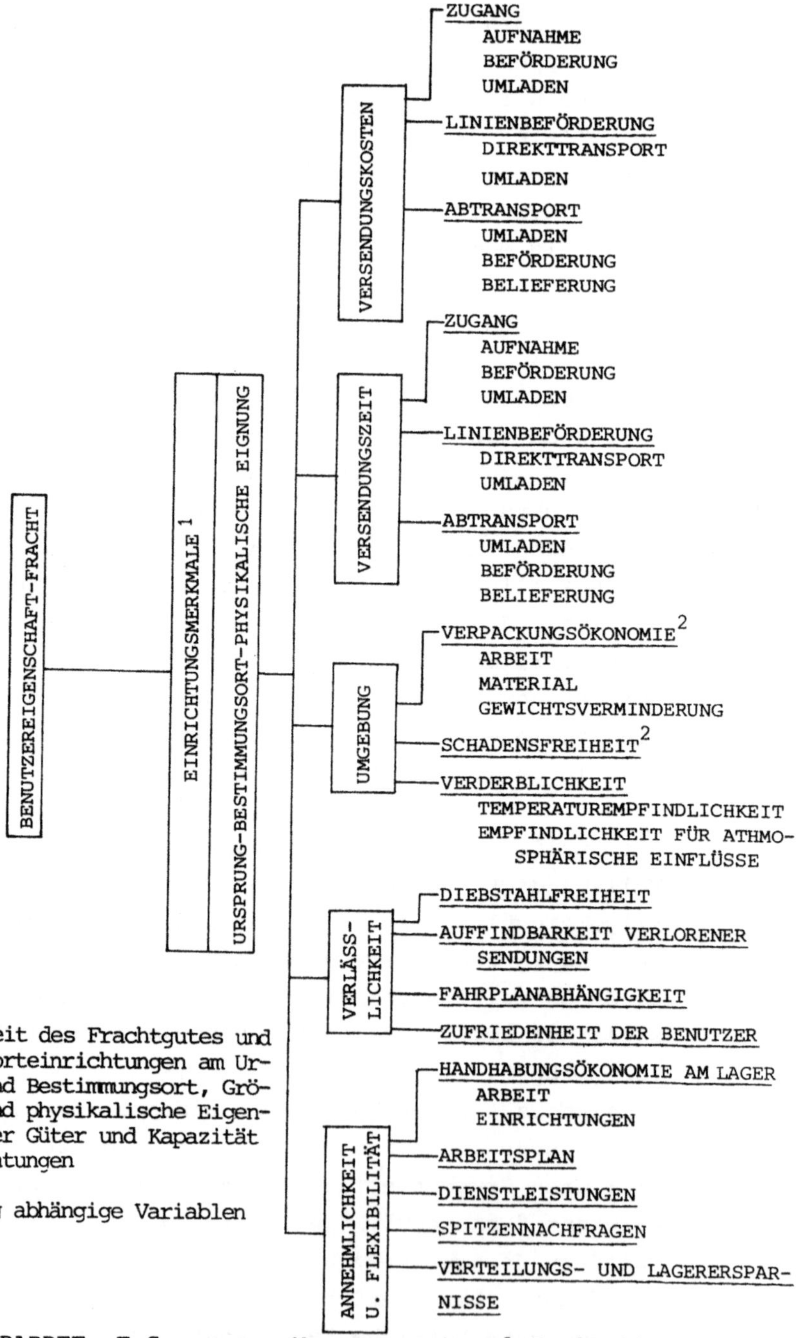

[1] Verfügbarkeit des Frachtgutes und der Transporteinrichtungen am Ursprungs- und Bestimmungsort, Größe, Form und physikalische Eigenschaften der Güter und Kapazität der Einrichtungen

[2] gegenseitig abhängige Variablen

Quelle: PARDEE, F.S. u.a.: Measurement and Evaluation ..., a.a.O., S. 44, 74

TAB. 7: HIERARCHISCHE STRUKTURIERUNG DER WIRKUNGSKOMPONENTEN IM BEREICH BENUTZER - PERSONENVERKEHR

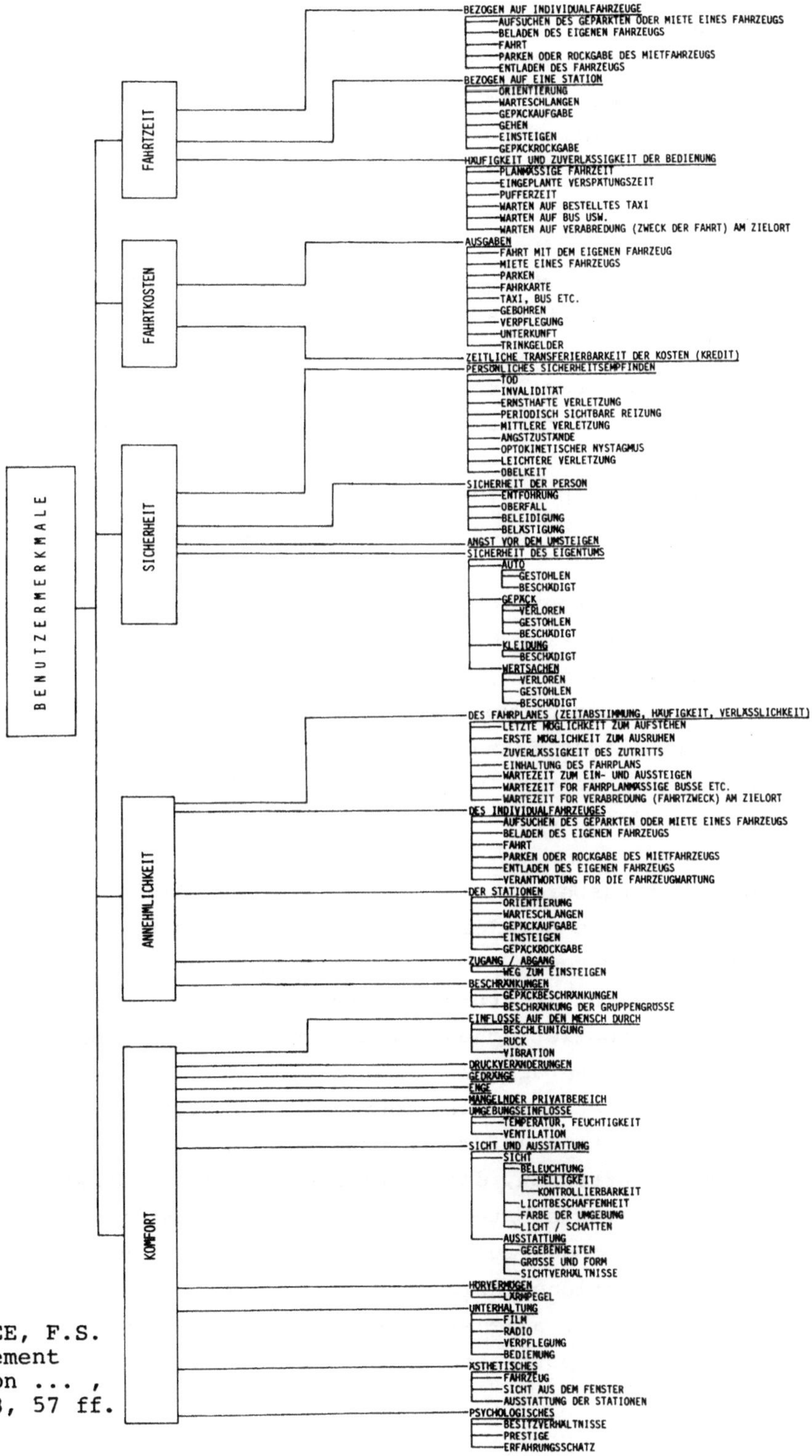

Quelle: PARDEE, F.S. u.a.: Measurement and Evaluation ... , a.a.O., S. 43, 57 ff.

Diese Differenzierung umfaßt jedoch zu inhomogene Gruppen, die daher noch in möglichst homogene Einheiten aufgeteilt werden müssen. Für den Bereich der Passagiere sind weitere Unterteilungskriterien notwendig, z.B. Einkommen, Alter, Beruf, Reiseerfahrung, Erziehung, Persönlichkeitsstruktur, Reisezweck, Größe der Reisegruppe und der Wunsch oder die Notwendigkeit, Begleitpersonen und Gepäck mitzutransportieren. Der Versuch, anhand dieser Kriterien homogene Gruppen zu definieren, ist ein sehr schwieriges Unterfangen, dem nur Erfolg beschert sein würde, wenn die Gesamtbevölkerung in Gruppen mit ähnlichen Charakteristika aufgespalten werden kann und somit die Zahl jedes einzelnen Benutzertyps zu schätzen wäre. Einfacher und operationaler erscheint jedoch die Definition einer kleineren Zahl von Passagiergruppen, für die signifikante Unterschiede in den Bewertungen eines Transportsystems erwartet werden können.[194)]

Für den Unterbereich "Güter" werden als Unterscheidungsmerkmale die Kategorien Massengüter, schwere Industriegüter, allgemeine Handelsgüter, leicht verderbliche Waren und Post klassifiziert. Diesen Typen von zu transportierenden Gütern werden die jeweiligen Transportmengen gegenübergestellt. So werden für diese fünf Kategorien insgesamt elf unterschiedliche Transportklassen definiert.[195)]

Der Wirkungsbereich der Anbieter umfaßt die Organisation, Herstellung, den Betrieb und den Unterhalt der zu untersuchenden Transportsysteme. Dieser gesamte Anbieterkomplex läßt sich grundsätzlich in freie Anbieter, die unter monopolistischen oder oligopolistischen Wettbewerbssituationen anbieten und beispielsweise als Produzenten von Verkehrsmitteln, Konstrukteure von Verkehrswegen oder als Hersteller von Treibstoff und Betriebsmitteln auftreten,und Anbieter in einem regulierten Markt unterteilen, die jeweils eine monopolistische Marktstellung haben, wie Unternehmen, die das öffentliche Verkehrsangebot stellen oder aufgrund monopolistischer Position den Staat zu Interventionen herausfordern. Die dritte Kategorie von Anbietern umfaßt alle staatlichen und kommunalen Institutionen, die dem Transportsektor zuzurechnen sind.

Die Bewertungselemente der Anbieter werden den einzelnen Gruppen entsprechend in gewinnstrategische, überlebensstrategische betriebsstrategische Komponenten eingeteilt, die jedoch noch einer weiteren Operationalisierung - wie sie in Tab. 8 durchgeführt ist - bedürfen.

Die Beeinflussung aller nicht am Verkehr beteiligten gesellschaftlichen und ökologischen Elemente wirft im Rahmen einer Kosten-Nutzen-Analyse die Problematik der Erfassung aller "intangibles" auf, die an dieser Stelle nicht erörtert werden soll. Eine bei weitem nicht vollständige Liste der Effekte, die von Verkehrssystemen ausgehen, wird in der in Tab. 9 dargestellten Hierarchie von Bewertungselementen aufgezeigt.

(5) Ermittlung von Transformationskurven

Für jede der betroffenen Interessengruppen und für jedes Bewertungskriterium sind uniforme Skalen zur Bewertung dieser Kriterien zu ermitteln, die eine Funktion der physikalischen Meßwerte darstellen. Soweit keine kardinalen Wertskalen ermittelt werden können, sind direkte Wertschätzungen durchzuführen.

(6) Eliminierung bzw. Minimierung der Interdependenzen zwischen den Bewertungskriterien.

Die relative Unabhängigkeit der Bewertungskriterien soll in diesem Schritt überprüft werden, so daß eine Veränderung der Wertschätzung eines Kriteriums nicht gleichzeitig andere Kriterien auch in ihrer Wertschätzung verschiebt. Es soll also sichergestellt werden, daß keine Komplementaritäten zwischen den Kriterien bestehen.

(7) Gewichtung der Kriterien der Interessengruppen.

Zur Zusammenfassung der Wertmaße der Kriterien ist es notwendig, ihre relative Bedeutung für eine jede Bewertergruppe

TAB. 8: HIERARCHISCHE STRUKTURIERUNG DER WIRKUNGSKOMPONENTEN IM BEREICH ANBIETER

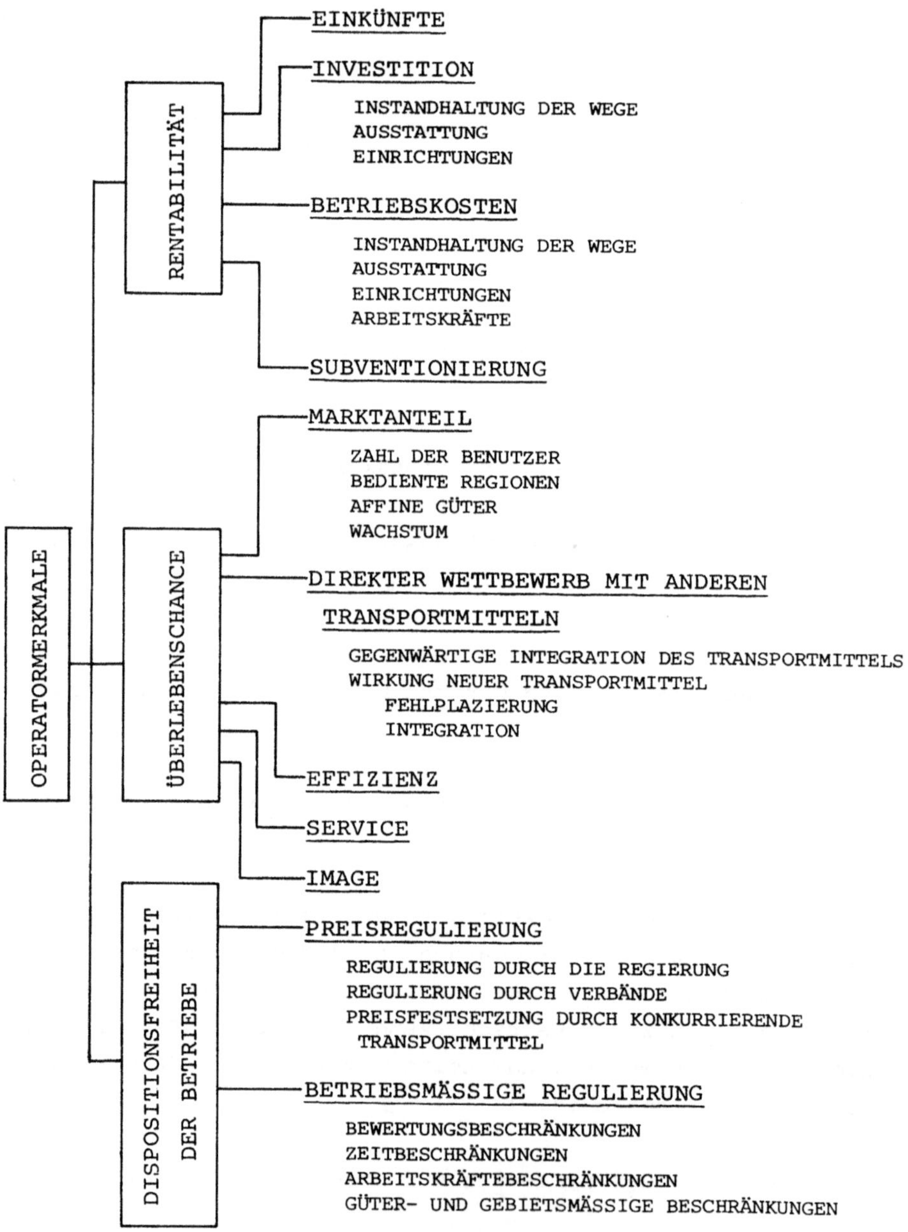

Quelle: PARDEE, F.S. u.a.: Measurement and Evaluation ..., a.a.O., S. 45, 86

TAB. 9: HIERARCHISCHE STRUKTURIERUNG DER WIRKUNGSKOMPONENTEN IM BEREICH SOZIALE UMWELT

- GESELLSCHAFTLICHE MERKMALE
  - MENSCHLICHE PHYSIOLOGIE
    - LUFTVERSCHMUTZUNG
    - LÄRMBELÄSTIGUNG
    - UNFÄLLE MIT NICHTBENUTZERN
  - FORDERUNGEN AN DIE WEGE
    - BETEILIGUNG
    - VERLAGERUNG
    - UNANGEMESSENHEIT DER KONSTRUKTION
    - LEISTUNGSVERMÖGEN
  - ÖKONOMISCHE SITUATION
    - BESCHÄFTIGUNG
      - KONSTRUKTION UND BETRIEB
      - "MULTIPLIKATOR"
    - PERSÖNLICHES EINKOMMEN
      - KONSTRUKTION UND BETRIEB
      - "MULTIPLIKATOR"
      - KOMPARATIVER VORTEIL
      - EFFIZIENZ
    - INDUSTRIELLE VERTEILUNG
  - FORM UND GESTALT DER GROSSTÄDTE
    - BEVÖLKERUNGSVERTEILUNG
      - STADTGEBIETE
      - NEUE STÄDTE
      - GROSSTADTFUSIONEN
      - REGIONEN
    - VERTEILUNG DER LANDNUTZUNG
    - WOHNUNGEN
      - QUANTITÄT UND QUALITÄT
      - WOHNDICHTE
    - GESTALTUNG
      - TRANSPORTSTRUKTUREN
      - ANDERE STRUKTUREN
      - PLANUNG
  - SOZIOLOGISCHE-POLITISCHE SITUATION
    - INDIVIDUELLER LEBENSSTIL
      - MUSSEZEIT UND AKTIVITÄTSSCHEMATA
      - UNABHÄNGIGKEIT
    - INTEGRATION UND KOMMUNIKATION
    - POLITISCHE DURCHFÜHRBARKEIT
    - REGIERUNGSFORM UND BEZIEHUNG IN DER REGIERUNG
    - STEUERPOLITIK
      - BESTEUERUNGSGRUNDLAGE
      - STEUERBELASTUNG
    - REGIERUNGSLEISTUNGEN
      - POLIZEI
      - FEUERWEHR
      - MÜLLABFUHR
      - ERZIEHUNG
  - KNAPPE RESSOURCEN
    - RADIOEMPFANG
      - AUSSTRAHLUNGSORT
      - STÖRUNGEN
    - ELEKTRIZITÄTSKAPAZITÄT
    - ÖKOLOGIE
      - LUFTVERSCHMUTZUNG
      - WASSERVERSCHMUTZUNG
      - BIOLOGISCHES GLEICHGEWICHT
      - KLIMATISCHES GLEICHGEWICHT

Quelle: PARDEE, F.S. u.a.: Measurement and Evaluation ... , a.a.O., S. 102, 46 festzulegen. Zur Verteilung der Gewichte und der Konzeption der Bewertungsprozesse auch für die Schritte (5) und (6) werden verschiedene Ansätze präsentiert.

Die RAND-Studie stellt insgesamt neun Methoden vor, die alternativ zur Zusammenfassung und Bewertung der abgeleiteten Indikatoren verwendet werden können. Diese neun Methoden repräsentieren unterschiedliche Meßniveaus und Komplexitätsgrade und bieten daher dem Projektevaluierer die Möglichkeit, ein der Entscheidungssituation angepaßtes Bewertungsverfahren zu wählen.[196)]

1. Methode:

Der einfachste Ansatz zur Bewertung der Entscheidungsalternativen ist das intuitive Urteil des Planers. Obwohl diese Methode keinerlei wissenschaftliche Grundlagen hat, wird sie häufig wegen ihres geringen Aufwandes benutzt. Die Bewertung durch den Planer muß nicht unbedingt auf dem Werturteil einer einzelnen Person beruhen, sondern kann durchaus mit Hilfe von Delphi-Methoden oder Szenarien zustandekommen.

2. Methode:

Ein zweites, ebenfalls sehr einfaches Verfahren zur Bewertung ist die Auflistung entscheidungsrelevanter Indikatoren. Die Zusammenstellung der Indikatoren kann durch eine Literaturanalyse, eine analytisch-theoretische Studie oder eine empirische Fallstudie erfolgen.

3. Methode:

Ein weiterer Schritt zu einer exakteren Bewertung ist die Messung der Indikatoren in physikalischen Einheiten. Dieses Verfahren setzt voraus, daß jeder Indikator bis auf eine physikalisch meßbare Wertgröße disaggregiert werden kann. Schwierigkeiten diesbezüglich entstehen bei qualitativ ausgeprägten Indikatoren. Ein weiteres Problem bei diesem Ansatz kann dadurch entstehen, daß die einzelnen Indikatoren nur durch unterschiedliche Meßniveaus erfaßbar sind. Zudem wirkt sich die Auswahl der Indikatoren und ihre Meßbarkeit sowohl auf die Systemstruktur als auch auf die Systemevaluierung aus.

4. Methode:

Näher zu einer differenzierteren, und damit angemesseneren Bewertung führt die Definition von Wirkungsspektren für die einzelnen Indikatoren. Dadurch werden die möglichen Variationen der Indikatorenwerte erfaßt und unrealistische Extremwerte ausgesondert.

5. Methode:

Zur weiteren Klärung der Wertstruktur von Entscheidungsalternativen ist die ordinale Rangordnung der relevanten Indikatoren anzustreben. Hierdurch wird die Relevanz der einzelnen Indikatoren für die Beurteilung der einzelnen Alternativen aus der Sicht jeder entscheidungsrelevanten Gruppe verdeutlicht.

6. Methode:

Eine kardinale Wertmessung eines gesamten Systems basiert auf der unabhängigen Bewertung unterschiedlicher Indikatoren und ihrer gewichteten Aggregation zu einem Gesamtwert. Der Gesamtwert ergibt sich als lineare gewichtete Summe der einzelnen Teilbewertungen. Zur Anwendung dieses Verfahrens muß für die einzelnen Indikatoren eine Nutzenunabhängigkeit gewährleistet sein. Ferner sind Transformationskurven zur Vereinheitlichung der Wertmaßstäbe und der Meßniveaus notwendig. Zur Lösung dieses Problems stehen eine Reihe von Skalierungsverfahren zur Verfügung, wie sie z.B. im Rahmen der Nutzwertanalyse Verwendung finden. Schließlich müssen die Gewichte festgelegt werden, die die relative Bedeutung der einzelnen Indikatoren für das Gesamtziel repräsentieren.

7. Methode:

Eine Modifikation der vorhergehenden Methode ist manchmal dadurch gefordert, daß die Transformationskurven nicht immer oder nur mit großem Aufwand ermittelt werden können. In diesen Fällen begnügt man sich mit einer Schätzung der Indikatorenwerte und behält im übrigen den oben beschriebenen Ablauf des Bewertungsverfahrens bei.

8. Methode:

Zur Verdeutlichung der Austauschverhältnisse zwischen den einzelnen Wirkungskriterien wird eine Indifferenzkurvenanalyse vorgeschlagen. Diese Methode eignet sich jedoch nur zum Vergleich einer kleinen Anzahl von Bewertungselementen und ist daher hauptsächlich zur Feinabstimmung der Gewichtsverteilung auf die einzelnen Elemente verwendbar. Zur Festlegung der Indifferenzkurven werden akzeptable und nicht akzeptable Grenzen für die jeweiligen Attribute festgelegt und zwischen diesen Grenzen das Austauschverhältnis der beiden Bewertungskriterien unter Beibehaltung eines gleichen Nutzenniveaus abgeleitet.

Da zur Realisierung eines Projekts stets nur ein begrenztes Budget zur Verfügung steht, wird in Anlehnung an die Ermittlung von Iso-Präferenzkurven auch eine Ermittlung von Iso-Budgetkurven vorgeschlagen. Diese Iso-Budgetkurven verdeutlichen die möglichen technologischen Kombinationen für zwei Bewertungselemente unter Beibehaltung eines vorgegebenen Budgets. Unter der Voraussetzung, daß die Iso-Präferenzlinien und Iso-Budgetkurven jeweils die effizienten Technologien repräsentieren, kann durch Kombination der beiden Kurvenscharen die Optimalität der technischen Durchführung eines Projektes bestimmt werden. Für den Bewertungsprozeß erhält die realisierbare Alternative den höchsten Wert, die innerhalb des Iso-Präferenzkurvensystems auf der höchsten Präferenzlinie liegt. Diese Methode zeigt lediglich einen Lösungsansatz für zwei oder maximal vier Attribute - wenn man sie paarweise vergleicht - zur Bestimmung der Optimalität der technischen Realisierung und der Wertdifferenz. Hier sind jedoch Bedenken zu äußern, die auf die Schwierigkeit der Erstellung von Iso-Präferenzlinien abzielen, die zudem für Kollektive erstellt werden müssen.

9. Methode:

Zur weiteren Klärung der Interdependenzverhältnisse zwischen den einzelnen Attributen und zur Klärung der Gewichtsverteilung bezüglich der Relevanz der einzelnen Kriterien für die Gesamtbewertung des Projektes wird der Weg der Ermittlung einer Risiko-Präferenzfunktion vorgeschlagen. Diese Risikopräferenzen lassen sich für eine gesamte Nutzenfunktion, die sich aus einzelnen Nutzenelementen zusammensetzt, durch die Wahrscheinlichkeit des Eintritts der jeweiligen Nutzen bei den einzelnen Elementen ermitteln. Die Einführung einer Risiko-Präferenzfunktion bei der Verteilung der Gewichte auf die einzelnen Kriterien fängt sicher einen weiteren realistischen Aspekt der Bewertungs- und Entscheidungsfindung ein, hingegen verringert dieser Ansatz die Praktikabilität, da die Erstellung einer Risiko-Präferenzfunktion auf weit größere Schwierigkeiten stößt als die Erstellung von Iso-Präferenzkurven.

2. Phase: Analyse der Verkehrsrelationen.

Nach Klärung des theoretischen Konzeptes zur Quantifizierung und Bewertung von Transportalternativen geht man in der zweiten Phase zur tatsächlichen Messung der Attribute über.[197)]

(8) Zunächst werden die einzelnen Attribute mit Hilfe der festgelegten physikalischen Maßeinheiten auf ihre tatsächliche Realisierbarkeit hin überprüft und die jeweiligen Werte festgelegt.
(9) Den einzelnen Bewertungskriterien und den ihnen zugehörigen physikalischen Meßwerten werden über die ausgewählte Methode Wertpunkte zugeordnet.

(10) Mit den im theoretischen Konzept bereits festgelegten Gewichtungsfaktoren werden die Wertzahlen der einzelnen Kriterien multipliziert.

(11) Über die gewichteten Leistungswertzahlen der einzelnen Kriterien wird die Summe gebildet mit Ausnahme der Kriterien, die sich auf Zeit und Kosten beziehen. Auf diese Weise erhält man einen Leistungsmaßstab.

(12) Dem in Schritt (11) ermittelten Leistungsmaßstab stehen Zeit- und Kostenmaßstäbe gegenüber. Um diese drei unterschiedlichen Maßzahlen miteinander zu verbinden, besteht entweder die Möglichkeit, alle drei über eine einheitliche Maßskala zu einem einzigen Wert zusammenzufassen oder eine Grenzkostenbetrachtung für alle drei Maßstäbe durchzuführen und über die Formulierung von Schattenpreisen einen einheitlichen Wertmaßstab zu ermitteln.

Hiermit liegt ein Konzept zur Analyse der einzelnen Strecken eines Verkehrsnetzes vor, mit dem die Anfüllung der einzelnen Attribute auf den jeweiligen Strecken mit Wertmaßstäben und ihre Zusammenfassung geleistet werden kann. Für jede einzelne Passagiergruppe und jede einzelne Gütergruppe ist eine solche Analyse durchzuführen: (13), Wiederholung von Schritt (9)-(12).

<u>3. Phase</u>: Analyse der Transportalternativen.

Für jede einzelne Verbindung zwischen zwei Punkten werden in diesem Teil der Studie alle möglichen Verkehrsmittel von der Angebotsseite her charakterisiert.[198)]

(14) Für jedes alternative Gesamtsystem von Verkehrsmitteln werden für gegebene Quell- und Zielorte oder Strecken die Informationen der Fahrtenanalyse aufbereitet. Dabei sind auch geplante Verkehrsalternativen mit in die Betrachtung einzubeziehen.

(15) In dieses aufbereitete System, das Leistungsmaßstäbe, Verkehrsangebot und die Ansprüche der Benutzer analysiert, wird die Verkehrsnachfrage eingebracht und die Nutzenzuwächse für jede Benutzergruppe aggregiert über alle Ver-

kehrsmittel in jedem differenzierten Verkehrsangebot je Strecke errechnet. Die Ermittlung der Verkehrsnachfrage stellt hierbei ein zentrales Problem dar, für das die RAND-Studie alternative Lösungsvorschläge macht.

(16) Bisher wurde das Verkehrssystem aus der Sicht des Benutzers einer Bewertung unterzogen. In diesem Schritt werden die Kriterien der Anbieter und der sozialen Umwelt, die oben bereits definiert wurden, in gleicher Weise wie die Benutzerkriterien einer Wertmessung und Zusammenfassung unterzogen. Eine Ausnahme zu dieser Berechnung bilden die Kriterien, die für eine Kombination von Verkehrsmitteln bereits evaluiert worden sind. Hier werden zusätzliche Inputs gefordert, um die Aggregation entsprechend (15) durchführen zu können. Ein großer Teil dieses Arbeitsschrittes wird sich auf qualitative Informationen und weniger auf numerische Angaben stützen müssen.

(17) Die Nutzenseite eines Verkehrssystems wurde aus der Sicht des Benutzers, des Anbieters und der sozialen Umwelt ermittelt. Diesem Nutzenausdruck sind Kosten gegenüberzustellen. Hierzu ist es zunächst notwendig, die Investitionskosten von den Betriebskosten zu trennen und von seiten des Betreibers und staatlicher Behörden einen Plan zur Kostenverteilung und Kostendeckung zu erstellen. In manchen Fällen erscheint es sinnvoll, das Verursacherprinzip bei der Kostenverteilung anzuwenden.

(18) Sowohl die Nutzen als auch die Kosten fallen nicht zu einem einzigen Zeitpunkt an, sondern sind über einen Zeithorizont hin verteilt. Daher ist es notwendig, sowohl die Nutzen als auch die Kosten über die relevante Periode hin auf den gegenwärtigen Zeitpunkt abzudiskontieren. Hier finden sich zwar Vorschläge für die Ermittlung der relevanten Periode und der relevanten Diskontierungssätze, jedoch wird ausdrücklich auf die Notwendigkeit weiterer Untersuchungen auf diesem Gebiet hingewiesen.

4. Phase: Analyse des Verkehrsnetzes.

Zwar wurden bis hierher für jede Verbindungsstrecke zwischen zwei Punkten Nutzen und Kosten berechnet, jedoch fehlen Informationen über die Netzleistungsfähigkeit und Optimalität des Gesamtsystems.[199)]

(19) Die Ergebnisse der Analyse der Transportalternativen sind über das gesamte Netz auszudehnen und für jedes System, bezogen auf alle Strecken, durchzuführen. Zur Ermittlung der Effektivität alternativer Verkehrssysteme und Verkehrsinvestitionen kann auf jeder einzelnen Stufe eine Rangfolge aus der Sicht der Benutzer, der Betreiber oder der sozialen Umwelt für die Alternativen ermittelt werden, um die Leistungsverschiebungen und Suboptimierungen rechtzeitig zu erkennen.

(20) Hierzu besteht zunächst die Möglichkeit, eine Rangfolge der Systeme aufgrund von Effektivitätsindices zu ermitteln. Diese Rangfolgenermittlung kann für jede Gruppe einzeln und über alle Gruppen gemeinsam geschehen.

(21) Ein weiterer Schritt zur Rangfolgenbestimmung der Optimalität der Systemalternativen stellt eine Abstufung der Alternativen nach Effektivitätskriterien im Verhältnis zu den Systemkosten dar.

(22) Ferner werden Analysen über die Leistungsverschiebung und Sensitivitätstests zur Verbesserung der Entscheidung und zur Überprüfung der Unsicherheiten vorgeschlagen. Je größer die Unsicherheiten bei der Festlegung der Leistungsmaße für die Bewertungskriterien sind und je wichtiger bestimmte Attribute bei der Gewichtung eingeschätzt werden - entweder durch die betroffenen Gruppen oder durch die Modellhypothesen - desto wichtiger wird eine Sensitivitätsanalyse, wodurch die Auswirkung von Unsicherheiten auf die Wahl der Alternativen eingegrenzt wird.

Die RAND-Studie konzentriert sich hauptsächlich auf die Analyse der primären oder direkten Effekte von Verkehrsalternativen. Sie liefert ausschließlich Aussagen über die Verkehrswertigkeit auf Strecken, d.h. sie beschreibt die Verbindungsqualität zwischen zwei Verkehrsknoten eines Verkehrsnetzes und zwar für jedes einzelne Verkehrsmittel und für das gesamte Verkehrsangebot auf dieser Strecke und setzt dieses Verkehrsangebot der Verkehrsnachfrage in diesen Knoten gegenüber. Dabei wird die Qualitätsstruktur der Nachfrage in ihren Grundzügen erfaßt, aber Reise- und Transportdistanzen, die für die individuelle Nachfrage unterschiedlich sind, werden nicht berücksichtigt. Dieser Schritt wäre nur über eine Netzanalyse durchführbar, für die die RAND-Studie lediglich einige Denkanstöße gibt und eine mögliche Struktur einer derartigen Analyse nur skizziert.

Der methodische Ansatz geht von der Formulierung globaler Ziele aus, die in die Wirkungsbereiche Benutzer, Anbieter und soziale Umwelt unterteilt werden. Schon die Ableitung der globalen Ziele wirft das Problem der Festlegung dieser Zielgrößen und die Frage nach dem Zielsetzenden auf. Auf diese Problematik wird nicht eingegangen. Die Trennung des Wirkungsbereiches einer Verkehrsalternative in die Ziel- bzw. Wirkungsgruppen Benutzer, Anbieter und soziale Umwelt erfordert die Formulierung von Zielsystemen für jeden dieser Bereiche. Die Zurechenbarkeit der einzelnen Wirkungskomponenten zu den Wirkungsbereichen wird mit dem Problem der Objektivierung der einzelnen Wirkungsbereiche verbunden und wirft die Frage nach der Zulässigkeit der Doppelzählung einzelner Wirkungskomponenten durch die Ansiedlung in mehreren Wirkungsbereichen auf. Durch die Formulierung unterschiedlicher Zielfunktionen unter Nebenbedingungen wie z.B. die Maximierung der Zielerreichung im Wirkungsbereich Benutzer unter der Bedingung, daß für Anbieter und soziale Umwelt ein Minimumstandard an Zielerreichung beibehalten wird, wird das Problem der Doppelzählung einzelner Wirkungskomponenten auf ein Problem der Interdependenz der Wirkungsbereiche eingegrenzt. Wie schon die Formulierung der globalen Ziele ist auch die Erstellung der Zielhierarchie für die einzelnen Wirkungsbereiche dem Einfluß des Entscheidenden ausgesetzt.

Für den Bewertungsprozeß zeigt die RAND-Studie eine Reihe von Bewertungsmöglichkeiten auf, deren Aussagekraft und Anwendungsbereiche nicht diskutiert werden. Für ein "komplettes Bewertungsverfahren" wird eine Nutzwertanalyse bzw. Kosten-Nutzen-Analyse vorgeschlagen. Hierbei treten wiederum die Frage der Transformation physischer Meßwerte in vergleichbare Werte und die Frage der Gewichtung der einzelnen Wirkungskomponenten auf. Der Vorschlag zur Anwendung von Iso-Präferenzkurven und Iso-Budgetlinien ist theoretisch bestechend. Fraglich ist jedoch, inwieweit die "trade-offs" zwischen den einzelnen Wirkungskomponenten tatsächlich und vollkommen ermittelt werden können. Unterstellt man, daß diese Substitutionsbeziehungen für ein Individuum widerspruchsfrei erstellbar sind, so muß die Möglichkeit der Feststellung dieser Indifferenzkurven für eine Gruppe wegen der Schwierigkeiten des interpersonellen Nutzenvergleichs bezweifelt werden. Auch der Vorschlag, die Wirkungskomponenten auf "realistische Bereiche" zu beschränken, ist problematisch, da hierdurch bestimmte Präferenzen oder Restriktionen ausgeschlossen werden, sobald sie die Grenze dieser festgelegten "realistischen Bereiche" überschreiten. Extremwerte sowohl in den Präferenzen der durch die Verkehrsalternative tangierten Bereiche als auch in den technischen Möglichkeiten werden so aus der Betrachtung ausgeschlossen.

Obwohl der methodische Rahmen der RAND-Studie kein konsistentes Bewertungssystem aufzeigt, sind die empirischen Untersuchungen, die mit Hilfe des "kompletten Bewertungsverfahrens" für die Streckenanalyse im "mix-of-modes" ermittelt worden sind, zu recht realitätsnahen Ergebnissen gekommen. Dies läßt den Schluß zu, daß der beschrittene Lösungsweg ein brauchbarer Ansatz zur Bestimmung der Qualität von Verkehrsrelationen in bezug auf die Nachfragestruktur nach Verkehrsleistungen ist.

Dieser Ansatz wird in der folgenden CONSAD-Studie nicht wieder aufgegriffen, sondern man versucht, die Problematik der Bewertung von Verkehrsinvestitionen über Erfassung der indirekten Effekte, die von einer Veränderung des Transportnetzes ausgehen, zu lösen. Es stehen die Effekte auf Wirtschaftsstruktur,

Bevölkerungsverteilung und regionale Attraktivitäten im Zentrum der Analyse.

M) DAS BEWERTUNGSKONZEPT DER CONSAD RESEARCH CORPORATION

Im Rahmen des Northeast Corridor Transportation Project des U.S. Department of Transportation wurde die Studie von CONSAD mit dem Ziel der Evaluierung der indirekten Effekte der Veränderung eines Transportnetzes erstellt.[200)]

Soweit wie möglich sollen ökonomische, physikalische und soziale Effekte der alternativen Verkehrseinrichtungen auf die Umgebung der Verkehrseinrichtungen und ihre zugehörigen Regionen erfaßt werden. Basis der Analyse der Auswirkung von Verkehrsalternativen ist die genaue Beschreibung der zu untersuchenden Region in struktureller, ökonomischer und demographischer Hinsicht. Auch ihre relative Bedeutung innerhalb der gesamten Volkswirtschaft und ihr Entwicklungstrend zählen zu den benötigten Ausgangsdaten. Die Auslegung des Transportnetzes und die daraus folgenden Reibungsverluste für die Entwicklung einer Region sind kaum durch eine allgemeine Beschreibung von Aktivitätsniveaus zu bestimmen. Hier spielen eine Reihe von Faktoren zusammen, wie die Dichte der Aktivitäten im Raum, die räumliche Verteilung der Städte und Agglomerationen, die Ressourcen und der Wohlstand in Industrie und Bevölkerung etc.. Die Intensität des Verkehrs zwischen den urbanisierten Regionen eines Gesamtraums und die Kommunikationsaktivitäten sind die Quelle für das Interaktionspotential. Die dadurch hervorgerufene Ballung fordert die Verbesserung des Verkehrssystems als einen Ausweg aus einem drohenden Chaos.

Eine Alternative zu der sich verstärkenden Agglomeration stellt die regionale Dezentralisation dar, die sich jedoch auf die Wachstumsraten von Einkommen und Wohlfahrt auswirkt; denn - so wird behauptet - Agglomerationen und verstärkte Ballungen sind sowohl Ursachen als auch Wirkungen von Wachstum und Entwicklung einer Region. Dezentralisation bedeutete demnach eine Verminderung der Wachstumschancen und scheint ein nur langsam in Gang zu bringender Prozeß zu sein.

Eine Zielsetzung des CONSAD-Projektes ist die Erklärung der Struktur der sich entwickelnden Nachfrage und des Regionscharakters und deren Rückwirkungen auf die Entwicklung des Gesamtraumes. Unter der Voraussetzung, daß diese Interaktionen und Rückwirkungsmechanismen bekannt sind, können jeder regionalen Verteilung von Aktivitäten und jedem Verkehrsnetz eine definierte Zahl an direkten und indirekten Kosten und Nutzen für die Benutzer, die Betreiber, den gesamten Untersuchungsraum sowie seine Regionen zugewiesen werden.

Die CONSAD-Studie versucht also, mit analytischen Methoden zu erklären, wie sich Bevölkerung, Unternehmen, Konsum, Investition, Wohnen und Arbeiten unter alternativen Intercityverkehrsmöglichkeiten und Anbindungssystemen im Raum verteilen. Hierbei steht die Schätzung der Auswirkungen eines jeden möglichen Verkehrssystems auf die geplanten Niveaus und Strukturen von Wirtschaft und Bevölkerung und deren Rückwirkungen auf die Verkehrsnachfrage, die ihrerseits Verkehrsaktivitäten hervorbringt, im Vordergrund. Es handelt sich also um ein Modell der Vorausschätzung der sozio-ökonomischen Entwicklung eines Raumes unter Einwirkung alternativer Verkehrsinvestitionen. Hierdurch sind gleichzeitig die Fragen nach dem Stellenwert alternativer Verkehrssysteme, der Prognose der Verkehrsnachfrage für Güter und Personen, der Auswirkungen neuer Verkehrsströme auf die übrigen Netzteile und der Gesamtbewertung einer solchen Investition aufgeworfen.

Wie aus dem folgenden Schaubild hervorgeht, ähnelt das Vorgehen der CONSAD-Studie der derivativen Methode zur Ermittlung der regionalen Auswirkungen alternativer Verkehrsinvestitionen. Dabei werden zunächst über ein ökonometrisches Modell die Auswirkungen einer Verkehrsinvestition als Verbesserung oder Ergänzung eines Verkehrssystems für den gesamten Raum ermittelt. Input-Output-Analysen versuchen, die Veränderung der inter-

ABB. 28: BEZIEHUNG DER PROJEKTAUFGABEN UND DARSTELLUNG DES LOGISCHEN GEDANKENGANGES DES "NORTHEAST CORRIDOR TRANSPORTATION" PROJEKTS

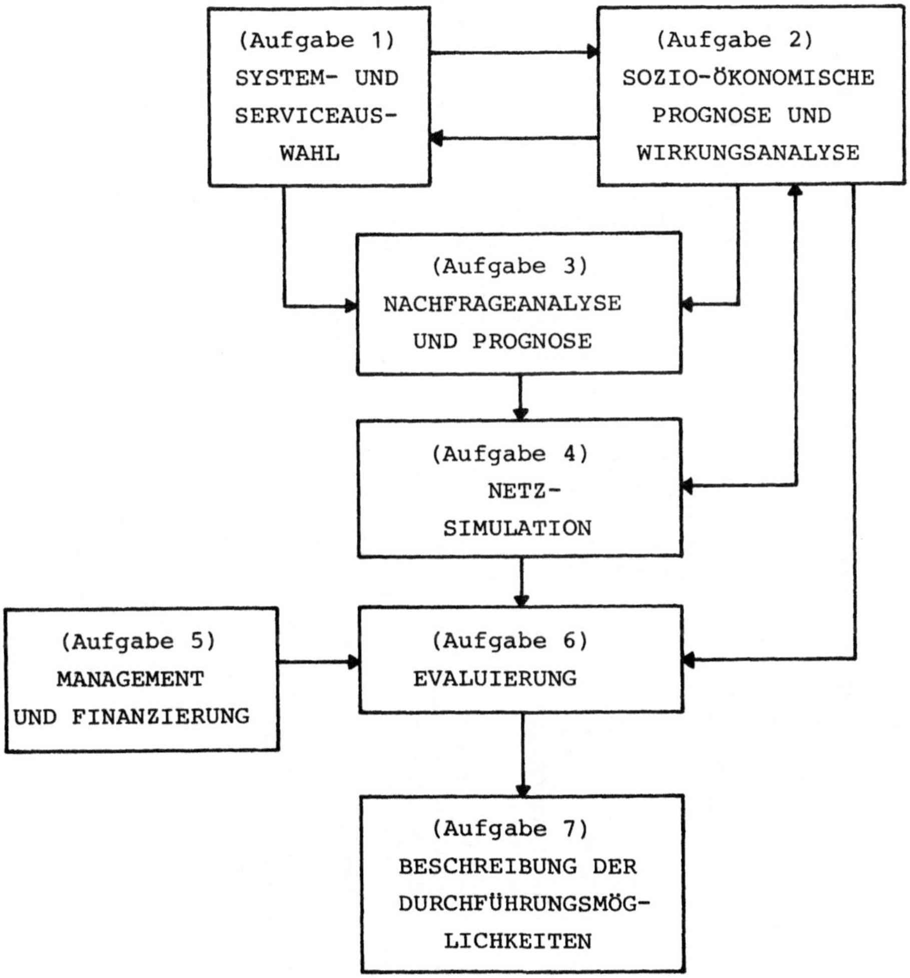

Quelle: CONSAD Research Corporation: Vol. I, a.a.O., S. 9

ABB. 29: LOGISCHE SEQUENZ DER WIRKUNGSMESSUNG

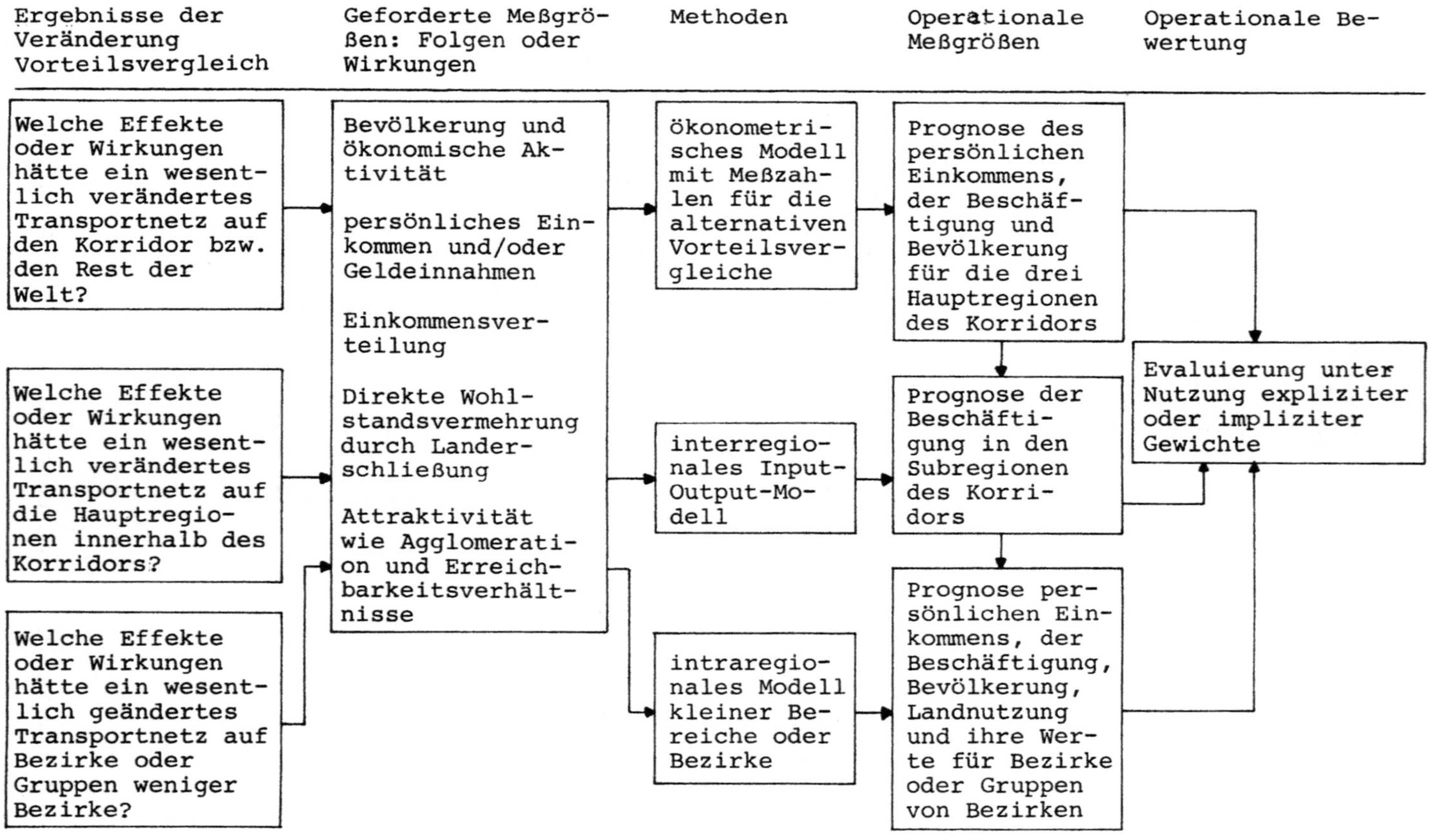

Quelle: CONSAD Research Corporation: Vol. I, a.a.O., S. 27

regionalen Austauschverhältnisse und damit die regionalen Auswirkungen der Verkehrsinvestition zu erfassen. Eine dritte Ebene lokalisiert die Auswirkungen der Verkehrsinvestition räumlich so detailliert, daß Aussagen über die örtlichen Effekte möglich sind. Dadurch ist gewährleistet, daß weder Informationen über die Effekte der alternativen Verkehrsinvestitionen auf die Gesamtwirtschaft noch auf die lokalen Gegebenheiten verloren gehen und diese Informationen in die Bewertung der alternativen Konzepte eingebracht werden können.

Das Modell-System der Analyse der Effekte einer Verkehrsinvestition ist somit in drei Kategorien einzuteilen, einer makroökonomisch-ökonometrischen Modellkonzeption, einer interregionalen Modellkonzeption zur Klärung der regionalen Beziehungen und einem intraregionalen Modell, das die lokalen Effekte erfaßt. Diese Modellkonstruktionen setzen jedoch die Definition der relevanten Effekte und Konsequenzen einer Verkehrsinvestition voraus. Theoretisch läßt sich eine Vielzahl von Kriterien zur Messung der Effekte einer Verkehrsinvestition erstellen, jedoch erscheint es den Verfassern der CONSAD-Studie unmöglich, für ein makroökonomisches Gebilde alle denkbaren relevanten Ziele und Kriterien zu spezifizieren. Auch die Maximierung der Information scheint kein Ausweg zu sein, da eine kaum übersehbare Zahl von Kriterien das Resultat wäre. Eine Beschränkung auf relevante Effekte ist daher unabdingbar.[201)]

Die für die Bearbeitungsgruppe der CONSAD-Studie relevanten Effekte sind aus Abb. 30 zu entnehmen, für die auf den drei Untersuchungsebenen unterschiedliche Methoden zu ihrer Quantifizierung angewandt werden.

Der erste Teil dieses Analysekonzepts stellt ein multisektorales, makroökonomisches Modell dar, das Aussagen über
(1) den Bruttoproduktionswert der Industrie,
(2) das Bruttosozialprodukt von der Verwendungsseite,
(3) die Beschäftigung in jedem Industriesektor,

ABB. 30: ANALYTISCHE METHODEN (ODER MODELLTYPEN), UNTERTEILT NACH GEBIETS- UND WIRKUNGSKATEGORIEN

Wirkungen oder Konsequenzen	Gebietsvergleiche		
	Korridor versus Rest der Welt	Hauptregionen innerhalbs des Korridors (multi-regional)	Regionen innerhalb des Korridors (Bezirke oder Oberdistrikte)
Beschäftigung und Bevölkerung	ökonometrisches Korridormodell mit Meßgrößen für veränderte Vergleichsvorteile des Korridors	Interregionales, interindustrielles Modell; Korridor-Hauptprogramm	Intraregionales Korridor-Modell; Bezirke und Bezirksgruppen
persönliches Einkommen und Geldeinnahmen	ökonometrisches Korridormodell mit Meßgrößen für veränderte Vergleichsvorteile des Korridors	Interregionales, interindustrielles Modell; Korridor-Hauptprogramm	Intraregionales Korridor-Modell; Bezirke und Bezirksgruppen
direkte Wohlstandsvermehrung durch Landerschließung		$\sum$ Intraregionale Modellergebnisse	Intraregionales Korridor-Modell; Bezirke und Bezirksgruppen
Einkommensverteilung		Interregionale und intraregionale Modelle	Intraregionales Korridor-Modell; Bezirke und Bezirksgruppen
Attraktivität einschließlich Erreichbarkeitsverhältnisse		$\sum$ Intraregionale Modellergebnisse	Intraregionales Korridor-Modell; Bezirke und Bezirksgruppen
Bodennutzung		$\sum$ Intraregionale Modellergebnisse	Intraregionales Korridor-Modell; Bezirke und Bezirksgruppen

Quelle: CONSAD Research Corporation: Vol.I, a.a.O., S. 47

(4) die jährliche Lohnentwicklung für jede Beschäftigungsart,

(5) das persönliche Einkommen, das "Nichtlohneinkommen" wie Einkommen aus sonstiger Arbeit, Transferzahlungen, Einkommen aus Vermögen und Versicherungen und

(6) die gesamte Bevölkerungsentwicklung

liefert. Dieses Modell muß seinerseits jedoch einen gewissen Grad an Sensitivität zum Transportsektor aufweisen. Dies geschieht durch eine explizite Einführung der Gesamtveränderungen im Verkehrsnetz und die daraus folgenden Veränderungen der Beziehungen des gesamten Untersuchungsraumes zu den umliegenden Räumen. Die Einbeziehung dieser Sensitivität des makroökonomischen Modells auf Verkehrsinvestitionen wird über die Bestimmung des Potentials des Untersuchungsraumes erreicht. Dieser Potentialbegriff stellt ein Maß für die gesamtwirtschaftlich-komparativen Vorteile eines Raumes zu den übrigen Räumen des Untersuchungsgebiets dar. Von entscheidender Bedeutung sind dabei die Frage nach den physischen Kommunikationsströmen, ihren Transportwegen und die Frage nach den Kommunikationspartnern. Als Maß für das Potential einer Region wird folgender Ausdruck vorgeschlagen:

$$(91)\quad P_{mi} = \sum_{n} [(E_{ni} + \sum_{j} x_j E_{nj} + x_h H_{nh}) / q_{mn}]$$

wobei

P_{mi} := Potential der Region m an Aktivität i

E_{ni} := Beschäftigte des Typs i in der Region n

H_{nh} := Bevölkerung des Typs h in der Region n

q_{mn} := Eingangsimpedanz der Verkehrsnetze zwischen den Regionen m und n

x_j, x_h := Outputkoeffizienten der einzelnen Sektoren, abgeleitet aus der gesamtwirtschaftlichen Input-Output-Tabelle

bedeuten.[202]

Der Koeffizient des Strömunsgwiderstandes q_{mn} kennzeichnet dabei den Einfluß der Verkehrsinvestition auf die makroökonomischen Größen.

Das interregionale Modell auf der Basis der Input-Output-Analyse ist seinerseits in drei Aktivitätssphären unterteilt: Produktion, Verwendung und primäre Inputs. Das Hauptgewicht wird hierbei auf die Zwischenproduktion gelegt, wodurch die industrielle Verflechtung im Raum aufgedeckt werden soll. Endnachfrage und primäre Inputs behandelt das Modell nicht endogen, sondern diese Größen werden exogen geschätzt und in die Berechnung eingebracht. Auch die Charakteristika des zukünftigen Transportnetzes sind exogen vorgegebene Größen. Auf dieser Basis werden Produktion und Konsum für eine Auswahl von Gütergruppen prognostiziert und auf die einzelnen Regionen des Untersuchungsraumes verteilt. Simultan ergeben sich aus diesen Größen die Güterströme zwischen den einzelnen Regionen. Als Ergebnisse dieses Modells sind festzuhalten:

(1) die Gesamtproduktion einer jeden Gütergruppe oder eines jeden Industriesektors in jeder Subregion,
(2) der Gesamtkonsum einer jeden Gütergruppe in jeder Subregion und
(3) eine Matrix der Transporte einer jeden Gütergruppe zwischen allen Regionen.

Diese interregionale Input-Output-Analyse, die für jeden Zeitpunkt innerhalb des relevanten Zeithorizontes zu erstellen ist, ist mehr ein allokatives Modell als ein Modell, das Entwicklungsprozesse beschreibt. Die Analyse des Entwicklungsprozesses ist dem gesamtwirtschaftlich-ökonometrischen Modell vorbehalten, dessen Ergebnisse die zu schätzenden Inputs des interregionalen Modells dominieren.

Die intraregionale Analyse der Auswirkungen einer Verkehrsinvestition soll selbst geringe Änderungen im Gesamtnetz eines Verkehrssystems an der lokalen Basis dieser Veränderungen messen. Dieses Modell liefert auf räumliche Einheiten lokalisierte Projektionen von Beschäftigungs-, Einkommens-, Bevölkerungs- und Bodennutzungsänderungen. Es spezifiziert die mikroökonomischen Auswirkungen einer Verkehrsinvestition. Das Modell unterteilt die Beschäftigten z.B. in drei Klassen, die die Affinität zu Verkehrseinrichtungen für die Beschäftigungsarten widerspiegeln sollen, was jedoch nicht konsequent durchgehalten werden konnte. Die Einkommensentwicklung der Gebietseinheiten wird aus dem interregionalen Modell abgeleitet. Die Auswirkung auf die Bevölkerung wird durch das Arbeitsplatzangebot bestimmt, das von den lokalen Attraktivitäten für Arbeitsplätze abhängt. Die Veränderungen der Bodennutzung werden durch die Quantitäten der diversen lokalen Aktivitäten funktional beschrieben, wobei hier zwischen Wohnen, Handel, Industrie, öffentlichen und halböffentlichen Aktivitäten unterschieden wird.

Für die Evaluierung unterschiedlicher Transportinvestitionen wird als allgemeiner Rahmen eine Wohlfahrtsfunktion vorgeschlagen.[203] Zur Wahl der besten Alternative sind Kriterien zu spezifizieren.

Eine zusammenfassende Beschreibung der Effekte von Verkehrsinvestitionen muß prinzipiell in der Lage sein, verzögerte Effekte zu erfassen. Werden die Effekte über einen Zeithorizont erfaßt, so sollte die Funktion, die diese Effekte beschreibt, auch die Möglichkeit des Einsatzes weiterer Verkehrsinvestitionen innerhalb dieser Zeitperiode zulassen und deren Effekte in Verbindung mit der vorhergehenden Investition ausweisen. Fünf grundsätzliche Überlegungen bezieht die CONSAD-Studie in die regionale Nutzenfunktion für ein jedes Transportsystem ein:

(1) Festlegung der Auswirkungstypen des jeweiligen Transportsystems,
(2) Schätzung der Intensität dieser Auswirkungen,
(3) Bestimmung der durch die Auswirkungen betroffenen Gruppen,
(4) Festlegung des Zeithorizontes, in dem die Auswirkungen auftreten und
(5) Bestimmung des Kapitalaufwandes für das Transportsystem.

Die ersten vier Punkte setzen die Existenz einer Wohlfahrtsfunktion zur Zusammenfassung aller dieser Effekte voraus, die

die durch einen einigermaßen komplizierten Satz von Gewichtungen in bezug auf die Auswirkungsintensitätsmaße definiert werden kann. Aus Konsistenzgründen muß der Kapitaleinsatz über einen Gewichtungsfaktor von Geldeinheiten in Nutzeneinheiten transformiert werden. Setzt man voraus, daß alle Gewichtungsfaktoren sowohl für die Nutzenelemente der Wohlfahrtsfunktion als auch für die Geldeinheiten bekannt sind, so kann als Kriterium für die Auswahl der besten Alternative das Maximum der folgenden Funktion angesehen werden:[204)]

(92) $V = \sum_k [V(t_k) - w \cdot c(t_k)] \rightarrow \max!$

mit

k := Index des betreffenden Projektes

t_k := Zeitperiode der Durchführung des Projektes k

$c(t_k)$:= Kapitalkosten zur Durchführung des Projektes k über die Zeitperiode t_k

w := Gewichtungsfaktor für die Kapitalkosten

$V(t_k)$ stellt hierbei die Wohlfahrtsfunktion dar, die sich aus folgenden Elementen zusammensetzt:

(93) $V(t_k) = v(i,e,j,s) \cdot [e^s_{ij}(t_k) + \sum_i b^s_{ij}(t_k,t_l)]$

mit

i := Index des Auswirkungstyps

j := Index einer Gruppe der Gesellschaft

e := Intensität einer Auswirkung

s := Index einer Zeitperiode, während der die Auswirkungen auftreten

k,l := Index eines gegebenen Projektes

$e^s_{ij}(t_k)$:= Intensität der Auswirkung i während der Zeitperiode s auf die Gesellschaftsgruppe j, ausgelöst durch die Durchführung des Projekts k während der Zeitperiode t_k

$b^{s}_{ij}(t_k,t_l)$:= Intensität der Auswirkung i während der Zeitperiode s auf die Gesellschaftsgruppe j, bedingt durch die gleichzeitige Durchführung des Projektes k innerhalb der Zeitperiode t_k und des Projektes l während der Zeitperiode t_l.

Für die Ermittlung der Gewichtungsfaktoren und der Auswirkungszeit einer Maßnahme werden keine konkreten Angaben gemacht. Für diese Probleme wird auf die entsprechende Literatur verwiesen. Ferner sei die Verteilung von Gewichten ein politischer Akt und entziehe sich daher einer wissenschaftlichen Analyse. Als Information für den Politiker wird von wissenschaftlicher Seite auf Aussagen von Sensitivitätsanalysen verwiesen, die zeigen, in welchen Abhängigkeitsverhältnissen die einzelnen Systemelemente stehen, welche Substitutionsverhältnisse und Komplementaritätsbedingungen innerhalb eines Auswirkungsspektrums existieren.

Das Untersuchungsziel der CONSAD-Studie ist auf die Bestimmung der räumlichen Differenzierungseffekte von Verkehrsinvestitionen gerichtet. Diese sozio-ökonomische Analyse wird auf drei Ebenen durchgeführt, der globalen, der interregionalen und der lokalen. Das ökonometrische Modell zur Kennzeichnung der globalen Entwicklung beinhaltet den Verkehrssektor nicht. Für die innere Struktur des Gesamtraumes spielt der Verkehr auf dieser Ebene keine Rolle. Die explizite Einführung einer Potentialfunktion, die die Veränderungen im Verkehrssektor beinhaltet, zeigt lediglich die Veränderung der Position des Untersuchungsraumes zu den umliegenden Räumen auf. Diese Potentialfunktion kennzeichnet den Attraktivitätsgewinn bzw. Attraktivitätsverlust des gesamten Untersuchungsraumes gegenüber allen anderen Räumen. Hier erhebt sich die Frage, im Vergleich zu welchen Räumen die Attraktivitätsveränderung des Untersuchungsraumes gemessen werden soll. Dies ist eine Frage der Definition der relevanten Beziehungsräume zum Untersuchungsraum. Auswahlkriterien für diesen Definitionsbereich liefert die Studie nicht.

Auf der interregionalen Ebene wird die Input-Output-Analyse als Instrument zur Erfassung der Auswirkungen von Verkehrsalternativen eingesetzt. Die fixen Input-Output-Koeffizienten, mit denen das hier konzipierte Analyseinstrument arbeitet, lassen nur beschränkte Aussagen über relativ kurze Zeiträume zu. Veränderungen der Input-Output-Relationen, die aufgrund verbesserter Verkehrsbedingungen eintreten, werden so ex definitione aus der Analyse ausgeschlossen.

Die intraregionale oder lokale Analyse hingegen ermittelt die Auswirkungen der Attraktivitätsveränderungen durch Verkehrsinvestitionen auf mikroökonomischer Basis. Die Aussagen sind hier sehr detailliert und weit eher den Verkehrsinvestitionen zuzuordnen,als dies im makroökonomisch-ökonometrischen Modell und der interregionalen Input-Output-Analyse möglich ist.

Als allgemeiner Rahmen zur Evaluierung alternativer Transportinvestitionen wird ein Kosten-Nutzen-Ansatz vorgeschlagen, der zum einen eine Wohlfahrtsfunktion enthält und zum anderen die Kapitalkosten der Durchführung der einzelnen Projekte. Die Festlegung der Auswirkungstypen der jeweiligen Transportsysteme erscheint ein durchführbarer Schritt für die Konkretisierung der Wohlfahrtsfunktion. Auch die Bestimmung der durch die Auswirkungen betroffenen Gruppen und die Ermittlung des Kapitalaufwandes für die Durchführung des Projektes sind realisierbare Komponenten des Bewertungsansatzes. Hingegen erscheint die Schätzung der Intensität der Auswirkungen und die Bestimmung des Zeithorizontes, über den diese Auswirkungen auftreten, ein sehr schwieriges Unterfangen zu sein. Hierfür gibt es keine allgemein gültigen Anhaltspunkte, sondern sowohl die Intensität als auch der Zeithorizont, über den die Auswirkungen einer Verkehrsinvestition auftreten, sind sicherlich weitgehend von regionalen Determinanten abhängig, wodurch für jede Investitionsalternative individuelle Größen für diesen Bereich ermittelt werden müssen. Im übrigen gilt für den Ansatz der CONSAD-Studie die Kritik der Kosten-Nutzen-Analyse bezüglich der Diskontierungsraten, Gewichtungsfaktoren und der Monetarisierbarkeit der nur qualitativ erfaßbaren Komponenten.

Die ökonomische Formulierung einer makroökonomischen Analyse der Auswirkungen einer Verkehrsinvestition stellt das folgende Modell von KRESGE und ROBERTS dar, das sowohl die gesamtwirtschaftlichen als auch regionalwirtschaftlichen Effekte zu ermitteln sucht. Über ein explizites Transportmodell in topographischer Ausgestaltung werden die Effekte ermittelt, die in ein gesamtwirtschaftliches Simulationsmodell als Inputs eingebracht und dessen Ergebnisse wiederum im Transportmodell verarbeitet werden.

N) DAS HARVARD-MODELL[205)]

Unter der Hypothese, daß die wirtschaftliche Entwicklung eines Landes sehr eng an den Transportsektor gebunden ist, fordern ROBERTS und KRESGE, die Planung des Transportsektors zur Steigerung ihrer Effizienz in die allgemeine Entwicklungsplanung zu integrieren.[206)] Zur Klärung des Zusammenwirkens der Wirtschaft eines unterentwickelten Landes und eines Transportsystems wurden im Rahmen eines Forschungsprogrammes ein makroökonomisches Modell und ein Transportmodell entwickelt. Ziel des makroökonomischen Modells ist die Prognose der Nachfrage, des Produktionsniveaus und des Einkommens der einzelnen Regionen eines Landes für jedes zu prognostizierende Jahr. Das Transportmodell ist auf die Bestimmung der Märkte, der Verteilung und des Flusses der Güterströme gerichtet und ordnet diese Güterströme den Verbindungen innerhalb eines Netzwerkes zu, wodurch die tatsächlichen oder unterstellten individuellen Transportbedürfnisse des Landes oder der Region repräsentiert werden. Die Charakteristika eines Transportsystems werden so erfaßt und berechnet, und diese Ergebnisse werden dann in einem feed-back zu den makroökonomischen Größen in Proportion gebracht, so daß die Interaktionen für die folgenden Zeitperioden errechnet werden können. Es wird also versucht, ein makroökonomisches Modell mit einem detaillierten Simulationsmodell des Transportsystems für mehrere Perioden zu kombinieren, so daß alternative Entwicklungsstrategien, Preispolitiken und Investitionspläne verglichen und bewertet werden können.

Die Konkretisierung jedes makroökonomischen Modells ist überwiegend bestimmt durch den Zweck, zu dem es benutzt werden soll. In der Regel wird von einem makroökonomischen Modell die Beschreibung der Wirtschaft unter der relevanten Fragestellung erwartet, wobei gerade die Größen in den Vordergrund rücken, die den Politiker für seine Entscheidungsfindung interessieren. Zahl und Art der interessierenden makroökonomischen Größen werden von Region zu Region, von Fragestellung zu Fragestellung variieren, wobei jedoch zumeist Einkommen, Konsum, Investition, Bruttosozialprodukt, Handelsbilanz und dergleichen von Interesse sind.[207)] Unter der Zielsetzung der ökonomischen Planung zur Lenkung der wirtschaftlichen Entwicklung muß ein Modell in der Lage sein, die Effekte unterschiedlicher Politiken aufzuzeigen und somit eine direkte oder indirekte Kontrolle der politischen Aktionen ermöglichen.

Der allgemeine analytische Rahmen des makroökonomischen Modells wird durch die folgende vereinfachte Struktur dargestellt (vgl. dazu Abb. 31). Die empirische Anfüllung des Modells erfordert die Formulierung von Verhaltensgleichungen, definiert für unterschiedliche Situationen. Diese notwendigen Situationsanpassungen können in der Regel durch die Veränderung der relevanten Parameter erreicht werden. Die Hauptgruppen des makroökonomischen Simulationsmodells sind:

(1) die gesamte Nachfrage,
(2) die industrielle Produktion,
(3) das Einkommen und
(4) die Preise.

Über eine Input-Output-Tabelle wird über die gesamte Nachfrage eines jeden Sektors die notwendige industrielle Produktion ermittelt. Aus dem geschätzten Niveau der industriellen Produktion resultiert gleichzeitig die Verteilung des Einkommens. Die Löhne können aus dem industriellen Output ermittelt werden, die Gewinne sind eine Funktion der geschätzten Einnahmen und Kosten, und die Steuern hängen von den Outputs, den Löhnen und den Gewinnen ab. Aus diesen Annahmen kann das persönliche verfügbare Einkommen und das freigesetzte Kapital der Unternehmen ermittelt werden. Da unterstellt werden kann, daß die Preise der künftigen Periode in erster Linie durch die Produk-

ABB. 31: VEREINFACHTE STRUKTUR DES MAKROÖKONOMISCHEN MODELLS DER HARVARD STUDIE

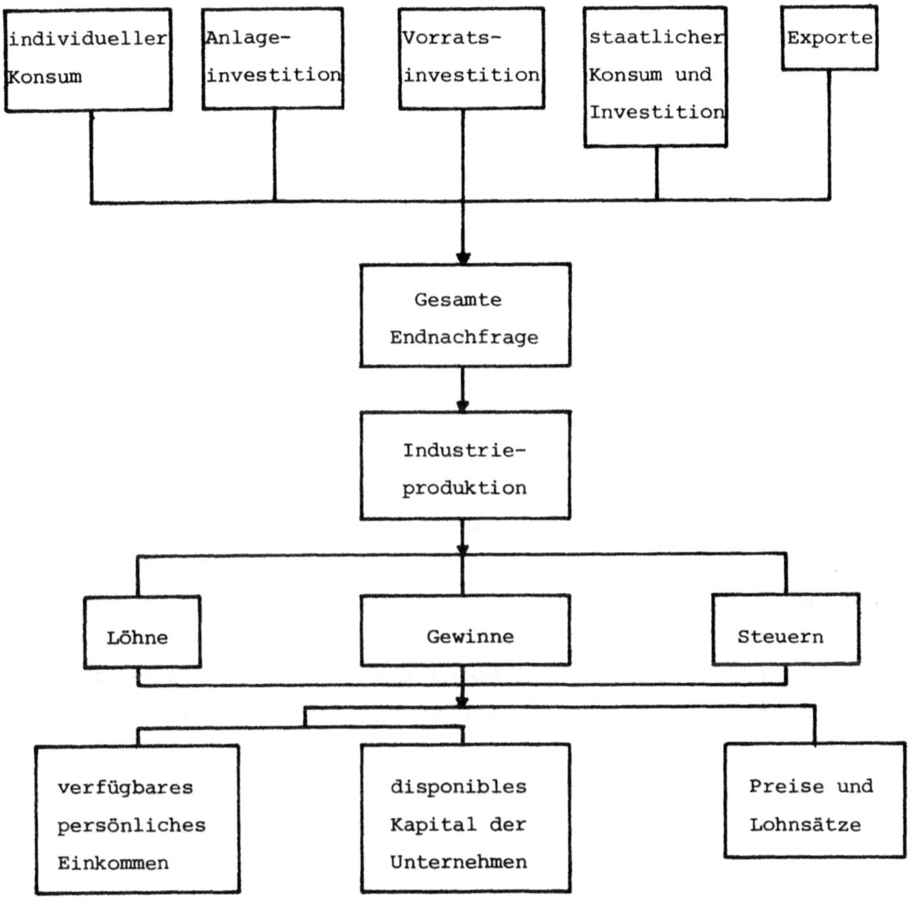

<u>Quelle</u>: HARVARD UNIVERSITY: An Analysis of Investment ..., Vol. I, a.a.O., S. 53.

tionskosten der laufenden Periode bestimmt sind, Lohnforderungen unmittelbar von den Lebenshaltungskosten abhängen und somit eine Funktion der Inflationsrate sind, können Output, Einkommen und Lohnraten unter Hinzuziehung bestimmter exogener Variablen für die nächste Periode simuliert werden. Diese exogenen Variablen könnten beispielsweise durch Veränderungen im politischen Gefüge, durch Modifikationen oder den Einsatz spezieller politischer Instrumente bestimmt sein.

Da dieses Modell für Entwicklungsländer konzipiert ist, scheint die Einbeziehung der Importrestriktion aufgrund von Handelsbilanzschwierigkeiten der Entwicklungsländer eine wichtige Randbedingung zu sein, die in das Modell eingebracht werden muß. Diese Importrestriktionen wirken sich unmittelbar auf die Struktur und Zusammensetzung der Gesamtnachfrage und somit auch auf die industrielle Produktion aus, sobald die Nachfrage nach importierten Gütern über den Importquoten liegt. Da das Modell Planungszwecken dienen soll, ist es unumgänglich, das Modell auf regionaler Basis zu disaggregieren. Hauptsächlich für den Planungssektor ist die Disaggregation von hohem Interesse, da die Probleme der regionalen Entwicklung zumeist ebenso dringend wie die auf nationaler Ebene sind. Die Struktur des makroökonomischen Modells auf regionaler Ebene unter Berücksichtigung von Importrestriktionen wird durch Abb. 32 dargestellt.

Das makroökonomische Simulationsmodell teilt zunächst die Wirtschaft in l Sektoren und n Regionen ein und errechnet die problemadäquaten Daten zu t Zeitperioden. Folgende Hauptverhaltensgleichungen liegen dem Modell zugrunde:[208)]

Ausgaben für den individuellen Konsum

Die gesamten Ausgaben für Konsum in laufenden Preisen sind abhängig von dem verfügbaren Einkommen der vorhergehenden Periode und zwar in einer Weise, daß sich die Gesamtausgaben zusammensetzen aus einem Basiskonsumanteil aus dem verfügbaren Einkommen der Vorperiode und einem Anpassungsterm der Konsumenten an die Inflation, durch den die restlichen Konsumausgaben be-

ABB. 32: STRUKTUR DES MAKROÖKONOMISCHEN MODELLS DER HARVARD-STUDIE AUF REGIONALER BASIS

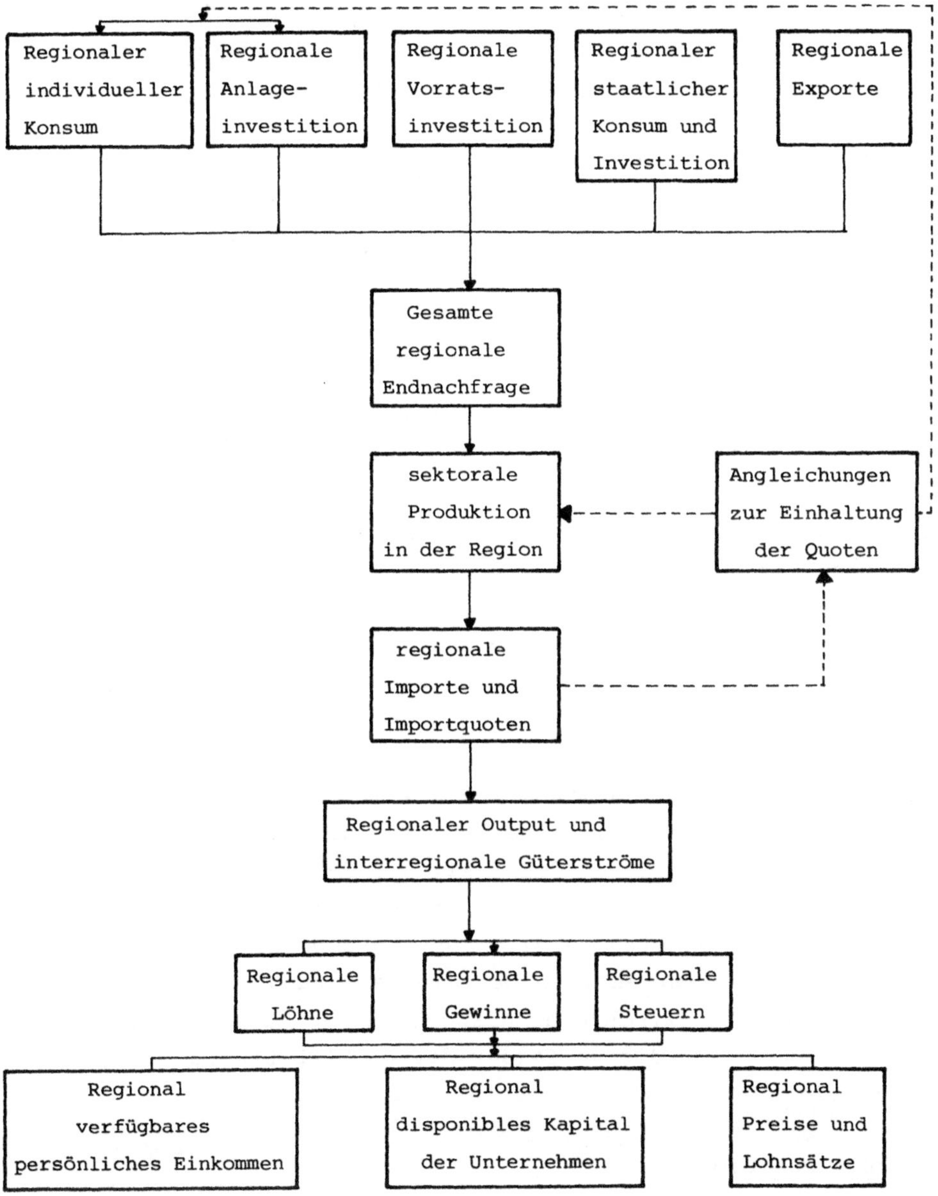

Quelle: HARVARD UNIVERSITY: An Analysis of Investment ..., Vol. I, a.a.O., S. 56

stimmt sind. Innerhalb des Simulationsmodells sind in den Verhaltensgleichungen sämtliche Parameter zwar konstant, können jedoch für jeden Rechengang, d.h. also für jedes Jahr, verändert werden. Die Veränderungen müssen jedoch exogen vorgegeben werden und sind nicht aus dem System ableitbar.

Die Verteilung der Nachfrage auf die einzelnen Gütergruppen unter Berücksichtigung der Preise ergibt die Nachfrage der einzelnen Regionen für die jeweiligen Gütergruppen. In ähnlicher Weise wird auch die Importnachfrage ermittelt. Der Anteil der einzelnen Inlandsgüter und Importgüter an den gesamten Konsumausgaben wird durch einen fixen Proportionalitätsfaktor bestimmt. Diese Proportionalitätsfaktoren für alle Gütergruppen summieren sich zu eins. Dies bedeutet, daß der private Konsum einheitlichen Elastizitäten in bezug auf den Preis und auf die gesamten Konsumausgaben unterliegt, d.h. jede Einkommensvariation verändert in gleichen Proportionen sowohl die Ausgaben für Lebensmittel als auch für dauerhafte Konsumgüter. Diese Annahme widerspricht jeglicher empirischer Erfahrung. Die Verfasser verweisen jedoch auf die Schwierigkeiten, die bei der Ermittlung dieser Elastizitäten entstehen würden und vertreten die Ansicht, daß der Fehler vernachlässigbar sei.

Ferner enthält die Konsumfunktion keinerlei Aussagen über Kreuzpreiselastizitäten. Diese Annahme ist ein nicht zu vertretender Schritt weg von der Realität, denn die Unterstellung, daß ein Preisanstieg in einer Gütergruppe nicht auf die Nachfrage in irgendeiner anderen Gütergruppe niederschlägt, ist völlig unrealistisch. Selbst die Vermutung, daß die Kreuzpreiselastizität zwischen hoch aggregierten Gütergruppen weniger stark sei - so die Verfasser der HARVARD-Studie - ist nicht einsichtig.[209)]

Anlageinvestition

Die Investitionsfunktion zur Erhaltung bzw. Erweiterung der Produktionskapazität setzt sich aus fünf Faktoren zusammen. Im einzelnen müssen sie in der Realität nicht zutreffen und können ggf. eliminiert werden. Die Bruttoanlageinvestitionen - unter der

Voraussetzung der Erhaltung der Kapazität, so lautet die Grundannahme - können niemals negativ werden.

Die Investitionsfunktion setzt sich zusammen aus:

- einem Angleichungsprozeß des Kapitalstocks - unter der Annahme, daß ein Unternehmen seine Kapazität an seinen Outputs ausrichtet -,
- einem Zusammenhang zwischen verfügbarem Kapital und Investitionsverhalten - unter der Annahme, daß verfügbares Kapital zur Investition ermutigt -,
- einem dritten Term, der die Vermutung ausdrückt, daß bei wachsender Wirtschaft eine positive Investitionsneigung besteht und
- viertens der Annahme, daß viele Unternehmen ihre Investitionen an ihrem bisherigen Investitionsverhalten ausrichten.

Schließlich ist ein Teil der Investitionen exogen vorgegeben, wie z.B. Staatsinvestitionen, die Ansiedlung neuer Industrien oder die Investition ausländischen Kapitals.

Die Nachfrage nach Investitionsgütern

Die Investitionsfunktion ermittelt die Ausgaben für Investitionen der Industrie. Die Endnachfrage für einzelne Investitionsgüter wird durch diese Funktion noch nicht beschrieben. Die Schätzung der Nachfrage nach einzelnen Investitionsgütern setzt die Festlegung fixer Proportionen zwischen den einzelnen Investitionsgütern der Industrie voraus. Man kann nach Meinung der Verfasser der HARVARD-Studie für jeden Industriezweig exogen Koeffizienten spezifizieren, die die Nachfrage nach einem bestimmten Investitionsgut als Anteil der Investitionsausgaben eines bestimmten Industriezweiges charakterisieren. Die Gesamtnachfrage nach einem bestimmten Investitionsgut ergibt sich unter dieser Voraussetzung durch die Summation der Nachfrage nach einem bestimmten Gut über alle Industriezweige. Für importierte Investitionsgüter gelten die gleichen Annahmen, und ihre Nachfrage wird in gleicher Weise ermittelt. Um sicherzustellen, daß die Nachfrage den Ausgaben für Investitionsgüter entspricht, müssen die Koeffizienten, die den Anteil der Nachfrage nach einem Investitionsgut bestimmen, über alle Investitionsgüter summiert, den Wert 1 ergeben. Auch hier werden Nachfrageelastizitäten in bezug auf den Preis und Kreuzpreiselastizitäten vernachlässigt. Die Faktorsubstitution wird als nicht gegeben angesehen.

Vorratsinvestition

Das Unternehmerverhalten bezüglich der Vorratsinvestitionen ist in direkter Abhängigkeit zu der Wachstumsrate der Produktion zu sehen. Da sämtliche Vorratsinvestitionen in die Endprodukte eingehen, stellt jede Vorratsinvestition auch gleichzeitig einen Ausdruck für die Endnachfrage des betreffenden Produktes dieses Industriezweiges dar.

Gesamte Endnachfrage

Wie aus Abb. 31 hervorgeht, fehlen zur Ermittlung der gesamten Endnachfrage noch die Regierungskäufe und die Exporte. Beide Posten, sowohl die Regierungskäufe als auch die Exporte, sind exogen vorgegebene Größen. Da das Modell das Ausland als eine externe Region betrachtet, ist eine Disaggregation der Exportgrößen nicht notwendig. Die Gesamtnachfrage nach einem Gut läßt sich somit aus der Konsumnachfrage, der Nachfrage aus der Anlageinvestitionsfunktion, der Nachfrage aus der Funktion für die Vorratsinvestitionen, dem Anteil an den Regierungskäufen und am Export bestimmen. Da die Nachfragegrößen regional disaggregiert sind, muß zur Ermittlung der Gesamtnachfrage nach einem Gut über alle Regionen summiert werden. Der Export wird außerhalb des Modells geschätzt, da hierfür spezielle und detaillierte Analysen des Weltmarktes notwendig sind. In der Regel kann jedoch angenommen werden - zumal für Rohstoffe - daß alles, was ein Land selbst nicht verbraucht, exportiert werden kann, da eine unendlich elastische Nachfrage für Rohstoffe in bezug auf die Absatzchancen eines Landes angenommen werden kann. Da der Exportsektor jedoch keine endogene Größe in dem makroökonomischen Modell darstellt, kann hier lediglich mit unterschiedlichen Exportniveaus gearbeitet werden.

Industrielle Produktion

Da die Gesamtnachfrage ermittelt wurde, ist es möglich, über eine Input-Output-Tabelle die gesamte Produktion jedes einzelnen industriellen Sektors zu ermitteln. Da per definitionem die gesamte Produktion gleich der Summe aus der Produktion der Vorprodukte plus der Endproukte ist, kann über einen Vorleistungskoeffizienten und der Nachfrage nach dem Gut als Endprodukt die gesamte Produktion eines bestimmten Gutes ermittelt werden. Die Input-Output-Tabelle stellt somit eine Matrix der Inputkoeffizienten dar, die eine bestimmte Technologie repräsentieren. Der technologische Stand wird als eine exogene Größe angenommen.

Importe und Importquoten

Wie schon oben erwähnt, ist für Entwicklungsländer die Importbeschränkung ein häufig anzutreffendes außenpolitisches Instrument zur Absicherung des einheimischen Marktes oder zur Korrektur der Zahlungsbilanz. Die geschätzte industrielle Produktion und Importnachfrage stellen bei Wirtschaftssystemen, die unter Importbeschränkungen existieren, zunächst ein gewünschtes Niveau dar. Liegen die gewünschten Importe unterhalb der Importquote, so liegen keinerlei Produktionsrestriktionen vor,und es bedarf keiner zusätzlichen Annahmen. Übersteigt jedoch der Importwunsch die Importquote, so müssen Annahmen über die Substituierbarkeit der Importgüter durch heimische Produkte gemacht werden. Hier wären Importsubstitutionsraten für Konsum, Anlageinvestition und Vorratsinvestition zu ermitteln. Die Folge der Importbeschränkungen und der Annahme der Substitution der Importgüter durch heimische Güter führt zu einer Erhöhung der inländischen Produktion. Die Erhöhung der inländischen Produktion ist jedoch wiederum unmittelbar mit einer erhöhten Nachfrage nach importierten Rohstoffen oder Vorprodukten verbunden, so daß eine Importquote für Konsumgüter nicht in ihrem ganzen Volumen die inländische Nachfrage nach heimischen Produkten erhöht. Diese Wirkungen vollziehen sich innerhalb mehrerer Sektoren, so daß hieraus die endgültige Nachfrage nach importierten Fertigprodukten und Vorprodukten ermittelt werden kann. Es wird in der Studie eindeutig darauf hingewiesen, daß es sich hierbei ausschließlich um eine kurzfristige Betrachtung handelt. Die langfristige Strategie zum Ausgleich der Zahlungsbilanz oder zum Schutz des inländischen Marktes geht hier nicht ein.

Die regionale Allokation der Produktion

Zur Verteilung der Produktionsaktivitäten auf die einzelnen Regionen wird zunächst davon ausgegangen, daß die Aktivitätenverteilung eines laufenden Jahres durch die Verteilung des vorherigen Jahres bestimmt ist. Dennoch kristallisiert sich im Zeitablauf eine Verschiebung der Produktionsaktivitäten zu den effizienteren oder attraktiveren Regionen heraus. Auf der anderen Seite können staatliche Einflüsse und Eingriffe auch aus nichtökonomischen Gründen die regionale Verteilung der Produktionskapazitäten verändern. Um all diesen Gegebenheiten gerecht zu werden, wird die regionale Verteilung der Kapazitäten nicht durch Gewinnchancen, sondern durch die regionale Allokation des Outputs bestimmt. In der Regel wird die Kapazität eines Unternehmens, d.h. der mögliche Output, durch Investitionen angehoben und durch Abschreibung reduziert. Investitionsausgaben gehen nicht unmittelbar in Kapazitätserhöhungen über, da viele Investitionen Ersatzinvestitionen darstellen. Solange die Produktion nicht über die Kapazitätsgrenze hinausgetrieben wird, wird die Abschreibungsrate als eine Konstante angesehen. Daher ist die Abschreibung eines Unternehmens eine Funktion des Kapitalstocks und des Grades der Ausnutzung der Kapazitäten. Ferner wirken sich Verbesserungen im Management und in der Ausbildung der Arbeitskräfte in einer Produktivitätssteigerung des Kapitalstocks aus. Daher kann die Entwicklung einer Region nicht ausschließlich in dem Anwachsen des produktiven Kapitals gesehen werden. Die Effizienzveränderung des eingesetzten Kapitals ist daher eine der wichtigsten Größen zur Kennzeichnung des Produktivitätsniveaus einer Region. Auch technologischer Wandel und Veränderung der Nachfragestruktur lassen die Erfolgschancen von Region zu Region wandern. Es wird generell unterstellt, daß der Output einer Region nicht über den Punkt hinausgetrieben werden kann, bei dem die Grenzkosten gleich dem Grenzerlös sind.[210)]

Interregionale Güterströme

Nachdem eine akzeptable Verteilung der Outputniveaus auf die Regionen geleistet ist, sind Art, Weise und Stärke der Güterströme zwischen den Nachfrage- und Angebotsorten zu bestimmen. Die regionale Nachfrage nach einem Gut setzt sich zusammen aus der Nachfrage nach diesem Gut als Zwischenprodukt und Endprodukt. Man geht von der Annahme aus, daß Vorprodukte am Ort ihrer Produktion verbleiben und somit eine Erhöhung des Vorrates keine zusätzlichen Güterströme verursacht. Daher wird die Investition in die Vorratshaltung aus der Analyse der regionalen Güterströme ausgeklammert. Über die Input-Output-Koeffizienten wird der Bedarf an Zwischenprodukten zur Erstellung der regionalen Produktion herangezogen. Das Angebot einer Region bezüglich eines Gutes ist bestimmt durch die regionale Produktion minus dem Anteil der Produktion, der als Vorrat gehalten wird. Die so entstehenden Güterströme werden mit Hilfe eines Gravitationsmodells berechnet, da mit aggregierten Güterklassen gearbeitet wird und eine Minimierung oder Maximierung keine Lösung bringen würde. Das Gravitationsmodell wird iterativ an die realen Güterströme angepaßt. Auf diese Weise werden sowohl die Ströme verursacht durch die Nachfrage als auch durch das Angebot ermittelt.

Löhne

Das Arbeitseinkommen ist bestimmt durch das Outputniveau und die Arbeitskosten pro Einheit des Outputs. Es wird unterstellt, daß die Arbeitskosten pro Einheit für alle Produktionsniveaus unterhalb der Kapazitätsgrenze konstant sind. Nur für den Fall, daß der Output oberhalb der Kapazitätsgrenze liegen wird, werden höhere Löhne gezahlt bzw. weniger effiziente Arbeiter eingesetzt mit dem Erfolg, daß die marginalen Lohnkosten steigen.

Gewinne und Kapitalerträge

Die Einnahmen eines Unternehmens setzen sich zusammen aus den Verkaufserlösen der Güter, die es an die einzelnen Regionen versandt hat, minus den indirekten Steuern. Von diesen Einnahmen sind die Produktionskosten wie Arbeitskosten und Materialkosten abzuziehen. Über die Input-Output-Tabelle sind die Zahlungen für die Güter, die aus der eigenen Region bezogen werden, zu ermitteln und ebenfalls die importierten Inputs festzustellen. Auch für alle übrigen Bruttogewinne, die nicht als Lohneinkommen definiert sind, gilt die Relation Einnahmen minus Produktionskosten. Die Nettogewinne sind durch den Bruttogewinn minus den Abschreibungen bestimmt. Von diesen Nettogewinnen sind die Steuern in Abzug zu bringen. Auf diese Art und Weise wird für jede Region das Gewinniveau ermittelt. Unter der Voraussetzung, daß die ausgeschütteten Gewinne durch einen bestimmten Faktor determiniert sind, ergeben sich durch Multiplikation des Gewinnes mit dem zu eins komplementären Wert des Proportionalitätsfaktors die Kapitalerträge.

Verfügbares persönliches Einkommen

Das persönliche Einkommen innerhalb einer Region setzt sich zusammen aus dem Arbeitseinkommen aus allen Industriezweigen der Region plus den ausgeschütteten Gewinnen an die Personen der Region. Da die meisten ausgeschütteten Gewinne an die Unternehmer gehen, kann unterstellt werden, daß das Kapitaleinkommen einer Region identisch ist mit dem Ausschüttungsfaktor, multipliziert mit den Gewinnen der regionalen Unternehmen. Das verfügbare persönliche Einkommen ermittelt sich durch Addition der Löhne - minus Steuern - und der Kapitaleinkünfte - wie oben definiert - minus Steuern, plus den Transferzahlungen.

Preise und Löhne

Die Preisstruktur in einer wettbewerbsorientierten Wirtschaft wird sich vornehmlich an den Kosten der Produktion ausrichten. Ermittelt man die Preise am Orte des Verkaufs, so setzen sich die relevanten Kostenvariablen aus den Ausgaben zusammen, die anfallen, um ein bestimmtes Gut in der Region des Produktionsortes anzubieten. Die Preisfunktion beinhaltet sämtliche Kostenveränderungen, die sich auf die Preise und somit auf die Verbraucher überwälzen lassen.

Neben der Kostenseite spielt die Nachfrage auch eine Rolle bei der Preisbildung. Die Preis-Absatz-Funktion beinhaltet daher auch Terme, die die Abschöpfung von Konsumentenrenten enthalten. Die Preisgestaltung für Import- und Exportgüter wird also exogen vorgegeben und ist nach Ansicht der Verfasser der HARVARD-Studie durch den Weltmarkt determiniert.

Wie schon oben erwähnt, stehen die Lohnraten in engem Zusammenhang mit der Preisentwicklung. Dieser Zusammenhang ist umso intensiver, desto stärker die Industrie auf die Arbeitskraft angewiesen ist. Die inflationäre Entwicklung ist ein Einflußfaktor auf die Lohnrate und wird über einen Deflator in die Schätzfunktion der Lohnentwicklung einbezogen, die ihrerseits die Preisentwicklung und Lohngestaltung determiniert.

Übergreifende Variablen

Durch Kombination der detaillierten Größen, die oben aufgeführt sind, können aggregierte Maßzahlen zur Messung der ökonomischen Aktivität gebildet werden. Mit Hilfe solcher aggregierter Größen kann eine überfassende Beschreibung der ökonomischen Entwicklung gegeben werden. Zu diesen aggregierten Größen zählen das reale Bruttoinlandsprodukt, der reale Konsum und die realen Investitionen. Ein weiteres Maß zur Charakterisierung des Entwicklungsniveaus stellt die Handelsbilanz dar.

Versionen des Modells

Auf der oben beschriebenen Basis des Simulationsmodells wurden im Laufe der Zeit verschiedene Versionen entwickelt. Jede Version hat zwar die gleiche Grundstruktur wie das Basismodell, jedoch liegen unterschiedliche Schwerpunkte in der jeweiligen Analyse. So wird zunächst auf die Regionalisierung der einzelnen Modellkomponenten verzichtet und ein aggregiertes ökonomisches Modell erstellt, das sich durch leichtere Handhabung und geringeren Aufwand im Dateninput auszeichnet. Dieses Modell liefert allgemeine Hinweise über die Entwicklung einer Volkswirtschaft. Unberücksichtigt bleiben hier jedoch die regionalen Differenzen des Entwicklungsniveaus und der interregionalen Güterströme.

Eine andere Version verlegt sich hauptsächlich auf den Außenhandelssektor und analysiert eingehend die Zusammenhänge zwischen Importkoeffizienten, Preisänderungen für Importgüter und ihre Reflexion auf die Preise der heimischen Güter. Auch Importsubstitutionsraten und Zahlungsbilanzprobleme werden in dieser Version diskutiert und in die Analyse einbezogen.

Das ökonomische Problem der Vollbeschäftigung hat zu einer Modellversion geführt, die Rationalisierung und Effizienzsteigerung sowie die dadurch bedingte Freisetzung von Arbeitskräften einer eingehenden Untersuchung unterzieht und das Problem der Arbeitslosigkeit , verursacht durch diese Freisetzung von Arbeitskräften, durch Überführung in andere Industriezweige zu lösen versucht.

In unmittelbarem Anschluß an die Ermittlung von Nachfrage und Angebot sowie ihrer Regionalisierung fügt sich ein Simulationsmodell für den Transportsektor unter makroökonomischen Gesichtspunkten an. An dieser Stelle sei noch darauf hingewiesen, daß die HARVARD-Studie auch mehrere Versionen des Basismodells miteinander kombiniert hat. Dabei hat sich herausgestellt, daß die Kombination des Transportmodells mit dem Modell der Vollbeschäftigung zur Evaluierung der Effekte einer Verkehrsinvestition unter der Voraussetzung der Vollbeschäftigung und des Wachstums sehr unterschiedliche Ergebnisse zur Bewertung der Verkehrsinvestition lediglich unter fiskalischen Gesichtspunkten aufzeigt. Die Darstellung und Diskussion des makroökonomischen Transportsimulators folgt im nächsten Kapitel.

Die Struktur des Transportmodells

Zweck des Transportmodells ist die Prognose der Güterströme innerhalb des Transportnetzes und der daraus resultierenden Kostenstrukturen. Um dieses Ziel zu erreichen, sind folgende Inputs notwendig:[211)]

(1) das regionale Angebot eines jeden Gutes,
(2) die regionale Nachfrage nach jedem Gut,
(3) die regionalen Produktionskosten pro Gut in den Industrie-

ABB. 33 : VERKNÜPFUNG DES MAKROÖKONOMISCHEN UND DES TRANSPORT-MODELLS IN DER HARVARD-STUDIE

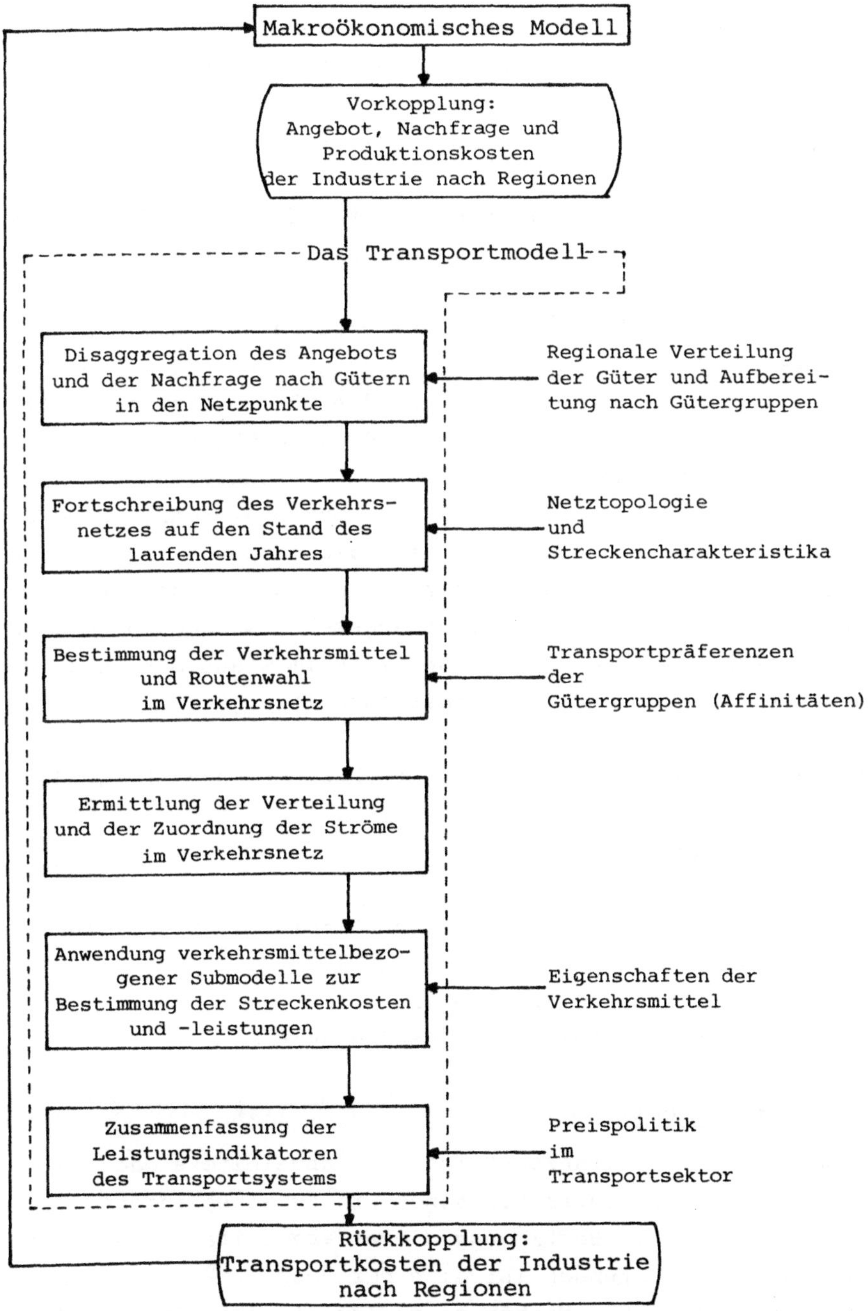

Quelle: ROBERTS, P.O., KRESGE, D.T.: Transport for Economic and Social Development, S. 345

sektoren,

(4) Informationen über die intraregionale Verteilung und Produktmischung eines jeden Industriezweiges,

(5) die Topologie und Charakteristika des Transportnetzes,

(6) die Transportpräferenzen (Affinitäten) bezüglich eines jeden Gutes,

(7) Charakteristika des Betriebes eines jeden Transportmittels und

(8) die Preispolitik im Transportsektor für jedes Transportmittel und jede Klasse von Fahrzeugen.

Die ersten drei geforderten Inputs ergeben sich aus dem makroökonomischen Modell. Über die Disaggregation werden die intraregionale Verteilung der Güter und die Gütermischung ermittelt. Die Topologie des Verkehrsnetzes und seine Charakteristika sind durch jährliche Fortschreibung der Transportnetze festzustellen. Informationen über die Transportpräferenzen sind nach Meinung der Verfasser lediglich für die Ausgangssituation zu ermitteln. Dies setzt jedoch voraus, daß die Transportaffinitäten über die Zeit als konstant angesehen werden können. Betriebscharakteristika und Preispolitik im Transportsektor werden durch empirische Studien festgestellt.

Das Transportmodell ist kurz zu beschreiben durch folgende Schritte:
Güterdisaggregation,
Ermittlung der Güterströme,
Bestimmung der Kosten-Leistungs-Verhältnisse der einzelnen Verkehrsmittel,
Festlegung der Transportpreise und
Zusammenfassung der Leistungsmaße des Systems.

Das Transportmodell

Die Nachfrage nach Transport ist eine abgeleitete Nachfrage aus dem Bedürfnis, Güter von einem Ort zu einem anderen Ort zu transportieren. Die Bestimmung dieser abgeleiteten Nachfrage nach Transportleistungen ist eine der Hauptfunktionen des Transportmodells. Die Nachfrage und das Angebot der Industrie einer Volkswirtschaft dienen unmittelbar als Input für das Transportmodell. Diese makroökonomischen Schätzgrößen sind jedoch in der Regel zu hoch aggregiert, um unmittelbar in ein Transportmodell Eingang zu finden. So müssen Nachfrage und Angebot zunächst in Gütergruppen disaggregiert werden, die jeweils unterschiedliche Anforderungen an die Transportleistung stellen. Je weiter diese Aufteilung der Gütergruppen geht, desto leichter kann für den Transportsektor Zahl und Typ der notwendigen Fahrzeuge, Fahrzeiten und Netzbelastungen ermittelt werden und desto realistischer ist letzten Endes die Simulation.

Die Disaggregation in einzelne Gütergruppen und die topographische Bestimmung des Produktionsortes sind die ersten Schritte zur Quantifizierung des Transportmodells. Die Festlegung des Angebots der einzelnen Gütergruppen erfolgt durch Multiplikation des gesamten regionalen Angebots mit einem Proportionalitätsfaktor, der den Anteil des Angebots für ein bestimmtes Gut an einem bestimmten Ort charakterisiert. Das disaggregierte Angebot wird somit über eine makroökonomische Größe und einen exogen vorgegebenen Koeffizienten bestimmt.

Die Bestimmung der Nachfrage ist im Gegensatz zur Festlegung des Angebots komplizierter, da das Modell unterstellt, daß das Angebot gleich der Nachfrage in jeder Zeitperiode sein soll. Die regionale Nachfrage nach einer bestimmten Gütergruppe setzt sich zusammen aus der Nachfrage nach allen Gütern, die zu dieser Gütergruppe gehören. Eine externe Spezifikation der Nachfrage in einzelne Güter würde das System überbestimmen, wodurch eine Lösung unmöglich würde. Daher kann ein externer Aggregationsfaktor weder für die Nachfrage noch für das Angebot erstellt werden, und somit werden die Informationen des Basismodells für die Bestimmung der Nachfrage herangezogen. Zunächst wird die regional disaggregierte Nachfrage auf einzelne Knoten des Verkehrsnetzes verteilt und danach in Gütergruppen und einzelne Güter zerlegt. Für den ersten Schritt wird unterstellt, daß die Nachfrage jedes einzelnen Industriezweiges geographisch in der gleichen Weise verteilt ist wie seine Produktion.

Daraus ergibt sich eine Festlegung der Nachfrage auf einzelne Knotenpunkte des Verkehrsnetzes. Diese Vorgehensweise determiniert nicht die regionale Verteilung der Nachfrage, sondern lokalisiert lediglich die Nachfrage auf einzelne Knoten innerhalb der gegebenen Region. Die regionale Nachfrage ist durch das makroökonomische Modell endogen bestimmt. Die Summation über alle Güter einer Klasse, die an einem Knoten nachgefragt werden, ergibt die auf Knoten disaggregierte Gesamtnachfrage nach einer Gütergruppe. Diese Disaggregation der Nachfrage erfolgt mit Hilfe einer Input-Output-Tabelle.

Da sich die ökonomischen Aktivitäten mehr in Städten und Dörfern als gleichmäßig auf den Raum verteilt abspielen, lassen sich die räumlichen Aspekte des Transportprozesses durch ein Netzwerk mit Knoten und Strecken darstellen. Die Knoten stellen die Quell- und Zielorte dar, die Verbindungen zwischen den Knoten die Transportwege. Sowohl die Produktion der Güter als auch die Nachfrage nach den Gütern sind auf unterschiedliche Knoten innerhalb des Netzwerks verteilt. Die Verteilung der Nachfrage und des Angebots auf die einzelnen Knoten vollzieht sich über die Strecken des Netzwerkes. Die Beschreibung des Netzes erfolgt durch Definition der einzelnen Strecken zu einem Zeitpunkt und eine separate Erfassung der einzelnen Richtungen auf den jeweiligen Strecken. Das gesamte Verkehrsnetz ist somit durch die Quell- und Zielknoten, die Art des Verkehrs auf jeder Strecke und die Streckencharakteristika bestimmt. Dieses so beschriebene Netzwerk wird durch einen näherungsweise bestimmten Streckennutzungsvektor angefüllt, mit dem Ziel, die Volumen der Transportströme zu bestimmen. Diese Transportvolumina und die Streckencharakteristika werden in ein Kosten-Leistungsmodell für jede Transportart zur ersten Schätzung der Werte der Streckenleistungsvektoren überführt. Das gesamte System ist jährlich auf den neuesten Stand zu bringen und hat Änderungen, Erweiterungen und Kürzungen des Netzwerkes zu beachten.

Zur Bestimmung der Verkehrsmittelwahl und der Streckenwahl werden R-Faktoren ermittelt, die die Qualitäten der Verkehrs-

leistung auf den einzelnen Strecken zwischen den Knoten beschreiben. Dieser R-Faktor setzt sich zunächst aus fünf Elementen zusammen:
der Wartezeit auf ein Verkehrsmittel,
der Fahrzeit auf einer Strecke zwischen zwei Knoten,
der Abweichung der tatsächlichen Reisezeit von der geplanten,
der Sicherheit des Transportes und
dem Transportpreis.
Diese Elemente beschreiben die Streckenleistung. Demgegenüber setzt sich die zweite Komponente des R-Faktors aus den Präferenzen der zu transportierenden Güter in bezug auf
die Kosten der Wartezeit,
die Kosten der Reisezeit,
die Kosten, die durch die Unsicherheit der Ankunft entstehen,
und
den Wert des zu transportierenden Gutes zusammen.

Ferner wird ein Gewichtungsfaktor eingebracht, durch den Spezialtarife oder spezielle Beförderungsarten berücksichtigt werden können. Dieser Affinitätsvektor repräsentiert die Kosten oder Nachteile, die unmittelbar aus dem Strecken-Leistungsvektor resultieren. Durch Multiplikation des Strecken-Leistungsvektors mit dem Affinitätsvektor der einzelnen Gütergruppen ergibt sich der R-Faktor, der die totalen Kosten des Transportes einer Einheit eines bestimmten Gutes über eine festgelegte Strecke zwischen zwei Knoten beschreibt. Dieser Kostenbegriff ist weiter gesteckt als die monetären Transportkosten.

Sind alle Strecken in dieser Art und Weise gekennzeichnet, so ist es relativ einfach, den kostenminimalen Weg zwischen zwei Punkten innerhalb des Netzes mit Hilfe dieser R-Faktoren zu bestimmen. Die Minimumpfade innerhalb des Netzwerkes zeigen die kürzesten Wege von Knoten zu Knoten auf. Durch tabellarische Aufbereitung kann so unmittelbar der kürzeste Weg von der Quelle zum Ziel gefunden werden.

Da für jeden Knoten Angebot und Nachfrage der einzelnen Güter bekannt sind, entsteht das Problem der Verteilung der Güter von wenigen Angebotspunkten auf eine größere Zahl von Nachfragepunkten. Das HARVARD-Modell hat hier zwei Verfahren entwickelt, die in dem Modell Anwendung finden. Zum einen wird über ein lineares Programm die Verteilung des Angebots auf die Nachfragepunkte ermittelt. Dieses lineare Programm impliziert jedoch, daß jedem Anbieter nur eine limitierte Zahl von Märkten zur Verfügung steht und es innerhalb des Systems keine Überschneidungen gibt. Die zweite Möglichkeit der Verteilung des Angebotes auf die Nachfragepunkte wird durch ein Gravitationsmodell gelöst. Hier steht die Bedingung, daß jeder Anbieter jeden Markt beliefert. Beide Ansätze führen zu einem Gleichgewicht von Angebot und Nachfrage auf den Märkten , so daß weder Knappheit noch Überschuß entsteht. Da für jedes einzelne Gut Nachfrage- und Angebotsparameter ermittelt worden sind, besteht in diesen beiden Modellen eine sehr große Variationsbreite, die es ermöglicht, sehr spezielle Bedingungen einzubeziehen. Die Verteilung von Angebot und Nachfrage erfolgt, indem die zu transportierenden Mengen ermittelt werden, die von dem Angebotsort an den Nachfrageort fließen sollen. Mit den Netzwerkcharakteristika und den Komponenten der Transportkosten für ein Gut können die Güterströme auf das Netz verteilt werden. Man erhält so für jede einzelne Strecke des Netzes das Transportvolumen.

Der letzte Schritt zur Vervollständigung des Transportmodells ist die Bestimmung der Zahl der Fahrzeuge, die ohne Fracht an einen Quellort fahren müssen, um eine weitere Ladung aufzunehmen. Es besteht eine Menge Möglichkeiten, diese Rückfahrten zu determinieren. Die einfachste Weise - so unterstellt es das Modell - ist dadurch gekennzeichnet, daß die Rückfahrt auf denselben Strecken erfolgt wie die Hinfahrt. Hierbei ist die Möglichkeit offengelassen, auf der Rückfahrt Fracht mitzunehmen oder nicht.

Das HARVARD-Modell umfaßt mit diesem Instrumentarium die theoretischen Zusammenhänge zwischen Verkehrssektor und den übrigen Sektoren einer Volkswirtschaft. Das makroökonomische Modell soll die wirtschaftliche Entwicklung und das Transportmodell die Veränderungen im Transportsektor aufzeigen.

Das Modell beschreibt in erster Linie unter komparativ-statischen Bedingungen Kostenersparnisse im Transportsektor und zieht diese Kostenersparnisse als einziges Nutzenkriterium einer Verkehrsinvestition als Bewertungsmaßstab heran. Die Entwicklungsimpulse, die Straßen- und Verkehrsmittelverbesserungen auf die verschiedenen Regionen ausüben, können unter alleiniger Berücksichtigung der Transportkostenminimierung nicht erfaßt werden.[212] Auch die Umwandlung der Kostenersparnisse im Transportsektor in Produktionszuwächse wird durch das Modell nicht geleistet, so wie eine Zurechenbarkeit der Produktivitätsveränderung zu den Verkehrsinvestitionen nicht möglich ist.

In seinen Grundzügen ist das Modell nicht dynamisch konzipiert, so daß es auf endogen variierende Bedingungen nicht reagieren kann. Es handelt sich bei dem Konzept vornehmlich um eine Serie aneinandergereihter komparativ-statischer Gleichgewichtslösungsverfahren. Lediglich die Konsum- und Investitionsfunktion beinhalten Verzögerungseffekte und "Feed-back-Variable". Diese endogenen Größen nehmen jedoch keine Rücksicht auf Realitätsnähe und Stabilität des Systems.

Die Rückkopplungsphase beträgt so z.B. ein ganzes Jahr und führt daher zu einer dynamischen Instabilität innerhalb des Rückkopplungsmechanismus. Auch die Zuwächse der Kapazitäten durch Investitionen treten unverteilt ein Jahr später in die Rechnung ein. Ignoriert z.B. der Investor zukünftige Erweiterungen der neugeschaffenen Kapazität, so treten instabile Oszillationen der Investitionen ein, die sich nur durch eine weitgehende Schwächung der Rückkopplungseffekte, also durch eine Exogenisierung der Variablen, eindämmen lassen. Die Bewertungsqualität des Modells für Transportalternativen wird durch die Exogenisierung der Rückkopplungseffekte innerhalb des Modells weitgehend eingeschränkt.[213]

Ferner rechnet das Modell den Nutzen einer Verkehrsinvestition ausschließlich dem Verkehrssektor zu. Sowohl die Einwirkungen der Investitionen in anderen Bereichen als auch die sozialen Verhältnisse, die tatsächlichen Produktionsmuster, Verhaltensmerkmale und Bevölkerungsfaktoren werden nicht berücksichtigt. Auch das Problem der Neuerschließung kann mit dem Modell nicht simuliert werden, da die Folgeinvestitionen zwar erfaßbar sind, die Zurechnung zu der Verkehrserschließung jedoch nicht geleistet werden kann, da das Modell die Verwendung der Kostenersparnisse nicht nachvollziehen kann und deren Auswirkungen auf Angebot und Nachfrage der Betroffenen sich der Analyse innerhalb des Modells entzieht.

Bisher lassen sich die Schwächen des Modells kurz in drei Punkten zusammenfassen:
(1) Schwächen in der Formulierung dynamischer Relationen und Rückkopplungseffekte,
(2) Schwächen in der Ausfüllung der Verhaltens- und Entscheidungsfunktionen,
(3) Schwächen bei der Erstellung konsistenter Berechnungssysteme.

Darüber hinaus ist das Modell rein produktionsorientiert und vernachlässigt weitgehend den Personenverkehr. Lediglich der Transport von Produktionsfaktoren ist Gegenstand der Analyse. Betrachtet man die einzelnen Modellteile, so basiert das Makromodell auf einer Input-Output-Analyse, die konstante Produktionskoeffizienten verwendet. Diese Einschränkung läßt keine Schlüsse über die Ursachen von Produktionszuwächsen zu, die aufgrund technischen Fortschritts oder Preisänderungen zustandekommen können.

Die Investitionsfunktion stellt das Kernstück der Transformation von Transportkostenersparnissen in Investitionen dar und bestimmt die Entwicklungswirkungen der Verkehrsinvestition. Der Inhalt der Investitionsfunktion ist jedoch weit weniger umfassend,als dies bei fünf Faktoren zu erwarten wäre. So wird in zwei Termen die Investition exogen spezifiziert, während ein dritter Ausdruck die Investitionen durch einen Proportionalitätsfaktor zum Output des Sektors der betreffenden Region bestimmt. Nur die letzten beiden Terme versuchen, den Entscheidungsprozeß für Investitionen zu dynamisieren, was ihnen jedoch nur bedingt gelingt.[214)]

Obwohl die Konsumfunktion zwischen Lohn- und Nichtlohneinkommen unterscheidet, können Veränderungen im Pro-Kopf-Einkommen der jeweiligen Gruppe nicht verarbeitet werden. Sind einmal die Gesamtausgaben jeder Gruppe in jeder Region festgelegt, so werden sie in festen Proportionen den verschiedenen Gütern in jeder folgenden Periode zugeteilt, ohne Preisänderungen und Einkommensänderungen pro Kopf zu berücksichtigen. Einkommenselastizitäten und Kreuzpreiselastizitäten sind somit nicht berücksichtigt.[215)]

Die schwächste Stelle der Studie liegt in der Preisfunktion, über die die Auswirkungen einer Verkehrsinvestition für die Gesamtwirtschaft eigentlich zu ermitteln sein müßte. Der vorgegebene Ansatz macht es jedoch unmöglich, die Preiskalkulation nachzuvollziehen. Es können weder die Herstellungskosten noch die Transportkosten oder sonstige Verteilungskosten und deren zeitliche Veränderung ermittelt werden. Dadurch wird es nahezu unmöglich, die Wirkungen von Transportkostenänderungen auf die Preise und somit auf die Entwicklung einer Volkswirtschaft nachzuweisen, die einzelnen Modellgleichungen zu verstehen und das Modell auf Konsistenz zu untersuchen.[216)]

Die HARVARD-Studie ermittelt relative Preisänderungen, indem sie den Anteil der überwälzbaren Kostenänderungen und Steuererhöhungen als Preisaufschlagsrate feststellt. Diese Preisaufschlagsrate bezieht sich auf den Endverbrauchspreis. Zur Ermittlung dieser Veränderungsraten wird ein Basisjahr definiert. In dieser Berechnung gehen die Transportkosten in Form eines Proportionalitätsfaktors ein, der als gewogenes Mittel der regionalen Transportkosten eines bestimmten Gutes innerhalb einer bestimmten Region ermittelt wird. Da das HARVARD-Modell vollkommene Konkurrenz unterstellt, können die Endverbrauchspreise als Summe aus Produktionskosten plus Transportkosten aufgefaßt werden. Die Summe wird für das Basisjahr gleich eins gesetzt.

Die Indexbildung gibt zwar Aufschlüsse über die Veränderung der Preisstruktur, jedoch sind keine Schlüsse auf die Ursache der Veränderung des Preisniveaus möglich. Ein erster Schritt zur

Klärung dieser Frage könnte durch eine Aufspaltung des Preisindexes in zwei Komponenten, und zwar einen produktionsabhängigen und einen transportabhängigen geschehen. Dies ließe Schlüsse auf die Ursachenkomplexe im Produktionsbereich bzw. im Transportbereich zu. Hier fehlte jedoch noch die regionale Allokation der Veränderungen. Die regionale Allokation der Preisänderungen ließe sich nur durch Ermittlung der tatsächlichen Verbraucherpreise an jedem Punkt der Region bestimmen.[217)]

Der Transportsektor wird charakterisiert durch einen "link-performance-Vektor" und den "commodity-preference-Vektor", die zu einem R-Faktor zusammengefaßt werden, der einen Leistungsmaßstab darstellen soll. Dabei stellen die "link-performance-Vektoren" qualitative Merkmale der jeweils zu durchlaufenden Strecke zwischen zwei Knoten dar. Es wird dabei ohne weitere Diskussion unterstellt, daß die Komponenten der "link-performance" unabhängig voneinander sind; daß Wartezeit, Fahrzeit und ihre möglichen Varianten keine voneinander unabhängigen Größen darstellen, bedarf keiner näheren Erörterung. Dies sind drei von fünf Komponenten zur Charakterisierung der "link-performance". Diesem "link-performance-Vektor" werden die "commodity-preference-Vektoren" in Form von Kostengrößen, die sich auf die einzelnen Komponenten der "link-performance" beziehen, gegenübergestellt. Vor allem die Kostengrößen sind untereinander mit Sicherheit nicht unabhängig, denn die Bewertung von Wartezeiten z.B. ist weitgehend abhängig von der zurückzulegenden Entfernung. Zur Charakterisierung der Leistung eines Verkehrsnetzes erscheint dieser Ansatz nicht geeignet. Auch die Berechnung des Minimumpfades, der die günstigsten Verbindungsmöglichkeiten von einem Produktionsort zu einem Versorgungsort aufzeigt, beinhaltet die zum Teil realitätsferne Annahme, daß die R-Faktoren mit zunehmendem Abstand von den Versorgungsknoten (Verkehrsquellen) monoton zunehmen. Die Zuhilfenahme von Netzwerktechniken in der Infrastrukturplanung wird durch die Anwendung der linearen Programmierung fraglich. Sie kann in der Mehrzahl aller Fälle die Komplexität der realen Welt nicht wiedergeben, insbesondere in Fällen inhomogener Topologie.[218)]

TAB. 10: FUNKTIONALE BEZIEHUNGEN DES HARVARD-MODELLS

I. FUNKTIONEN DES MAKROÖKONOMISCHEN MODELLS DER HARVARD-STUDIE

1. Die Konsumfunktion

(1) $CEXP(M) = [ALPHA + AINFLT(YINFLT)^2]Y(M)_{t-1}$

CEXP(M) := Konsumausgaben in Region M zu laufenden Preisen

ALPHA := durchschnittliche Konsumneigung

AINFLT := Reaktionskoeffizient der Konsumenten auf die Inflation

YINFLT := Veränderungsrate des BIP-Deflators

$Y(M)_{t-1}$:= verfügbares Einkommen der Vorperiode in der Region M

(2) $C(I,M) = \frac{CEXP(M) \cdot APC(I)}{P(I,M)}$

C(I,M) := Konsum des Gutes I in der Region M zu konstanten Preisen

APC(I) := Ausgabenanteil für Gut I an den Konsumausgaben

P(I,M) := Preis des Gutes I in der Region M (Index)

und

(3) $CIMP(I,M) = \frac{CEXP(M) \cdot API(I)}{PIMPRT(I,M)}$

CIMP(I,M) := Konsumentennachfrage nach dem Importgut I in der Region M zu konstanten Preisen

API(I) := Ausgabenanteil an den Konsumausgaben für das Importgut I

PIMPRT(I,M) := Preis des Importgutes I in der Region M (Index)

2. Die Investitionsfunktion

$$(4)\quad RINVST(I,M) = ACCEL(I,M) \cdot \left[\frac{1}{CME(I)}\right] \cdot \left[ROUTPT(I,M)_{t-1} - RPCAP(I,M)_{t-1}\right] + CONST(I) \cdot \left[RETAIN(I,M)_{t-1} + DEPCST(I,M)_{t-1}\right] + \left[EXOG(I,M) \cdot ROUTPT(I,M)_{t-1}\right] + \left[WTINVS(I,M) \cdot RINVST(I,M)_{t-1}\right] + XINVST(I,M)$$

RINVST(I,M)	:=	Investitionsausgaben des Industriesektors I in Region M zu konstanten Preisen
ACCEL(I,M)	:=	Akzeleratorkoeffizient (Verhältnis von angestrebter und tatsächlicher Kapazität im laufenden Jahr des Industriesektors I der Region M)
CME(I)	:=	Grenzproduktivität des Kapitals im Industriesektor I
$ROUTPT(I,M)_{t-1}$	:=	Vorjahresoutput des Industriesektors I in der Region M
CONST(I)	:=	Investitionsparameter des Industriesektors I in Abhängigkeit vom cash-flow
RETAIN(I,M)	:=	einbehaltene Gewinne des Industriesektors I der Region M zu laufenden Preisen
DEPCST(I,M)	:=	Abschreibungen des Industriesektors I der Region M zu laufenden Preisen
EXOG(I,M)	:=	Investitionsparameter des Industriesektors I der Region M in Abhängigkeit vom Output
WTINVS(I,M)	:=	Anteil der Vorjahresinvestition, der im laufenden Jahr investiert wird im Industriesektor I der Region M
XINVST(I,M)	:=	exogen bestimmte Investitionen im Industriesektor I der Region M zu konstanten Preisen.

3. Die Nachfragefunktion nach Anlageinvestitionen

$$(5)\quad RIDEM(I,M) = \sum_{J} B(I,J) \cdot RINVST(J,M)$$

RIDEM(I,M) := Investitionsnachfrage nach Gut I in Region M

B(I,J) := Anteil des Gutes I an einer investierten Geldeinheit des Industriesektors J, der für eine investierte Geldeinheit nachgefragt wird

RINVST(J,M) := Investitionsausgaben des Industriesektors J der Region M

(6) $RIDIMP(I,M) = \sum_{J} BIMP(I,J) \cdot RINVST(J,M)$

RIDIMP(I,M) := Investitionsnachfrage nach dem Importgut I in der Region M

BIMP(I,J) := Anteil des Importgutes I an einer investierten Geldeinheit im Industriesektor J

4. Die Nachfragefunktion für Vorratsinvestitionen

(7) $RINVC(I,M) = RIF(I) \cdot ROUTPT(I,M)$

RINVC(I,M) := Vorratsinvestitionen des Industriesektors I der Region M in konstanten Preisen

RIF(I) := Gewünschtes Verhältnis von Vorratsinvestitionen zu Output im Industriesektor I

ROUTPT(I,M) := Output des Industriesektors I der Region M in konstanten Preisen

5. Die Funktion der Gesamtnachfrage nach einem Gut I

(8) $$Q(I) = \sum_{M} \left[C(I,M) + RIDEM(I,M) + RINVC(I,M) + GOV(I,M) \right] + EXP(I)$$

Q(I) := Endnachfrage nach dem Gut I

C(I,M) := Konsumnachfrage nach Gut I der Region M in konstanten Preisen

GOV(I,M) := Regierungskäufe in der Region M an Gütern des Industriesektors I in konstanten Preisen

EXP(I) := Exporte des Gutes I in konstanten Preisen

6. Die sektorale Gesamtproduktion

(9) $TOUTPT(I) = \sum_{J} \left[A(I,J) \cdot TOUTPT(J) \right] + Q(I)$

TOUTPT(I) := Gesamtproduktion des Industriesektors I
A(I,J) := Die Menge des Gutes I, die zur Produktion einer Einheit des Gutes J benötigt wird
TOUTPT(J) := Gesamtproduktion des Industriesektors J

(10) $TOUTPT(I) = \sum_{J} \left[IA^{-1} (IJ) \right] \cdot Q(J)$

$IA^{-1}(IJ)$:= Inverse Matrix der Einheitsmatrix minus der Input-Output-Matrix für die Industriesektoren I und J

7. Die gesamte Importnachfrage

(11) $IMPORT = \sum_{J} \sum_{M} \left[CIMP(J,M) + RIDIMP(J,M) + GOVIMP(J,M) + PIMP(J) \right]$

IMPORT := Gesamtimport in konstanten Preisen
CIMP(J,M) := Konsumnachfrage nach dem Importgut J in der Region M in konstanten Preisen
RIDIMP(J,M) := Investitionsnachfrage nach dem Importgut J für die Region M in konstanten Preisen
GOVIMP(J,M) := Regierungsnachfrage nach dem Importgut J für die Region M in konstanten Preisen
PIMP(J) := Nachfrage nach dem Importgut J als Zwischenprodukt in konstanten Preisen

(12) $PIMP(J) = \sum_{L} AIMP(J,L) \cdot TOUTPT(L)$

AIMP(J,L) := Inputkoeffizient für das Importgut J zur Produktion des Gutes L
TOUTPT(L) := Gesamtoutput des Industriesektors L

(13) DIFIMP = IMPORT - LIM

DIFIMP := Gewünschte Überschreitung der Importquote in konstanten Preisen
LIM := Importquote in konstanten Preisen

(14) $$\frac{DOMEST}{DIFIMP} = SUBCIM \left[\frac{\sum_J \sum_M CIMP(J,M)}{IMPORT}\right]$$

$$+ SUBRIM \left[\frac{\sum_J \sum_M RIDIMP(J,M)}{IMPORT}\right]$$

$$+ SUBPIM \left[\frac{\sum_J PIMP(J)}{IMPORT}\right]$$

DOMEST := Zunahme der Inlandsproduktion aufgrund der Importsubstitution

SUBCIM := Importsubstitutionsrate für den Konsumgüterimport

SUBRIM := Importsubstitutionsrate für den Importgüterimport

SUBPIM := Importsubstitutionsrate für den Import von Vorprodukten

(15) $$PCTSUB = SUBPIM \left(\frac{DIFIMP}{IMPORT}\right)$$

PCTSUB := Wirkungsgrad der Importsubstitution

8. Regionale Allokation der Produktion

(16) $$RPCAP(I,M) = \left[1.0 + ALPHAI(I,M)\right] \cdot \left[RPCAP(I,M)_{t-1} - DEPREC(I,M)_{t-1}\right] + \left[CME(I) \cdot RINVST(I,M)_{t-LAG(I)}\right]$$

ALPHAI(I,M) := Effektivitätszuwachsrate der Kapazitäten des Industriesektors I der Region M aufgrund nichtgebundenen technischen Fortschritts

DEPREC(I,M) := Abschreibungen in Kapazitätseinheiten in dem Industriesektor I der Region M

CME(I) := Marginale Kapitalproduktivität des Industriesektors I

$RINVST(I,M)_{t-LAG(I)}$:= Investitionsausgaben der Industriesektors I der Region M zum Zeitpunkt t aufgrund von Investitionsentscheidungen in der Periode t--LAG(1) [Verzögerung der Investition im Industriesektor I]

$$(17)\quad ROUTPT(I,M) = TOUTPT(I)\left[OUTF(I)\cdot\frac{ROUTPT(I,M)_{t-1}}{\sum\limits_{M} ROUTPT(I,M)_{t-1}}\right.$$

$$+ PROF(I)\cdot\frac{PRFIT(I,M)_{t-1}}{\sum\limits_{M} PRFIT(I,M)_{t-1}}$$

$$\left.+ CAPF(I)\cdot\frac{RPCAP(I,M)}{\sum\limits_{M} RPCAP(I,M)}\right]$$

OUTF(I) := Anteil des Outputs der vergangenen Periode des Industriesektors I am Gesamtoutput der laufenden Periode

PROF(I) := Anteil der Profite der vergangenen Periode des Industriesektors I am Gesamtprofit der laufenden Periode

$PRFIT(I,M)_{t-1}$:= Nettogewinn nach Steuern der vergangenen Periode im Industriesektor I der Region M

CAPF(I) := Anteil der Kapazität des Industriesektors I an der Gesamtkapazität

9. Interregionale Güterströme

$$(18)\quad DEMAND(I,M) = \sum_{J} A(I,J)\cdot ROUTPT(J,M)$$

$$+ \sum_{J} B(I,J)\cdot RINVST(J,M)$$

$$+ C(I,M) + GOV(I,M)$$

DEMAND(I,M) := Nachfrage nach Gut I in der Region M ausschließlich Vorratsinvestitionen in konstanten Preisen

A(I,J) := Import des Gutes I zur Produktion des Gutes J

ROUTPT(J,M) := Output des Industriesektors J in der Region M

(19) SUPPLY(I,M) = ROUTPT(I,M) - RINVC(I,M)

SUPPLY(I,M) := Gesamtangebot an Gut I der Region M

(20) $$\text{FLOW}(M,N,I) = \frac{\text{SUPPLY}(I,M) \cdot \text{DEMAND}(I,N)/[\text{RFAC}(M,N,I)]^{\text{EXPON}}}{\sum_K \text{DEMAND}(I,K)/[\text{RFAC}(M,K,I)]^{\text{EXPON}}}$$

FLOW(M,N,I) := Strom des Guts I von Region M nach Region N

DEMAND(I,N) := Nachfrage der Region N nach Gut I

RFAC(M,N,I) := Widerstandsfaktor im Gravitationsmodell für das Gut I zwischen den Regionen M und N

DEMAND(I,K) := Nachfrage der Region K nach Gut I

RFAC(M,K,I) := Widerstandsfaktor im Gravitationsmodell für das Gut I zwischen den Regionen M und K

(21) $$\text{RFAC}(M,N,I) = \frac{\text{RUPCST}(I,M) + \text{TCHRG}(M,N,I)}{\text{P}(I,N)}$$

RUPCST(I,M) := Stückkosten pro Einheit von Gut I in Region M (ohne Transportkosten bei den Inputs)

TCHRG(M,N,I) := Transportkostensätze für das Gut I für den Transport von Region M nach Region N

P(I,N) := Preis des Gutes I in Region N (Index)

(22a) $$\sum_M \text{FLOW}(M,N,I) = \text{DEMAND}(I,N)$$

(22b) $$\sum_N \text{FLOW}(M,N,I) = \text{SUPPLY}(I,M)$$

10. <u>Sektorale Löhne</u>

(23) $$\text{WMARG}(I,M) = \text{WAGER}(I,M) \cdot [1.0 + \text{WOVER}(I,M)]^{\left[\frac{\text{ROUTPT}(I,M)}{\text{RPCAP}(I,M)} - 1.0\right]}$$

WMARG(I,M) := Marginale Lohnkosten des Industriesektors I in der Region M

WAGER(I,M) := Lohnkosten pro Outputeinheit im Industriesektor I in der Region M.

WOVER(I,M) := Elastizität der Lohnkosten bei Intensivierung der Kapazitätenausnutzung im Industriesektor I der Region M

11. Sektorale Nettogewinne

(24) $REVENU(I,M) = \sum_N FLOW(M,N,I) \cdot [1.0 - TAX(I,N)]\ P(I,N)$

REVENU(I,M) := Erlös des Industriesektors I der Region M (nach indirekten Steuern)

TAX(I,N) := Steuersatz in Region N für das Gut I

(25) $RPCST(I,M) = ROUTPT(I,M) \cdot [\sum_J A(J,I) \cdot P(J,M) + \sum_J AIMP(J,I) \cdot PIMPRT(J,M)] + WAGES(I,M)$

RPCST(I,M) := Gesamte Produktionskosten im Industriesektor I der Region M in laufenden Preisen

A(J,I) := Inputkoeffizient für das Gut J zur Produktion des Gutes I

P(J,M) := Preis des Gutes J in der Region M (Index)

AIMP(J,I) := Inputkoeffizient für das Importgut J zur Produktion des Gutes I

PIMPRT(J,M) := Preis des Importgutes J in der Region M (Index)

WAGES(I,M) := Gesamte Lohnkosten im Industriesektor I der Region M in laufenden Preisen

(26) $PRFIT(I,M) = [REVENU(I,M) - RPCST(I,M) - DEPCST(I,M)] \cdot [1.0 - TXPROF(I)]$

TXPROF(I) := Gewinnsteuersatz für den Industriesektor I

(27) $RETAIN(I,M) = PRFIT(I,M) \cdot [1.0 - BETA(I)]$

BETA(I) := Ausgeschütteter Gewinnanteil im Industriesektor I

(28) $YDIST(M) = \sum_I BETA(I) \cdot PRFIT(I,M)$

YDIST(M) := Einkommen aus ausgeschütteten Gewinnen in der Region M zu laufenden Preisen.

12. Verfügbares persönliches Einkommen

(29) $Y(M) = \sum_{I} WAGES(I,M) \cdot [1.0 - TXWAGE]$

$+ YDIST(M) \cdot [1.0 - TXDIST] + TRNSF(M)$

Y(M) := Verfügbares persönliches Einkommen in der Region M

TXWAGE := Steuersatz für das Lohneinkommen

TXDIST := Steuersatz für ausgeschüttete Gewinne

TRVSF(M) := Transferzahlungen für die Region M zu laufenden Preisen

13. Preisfunktion

(30) $PCOST(I,M) = PASSA(I)\Delta SCA(I,M)$
$+ PASSB(I)[\Delta SCM(I,M) - \Delta SCA(I,M)]$
$+ PASSD(I)[DTAX(I,M)\ P(I,M)_{t-1}]$

PCOST(I,M) := Kostenvariable in der Preisfunktion des Gutes I für die Region M

PASSA(I) := Anteil des überwälzbaren Durchschnittskostenanstiegs auf die Preise für das Gut I

ΔSCA(I,M) := Veränderung der durchschnittlichen Angebotskosten des Gutes I in der Region M

PASSB(I) := Anteil des überwälzbaren Anstiegs der marginalen Kosten auf die Preise für das Gut I

ΔSCM(I,M) := Veränderung der marginalen Angebotskosten des Gutes I verkauft in der Region M

PASSD(I) := Anteil der auf den Preis überwälzbaren Erhöhung der indirekten Steuern für das Gut I

DTAX(I,M) := Veränderung der Umsatzsteuerrate für das Gut I in der Region M

$P(I,M)_{t-1}$:= Preis für das Gut I in der Region M in der vorhergehenden Periode

(31) $$P(I,M) = [1.0 + PASSE(I)]\, P(I,M)_{t-1} + \left\{1.0 + PASSF(I)\left[\frac{\sum_N ROUTPT(I,N)_{t-1}}{\sum_N RPCAP(I,N)_{t-1}} - 1.0\right]\right\} PCOST(I,M) + PASSG(I)\left[\frac{\sum_N ROUTPT(I,N)_{t-1}}{\sum_N RPCAP(I,N)_{t-1}} - 1.0\right] P(I,M)_{t-1}$$

PASSE(I) := Exogene Preisänderungsrate für das Gut I

$P(I,M)_{t-1}$:= Preis des Gutes I in der Region M in der vorhergehenden Periode

PASSF(I) := Parameter zur Kennzeichnung der Effekte der Handelsspanne auf die Nachfragebedingungen für das Gut I

$ROUTPT(I,N)_{t-1}$:= Output des Industriesektors I der Region N in der vorhergehenden Periode zu konstanten Preisen

$RPCAP(I,N)_{t-1}$:= Kapazität des Industriesektors I der Region N in der vorhergehenden Periode

PASSG(I) := Parameter zur Kennzeichnung des Preisanstiegs für das Gut I aufgrund einer Übernachfrage

(32) $$WAGER(I,M) = [1.0 + UNION(I) \cdot YINFLT_{t-1}]\, WAGER(I,M)_{t-1}$$

UNION(I) := Parameter zur Kennzeichnung des Effektes der Inflation auf die Lohnkostensätze im Industriesektor I

(33) $$\overline{GDP} = \sum_I Q(I) - \sum_I \sum_J AIMP(I,J) \cdot TOUTPT(J)$$

$\overline{GDP}$:= Bruttosozialprodukt, real

AIMP(I,J) := Inputkoeffizient des Importgutes I zur Produktion des Gutes J

(34) $$GDP = \sum_I \sum_M [DEMAND(I,M) + RINVC(I,M)] \cdot P(I,M) - \sum_I \sum_J [AIMP(I,J) \cdot TOUTPT(J)] \cdot POE(I)$$

GDP := Bruttosozialprodukt zu laufenden Preisen

POE(I) := Kosten für das Importgut I am Einfuhrort

(35) $\text{CONSUMPTION} = \sum_{I}\sum_{M} [C(I,M) + CIMP(I,M)]$

CONSUMPTION := Konsumnachfrage zu konstanten Preisen

(36) $\text{INVESTMENT} = \sum_{I}\sum_{M} RINVST(I,M)$

INVESTMENT := Anlageinvestitionen in konstanten Preisen

(37) $\text{VALEXP} = \sum_{I} EXP(I) \cdot P(I,NR)$

VALEXP := Exportwert des Industriesektors I zu laufenden Preisen

P(I,NR) := Preis des Gutes I auf dem Weltmarkt

(38) $IMP(I) = \sum_{M} [CIMP(I,M) + GOVIMP(I,M) + RIDIMP(I,M)$
$+ \sum_{J} AIMP(I,J) \cdot ROUTPT(J,M)]$

IMP(I) := Import des Gutes I in konstanten Preisen

GOVIMP(I,M) := Regierungsimporte des Gutes I für die Region M zu konstanten Preisen

AIMP(I,J) := Inputkoeffizienten für das Importgut I zur Produktion des Gutes J

ROUTPT(J,M) := Output des Industriesektors J der Region M in konstanten Preisen

(39) $\text{VALIMP} = \sum_{I} IMP(I) \cdot POE(I)$

VALIMP := Wert der Importe des Gutes I in laufenden Preisen

(40) BALANC = VALEXP - VALIMP

BALANC := Handelsbilanz in laufenden Preisen

II. DIE FUNKTIONEN DES TRANSPORTMODELLS DER HARVARD-STUDIE

1. Disaggregation des Angebots

(1) SUBSUP(K,NODE) = SUPPLY(I,M) SUBCOM(K,NODE)

SUBSUP(K,NODE) := Angebot des in NODE (Ort ...) produzierten Subgutes K

SUPPLY(I,M) := aggregiertes Angebot des Industriesektors I in Region M

SUBCOM(K,NODE) := Verhältnis der regionalen Produktion des Industriesektors I zur Produktion von Subgut K in NODE (exogen bestimmter Disaggregationsfaktor der Gütergruppen)

2. Disaggregation der Nachfrage

(2) DEMAND(I,NODE,K) = DEMAND(I,M,J) SUBCOM(K,NODE)

DEMAND(I,NODE,K) := Nachfrage nach Gut I durch Subsektor K in NODE

DEMAND(I,M,J) := Nachfrage nach Gut I der Industrie J in Region M

3. Gesamtnachfrage

(3) $\text{DEMAND(I,NODE)} = \sum_{K} \text{DEMAND(I,M,J) SUBCOM(K,NODE)}$

DEMAND(I,NODE) := Gesamtnachfrage nach Gut I in NODE

(4) $$\frac{\sum_{NODE} \text{SUBSUP(K,NODE)}}{\sum_{M} \sum_{J} \text{DEMAND(I,M,J)}}$$

SUBSUP(K,NODE) := Angebot an Subgut K in NODE

4. Schätzfunktion für die Nachfrage

(5) $$\text{SUBDEM(K,NODE)} = \frac{\sum_{NODE} \text{SUBSUP(K,NODE)}}{\sum_{M} \sum_{J} \text{DEMAND(I,M,J)}} \cdot \sum_{K} \text{DEMAND(I,M,J) SUBCOM(K,NODE)}$$

SUBDEM(K,NODE) := Nachfrage nach Subgut K am Ort NODE

(6)

$$LPV = \begin{bmatrix} F_1 \\ F_2 \\ F_3 \\ F_4 \\ F_5 \end{bmatrix}$$

F_1 ... Wartezeit auf der Strecke
F_2 ... Reisezeit auf der Strecke
F_3 ... Berechenbarkeit der gesamten Reisezeit
F_4 ... Sicherheit des Transportes
F_5 ... Transporttarif

LPV := Streckenleistungsvektor

(7)

$$CPV = \begin{bmatrix} C_1 \\ C_2 \\ C_3 \\ C_4 \\ C_5 \end{bmatrix}$$

C_1 ... Kosten der Wartezeit inklusive möglicher Verlust oder Beschädigung während der Wartezeit
C_2 ... Kosten der Reisezeit inklusive möglicher Verluste während der Reisezeit
C_3 ... Kosten der Unsicherheit der Ankunftszeit
C_4 ... Wert des Gutes
C_5 ... Sondertariffaktor für bestimmte Güter

CPV := Affinitätsfaktor

(8)
$$\begin{aligned} RFAC(L,K) &= LPV(L) \cdot CPV(K) \\ &= \sum_{i=1}^{5} F_i(L) \cdot C_i(K) \end{aligned}$$

RFAC(L,K) := Gesamte Kosten des Transports für das Subgut K auf der Strecke L

LPV(L) := Leistungsvektor auf der Strecke L

CPV(K) := Affinitätsvektor des Subgutes K

$F_i(L)$:= Leistungselemente auf der Strecke L

$C_i(K)$:= Affinitätskriterien für das Subgut K

(9)

$$CUMR(M,N) = \min_{MNPATH \in LPATHS} \left[\sum_{L \in MNPATH} RFAC(L) \right]$$

CUMR(M,N) := Kürzeste Strecke von Region M nach Region N

RFAC(L) := siehe (8)

MNPATH := Route, zusammengesetzt aus Strecken zwischen Region M und N

LPATHS := alle möglichen Verbindungen von Strecken zwischen Region M und N

(10) minimize $\sum_M \sum_N CUMR(M,N)\ FLOW(M,N)$

mit

$$\sum_{N} FLOW(M,N) = SUPPLY(M) \quad \text{(für alle M)},$$

$$\sum_{M} FLOW(M,N) = DEMAND(N) \quad \text{(für alle N)},$$

$$\sum_{M} SUPPLY(M) = \sum_{N} DEMAND(N)$$

wobei

$FLOW(M,N) \geq 0$

FLOW(M,N) := Güterstrom des Subgutes aus M nach N

SUPPLY(M) := Angebot des Subgutes, das in M produziert wird

DEMAND(N) := Nachfrage nach dem Subgut in N

(11) $$FLOW(M,N) = \frac{SUPPLY(M) \cdot DEMAND(N)/CUMR(M,N)^{EXPON}}{DEMAND(N)/\sum_{N} CUMR(M,N)^{EXPON}}$$

(12) $AVAIL(MODE,ICLAS) = VEHCLS(MODE,ICLAS) \cdot DAYS \cdot HRPDAY(MODE)$

AVAIL(MODE,ICLAS) := Kapazität an Fahrzeugstunden des betreffenden Verkehrsmittels und der betreffenden Klasse

VEHCLS(MODE,ICLAS) := Zahl der Fahrzeuge des betreffenden Verkehrsmittels und Klasse im System

DAYS := Arbeitstage pro Jahr

HRPDAY(MODE) := tägliche Arbeitsstunden der Fahrzeuge des betreffenden Verkehrsmittels

(13) $REQ(MODE,ICLAS) = WAIT(MODE,ICLAS) + TRAVEL(MODE,ICLAS) + TRNSFR(MODE,ICLAS) + TERMNL(MODE,ICLAS)$

REQ(MODE,ICLAS) := notwendige Fahrzeugstunden zur Bewältigung des Transportanfalls im System

TRAVEL(MODE,ICLAS) := gesamte Reisezeit der Fahrzeuge des Systems

TRNSFR(MODE,ICLAS) := gesamte Lade- und Entladezeiten der Fahrzeuge des Systems an Transferstrecken

TERMNL(MODE,ICLAS) = gesamte Lade- und Entladezeiten am Quell- und Zielort

WAIT(MODE,ICLAS) := Wartezeiten der Fahrzeuge des Systems durch Fahrerwechsel oder Stauungen etc.

(14) $TRNSFR(MODE,ICLAS) = \sum_{J \in MODE} TRNSFR(J,ICLAS)$

TRNSFR(J,ICLAS) := Lade- und Entladezeiten für das Gut J für das betreffende Verkehrsmittel und die betreffende Klasse

(15) $REQAVL(MODE,ICLAS) = \frac{REQ(MODE,ICLAS)}{AVAIL(MODE,ICLAS)}$

REQAVL(MODE,ICLAS) := Verhältnis von Angebot und Nachfrage nach Fahrzeugen des betreffenden Verkehrsmittels und der betreffen den Klasse

Quelle: ROBERTS, P.O.; KRESGE, D.T.: System Analysis ..., a.a.O., S. 16-32; S. 42-63;

HARVARD UNIVERSITY: An Analysis of Investment ..., Vol. I, a.a.O., S. 58-152

Die Güterverteilung mit Hilfe eines linearen Programmierungsansatzes beinhaltet die Annahme, daß jeder Anbieter nur eine bestimmte Zahl von Märkten beliefert und sich dabei keine Überschneidungen ergeben. Das entspricht nicht der Realität. Das Gravitationsmodell setzt voraus, daß jeder Produzent auch auf jedem Markt anbietet und daß Angebot und Nachfrage sich ausgleichen. Beide Annahmen sind nicht sehr realitätsnah. Zudem erreicht das Gravitationsmodell nur im Falle aggregierter Verkehrsströme ein hohes Maß an Flexibilität und Fassungsvermögen für eine große Anzahl von Bedingungen; dadurch geht jedoch der Erklärungsgehalt des Modells verloren, und es kann nicht auf die individuellen Unterschiede der einzelnen Güter und Gütergruppen eingegangen werden. Andererseits ist im Falle disaggregierter Verkehrsströme das Modell nicht so flexibel, daß es auf Veränderungen in adäquater Weise reagieren kann. Das zentrale Problem im Rahmen des Gravitationsmodells ist die Ermittlung des Widerstandsfaktors, der sowohl im makroökonomischen als auch im Transportmodell als Exponent des Kostenterms eingebaut ist. Bei der praktischen Anwendung des HARVARD-Modells hat sich die Bestimmung dieses Exponenten als besonders schwierig erwiesen.[219)]

O) KONSEQUENZEN FÜR DIE KONZEPTION EINES GESAMTWIRTSCHAFTLICHEN ANSATZES ZUR BEWERTUNG VON VERKEHRSINVESTITIONEN

Wie die obige Disukssion der Ansätze zur Bewertung von Verkehrsinvestitionen gezeigt hat, liegen den Modellen sehr heterogene methodische Konzepte zugrunde. So ist festzuhalten, daß zum einen die Ansätze der Raumwirtschaftstheorie und die Bewertungskonzepte für Entwicklungsländer mit sehr abstrakten Modellkonzeptionen arbeiten. Die Aussagen, die diese Ansätze für die Bewertung einer Verkehrsinvestition liefern, sind nicht mehr als erste Anhaltspunkte für die Ermittlung der Effizienz der Investitionsprojekte, da diesen Modellen zumeist sehr realitätsferne Prämissen zugrundeliegen. Diese weitgehende Abstraktion erlaubt es jedoch, mit sehr geringem Datenaufwand tendenzielle Aussagen über die Effizienz einer Verkehrsinvestition zu machen, was vor allem bei der Evaluierung von Verkehrsprojekten in Entwicklungsländern von Vorteil ist.

Ein anderer Komplex von Bewertungsmodellen versucht, in nicht so hohem Maße von der Realität zu abstrahieren und neben den quantitativen Effekten auch die qualitativen Effekte einer Verkehrsinvestition in das Bewertungsverfahren einzubeziehen. Diesen Modellen liegt entweder eine kosten-nutzenanalytische, kostenwirksamkeitsanalytische oder nutzwertanalytische Methode zugrunde. Auch hier sind unterschiedliche Komplexitätsgrade in den Modellen zu beobachten, die sich sowohl in der Anzahl der Bewertungselemente als auch in der Differenzierung der betroffenen Gruppen widerspiegeln. Obwohl diese Ansätze aufgrund der Multidimensionalität der zugrundegelegten Bewertungsmethoden in der Lage sind, äußerst heterogene Elemente zusammenzufassen, treten die Probleme der Gewichtung der einzelnen Elemente und ihre Aggregation in den Vordergrund. Die Offenheit dieser Konzeptionen für die subjektive Werteinschätzung verlangt bei der Interpretation der Ergebnisse eine starke Berücksichtigung des Standpunktes der Bewertenden. Zwar fordern diese Bewertungskonzepte vom Entscheidenden subjektive Rationalität, sind daher nicht in der Lage, die Auswirkungen einer Verkehrsinvestition zu objektivieren.

Ein dritter Komplex legt gesamtwirtschaftliche ökonometrische Modelle zur Bewertung von Verkehrsinvestitionen zugrunde und versucht, die Auswirkungen des Verkehrssektors auf die Gesamtwirtschaft zu erfassen. Dabei steht einmal eine Sozialproduktsmaximierung als Zielsetzung im Vordergrund, zum anderen wird die Effizienz einer Verkehrsinvestition an einer regional differenzierten Zielprojektionen gemessen. Unterschieden wird in Effizienzsteigerungen des Verkehrssystems und Effekte auf die regionalen Strukturen. Die Auswirkungen der Verkehrsinvestition werden an den Zielprojektionen oder den Bruttosozialproduktssteigerungen gemessen, und die Zielerreichungsgrade stellen die Grundlage für den Bewertungsprozeß dar.

Wie aus den Prämissen der einzelnen Modelle hervorgeht, sind sie nahezu alle auf bestimmte Situationen zugeschnitten, so daß keine dieser Modellkonzeptionen als allgemeingültiger Ansatz zur Bewertung von Verkehrsinvestitionen herangezogen werden kann. Ferner fehlt meist eine Bewertung der Verkehrsinvestition im Systemzusammenhang sowie die Möglichkeit, unterschiedliche Arten von Verkehrsinvestitionen alternativ und simultan zu berücksichtigen. Die meisten Studien sind lediglich für die Analyse einer Investitionsart - sprich eines Verkehrsmittels - ausgelegt. Bei der Erfassung der Effekte wird weniger auf die langfristigen als vielmehr auf die kurz- bis mittelfristigen Auswirkungen abgestellt und zudem eine Analyse der Wirkungslags nicht vorgenommen. Diesen Aspekten ist bei der Konzipierung eines gesamtwirtschaftlich orientierten Modells Rechnung zu tragen.

Gewisse Ausnahmen zu dieser Kritik sind das ZIEBUV-, das RAND-, das CONSAD- und das HARVARD-MODELL. Das ZIEBUV-Modell sieht den Zusammenhang zwischen Verkehrsinvestition und gesamtgesellschaftlichem System, vernachlässigt aber den Zusammenhang zwischen Verkehrsinvestition und Verkehrssystem. Das RAND-Modell hingegen betont die Qualitätssteigerung des Verkehrssystems und versucht, diesen Zusammenhang quantitativ zu erfassen. Das CONSAD-Modell stellt die Wirtschaftsstruktur in den Mittelpunkt und fragt nach den Auswirkungen der Verkehrsinvestition auf strukturelle Gegebenheiten. Das HARVARD-Modell konzipiert sowohl ein gesamtwirtschaftliches als auch ein Verkehrmodell und analysiert die Interaktionen. Die Fristigkeit der Effekte ist hingegen in keinem Modell direkt angesprochen. Die Gültigkeit der Bewertungskonzepte ist identisch mit der Gültigkeit der in den Modellen verarbeiteten Verhaltensgleichungen oder Zielsystemen. Einen Überblick über die dargestellten Modelle bezüglich der verwendeten Bewertungsverfahren, der zugrundegelegten Entscheidungskriterien sowie die Vor- und Nachteile der Konzepte soll Tab. 11 geben.

TAB. 11: ÜBERBLICK ÜBER DIE DARGESTELLTEN MODELLE ZUR BEWERTUNG VON VERKEHRSINVESTITIONEN

Name des Modells	raumwirtschaftliche Ansätze (THÜNEN, LÖSCH, CHRISTALLER)	Pyramidenmodell von WALTERS	Dringlichkeitsreihung von Straßenbauinvestitionen
Zweck des Modells	Analyse der räumlichen Verteilung von Aktivitäten	Beurteilung von Straßenbauinvestitionen	Festsetzung von Prioritäten bei Straßenbauvorhaben
Bewertungsverfahren	---	geometrisch-analytisches Verfahren (Nutzenpyramide)	Punktbewertungsmodell mit kostenwirksamkeitsanalytischem Charakter
Entscheidungskriterium	---	Gewinndifferenz	Verhältnis von Nutzenpunkten zu Baukosten (pro Kilometer)
Vorteile	detaillierte Raumanalyse	Simplizität; geringe Datenanforderungen	Simplizität; geringe Datenanforderungen
Nachteile	kein expliziter Bezug auf eine Verkehrsinvestition; Verkehr wird global als Infrastruktur betrachtet	geringer Informationsgehalt; Vernachlässigung externer Effekte; gilt uneingeschränkt nur bei vollkommener Konkurrenz	keine Erfassung externer Effekte; Überschneidungen von Bewertungskriterien; Fehlen eines Zeithorizontes

Name des Modells	STANLEY-Modell	Bewertungsmodell von DORNIER-SYSTEM	ZIEBUV-Modell
Zweck des Modells	Bewertung von Zubringerstraßen	Bewertung von zukünftigen Verkehrssystemen; Ableitung von Anforderungen an Verkehrssysteme	Bewertung von Verkehrsinvestitionen
Bewertungsverfahren	simplifizierte Nutzwertanalyse	Nutzwertanalyse	Nutzwertanalyse
Entscheidungskriterium	Maximierung der Punkt- bzw. Nutzwerte	Nutzwertmaximierung	Nutzwertmaximierung
Vorteile	einfache Handhabung; geringes Anspruchsniveau an die Datenbasis	Offenlegung der Präferenzen; Einbeziehung von tangibles und intangibles	Einbeziehung externer Effekte; Transparenz des Zielsystems; EDV-gestützt
Nachteile	nur globale Bewertung; geringer Informationsgehalt	Überschneidungen der Wirkungsbereiche; pauschale Erfassung externer Effekte; keine Erfassung von strukturellen Wirkungen; kein Zeithorizont	großer Datenbedarf; Problematik der Verknüpfung von Mengen- und Wertgerüsten

Name des Modells	INTERTRAFFIC-Modell	Korridorbericht	FRERICH-Modell
Zweck des Modells	Bewertung von Ersatzinvestitionen im Verkehrswegebau und Fixierung des optimalen Ersatzzeitpunktes	Bewertung und Dringlichkeitsreihung von verschiedenen Verkehrsinvestitionen und ihrer Kombinationen	Bewertung von Autobahnen
Bewertungsverfahren	Kosten-Nutzen-Analyse	Verknüpfung von Kosten-Nutzen- und Kostenwirksamkeitsanalyse	interregionale Input-Output-Analyse
Entscheidungskriterium	Kostenminimierung und Bestimmung des optimalen Ersatzzeitpunktes	1) Kosten-Nutzen-Verhältnis (DM/DM) 2) Kostenwirksamkeitsgrad (Punkte/DM)	kein explizites Entscheidungskriterium; Analyse von Wirkungen auf die Produktionskapazität und Branchenmischung
Vorteile	Berücksichtigung des Zeithorizontes; Beschränkung auf rein technische Größen	getrennte Erfassung und Behandlung monetär und nicht-monetär bestimmbarer Größen	Differenzierung der Wirkungen nach Leistungserstellung und -abgabe; Differenzierung zwischen Produktionserweiterungen und Strukturveränderungen
Nachteile	Annahme linearer Abschreibungen ist nur approximativ; Problem der Fixierung einer Diskontrate; Ausklammerung von Verbesserungsmaßnahmen	unrealistische Voraussetzung konstanter Nutzen und Kosten pro Jahr Unterstellung der regionalen Gleichgewichtigkeit der Bewertungskriterien; Problem der Verknüpfung von Mengen- und Wertgerüst; Transformation der Punktwerte in DM-Werte oder umgekehrt ist normativ festgelegt.	fixe Input-Output-Koeffizienten; keine eindeutige Trennung von Wachstums- und Struktureffekten; keine direkte Zurechenbarkeit der Effekte zur Verkehrsinvestition

Name des Modells	VAN DER TAK/RAY-Modell	ISRAEL-Modell	RAND-Modell
Zweck des Modells	Bewertung von Verkehrsinvestitionen	Bewertung von Zubringerstraßen	Bewertung von Strecken und Routen eines Verkehrssystems
Bewertungsverfahren	Konzept der Konsumenten- und der Produzentenrente	lineare Programmierung	nutzwertanalytisches Verfahren, gekoppelt mit Kostenwirksamkeitsindices
Entscheidungskriterium	Maximierung der Differenz der Summen aus Konsumenten- und Produzentenrenten vor und nach der Investition	Maximierung der Wertschöpfung unter Nebenbedingungen	Maximierung des Nutzwertes bzw. Minimerung der Kosten
Vorteile	Simplizität; globale Erfassung der Auswirkungen einer Verkehrsinvestition	Aussagen über Strukturveränderungen; Möglichkeit, Investitionspakete zu bewerten; Ermittlung der regionalen Engpaßfaktoren	Berücksichtigung der Qualitätsprofile von Angebot und Nachfrage; Gruppenspezifische Analyse; flexibles Bewertungskonzept
Nachteile	gilt uneingeschränkt nur in der vollkommenen Konkurrenz; keine Bewertung der Verteilung; Angebots- und Nachfragekurven sind nur punktuell bestimmt; Annahme der völligen Überwälzung von Kostensenkungen ist unrealistisch; Nichterfassung externer und struktureller Effekte	Voraussetzung linearer Zusammenhänge unrealistisch, wenn auch gute Approximation; Vernachlässigung der Kosten; keine Aussagen über den Zeithorizont; Vernachlässigung korrespondierender Wirtschafts- und Verkehrsbeziehungen	unzureichende Spezifikation der externen Effekte; kein konsistentes Bewertungskonzept; Problematik der Ermittlung von Diskontierungsraten

Name des Modells	CONSAD-Modell	HARVARD-Modell
Zweck des Modells	Bewertung von raumstrukturellen Effekten einer Verkehrsinvestition	Bewertung von Verkehrssystemen im Rahmen der Gesamtwirtschaft
Bewertungsverfahren	wohlfahrtstheoretisches Konzept in nutzwertanalytischer Ausprägung	makroökonomisches Simulationsmodell auf der Basis einer Input-Output-Analyse
Entscheidungskriterium	Wohlfahrtsmaximierung	Sozialproduktsmaximierung
Vorteile	detaillierte regionale Gliederung; lokale und sektorale Allokation der Effekte; verkehrssystemabhängiger Bewertungsansatz	explizite Ausgestaltung eines makroökonomischen Modells; detaillierte Analyse des Verkehrssektors
Nachteile	unsystematische Behandlung der Qualitätsprofile des Verkehrsangebots und der Nachfrage; keine Spezifikation der Wohlfahrtsfunktion	hohe Anforderungen an die Datenbasis; Koppelung von disaggregiertem Makro- auf Sektor- und Regionsbasis und dem Verkehrsmodell auf der Basis von Kanten und Knoten ist nicht ausreichend spezifiziert

TEIL III: ENTWICKLUNG EINES GESAMTWIRTSCHAFTLICHEN BEWERTUNGSANSATZES FÜR VERKEHRSINVESTITIONEN

A) DIE BEDINGUNGEN UND VORAUSSETZUNGEN FÜR DIE ENTWICKLUNG EINES GESAMTWIRTSCHAFTLICHEN ANSATZES ZUR BEWERTUNG VON VERKEHRSINVESTITIONEN

Das Resultat der Analyse der Modelle zur Bewertung von Verkehrsinvestitionen ist die Forderung nach einer Bewertungskonzeption, die der Komplexität des Problems Rechnung trägt und die Effekte einer Verkehrsinvestition auf das Verkehrssystem und auf die Gesamtwirtschaft in adäquater Weise verarbeitet. Die konkrete Ausgestaltung eines Modells zur Bewertung von Verkehrsinvestitionen muß der jeweiligen Entscheidungssituation angepaßt sein; es kann daher nicht verabsolutiert und so formuliert werden, daß ihm eine allgemeine Anwendbarkeit zuzusprechen ist. Das Modell kann weder für alle Zeiten noch für alle Untersuchungsfälle Gültigkeit besitzen. Daher sollte ein gesamtwirtschaftlich orientierter Bewertungsrahmen formuliert werden, der eine möglichst große Flexibilität und Modifikationsbreite, d.h. Anpassungsfähigkeit an eine möglichst große Zahl von Entscheidungssituationen aufweist.

Die Konzeption eines solchen Ansatzes kann grundsätzlich unter zwei divergierenden Aspekten betrachtet werden, nämlich erstens aus der Sicht des Theoretikers und zweitens aus der des Praktikers. Beide Standpunkte stellen andere Anforderungen an die zu entwickelnde Methode und führen in der Regel zu voneinander abweichenden Konzeptionen.

Der Theoretiker will grundsätzlich die ökonomischen Interaktionen möglichst exakt identifizieren und in einem Modell abbilden, das der Realität nahekommt. Durch die Formulierung von Verhaltens- und Identitätsgleichungen wird versucht, die Interaktionen zu erfassen, wobei Fehler in der Spezifizierung dieser Gleichungen auftreten. Dieser Spezifizierungsfehler muß minimiert, wenn möglich sogar eliminiert werden. Diese Bedingungen führen zu komplexen Modellen mit hohen mathematischen Anforderungen, aber auch hohen Ansprüchen an die Qualität der benötigten Daten. Dabei ist es für den Theoretiker unerheblich, ob die tatsächlich vorhandenen Daten den Qualitätsansprüchen der von ihm entwickelten Modelle genügen, da es für ihn mehr um die Qualität des theoretischen Modells und seinen Erklärungswert geht und weniger um die praktische Anwendbarkeit.

Der Praktiker hingegen ist gezwungen, mit der Qualität der vorhandenen Daten auszukommen, denn für ihn ist nicht ausschließlich der theoretische Erklärungswert eines Modells, sondern die praktische Anwendbarkeit und Brauchbarkeit maßgebend. Denn er ist gezwungen, den Anforderungen der faktisch gegebenen Planungsnotwendigkeit gerecht zu werden.

Idealtypische Modellannahmen, spekulative Konzeptionen und die Ignoranz der Qualität und Brauchbarkeit der vorhandenen Daten lösen nicht die Probleme des Praktikers. Die Planungsnotwendigkeit bringt notgedrungen ein Zurückstecken bezüglich der theoretischen Exaktheit zugunsten der Operationalität des angewandten Modells mit sich. Sicherlich ist diese Abschwächung der theoretischen Exaktheit ein eindeutiger Mangel in der Arbeitsweise des Praktikers. Er sollte nicht versuchen, Komplexität durch Kompliziertheit zu ersetzen,und sich somit ausschließlich auf die Verbesserung der Datenbasis konzentrieren. Die Komplexität eines Modells ist in erster Linie ein Qualitätsmerkmal eines Konzeptes. Zu prüfen ist, ob die tatsächliche Datenbasis den Anforderungen der komplexen Modelle entspricht. Nur so sind vom Praktiker Planungsergebnisse zu erzielen, die auch von theoretischer Seite abgesichert sind. Die Forschung nach Verbesserung der Datenbasis und -qualität steht unangetastet im Raum. Da Spezifizierungsfehler des Modells und Meßfehler in den Daten die Exaktheit der Aussagen eines Modells beeinflussen, sollte eine Modellkonzeption gewählt werden, die unter den gegebenen Einschränkungen der Spezifikation und Datenfehler optimale Ergebnisse liefert. Dieser Zusammenhang läßt sich graphisch leicht veranschaulichen (vgl. dazu Abb. 34).

ABB. 34 : OPTIMALER KOMPLEXITÄTSGRAD FÜR VORHANDENE DATEN-QUALITÄT

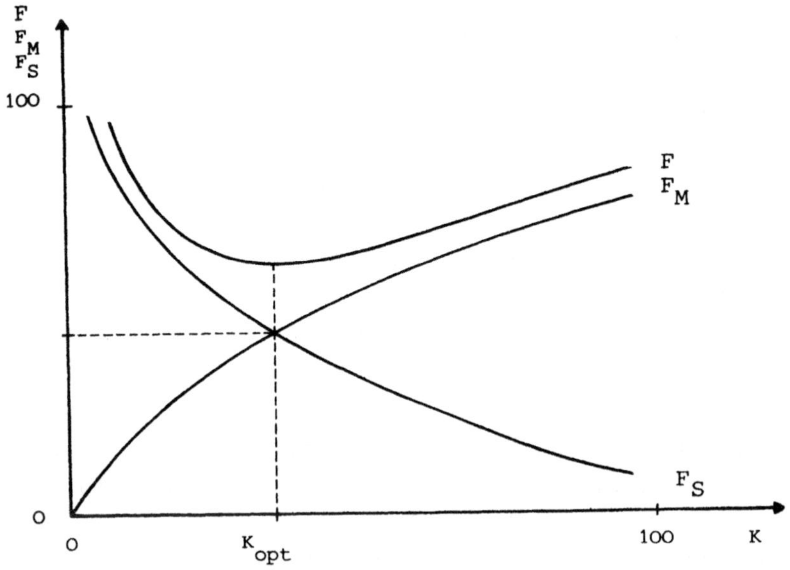

Trägt man auf der Abszisse den Komplexitätsgrad K des Modells im Bereich O bis 100 und auf der Ordinate die Fehler F ebenfalls im Bereich O bis 100 ab, so ergibt sich die Kurve für den Spezifizierungsfehler F_S des Modells als fallende Kurve von einem hundertprozentigen Fehler bei einem Komplexitätsgrad von O bis zu einem nullprozentigen Fehler bei einem Komplexitätsgrad von 100. Die Kurve für die Meßfehler F_M, mit denen die vorhandenen Daten behaftet sind, ist eine steigende Kurve von einem nullprozentigen Fehler bei einem Modellkomplexitätsgrad von O bis zu einem hundertprozentigen Fehler bei einem Komplexitätsgrad von 100, da sich die Meßfehler bei komplexeren Modellen mit höheren mathematischen Anforderungen häufen bzw. fortpflanzen. Die Gesamtfehlerkurve F ergibt sich gemäß

(94) $F = \sqrt{F_S^2 + F_M^2}$.

Der minimale Gesamtfehler ergibt sich dort, wo die Kurven F_M und F_S sich schneiden; der Komplexitätsgrad ist hier der optimale. Ein Modell mit höherem oder niedrigerem Komplexitätsgrad würde bei der gegebenen Datenqualität, d.h. dem gegebenen Meßfehler, zu einem größeren Gesamtfehler führen. Der Praktiker erhält also optimale Ergebnisse, wenn er bei gegebener Datenqualität ein Modell des Komplexitätsgrades K_{OPT} anwendet.

Dieser graphisch leicht darstellbare Zusammenhang ist leider nicht so ohne weiteres erfaßbar, da wohl der Meßfehler mit Hilfe der Standardabweichung gemessen werden kann, jedoch für den Spezifizierungsfehler des Modells keine eindeutigen Meßvorschriften existieren. Zudem ist der Begriff des Komplexitätsgrades nicht operational definiert.[220)]

Es ist daher nicht möglich, die Optimalität eines Modells zu berechnen, und der Streit um das für die Praxis bessere oder schlechtere Modell ist somit nicht eindeutig zu lösen.

Da es, wie oben ausgeführt, schwer ist, den unterschiedlichen Ansprüchen von Theorie und Praxis gleichzeitig gerecht zu werden, muß man sich bei der Neuformulierung eines Bewertungsansatzes zur Beurteilung von Verkehrsinvestitionen zunächst darüber im klaren sein, welchen Ansprüchen man genügen will, um zu fixieren, in bezug auf welche Punkte der neue Ansatz gegenüber den bereits existenten Verbesserungen bringen kann.

Es scheint wegen der praktischen Relevanz der Probleme nicht sinnvoll, ein weiteres Modell, das nur Erklärungswert hat, zu entwickeln. Die Forderung nach komplizierteren Modellen und damit die Forderung nach Verbesserung der Datenqualität und -quantität vermögen nicht die Interaktionen zwischen Wirtschaft, Gesellschaft und Verkehrssystem transparenter zu machen. Gefordert ist vielmehr ein komplexes Modell, das der vorhandenen Datenbasis und -qualität Rechnung trägt und Aussagen von politischer Relevanz liefert.

Aufgrund der Erfahrungen aus den analysierten Modellen sind daher die folgenden Voraussetzungen der Formulierung eines gesamtwirtschaftlich orientierten Modells zur Bewertung von Verkehrsinvestitionen zugrundezulegen:

(1) Eine Verkehrsinvestition ist nicht isoliert, sondern nur im Systemzusammenhang zu bewerten. Daher sollte erstens die gesamte Wirtschaft im Modell abgebildet werden und zweitens der Verkehrssektor.

(2) Eine Verkehrsinvestition hat langfristige Auswirkungen und ist nur adäquat zu bewerten, wenn diese langfristigen Effekte in die Entscheidung mit einbezogen werden. Daher sollte das der Bewertung zugrundegelegte makroökonomische Modell zur langfristigen Prognose fähig, also ein disaggregiertes Modell sein, wobei aufgrund der Spezies des Verkehrssektors diese Disaggregation nicht nur sektoral, sonder auch regional erfolgen muß.

(3) Neben den Eigenschaften und Auswirkungen einer Verkehrsinvestition sind ihre Kosten im Bewertungsansatz zu berücksichtigen. Dabei sind nicht nur die Investitions- und Folgekosten, sondern auch die gesamtwirtschaftlichen Kosten von Bedeutung.

(4) Die Auswirkungen einer Verkehrsinvestition sind von der Struktur und den Gegebenheiten des beeinflußten Raumes abhängig. Die Bewertung dieser Auswirkungen ist abhängig von den unterschiedlichen Zielsetzungen für verschiedene Raumtypen.

(5) Eine Verkehrsinvestition als politisches Instrument ist nur bezüglich ihres Zwecks, d.h. subjektiv-formalrational zu bewerten.

(6) Die Auswirkungen einer Verkehrsinvestition können auf den unterschiedlichen politischen Ebenen durchaus abweichend beurteilt werden. Daher sollte ein Ansatz zur Bewertung von Verkehrsinvestitionen die unterschiedlichen Bewertungen auf den Ebenen der politischen Formation eines Staatsgebildes berücksichtigen.

(7) Da die Auswirkungsspektren der einzelnen Investitionsarten differieren, hat der Bewertungsansatz eine entsprechend differenzierte Analyse zu ermöglichen.

B) DIE KOMPONENTEN DES ANSATZES

1) DAS MAKROÖKONOMISCHE MODELL

Im makroökonomischen Modell soll die wirtschaftliche Struktur des Untersuchungsgebietes abgebildet und die Entwicklung prognostiziert werden. Aufgrund dieses Modells werden die Basisdaten für das Verkehrsmodell wie Angebot, Nachfrage und Produktionskosten verfügbar, um die Verkehrsnachfrage zu prognostizieren. Andererseits soll das Verkehrsmodell die Auswirkungen einer Verkehrsinvestition auf die wirtschaftliche Entwicklung für die Erfassung im Makromodell zugänglich machen.

Die Struktur dieses grundlegenden makroökonomischen Modells wird durch wirtschaftspolitisch relevante Größen in der jeweiligen Entscheidungssituation bestimmt. Ein Makromodell, das auf die Problematik der Investitionsbewertung im Verkehrssektor zugeschnitten ist, wurde bisher nicht konzipiert, sondern man entlehnte makroökonomische Prognosemodelle, die auf die wirtschaftspolitisch allgemein interessierenden Größen abstellen. Daher ist dem Verkehrssektor in diesen Modellen sehr wenig Raum überlassen, und die zeitliche Gültigkeit ist beschränkt. Da explizit ein Verkehrsmodell außerhalb des makroökonomischen Modells formuliert werden soll, kann die Forderung nach einer expliziten Berücksichtigung des Verkehrssektors im Makromodell zurückgestellt werden. Es muß nur sichergestellt sein, daß einmal die für den Verkehrssektor relevanten Größen ausgewiesen werden und zweitens eine langfristige Prognose möglich ist.

Ein Modell, das im Bereich der Bundesrepublik für langfristige Prognosen angelegt ist, ist das Bonner Prognosemodell in seiner disaggregierten Version.[221)] Dieses Modell soll daher für die Lösung der aufgezeigten Problematik herangezogen werden.

Die vom Verkehrsmodell benötigten Daten sollten sektoral und regional disaggregiert sein. Das Bonner Modell liefert die sektorale Disaggregation. Eine Regionalisierung wäre für die Inputs im Verkehrsmodell zu leisten.

Da die Auswirkungen einer Verkehrsinvestition sich über sehr lange Zeiträume erstrecken können,[222] die Prognosegenauigkeit der Modelle aber mit steigender Fristigkeit überproportional sinkt, nimmt mit wachsendem Prognosezeitraum die Genauigkeit so stark ab, daß nur noch tendenzielle Aussagen möglich sind. Für die Bewertung einer Verkehrsinvestition können somit die kurz- bis mittelfristigen Auswirkungen quantitativ und die langfristigen qualitativ erfaßt werden.

2) DAS VERKEHRSMODELL

(1) DIE VERKEHRSWERTIGKEIT

Die Verkehrswertigkeit V ist ein Maßstab zur Bestimmung der Qualität einer Verkehrsleistung.[223] Sie geht dabei von den Eigenschaften der Verkehrsleistung aus, die nach Bewertung und Gewichtung g_j zum Gesamtwert Verkehrswertigkeit aggregiert werden.[224]

Die Verkehrswertigkeit ist siebendimensional, d.h. sie setzt sich aus sieben Teilwertigkeiten v_j zusammen, die die wesentlichsten Eigenschaften einer Verkehrsleistung beschreiben. Diese Teilwertigkeiten sind:

(1) die Schnelligkeit v_1,
(2) die Massenleistungsfähigkeit v_2,
(3) die Netzbildungsfähigkeit v_3,
(4) die Berechenbarkeit v_4,
(5) die Bequemlichkeit v_5,
(6) die Sicherheit v_6 und
(7) die Häufigkeit der Verkehrsleistung v_7.

Die Verkehrswertigkeit und alle Teilwertigkeiten werden im Bereich zwischen null und eins gemessen. Die Verkehrswertigkeit null bedeutet dabei eine so geringe Qualität der Verkehrsleistung, daß kein Transport zustandekommt. Eine Verkehrswertigkeit von eins beschreibt hingegen den idealtypischen Leistungsstand eines vollkommenen Verkehrsmittels.

$$(95)\quad V = \sum_{j=1}^{7} g_j v_j; \quad \sum_{j=1}^{7} g_j = 1; \; 0 \leq V \leq 1; \; 0 \leq v_j \leq 1$$

Zu unterscheiden ist die tatsächliche und die potentielle Verkehrswertigkeit, d.h. erstens die Verkehrswertigkeit, die in der Realität tatsächlich vorliegt, und zweitens die Verkehrswertigkeit, die technisch maximal durch die stete Verbesserung eines Verkehrssystems bzw. -mittels erreicht werden kann. Beide Werte können durchaus kongruent sein, werden es in der Realität jedoch nicht, da die technische Entwicklung nicht abgeschlossen und zudem selten der neueste Entwicklungsstand realisiert ist.

Die Verkehrswertigkeit bestimmt also die Leistungsfähigkeit bzw. die Qualität einer Verkehrsleistung und damit auch die Bewertung einer Verkehrsinvestition. Die Datenbasis für die Bestimmung der Verkehrswertigkeit liegt in aufbereiteter Form nicht vor. Aus den technischen Daten der einzelnen Verkehrsmittel sind die benötigten Informationen zu ermitteln. Diese Informationen sind einer entsprechenden Bewertung und Gewichtung zu unterziehen.[225)]

(II) DIE AFFINITÄT

Der Verkehrswertigkeit als Qualitätsindex der Angebotsseite steht die Affinität[226)] als Maßstab der Nachfrageseite gegenüber. Die Affinität A beschreibt die Anforderungen der Nachfrager an die Qualität des Verkehrsangebots. Sie setzt sich daher aus denselben sieben Teildimensionen zusammen wie die Verkehrswertigkeit, nämlich aus der

(1) Affinität bezüglich der Schnelligkeit a_{v_1},
(2) Affinität bezüglich der Massenleistungsfähigkeit a_{v_2},
(3) Affinität bezüglich der Netzbildungsfähigkeit a_{v_3},
(4) Affinität bezüglich der Berechenbarkeit a_{v_4},
(5) Affinität bezüglich der Bequemlichkeit a_{v_5},
(6) Affinität bezüglich der Sicherheit a_{v_6} und
(7) Affinität bezüglich der Häufigkeit der Verkehrsleistung a_{v_7}.

Die Affinität und ihre Teildimensionen werden ebenfalls wie die Verkehrswertigkeit im Bereich zwischen null und eins gemessen.

$$(96)\quad A = \sum_{j=1}^{7} g_j \, a_{v_j}; \quad \sum_{j=1}^{7} g_j = 1; \quad 0 \leq A \leq 1; \quad 0 \leq a_{v_j} \leq 1.$$

Auch für die Affinität existiert kein aufbereitetes Datenmaterial. Es kann allerdings auf der Basis offenbarter Präferenzen ermittelt werden.

(III) DIE REGIONALEN POTENTIALFAKTOREN

Die externen Effekte einer Verkehrsinvestition treten in der Weise ein, wie die Qualitätsstruktur des Verkehrsangebots der regionalen Nachfrage genügt und die Qualitätsstrukturen der Verkehrsleistung regionale Ressourcen zu aktivieren in der Lage sind. Das regionale Entwicklungspotential kann ansatzweise als das regionale Pro-Kopf-Einkommen bezeichnet werden, das unter optimaler Ausnutzung aller zur Verfügung stehender Ressourcen erzielbar ist. Die Ressourcenausstattung in diesem Sinne ist sehr weit gefaßt und umschließt gesellschaftliche, organisatorische, strukturelle und räumliche Determinanten unter qualitativen und quantitativen Gesichtspunkten. Für die regionale Entwicklung sind sozioökonomische Faktoren, infrastrukturelle Ausstattung, naturräumliche Gegebenheiten und kulturelle sowie historische Bedingungen ebenso von Wichtigkeit wie die Ausstattung mit Arbeit, Kapital und Boden - den klassischen Produktionsfaktoren.

Da der Entwicklungsprozeß einer Region Veränderungen innerhalb der Zeit unterworfen ist, stellt die Frage nach der Mobilität der Ressourcen ein zentrales Problem dar. Der Grad der Mobilität der Ressourcen bestimmt den Grad ihrer regionalen Verfügbarkeit. Je größer die Beharrungstendenz einer Ressource ist, desto mehr ist sie für die Region als Charakteristikum anzusehen.

Unmittelbar verbunden mit der Immobilität einer regionalen Ressource ist ihre Unteilbarkeit, da Ressourcen, die der Nachfrage entsprechend teilbar sind, sicherlich durch ihre Teilbarkeit auch mobil sind. Ferner ist nur für unteilbare Kapazitäten eine Unterauslastung denkbar, die mobile, teilbare Faktoren anziehen und so zu einer Produktionssteigerung beitragen kann. Der Potentialcharakter einer Ressource ist somit umso größer, desto immobiler und unteilbarer eine Ressource sowohl in räumlicher als auch in zeitlicher Hinsicht ist.

Für die Entwicklungschancen einer Region ist eine Ressource von größerer Bedeutung, wenn sie vielschichtige Verwendungsmöglichkeiten aufweist. Der Potentialcharakter kann somit als eine Funktion der interregionalen Immobilität, der Unteilbarkeit und der Polyvalenz der regional zur Verfügung stehenden Ressourcen angesehen werden.[227] Das regionale Entwicklungspotential, das durch eine Verkehrsinvestition aktiviert werden kann, ist der ökonomische Output, der innerhalb einer dem Wirkungsbereich adäquaten Region und innerhalb eines relevanten Zeithorizontes erzielt werden kann.

Für die durch Verkehr induzierten Entwicklungseffekte sind die regionalen Produktionsfaktoren bestimmend, die einer hohen Beharrungszeit unterliegen,und diejenigen, die durch Verbesserung der Verkehrsqualitäten ihre Mobilität erhöhen und zu den unterausgelasteten immobilen Faktoren wandern.

(IV) DIE GESTALTUNGSKRAFT

Unter der volkswirtschaftlichen Gestaltungskraft eines Verkehrsmittels bzw. -systems versteht man dessen Fähigkeit, die gegebene Struktur einer Wirtschaft umzugestalten. Diese Umstrukturierung kann aufgrund neuer, von dem Verkehrsmittel bzw. -system induzierter, Entwicklungsprozesse hervorgerufen werden oder durch den Eingriff in bereits ablaufende Prozesse. Die Wirkungstendenz der volkswirtschaftlichen Gestaltungskraft ist einerseits von dem Verhältnis von Verkehrswertigkeit und Affinität bezüglich des Verkehrsmittels bzw. des gesamten Verkehrssystems in dem Untersuchungsraum abhängig. Andererseits besteht ein funktionaler Zusammenhang zwischen dem Entwicklungsgrad der Untersuchungsregion, des vorhandenen Verkehrssystems und seinen Anteludialbindungen. Jedes Verkehrsmittel hat entsprechend seinem Wertigkeitsprofil eine spezifische Gestaltungskraft, die räumlich eng begrenzt auf die Streckenführung dieses Verkehrsmittels in Abhängigkeit von den oben genannten Größen auf die Wirtschaftsstruktur des Untersuchungsraumes einwirkt. An den Knotenpunkten der Streckenführung ist die Gestaltungskraft des Verkehrssystems aufgrund seiner quantitativen Konzentration besonders hoch.[228)]

Ohne hier näher auf die spezifische Gestaltungskraft der einzelnen Verkehrsmittel eingehen zu wollen,[229)] wird der Gestaltungskraft eines Verkehrsmittels bzw. eines -systems entscheidende Bedeutung für die Identifizierung der Zusammenhänge zwischen Gesamtwirtschaft und Verkehrssektor beigemessen. Die Gestaltungskraft ist daher in dem gesamtwirtschaftlich orientierten Bewertungsansatz als ein Element einzubeziehen.

(V) DIE DIFFERENZIERUNGSEFFEKTE

Da die einzelnen Verkehrsmittel aufgrund ihrer differierenden Wertigkeitsprofile unterschiedliche Gestaltungskraft besitzen, verteilen sich die von ihnen induzierten Entwicklungsimpulse ungleichförmig über den Raum. Zudem existieren unterschiedliche Nachfragepotentiale nach Verkehrsleistungen mit voneinander abweichenden Affinitäten. Auch der Entwicklungsgrad einer Region bestimmt das mögliche Auswirkungsspektrum eines Verkehrsmittels und seiner qualitativen und quantitativen Verbesserung. Nach VOIGT unterscheidet man <u>vier Differenzierungseffekte</u>, die im Verlaufe des vom Verkehrssystem ungleich beeinflußten Entwicklungsprozesses auftreten.[230)]

Der <u>erste Differenzierungseffekt</u> beschreibt die Einwirkung eines Verkehrsmittels bzw. -systems auf die Investitionsfunktionen der im Einzugesbereich des Verkehrsmittels angesiedelten

Unternehmen. Die Investitionstätigkeit eines Unternehmens hängt von der Höhe des erwarteten Kapitalwertes der zu tätigenden Investition ab. Unterstellt man, daß innerhalb des betrachteten Raumes ein Gleichgewicht zwischen Angebot und Nachfrage für ein bestimmtes Gut herrscht, und eine Ausdehnung der Produktionskapazität nicht zu sinkenden Stückkosten führt, so ist der Kapitalwert jeder zusätzlichen Investition in die Produktionskapazitäten für das betreffende Gut negativ.

Durch Einführung eines neuen Verkehrsmittels oder der Verbesserung der Verkehrswertigkeit ändert sich der potentielle Markt. Das Unternehmen, das die Veränderung der Ausgangssituation zuerst erkennt, ist in der Lage, durch zusätzliche Investitionen und Kapazitätserweiterungen in fremde Märkte einzudringen. Die Veränderung der Investitionsneigung hängt vom Grad der Überlegenheit des Unternehmens über die Unternehmen der fremden Märkte ab. Die Stärke der Veränderung der Investitionsneigung wird durch die erwarteten Gewinnchancen bestimmt. Diese hängen unmittelbar mit der Konstanz bzw. Veränderung der Grenzkostenverläufe zusammen. Unterstellt man konstante Grenzkostenverläufe, so wird die Stärke der Investitionsneigung durch die Überlegenkeit der Produktionstechnik des begünstigten Unternehmens über die Unternehmen der fremden Märkte bestimmt. Steigen die Grenzkosten durch die Ausweitung der Kapazitäten, so sinkt der Anreiz zur Investition mit fortschreitender Kapazitätserweiterung. Der stärkste Impuls geht dann von einer Veränderung des Verkehrssystems aus, wenn die Kapazitätserweiterung in den Bereich sinkender Grenzkosten fällt, bzw. neue, bessere Technologien angewendet werden. Dieser erste Differenzierungseffekt stellt für die Unternehmen eine externe Determinante bezüglich der Investitionsentscheidung dar, die auf der einen Seite Unternehmen echte Zuwachschancen bietet und auf der anderen Seite die Unternehmen einem verstärkten Konkurrenzkampf aussetzt. Die Folgen dieses ersten Differenzierungseffektes sind eine räumliche Umschichtung der Produktionskapazitäten. Es ergeben sich hierdurch Konzentrationen, somit veränderte Produktionsstrukturen innerhalb eines Raumes, die jedoch keineswegs mit Wachstumsimpulsen verbunden sein müssen.

Die positive Beeinflußung der Investitionsfunktion durch die Errichtung oder Verbesserung des Verkehrssystems oder Verkehrsmittels induziert Investitionen. Die Ausgaben für diese Investitionen zur Erweiterung der Kapazitäten bilden Einkommen bei den Produzenten der Investitionsgüter. Es entsteht somit ein primärer Einkommenseffekt in den Orten, in denen diese Investitionsgüter produziert werden. Dieser Einkommenseffekt streut zum einen über das Lohneinkommen um diese Orte in Abhängigkeit von der Qualität des Nahverkehrssystems. Zum anderen wird über die Rohstoffe und Vorprodukte entsprechend der Qualität des Verkehrssystems eine Streuung des Einkommenseffektes im Raum bewirkt, wodurch der Grad der Arbeitsteilung und die aus ihm erwachsenden Produktionsvorteile von der Qualität des Verkehrssystems bestimmt werden. Die räumliche Verteilung der primären Einkommenswirkungen werden über die Multiplikatorwirkungen die begünstigten Raumpunkte weiter fördern. Die künftige Entwicklung wird durch die ungleichmäßige Verteilung der Einkommensströme in Abhängigkeit vom Verkehrssystem determiniert. Diese Wirkungen einer räumlich-differenzierten Bevor- und Benachteiligung durch ein Verkehrsmittel oder -system charakterisieren den zweiten Differenzierungseffekt.

Die getätigten Investitionen, die die veränderte Investitionsneigung induziert hat, erhöhen die Kapazität der Produktionsfazilitäten. Der erhöhte Output wird über den Raum nicht gleichmäßig abgesetzt, sondern je nach Qualität des Verkehrssystems bestehen enge oder weniger enge wirtschaftliche Kommunikationsbeziehungen. Diese Beziehungen zwischen bevor- und benachteiligten Orten sind zumeist einseitig, so daß den Güterströmen aus den begünstigten Orten Geldströme aus den benachteiligten Orten entgegenlaufen. Hierdurch erhöhen sich die Gewinnchancen und damit die Investitionschancen in dem begünstigten Ort. Ein sich verstärkender Konzentrationsprozeß ist die Folge. Je mehr die Möglichkeit der Ausnutzung sinkender Grenzkostenverläufe besteht, desto stärker sind die Konzentrationstendenzen. Dieser dritte Differenzierungseffekt determiniert die Absatzgebiete für den zusätzlichen Output und die demzufolge durch Verlust der Konkurrenzfähigkeit aus dem Markt gedrängten Unternehmen. Diese Auswirkungen verlaufen ähnlich dem Einkommenseffekt und nehmen mit wachsender Entfernung vom Entstehungsort entsprechend der Wertigkeit des Verkehrssystems ab. Die Effekte verbreiten sich mit steigender Verkehrswertigkeit weiter über den Raum, bei niedriger Verkehrswertigkeit treten sie räumlich stark begrenzt auf.

Die verbesserte Marktposition, die in der günstigen Lage innerhalb des Verkehrssystems begründet liegt, sichert diesen Unternehmen gegenüber anderen höhere Freiheitsgrade zur Gestaltung ihrer Wettbewerbsstrategie. Die verbesserte Gewinnsituation in den begünstigten Orten ermöglicht einen höheren Selbstfinanzierungsgrad und eine intensivere Forschung und Entwicklung zur Steigerung der Qualität der Produkte und ihrer kostengünstigeren Produktion. Eine stärkere Position im Preis- und Qualitätswettbewerb sind die Folgen der Erhöhung der Rentabilität der begünstigten Unternehmen.

Ferner ermöglicht ein Verkehrssystem die Betätigung eines Unternehmens auf isolierten Märkten. Eine regionale Preisdifferenzierung, die eine zusätzliche Vorzugsposition unter den konkurrierenden Unternehmen bewirkt, wird durch eine Verkehrseinrichtung erst möglich. Wobei die bevorzugten Unternehmen ihre Machtpositionen weiter ausbauen können. Diese Position erlaubt, sämtliche marktstrategischen Instrumente zum weiteren Ausbau dieser Position einzusetzen. Diese Folgewirkungen eines Verkehrssystems werden als <u>vierter Differenzierungseffekt</u> bezeichnet.

Entgegen der Annahmen der klassischen Nationalökonomie und vor allem der Außenhandelslehre sind die Differenzierungseffekte <u>irreversible</u> Prozeßfolgen, da aus der stets fortschreitenden Begünstigung bzw. Benachteiligung der Räume sowie ihrer Wirtschaftsstrukturen nach den bisherigen Erfahrungen keine so starken Ballungsnachteile oder Entleerungsvorteile erwachsen, so daß der Entwicklungsprozeß in die umgekehrte Richtung gelenkt wird. Die Beharrungstendenzen der Entwicklungsprozesse liegen im Verkehrssystem begründet, da eine optimale Lage innerhalb eines Verkehrsnetzes über alle anderen Raumpunkte dominiert. Es entsteht ein sogenannter sich selbst nährender polarisierter Entwicklungsprozeß, in dem die Entwicklungspole (auch "Kristalle" oder "Kerne" genannt) durch die Rangfolge der Netzknoten determiniert sind.

Diese irreversiblen Differenzierungseffekte treten zeitlich unterschiedlich in Abhängigkeit von der tatsächlichen Begünstigung bzw. von der Wahrnehmung der Begünstigung durch die Unternehmen auf. Diese zeitliche Abfolge schafft Dominanzstrukturen in Abhängigkeit von der Priorität der Realisierung von Investitionen, die durch die Gunst des Verkehrssystems beeinflußt sind. Hier kann von einem Gesetz der Priorität gesprochen werden, das zusätzliche Differenzierungen neben den Wirkungen des Verkehrssystems induziert. Die sozioökonomische Entwicklung eines Raumes wird u.a. von diesen zwei Komponenten beeinflußt, die ungleiche Strukturen als unabdingbare Folgen aufweisen.

3) DAS BEWERTUNGSMODELL

Neben dem makroökonomischen Modell und dem Transportmodell, mit deren Hilfe die Interaktionen zwischen Gesamtwirtschaft und Verkehrssektor erfaßt werden, hat ein gesamtwirtschaftlicher Ansatz zur Bewertung von Verkehrsinvestitionen ein Bewertungsmodell zu enthalten, das die von dem Verkehrssektor induzierten Entwicklungen einer zielorientierten Bewertung unterzieht. Dieses Modell hat für die drei politischen Ebenen, Bund, Länder und Gemeinden, die unterschiedlichen Bewertungsstandpunkte offenzulegen und zu verdeutlichen, welche Relevanz die Effekte eines Verkehrssystems für die unterschiedlichen politischen Ebenen besitzen.

Die theoretische Forderung, daß eine soziale Präferenzfunktion aus individuellen oder gruppenspezifischen Präferenzfunktionen zu aggregieren ist, kann für den Bereich der Verkehrspolitik unbeachtet bleiben, da das Individuum oder eine Gruppe die gesamtwirtschaftliche Relevanz einer solchen Investitionsentscheidung nicht überblicken kann. Die Formulierung kann in einem demokratischen Staatsgebilde den politischen Instanzen delegiert werden, da aufgrund des Systems der Wählerwille berücksichtigt wird, bzw. durch die politischen Parteien aufgrund ihrer Stimmenmaximierungsstrategie[231] Berücksichtigung findet.

Da die von einem Verkehrssystem induzierten Effekte multidimensional sind, und zudem eine Bewertung nur subjektiv-rational entsprechend den unterschiedlichen Zielsetzungen der Bewertungsebenen vorgenommen werden kann, bietet sich als Bewertungsmethode die Nutzwertanalyse in der erweiterten Form eines linearen Programms mit Nebenbedingungen an. Durch diese Erweiterung der Nutzwertanalyse zu einem linearen Programm ist es möglich, auch andere Investitionen des Staates außerhalb des Verkehrssektors in den Bewertungsansatz einzubeziehen, d.h. sogenannte Investitionspakete unter restriktiven Nebenbedingungen, wie Budgetknappheit oder Mindestanforderungen an die Verkehrsleistung zu bewerten.[232]

c) DIE VERKNÜPFUNG DER KOMPONENTEN ZU EINEM GESAMTWIRTSCHAFTLICHEN ANSATZ ZUR BEWERTUNG VON VERKEHRSINVESTITIONEN

Nachdem die einzelnen Komponenten eines gesamtwirtschaftlichen Ansatzes zur Evaluierung von Investitionen im Verkehrswesen aufgezeigt wurden, sind nunmehr diese Komponenten zu verknüpfen und die Grundstruktur des Bewertungsansatzes aufzuzeigen.

Basiselement des Bewertungsansatzes ist ein makroökonomisches Prognosemodell, das die Wirtschaftsstruktur, auf die eine Verkehrsinvestition einwirkt, abbildet und die ökonomischen Ausgangsdaten für das Verkehrsmodell liefert. Die Auswirkungen einer Verkehrsinvestition auf die makroökonomischen Daten werden periodisch prognostiziert und finden in die Rechnungen des makroökonomischen und des Verkehrsmodells für die nächste Periode Eingang.

Da eine Verkehrsinvestition räumlich gebunden ist, kann die Erfassung ihrer Auswirkungen nur durch eine regional differenzierte Analyse erfolgen. Das Verkehrsangebot, das durch die Verkehrsinvestition verbessert wird, trifft auf eine sektoral strukturierte Nachfrage mit spezifischen Affinitäten, so daß auch eine sektorale Disaggregation des Makromodells notwendig ist. Um eine sinnvolle Aussage zu ermöglichen und ein transparentes Bewertungskonzept zu erstellen, ist es zweckmäßig, die sektorale Gliederung entsprechend zu definierender Affinitätskategorien vorzunehmen.

Die Probleme, die ein solches sektoral disaggregiertes Prognosemodell aufwirft, sind daher nicht endgültig gelöst, jedoch befinden sich diese Modelle in einem erfolgversprechenden Experimentierstadium.[233)]

Die Verwendung eines solchen Modells ist für die Evaluierung einer Verkehrsinvestition unabdingbar, da Verkehrsinvestitionen Langzeitwirkungen haben und auf sektoral und regional unterschiedliche Affinitäten stoßen. Ferner bieten disaggregierte Modelle gute Möglichkeiten für längerfristige Prognosen.

Die strukturellen Anforderungen an ein solches Modell sollen im folgenden zunächst aus sektoraler Sicht aufgezeigt werden. Prognoseinstrument ist dabei die Input-Output-Tabelle. Die Grundgleichung eines solchen Input-Output-Systems spiegelt die reale sektorale Bruttoproduktion von der Verwendungsseite wider:[234)]

$$(97) \quad Ax + \sum_j c_j + Bi^{Anl} + i^{Vor} + e = x$$

mit

$A = (a_{ij})$:= Matrix der Input-Koeffizienten

x := Vektor der realen Bruttoproduktion

c_j := Vektor der realen Konsumnachfrage der Endnachfrage der Sektoren j

$B = (b_{ij})$:= Matrix der realen Investitionsanteile von der Art i an den Anlageinvestitionen im Sektor j

i^{Anl} := Vektor der realen Anlageinvestitionen in den Wirtschaftssektoren

i^{Vor} := Vektor der realen Vorratsinvestitionen

e := Vektor der realen Exportnachfrage.

Das Erkenntnisziel einer sektoral disaggregierten Input-Output-Analyse liegt in der Aufdeckung der gegenseitigen Abhängigkeiten der einzelnen Sektoren, wodurch die Nachfrage nach Verkehrsleistungen determiniert ist.

Anzustreben ist eine möglichst tiefgehende Aufspaltung in Sektoren, mit dem Ziel, umfassende Informationen über die wirtschaftlichen Verflechtungen zu erhalten, um auf der Basis dieser Informationen die Verkehrsaffinitäten der Sektoren spezifizieren zu können und somit ihre Zusammenfassung zu der Problemstellung adäquaten Affinitätskategorien zu ermöglichen.

Eine Einteilung der Unternehmenssektoren, wie sie üblicherweise in den Statistiken der Bundesrepublik Deutschland vorgenommen wird, scheint nicht ohne weiteres auf die Problemstellung anwendbar, denn die Zusammenfassung der Branchen zu Sektoren berücksichtigt nicht die Affinitäten. Die Berücksichtigung von drei Staatssektoren - Bund, Länder, Gemeinden - scheint angebracht, da diese drei politischen Ebenen Entscheidungsträger sind und die Verkehrsinvestitionen unterschiedlich beurteilen können. Zudem treffen die Auswirkungen einer Verkehrsinvestition die Kompetenz- und Interessensphären dieser Ebenen. Inwieweit die privaten Haushalte und Organisationen ohne Erwerbscharakter zu gruppieren sind, hängt von ihren noch zu analysierenden Affinitätsprofilen ab.

Als primäre Inputs für das disaggregierte Input-Output-Prognosemodell werden folgende Größen benötigt:[235)]

(98) $D = p_D{}' \operatorname{diag}(d)x$

(99) $T^{ind} = p'\operatorname{diag}(t^{ind})x$

(100) $S = p'\operatorname{diag}(s)x$

(101) $L = l'\operatorname{diag}(h)x$

(102) $Q = p'\operatorname{diag}(q)x$

mit

D := Abschreibungen

T^{ind} := indirekte Steuern

S := Subventionen

L := Lohnsumme

Q := Gewinnsumme

p := Vektor der Preisindices für Inlandslieferungen

d := Vektor der Abschreibungskoeffizienten

t^{ind} := Vektor der indirekten Steuersätze

s := Vektor der Subventionssätze

h := Vektor der Arbeitskoeffizienten

q := Vektor der Gewinnaufschläge

p_D := Vektor der Preisindices für Abschreibungen

l := Vektor der Lohnsätze

$\operatorname{diag}(z)$:= Diagonalmatrix eines Vektors z

Für die Preisindices der Inlandslieferungen gilt:

(103) $$A'p + A_M p_M{}' + \operatorname{diag}(d)p_D + \operatorname{diag}(t^{ind})p - \operatorname{diag}(s)p + \operatorname{diag}(h)l + \operatorname{diag}(q)p = p$$

mit

A_M := Matrix der Inputkoeffizienten für importierte Güter

p_M := Vektor der Preisindices für importierte Güter.

Bei der Ausformulierung des disaggregierten Modells kann man verschiedene Wege einschlagen, deren Zweckmäßigkeit für das zu lösende Problem zu diskutieren ist. Für die Ausformulierung sind im wesentlichen drei Fragenkomplexe[236] zu beantworten. Die Lösung dieser Fragen ist von entscheidender Bedeutung für die Qualität der zu erwartenden Ergebnisse.

(1) Es ist zu klären, ob die Endnachfrage als exogen oder endogen zu betrachten ist.

(2) Es muß entschieden werden, ob eine Kopplung oder volle Integration gesamtwirtschaftlicher und sektoraler Größen vorzunehmen ist.

(3) Es ist zu prüfen, ob die Input-Output-Strukturen als konstant oder variabel zu behandeln sind.

ad 1: Da es sich bei den Effekten, die ein Verkehrsmittel bzw. -system induziert, im wesentlichen um langfristige Auswirkungen handelt, scheint die Erfassung der Endnachfrage als endogene Größe zweckmäßiger, denn nur die Kenntnis der Komponenten der Endnachfrage und ihrer Struktur gewährleistet eine gute Prognose.

Als Komponenten der Endnachfrage werden im Bonner "Disaggregierten Prognosesystem" die sektorale private Konsumnachfrage nach verschiedenen Konsumgütern, die Konsum- und Investitionsnachfrage des Staates, die Anlageinvestitionen der privaten Wirtschaftssektoren unter Aufdeckung der Investitionsverflechtung, die Vorratsinvestitionsnachfrage und die Exportnachfrage berücksichtigt.[237]

ad 2: Bei der Kopplung von Makromodell und disaggregiertem Input-Output-Teil werden die "feed-backs" von Veränderungen in der sektoralen Struktur, auf die es gerade bei der Beurteilung einer Verkehrsinvestition ankommt, nur grob widergespiegelt. Daher ist die volle Integration des Input-Output-Teils in das Makromodell befriedigender, wenn auch solche Modelle schwieriger zu handhaben sind und Diskrepanzen bezüglich der Aktualität der Daten für das Makromodell und den Input-Output-Teil bestehen.[238)]

ad 3: Wie bereits unter ad 1 ausgeführt, handelt es sich bei den Auswirkungen einer Verkehrsinvestition um langfristige Effekte; daher ist auch mit Veränderungen in der Input-Output-Struktur zu rechnen. Folglich sind in das zu formulierende Bewertungsmodell variable Input-Output-Koeffizienten einzubeziehen. Im Bonner "Disaggregierten Prognosemodell" geschieht dies über ein System von Faktornachfragefunktionen, für die als Dual unter bestimmten Bedingungen eine Produktionsfunktion existent ist. Für die Matrix der Input-Output-Koeffizienten A ergibt sich gemäß diesem Ansatz[239)]

$$(104) \quad \log(A) = \log(A_0) + \log(\mathrm{diag}(p_M)\mathrm{diag}(p)^{-1})A_1 + A_2\log(\mathrm{diag}(\bar{r}) + A_3\log(\mathrm{diag}(\delta))$$

mit

p_M := Vektor der Preisindices für importierte Güter

p := Vektor der Preisindices für inländische Güter

$\bar{r}$:= Vektor der durchschnittlichen sektoralen Kapitalintensitäten

δ := Vektor der Kapazitätsauslastungen

A_0 bis A_3 := zu schätzende Parameter.

Demzufolge muß das Prognosemodell die Endnachfrage endogen behandeln, den Input-Output-Teil voll integrieren und variable Input-Output-Koeffizienten enthalten. Die Konzeption dieses Modells sollte sich daher an dem Bonner "Disaggregierten Prognosemodell" orientieren. Die zweite Modellkomponente - das Verkehrsmodell - ist nunmehr mit dem makroökonomischen Prognosemodell zu verknüpfen. Zunächst sind die sektoral disaggregierten Größen regional zu allozuieren. Als relevante Raumeinheiten, auf die diese Größen zu projizieren sind, sind prinzipiell Regionen nach dem Funktionalitätsprinzip abzugrenzen. Da die Abgrenzung solcher Regionen und die Umlegung der Daten Schwierigkeiten und relativ hohen Arbeitsaufwand verursachen, soll auf die bestehende verwaltungsmäßige Regionsabgrenzung zurückgegriffen werden. Dabei ist eine zweistufige räumliche Disaggregation vorzunehmen. Erstens die Disaggregation bis auf die Länderebene und zweitens die bis auf die kommunale Ebene. Mit Hilfe dieser regionalen Disaggregation wird der Ortsgebundenheit einer Verkehrsinvestition Rechnung getragen. Zudem ist es durch die zweistufige regionale Disaggregation in Verbindung mit dem Makromodell möglich, die Auswirkungen einer Verkehrsinvestition unter gesamtwirtschaftlichen Aspekten, d.h. aus der Sicht des Bundes, unter regionalen Aspekten erster Stufe, d.h. aus der Sicht der Länder, und schließlich unter regionalen Aspekten zweiter Stufe, d.h. aus der Sicht der Kommunen, zu analysieren. Es können somit Divergenzen in den Auswirkungen einer Verkehrsinvestition auf die einzelnen Raumaggregate offengelegt und daraus Konsequenzen für eine integrierte Verkehrsplanung in einem <u>föderativen</u> Staat abgeleitet werden.

Grundsätzlich ist zur Klärung der Auswirkungen einer Verkehrsinvestition eine möglichst vollständige sektoral und regional disaggregierte Input-Output-Tabelle zu erstellen, da sowohl die intersektoralen als auch die interregionalen Verflechtungen gleichrangig interessieren. Das Problem der temporären Gültigkeit der Input-Output-Matrix ist durch die Substitution der Koeffizienten durch preis- und kapazitätsabhängige Input-Output-Strukturen prinzipiell gelöst. Die vollständige interregionale Input-Output-Tabelle ist zwar theoretisch in der Lage, alle notwendigen ökonomischen Informationen für die Erfassung der Auswirkungen einer Verkehrsinvestition zu liefern, jedoch stößt die vollständige interregionale Input-Output-Tabelle in der Praxis bei starker regionaler Disaggregation - wie es im vorliegenden Falle notwendig wäre - an die Grenzen der Operationalität. Hier ist ein Kompromiß zwischen theoretischer Exaktheit und praktischer Durchführbarkeit zu schließen.

Je nach Interessenlage kann die sektorale oder regionale Disaggregation eingeschränkt werden. Liegt der Schwerpunkt der Erkenntnisinteressen auf der Abhängigkeit der Sektoren vom Verkehrsangebot, so kann die regionale Disaggregation zunächst zurückgestellt und in einem späteren Schritt eine regionale Zuordnung der von einer bestimmten Verkehrsleistung stark abhängigen Sektoren durchgeführt werden. Interessieren die regionalen Verkehrsbedürfnisse - wie z.B. zur Ableitung von Verkehrskorridoren -, so kann zunächst auf eine rein regionale Disaggregation abgestellt werden, wobei in einem weiteren Arbeitsschritt die Affinitäten der Sektoren auf die regionalen Verkehrsbedürfnisse projiziert werden müßten. Die interregionale Input-Output-Tabelle in der Form des Vierfelderschemas wäre hier ein Ausweg aus der sonst kaum zu bewältigenden Datenmenge der vollständigen interregionalen und sektoralen Disaggregation.[239]

Die zweite Aufgabe des Verkehrsmodells liegt in der Bestimmung der Verkehrswertigkeit auf allen Relationen des Netzes und des Netzes selbst. Die Verkehrswertigkeit V_{VS} eines Verkehrssystems setzt sich aus den Verkehrwertigkeiten V_i der einzelnen Verkehrsmittel i zusammen:[240]

$$(105)\quad V_{VS} = \sum_{i=1}^{n} g_i \cdot V_i \; ; \; \sum_{i=1}^{n} g_i = 1; \; 0 \leq V_i \leq 1; \; 0 \leq V_{VS} \leq 1,$$

wobei g_i die Gewichte der einzelnen Verkehrswertigkeiten an der Gesamtwertigkeit eines Verkehrssystems angibt. Diese Gewichte orientieren sich zweckmäßigerweise am Anteil der einzelnen Verkehrsmittel am gesamten Verkehrsvolumen, gemessen in Tonnen- bzw. Personenkilometern. Die Verkehrswertigkeit V eines Verkehrsmittels i ergibt sich gemäß

$$(106)\quad V_i = \sum_{j=1}^{7} g_j \cdot v_{ij} \qquad i=1,\ldots,n \quad \sum_{j=1}^{7} g_j = 1;\ 0 \leq V_i \leq 1;\ 0 \leq v_{ij} \leq 1 .$$

v_{ij} repräsentiert die sieben Teilwertigkeiten der Verkehrswertigkeit V bezüglich des Verkehrsmittels i und g_j die Gewichte dieser einzelnen Teilwertigkeiten. Die Gewichte g_j werden aufgrund der Affinität der Verkehrsnachfrage bezüglich der einzelnen Teilwertigkeiten bestimmt. Man spricht in diesem Fall von einer Gewichtungsaffinität, im Gegensatz zur Wertigkeitsaffinität, die sich auf den Gesamtwert der Verkehrswertigkeit eines Verkehrsmittels bezieht.[241)]

Die Verkehrswertigkeit der einzelnen Relationen R eines Verkehrssystems bestimmt man mit Hilfe der Beziehung

$$(107)\quad V_R = \sum_{i=1}^{n} g_{iR} \cdot V_{iR} \quad ; \sum_{i=1}^{n} g_{iR} = 1;\ R=1,\ldots,r;$$
$$0 \leq V_{iR} \leq 1;\ 0 \leq V_R \leq 1,$$

wobei sich die Gewichte g_{iR} wiederum aufgrund der Anteile der einzelnen Verkehrsmittel am Verkehrsvolumen, diesmal allerdings auf der Relation R, bestimmen.

Im nächsten Schritt sind die sektoralen und regionalen Affinitäten zu bestimmen. Die Affinität A - hier ist die Wertigkeitsaffinität gemeint - bezüglich des Verkehrsmittels i setzt sich aus sieben Teilaffinitäten $a_{v_{ij}}$ bezüglich den Teilwertigkeiten der Verkehrswertigkeit zusammen:

$$(108)\quad A_i = g_1 a_{v_{i1}} + g_2 a_{v_{i2}} + \ldots + g_7 a_{v_{i7}} \qquad \sum_{j=1}^{7} g_j = 1;$$
$$i=1,\ldots,n;$$
$$0 \leq A_i \leq 1;$$
$$0 \leq a_{v_{ij}} \leq 1$$

bzw.

$$(109)\quad A_i = \sum_{j=1}^{7} g_j \, a_{v_{ij}} \qquad \sum_{j=1}^{7} g_j = 1;\ i=1,\dots,n;$$
$$0 \le A_i \le 1;\ 0 \le a_{v_{ij}} \le 1.$$

Die Affinität bestimmt sich aufgrund von offenbarten Präferenzen, also der realisierten Nachfrage nach Verkehrsleistungen. Diese Affinität A bezüglich des Verkehrsmittels i auf der Relation R ist für alle Nachfrager l zu ermitteln. Also ergibt sich:

$$(110)\quad A_{iR} = \frac{\sum_{l=1}^{L} \sum_{j=1}^{7} g_j a_{v_{iRjl}}}{l} \qquad \sum_{j=1}^{7} g_j = 1;\ i=1,\dots,n;$$
$$R=1,\dots,r;\ 0 \le a_{v_{iRjl}} \le 1;$$
$$0 \le A_{iR} \le 1;$$

bzw., wenn die Nachfrage in Sektoren (hier z.B. 3) aufgespalten wird.

$$(111)\quad A_{iR} = \frac{\sum_{l=1}^{5} \sum_{j=1}^{7} g_j a_{v_{iRjl}} + \sum_{l=6}^{10} \sum_{j=1}^{7} g_j a_{v_{iRjl}} + \sum_{l=11}^{L} \sum_{j=1}^{7} g_j a_{v_{iRjl}}}{l}$$

$$\sum_{j=1}^{7} g_j = 1;\ i=1,\dots,n;\ R=1,\dots,r;\ 0 \le a_{v_{iRjl}} \le 1;\ 0 \le A_{iR} \le 1.$$

Die so ermittelten Affinitäten sind den Verkehrwertigkeiten auf jeder Relation gegenüberzustellen, um die Wirkung der Gestaltungskraft zu bestimmen.

$$(112)\quad \frac{A_{iR}}{V_{iR}} = 1 \qquad i=1,\dots,n;\ R=1,\dots,r$$

gilt, wenn die Anforderungen der Nachfrage an die Qualität der Verkehrsmittel auf der Relation R erfüllt sind. Während bei

$$(113)\quad \frac{A_{iR}}{V_{iR}} \le 1 \qquad i=1,\dots,n;\ R=1,\dots,r$$

keine Erfüllung bzw. bei

$$(114)\quad \frac{A_{iR}}{V_{iR}} \geq 1 \quad i=1,\ldots,n;\ R=1,\ldots,r$$

eine höhere Qualität vorliegt als gefordert.

Sind die Anforderungen der Nachfrage nicht erfüllt, so kommt kein Transport bzw. keine Verkehrsleistung zustande. Die Gestaltungskraft ist somit gleich null. Sind die Affinitäten mehr als erfüllt, so kann man von Verschwendung sprechen, d.h. die Verkehrswertigkeit ist höher als die Affinität es erfordert. Die Wirkung der Gestaltungskraft ist in diesem Falle allerdings nicht größer als wenn die Affinität gleich der Verkehrswertigkeit wäre. Die maximale Gestaltungskraft ist also durch die Affinität determiniert. Setzt man die maximale Gestaltungskraft gleich eins und die minimale gleich null, so gilt per definitionem für die Gestaltungskraft GK des Verkehrsmittels i die formale Beziehung

$$(115)\quad GK_i = \begin{Bmatrix} A_i \\ \text{unbestimmt} \\ V_i \end{Bmatrix} \text{ wenn gilt } \begin{Bmatrix} V_i > A_i \\ V_i < A_i \\ V_i = A_i \end{Bmatrix} \qquad i=1,\ldots,n\ .$$

Die Gestaltungskraft GK_{iR} eines Verkehrsmittels i auf der Relation R bestimmt sich aus seiner Verkehrswertigkeit V_{iR} über einen Proportionalitätsfaktor, der angibt, für welchen Anteil der potentiellen Nachfrage nach den Leistungen dieses Verkehrsmittels die Affinitätsanforderungen erfüllt sind und somit tatsächliche Nachfrage darstellen. Formal ergibt sich die Beziehung

$$(116)\quad GK_{iR} = \frac{\sum\limits_{l=1}^{L} l}{L} \begin{Bmatrix} \sum\limits_{j=1}^{7} g_j a_{v_{iRjl}} \\ \text{unbestimmt} \\ V_i \end{Bmatrix} \text{ wenn gilt } \begin{Bmatrix} V_i > \sum\limits_{j=1}^{7} g_j a_{v_{iRjl}} \\ V_i < \sum\limits_{j=1}^{7} g_j a_{v_{iRjl}} \\ V_i = \sum\limits_{j=1}^{7} g_j a_{v_{iRjl}} \end{Bmatrix}$$

Aus der Gestaltungskraft eines Verkehrsmittels leitet sich die von ihm ausgehende Differenzierung ab. Eine Gestaltungskraft von null ergibt ebenfalls eine Differenzierung von null, d.h. es tritt kein Differenzierungseffekt ein. Bei einer Gestaltungskraft von eins tritt ebenfalls ein Differenzierungseffekt von null auf, da in diesem Falle des Verkehrsmittel alle Sektoren und Regionen gleichmäßig beeinflußt, so daß eine Differenzierung in Form von Begünstigungen oder Benachteiligungen einiger Sektoren oder Regionen nicht auftritt. Formal läßt sich dieser Zusammenhang zwischen Gestaltungskraft GK und Differenzierung DI gemäß der folgenden Beziehung beschreiben:

(117) $y = 1 - a(x-b)^2.$

Setzt man y = DI und x = GK und sind a und b konstante, ungleiche Parameter mit den Werten 4 und 0,5, so ergibt sich

(118) $DI = 1 - 4(GK - 0{,}5)^2.$

Graphisch läßt sich dieser Zusammenhang wie folgt darstellen:

ABB. 35 : ZUSAMMENHANG ZWISCHEN GESTALTUNGSKRAFT UND DIFFERENZIERUNG

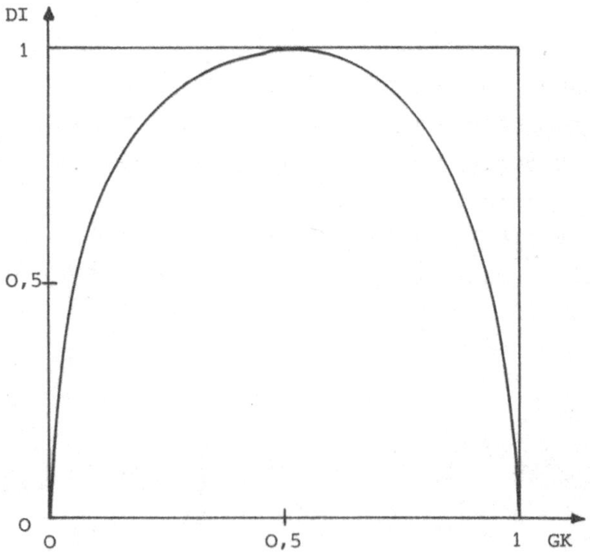

Mit diesem formalen Zusammenhang zwischen Gestaltungskraft eines Verkehrsmittels und seinen Differenzierungseffekten ist lediglich die Stärke der Differenzierung erfaßt. Über die qualitative Ausprägung der Differenzierungen und ihren zeitlichen Eintritt ist damit noch nichts ausgesagt. Diese Aspekte schlagen sich im disaggregierten makroökonomischen Modell nieder und können entweder sektorale oder regionale Verschiebungen bewirken oder zu Wachstums- bzw. Schrumpfungsprozessen führen. Die Richtung dieser Differenzierungswirkungen, d.h. ihre qualitative Struktur, wird durch die regional verfügbaren Potentiale (als noch zu nutzende Ressourcen wie Arbeit, Boden, Kapital) bestimmt, auf die das Verkehrssystem mit seiner Gestaltungskraft trifft.

Als positiver Differenzierungseffekt ist die Entwicklung einer Region in wirtschaftlicher und gesellschaftlicher Sicht anzusehen. Es handelt sich in diesem Fall um sogenannte Wachstumsräume. Ein negativer Effekt bewirkt eine Schrumpfung der ökonomischen und gesellschaftlichen Aktivitäten der betreffenden Region, die somit zum Entleerungsraum wird. Ein positiver Differenzierungseffekt steht dann zu erwarten, wenn das Verkehrssystem auf ein großes, nicht ausgenutztes regionales Potential stößt und die Qualität der Verkehrsleistungen den Affinitäten der zu mobilisierenden Ressourcen entspricht. Ein negativer Effekt tritt dort auf, wo entweder die Nachfrage kein entsprechendes Angebot an Verkehrsleistungen zur optimalen Ausnutzung der Ressourcen antrifft oder nur einen Teil der Ressourcen mobilisiert und/oder in andere Regionen abwandern läßt. Sind die Ressourcen eines Raumes bis an die Kapazitätsgrenze ausgenutzt, sind keine Auswirkungen einer Verkehrsinvestition zu erwarten; man spricht in diesen Fällen von Indifferenzräumen. Ist keine optimale Allokation der Ressourcen innerhalb der Region gegeben, treten Strukturwandlungen auf, die zu einer effizienteren Nutzung der regionalen Potentiale führen können.

Als letzter Modellteil eines Bewertungskonzeptes für Verkehrsinvestitionen ist schließlich das Bewertungsmodell selbst zu formulieren. Dieses Modell muß in der Lage sein, die verkehrsinduzierten Differenzierungen bezüglich ihrer Erwünschtheit auf den drei politischen Ebenen - Bund, Länder und Kommunen - zu erfassen. Das Modell sollte also subjektive Bewertungen bezüglich multidimensionaler Zielsetzungen für eine Entscheidung zugänglich machen. Bewertungsgrundlage für den hier konzipierten Ansatz sind die gesamtwirtschaftlichen Globalziele des magischen Fünfecks: Preisstabilität, Vollbeschäftigung, angemessenes Wachstum, Verteilungsgerechtigkeit und außenwirtschaftliches Gleichgewicht. Diese Globalziele sind natürlich für die jeweilige Entscheidungssituation zu spezifizieren und entsprechend der jeweiligen politischen Strategie unterschiedlich zu gewichten. Als methodische Basis bietet sich daher die Nutzwertanalyse an. Da Nebenbedingungen und parallele Investitionen in anderen politischen Maßnahmenbereichen außerhalb des Verkehrssektors -sogenannte Investitionspakete - zu berücksichtigen sind, scheint es geeignet, einen auf der Basis der linearen Programmierung erweiterten nutzwertanalytischen Bewertungsansatz zu formulieren. Die Zielfunktion dieses Ansatzes lautet:

(119) $N(DI) = \sum_{H=1}^{h} \sum_{R=1}^{r} g(DI)_H \cdot n(DI)_{HR} \rightarrow \max!$

mit H := Index der Differenzierungseffekte

(120) $\frac{dN(DI)}{dn(DI)_{HR}} = 0$

unter den Nebenbedingungen

(121) $V_{iR} \geq A_{iR}$

(122) $GK_{iR} > 0$

(123) $g(DI)_H > 0 \qquad \sum_{H=1}^{h} g(DI)_H = 1$

(124) $n(DI)_{HR} > 0 \qquad H=1,\ldots,h;\ R=1,\ldots,r$,

wobei sich die Nebenbedingungen je nach Entscheidungssituation erweitern lassen. Hier wurden lediglich die mindestens zu formulierenden Nebenbedingungen aufgezeigt. Dieser Bewertungsansatz ist für die Aspekte der drei politischen Ebenen durchzuführen und gegebenenfalls eine Aggregation oder ein Kompromiß bei Bewertungsunterschieden anzustreben. Das Modell ist prinzipiell für alle Investitionen im Verkehrswesen offen, es sollte jedoch nur jeweils für eine Investitionsart angewandt werden, da sonst Verzerrungen in der Bewertung auftreten können, weil, wie eingangs dargestellt, nicht alle Investitionsarten die gleichen Effekte induzieren können. Wird jedoch eine Bewertung unterschiedlicher Investitionsarten[242] vorgenommen, so sollte der unterschiedlichen Fähigkeit, bestimmte Effekte zu induzieren, durch eine adäquate Gewichtung Rechnung getragen werden. Zur graphischen Veranschaulichung des entwickelten Ansatzes zur Bewertung von Verkehrsinvestitionen vergleiche die folgende Abbildung.

<u>ABB.</u> 36: GRAPHISCHE DARSTELLUNG DES KONZEPTES EINES GESAMTWIRTSCHAFTLICHEN ANSATZES ZUR BEWERTUNG VON VERKEHRSINVESTITIONEN

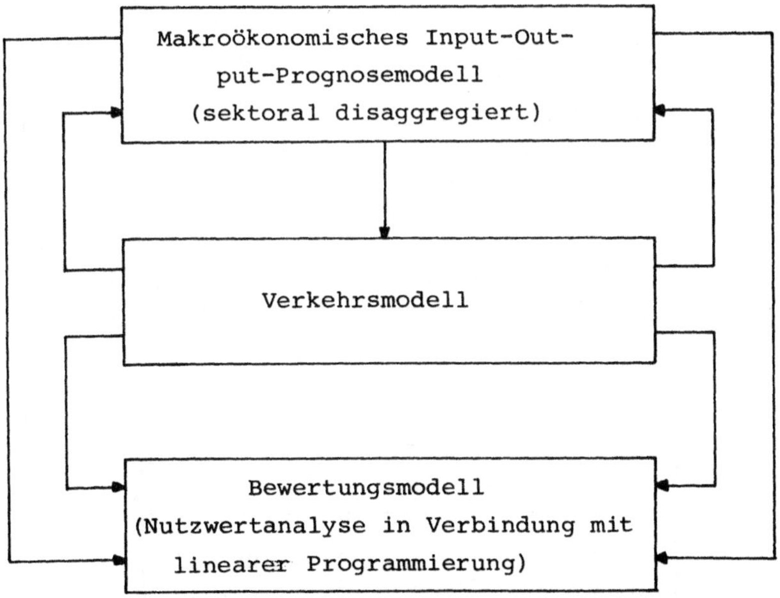

Der gesamtwirtschaftliche Bewertungsansatz ist in zwei Komplexe unterteilt, einen <u>Analysekomplex</u>, der die Auswirkungen einer Verkehrsinvestition auf die Wirtschaft über ein makroökonomisches, sektoral und regional disaggregiertes Input-Output-Pro-

ABB. 37: SCHEMA DES GESAMTWIRTSCHAFTLICHEN ANSATZES ZUR BEWERTUNG VON VERKEHRSINVESTITIONEN

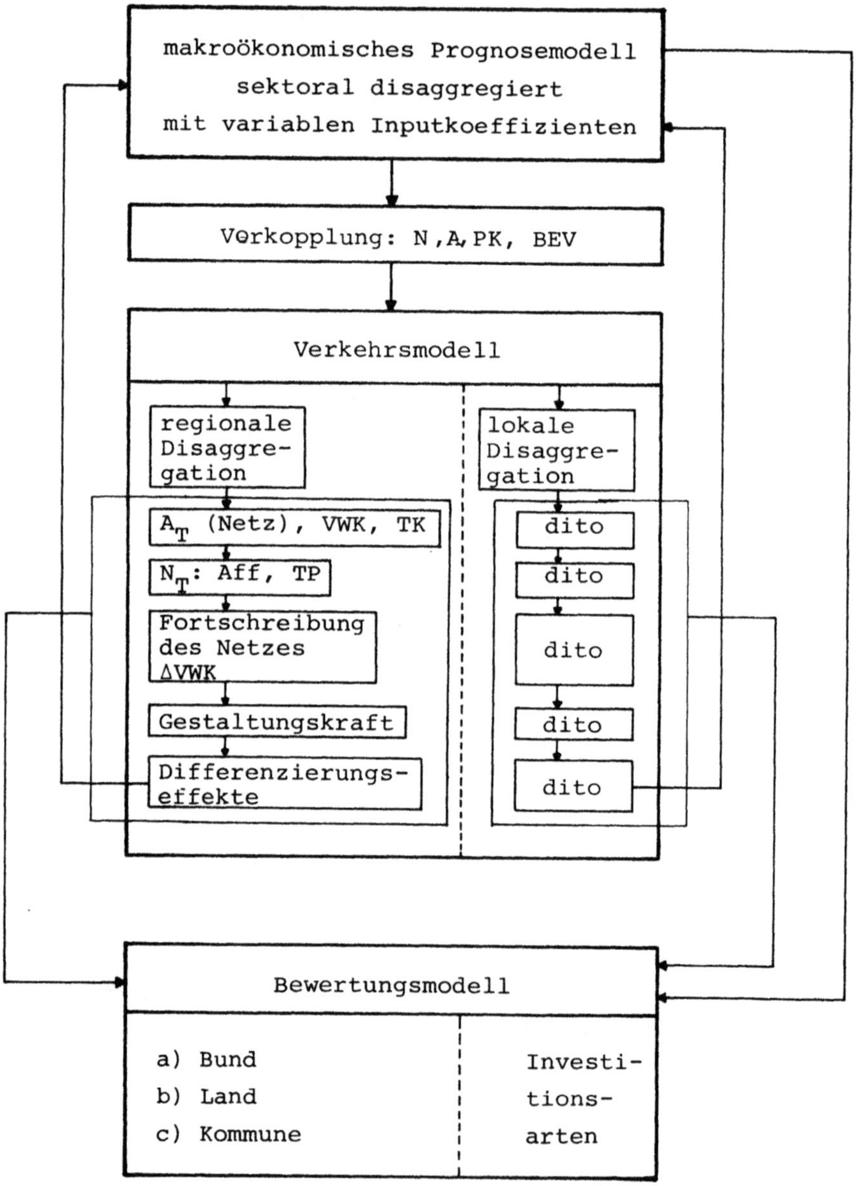

gnosemodell feststellt, und einen Bewertungskomplex, der auf der Grundlage dieser Auswirkungen unter Nebenbedingungen die Verkehrsinvestitionen einer Evaluierung unterzieht. Die Basiskriterien der Bewertung stellen somit ökonomische Größen dar. Zweifellos sind damit die Auswirkungen einer Verkehrsinvestition noch nicht ausreichend beschrieben. Der Bewertungs- und Entscheidungsprozeß hat gesellschaftliche und ökologische Komponenten zu berücksichtigen. Da der gesellschaftliche Bereich von einer Verkehrsinvestition nur indirekt über Veränderungen in der ökonomischen Konstellation beeinflußt wird, erscheint es wenig zweckmäßig, diesen Bereich in ein Modell explizit einzubeziehen, das die Auswirkungen einer Verkehrsinvestition zu messen hat. Denn wird der gesellschaftliche Bereich über die Veränderung der wirtschaftlichen Größen beeinflußt, so kann eine Festlegung der ökonomischen Parameter für die gesellschaftliche Entwicklung als ausreichend für die Kennzeichnung der Auswirkungen einer Verkehrsinvestition auf die Gesellschaft angesehen werden. Der Zusammenhang zwischen der Veränderung der wirtschaftlichen Größen und dem sozialen System bedarf seinerseits jedoch noch einer intensiven Analyse, die in diesem Zusammenhang nicht geleistet werden kann. Hier sei auf die Wohlfahrtsökonomie verwiesen.

Die Auswirkungen einer Verkehrsinvestition auf die Ökologie sind ein bei der Bewertung zu beachtender Faktor. Da die ökologischen Gegebenheiten nur Belastungen innerhalb bestimmter Grenzen ertragen können, ohne negative Folgen für die Gesellschaft zu induzieren, erscheint eine Bewertung der ökologischen Auswirkungen einer Verkehrsinvestition innerhalb eines Bewertungsansatzes eine nicht problemadäquate Lösung. Denn berücksichtigt man die ökologischen Belastungen nur als eine unter vielen Komponenten der Auswirkungen einer Verkehrsinvestition, so besteht die Gefahr einer relativen Unterbewertung. Um sicherzustellen, daß durch Verkehrsinvestitionen keine untragbaren Belastungen der Umwelt hervorgerufen werden, sollten die zu bewertenden Alternativen bereits in einer Vorauswahl anhand eines Kriterienkataloges bezüglich ihrer Umweltfreundlichkeit analysiert werden. Diese Kriterien sind über die Definition von Mindeststandards und Gewichtungsfunktionen zur Auswahl der relevanten Alternativen heranzuziehen.

Als empirisch bewiesen gilt, daß die Auswirkungen einer Verkehrsinvestition mit Zeitverzögerungen eintreten. Eine Berücksichtigung dieser time-lags wäre innerhalb des entwickelten Bewertungsansatzes an zwei Stellen anzusiedeln. Erstens entstehen diese lags bei der Wahrnehmung der Verkehrswertigkeit durch die Nachfrager, also bei dem Zustandekommen der Gestaltungskraft. Hierbei ist zu unterscheiden zwischen drei Komponenten des lags, erstens dem recognition-lag, der das Erkennen der Möglichkeiten, eine verbesserte Verkehrswertigkeit auszunutzen, charakterisiert, zweitens dem decision-lag, d.h. eine Verzögerung durch den Entscheidungsprozeß für oder gegen die Ausnutzung der erkannten Chance. Eine dritte zeitliche Verzögerung, der sogenannte action-lag, tritt zwischen der Entscheidung zur Ausnutzung der Chance und dem Eintritt der durch die Ausnutzung der Chance induzierten Wirkung auf. In diesem Falle wäre es die Veränderung der Gestaltungskraft aufgrund veränderten Nachfrageverhaltens nach Verkehrsleistungen, induziert von Veränderungen in der Verkehrswertigkeit. Der zweite Komplex der zeitlichen Verzögerung von Auswirkungen ist in den Interaktionen zwischen Gestaltungskraft und regionalem Potential zu finden. Hierbei ist zu unterscheiden zwischen einem "Mobilitäts-lag" und einem "Adaptions-lag". Der "Mobilitäts-lag" charakterisiert die Reaktion der regionalen mobilen Potentiale auf die Gestaltungskraft. Hierunter sind induzierte Faktorenwanderungen und Mobilitätsverschiebungen zu subsummieren, die wegen ihrer zeitlichen und räumlichen Beharrungskomponenten verzögert eintreten. Der "Adaptions-lag" beschreibt die Zeitverzögerung, die aufgrund des Anpassungsprozesses der Potentiale an die neuen Gegebenheiten eintritt.

Die funktionale Ausgestaltung dieser time-lags ist theoretisch noch nicht abgesichert, da noch keine empirischen Bestätigungen für diesen Bereich vorliegen. Hier wäre also mit Hypothesen zu arbeiten. Es wird an dieser Stelle ausdrücklich darauf hingewiesen, daß innerhalb des gesamten Ansatzes an keiner Stelle explizit die Transportkosten auftreten, sondern die Transportkosten und -preise in den Verkehrswertigkeiten und Affinitäten implizit enthalten sind, da die Wertvorstellungen über die Qualität einer Verkehrsleistung den Kostenaspekt berücksichtigen. Die Affinität beinhaltet sozusagen die Preisbereitschaft und die Verkehrswertigkeit die Preisstellung.

Die ökonomisch relevanten feed-backs aus dem Verkehrsmodell gehen über die Differenzierungseffekte und die regionalisierte Input-Output-Tabelle in das Makromodell ein. Dabei ergeben sich zunächst Effekte auf die interregionalen Input-Output-Strukturen; und zwar verändert sich einmal die Allokation der regionalen Aktivitäten aufgrund der Aktivierung bzw. Mobilisierung der Regionalfaktoren. Ferner werden durch diese Verschiebung von Aktivitäten die Güterströme zwischen den Regionen beeinflußt. Beide Einflüsse sind in der regionalen Input-Output-Tabelle festzuhalten und werden aus dieser in aggregierter Form in das Makromodell überführt.

D) DAS AUSSAGESPEKTRUM DES NEU ENTWICKELTEN ANSATZES ZUR BEWERTUNG VON INVESTITIONEN IM VERKEHRSSEKTOR

Im Gegensatz zu dem im zweiten Teil dieser Arbeit kritisch diskutierten Methoden zur Bewertung von Verkehrsinvestitionen stellt der im Teil III neu entwickelte Ansatz hauptsächlich auf die Strukturverschiebungen ab, die von einer Verkehrsinvestition induziert werden. Zentrale Bewertungselemente sind die Differenzierungseffekte, die investitionsinduziert in Abhängigkeit vom Verhältnis von Verkehrswertigkeit und Affinität die räumlichen Wirtschaftsstrukturen beeinflussen.

Diese Differenzierungseffekte bewirken neben Kapazitätsverschiebungen und Einkommensumverteilungen auch eine Veränderung der Wettbewerbssituation der im Raum angesiedelten Unternehmen, wodurch verstärkte Ballungs- und Entleerungstendenzen auftreten.

Neben der Qualität der Verkehrsleistungen bestimmen die Transportkosten in weitgehendem Maße die Auswirkungen eines Verkehrsmittels. Eine der wichtigsten Komponenten der Transportkosten ist der Aufwand für die Energie. Treten externe Steigerungen für die Energiepreise auf - wie sie in Zukunft für den Bereich der Mineralöle nicht auszuschließen sind - so sind die Effizienz eines von dieser Energiequelle abhängigen Verkehrsmittels und seine gesamtwirtschaftlichen Auswirkungen äußerst fraglich. Die zu erwartenden Effekte einer derartigen Transportkostensteigerung sind über die Komponente "Transportkosten" mit Hilfe des entwickelten Modells kalkulierbar. Auch die sich daraus ergebende Veränderung der Bedeutung der einzelnen Verkehrsmittel im gesamten Verkehrssystem wird durch den Ansatz verdeutlicht und kommt in der Veränderung der Gestaltungskraft zum Ausdruck.

Eine Variation der Verkehrswertigkeit, wie sie neue Verkehrstechnologien bewirken, verändern die Konstellation von Verkehrswertigkeit und Affinität und damit über die Gestaltungskraft die Differenzierungseffekte. Je gravierender solche technologischen Veränderungen sind, desto mehr stehen Strukturverschiebungen auch großräumiger Art zu erwarten.

Die Gültigkeit der Aussagen des entwickelten Modells beruht auf der Fortschreibung der gesamtwirtschaftlichen wie auch der verkehrsspezifischen Daten. Zur Prognose der Auswirkungen einer Verkehrsinvestition ist das Modell für Sensitivitätsanalysen und Simulationen offen.

C. SCHLUSSTEIL: KRITISCHE ANMERKUNGEN ZUM PROBLEM DER BEWERTUNG VON VERKEHRSINVESTITIONEN AUS GESAMTWIRTSCHAFTLICHER SICHT

Die aufgrund eines Literaturstudiums exemplarisch dargestellten und diskutierten Methoden und Modelle zur Bewertung von Verkehrsinvestitionen gaben Anlaß zur Formulierung eines gesamtwirtschaftlich orientierten Bewertungsansatzes. Sowohl die Konzentration der Bewertungsmodelle auf Transportkostenersparnisse als auch die ausschließliche Punktbewertung von Zielkriterien forderten die Kombination ökonometrischer Analyseverfahren und subjektiv-formalrationaler Bewertungskonzepte. Als Gründe dafür sind die ökonomischen Auswirkungen einer Verkehrsinvestition und die Qualitätsverbesserung der Verkehrsleistung aufgrund einer solchen Investition zu sehen. Der ökonometrische Ansatz beschreibt den gesamtwirtschaftlichen Produktionsprozeß und verarbeitet die durch Verkehrsinvestitionen induzierten Veränderungen der Input-Output-Strukturen und der regionalen Verflechtungen. Die Qualitätsaspekte der Verkehrsleistung und die qualitativen Anforderungen an das Verkehrssystem von seiten der Nachfrager wird durch ein subjektiv-formalrationales Bewertungskonzept erfaßt. Über Kombination von Verkehrswertigkeit und Affinität wird die Gestaltungskraft eines Verkehrssystems definiert, die im Zusammenwirken mit den regionalen Potentialfaktoren Differenzierungseffekte hervorruft. Diese Differenzierungseffekte spiegeln die regionalen und sektoralen verkehrsinduzierten Allokationsveränderungen in der gesamten Wirtschaft wider. Das Bewertungsmodell evaluiert diese Veränderungen aus der Sicht der entscheidungsrelevanten politischen Ebenen Bund, Länder und Kommunen.

Die gesellschaftlichen und ökologischen Aspekte werden bewußt aus dem Analysekonzept ausgeklammert, da die gesellschaftlichen Größen durch eine Verkehrsinvestition nur indirekt über die ökonomischen Parameter beeinflußt werden. Da Alternativen, die die Ökologie in nicht vertretbarem Maße negativ beeinflussen, prinzipiell nicht in den Bereich der potentiellen Realisierbarkeit gelangen sollen, wurde eine entsprechende Vorauswahl der Alternativen und gegebenenfalls eine Rangfolge gefordert, die die Umweltfreundlichkeit der zu bewertenden Verkehrsinvestitionen sicherstellt.

Problematisch sind die Bestimmung der time-lags und der damit verbundenen Verhaltensgleichungen, für die auch die Literaturanalyse kaum Anhaltspunkte hergab. Zur Klärung dieser Probleme ist noch ein entsprechender Forschungsinput zu leisten.

ANMERKUNGEN

1) Zur ausführlichen Darstellung der Triologie der Funktionen des Verkehrs siehe VOIGT, F.: Verkehr, Bd. I/1, Berlin 1973, S. 7-17.

2) VOIGT, F.: Verkehr, Bd. I/1, a.a.O., S. 26.

3) Einen Überblick über die unterschiedlichen Begriffsinhalte von "Investition" in der Betriebswirtschaftslehre geben u.a. BALLMANN, W.: Beiträge zur Klärung des betriebswirtschaftlichen Investitionsbegriffs und zur Entwicklung einer Investitionspolitik der Unternehmung, Diss. Mannheim 1954, S. 101 ff.;
EICH, D.: Artikel "Investition", in: Handwörterbuch der Finanzwirtschaft, hrsg. v. Büschgen, E., Stuttgart 1976, Sp. 828-833;
HEINEN, E.: Zum Begriff und Wesen der betriebswirtschaftlichen Investition, in: Betriebswirtschaftliche Forschung und Praxis, 9. Jg. (1957), S. 16, 85;
ALBACH, H.: Wirtschaftlichkeitsrechnung bei unsicheren Erwartungen, Köln, Opladen 1959, S. 10-12;
PACK, L.: Betriebliche Investition. Begriff - Funktion - Arten, Wiesbaden 1959, S. 40-97.

4) Zur ausführlichen Darstellung dieser Definition siehe SCHNEIDER, E.: Wirtschaftlichkeitsrechnung und Theorie der Investition, 5. Aufl., Tübingen, Zürich 1964, S. 1-8.

5) Zu dem erweiterten betriebswirtschaftlichen Investitionsbegriff siehe ROSENBERG, O.: Investitionsplanung im Rahmen einer simultanen Gesamtplanung, Köln, Berlin, Bonn, München 1975, S. 6 f.

6) TUCHTFELDT, E.: Infrastrukturinvestitionen als Mittel der Strukturpolitik, in: Joachimsen, R.; Simonis, U.E. (Hrsg.): Theorie und Praxis der Infrastrukturpolitik, Schriften des Vereins für Socialpolitik, N.F., Vol. 54, Berlin 1970, S. 126.

7) TIETZEL, M.: Die Effizienz staatlicher Investitionsentscheidungen im Verkehrssektor, Bern, Frankfurt/M. 1972, S. 59.

8) Ausführliche und kritische Darstellungen der oben genannten Methoden finden sich u.a. in: KORNDÖRFER, W.: Allgemeine Betriebswirtschaftslehre, 3. Aufl., Wiesbaden 1974, S. 260--262;
BLOHM, H.; LÜDER, K.: Investition, 3. Aufl., München 1974, S. 46-61;
WÖHE, G.: Einführung in die allgemeine Betriebswirtschaftslehre, 10. Aufl., Berlin und Frankfurt a.M. 1971, S. 367--369;
GRABBE, H.-W.: Investitionsrechnung in der Praxis - Ergebnisse einer Unternehmensbefragung, Beiträge zur Wirtschafts- und Sozialpolitik, Institut der deutschen Wirtschaft, Heft 32, Köln 1976, S. 11-14.

9) Zur eingehenden Darstellung der Kapitalwertmethode vgl. u.a.: KORNDÖRFER, W.: Allgemeine Betriebswirtschaftslehre, a.a.O., S. 263-265;

BLOHM, H.; LÜDER, K.: Investition, a.a.O., S. 63-68; WÖHE, G.: Einführung in die allgemeine Betriebswirtschaftslehre, a.a.O., S. 369 f.
Die Methode wird auch als Diskontierungs-, Gegenwarts-, Present-Worth-, Net-Present-Value-Methode oder Concept of Present Value bezeichnet.
Varianten zur Berechnung der Vorteilhaftigkeit alternativer Investitionsprojekte sind das Verfahren der Differenzinvestition und der Vergleich von Supplement-Investitionen.

10) Zu dieser Feststellung vgl. KILGER, W.: Zur Kritik am internen Zinsfuß, in: Zeitschrift für Betriebswirtschaft, 35. Jg. (1965), S. 765-798.

11) Weitere Methoden der dynamischen Investitionsrechnung sind die BALDWIN-Methode und die MAPI-Methode. Es soll hier jedoch nicht auf sie eingegangen werden, da dem zu lösenden Problem keine wesentlichen Aspekte beigetragen werden. Der interessierte Leser sei auf die entsprechende Literatur verwiesen. Vgl. BALDWIN, R.H.: How to Assess Investment Proposals, in: Harvard Business Review, Vol. 37 (1959), No. 3, S. 98-104;
TERBORGH, G.: Leitfaden der betrieblichen Investitionspolitik, Wiesbaden 1969, S. 96 ff.

12) Vgl. zur ausführlichen Darstellung dieser Modelle u.a. SEELBACH, H.: Planungsmodelle in der Investitionsrechnung, Würzburg, Wien 1967;
ALBACH, H.: Investition und Liquidität, Wiesbaden 1962;
HAX, H.: Investitionstheorie, Würzburg, Wien 1970.

13) Zum Korrekturverfahren siehe BLOHM, H.; LÜDER, K.: Investition, a.a.O., S. 100-102.

14) Vgl. dazu HILLIER, F.S.: The Derivation of Probabilistic Information for the Evaluation of Risky Investments, in: Management Science, Vol. 9 (1963), S. 443-457.

15) HERTZ, D.B.: Risk Analysis in Capital Investments, in: Harvard Business Review, Januar-Februar 1964, S. 95-106.

16) Zur Methode vgl. DINKELBACH, W.: Sensitivitätsanalysen und parametrische Programmierung, Berlin, Heidelberg, New York 1969.
Vgl. zu dieser und den folgenden Methoden BLOHM, H.; LÜDER, K.: Investition, a.a.O., S. 168-178.

17) MARKOWITZ, H.: The Optimization of a Quadratic Function Subject Linear Constraints, in: Naval Research Logistics Quarterly, Vol.III (1956), S. 111 ff.
MARKOWITZ, H.: Portfolio Selection, New York, London, Sydney 1959.

18) LEONTIEF, W.W.: Quantitative Input and Output Relations in the Economic System of the United States, in: The Review of Economics and Statistics, Vol. XVIII (1936), S. 105-125.

19) Zu den Annahmen, die einem statischen offenen Input-Output-System zugrundeliegen, siehe CHENERY, H.B.; CLARK, P.G.: Interindustry Economics, New York 1959, S. 33 ff.;
OTT, A.E.; SCHWARZ, D.; WAGNER, A.: Die räumliche Disaggregation von Input-Output-Tabellen, Tübingen 1970, S. 19;

SPREEN, E.: Räumliche Aktivitätsanalysen, Wirtschaftspolitische Studien aus dem Institut für europäische Wirtschaftspolitik der Universität Hamburg, Bd. 7, Göttingen 1966, S. 17.
VOIGT, F.: Ökonomische Untersuchungen zum Ausbauplan für die Bundesfernstraßen, in: Ausbauplan für die Bundesfernstraßen 1971-1985, Bd. B, Teil IV, hrsg. v. Bundesminister für Verkehr, Abt. Straßenbau, Bonn 1970, S. 43.

20) Auch die regionalen Wachstumsfaktoren, d.h. das regionale Entwicklungspotential, sind nur mit Hilfe der interregionalen Input-Output-Analyse erfaßbar, da die Auswirkungen einer Verbesserung eines Verkehrssystems nur gemessen werden können, wenn die zu untersuchenden Regionen gegeneinander abgegrenzt sind. Siehe dazu FRERICH, J.: Die regionalen Wachstums- und Struktureffekte von Autobahnen in Industrieländern, Schriftenreihe des Instituts für Industrie- und Verkehrspolitik der Universität Bonn, Verkehrswissenschaftliche Forschungen, Bd. 28, hrsg. v. Voigt, F., Berlin 1974, S. 56;
VOIGT, F.: Theorie der regionalen Verkehrsplanung, Berlin 1964, S. 194.

21) Dieser interregionale Input-Output-Ansatz ist der erste Versuch überhaupt, die interregionalen Verflechtungen von Industrien zu erfassen. Siehe hierzu: LEONTIEF, W.W.: Interregional Theory, in: LEONTIEF, W.W. u.a.: Studies in the Structure of the American Economy, New York 1953, S. 93-115.

22) Mit Hilfe dieser Methode wurde der interregionale Handel innerhalb der USA analysiert. Siehe hierzu MOSES, L.N.: The Stability of Interregional Trading Patterns and Input-Output-Analysis, in: American Economic Review, Vol. XLV (1955), S. 803-832.

23) KRELLE stellt diesen Ansatz dar. KRELLE, W.: Volkswirtschaftliche Gesamtrechnung, 2. verb. Aufl., Berlin 1967, S. 168-170. (KRELLE verweist auf RECH: Operational Research Center, University of California, Berkeley, unveröffentlichter Ansatz).

24) Dieser nichtlineare Ansatz findet sich in: LEONTIEF, W.W.: Die multiregionale Input-Output-Analyse, Arbeitsgemeinschaft für Forschung des Landes Nordrhein-Westfalen, Heft 123 , Köln/Opladen 1963, S. 7-39. Zur kritischen Auseinandersetzung mit diesem System vgl. KRELLE, W.: Volkswirtschaftliche Gesamtrechnung, a.a.O., S. 170-172.

25) Eine eingehende und kritische Darstellung dynamischer Input-Output-Systeme findet sich bei KRELLE, W.: Volkswirtschaftliche Gesamtrechnung, a.a.O., S. 172-182;
ders.: Investitionsquote, Wachstumsrate, Kapazitätsausnutzung und Disproportionalitäten in der fortschreitenden Wirtschaft, in: Jahrbücher für Nationalökonomie und Statistik, Bd. 166 (1954), S. 261-296;
JAKSCH, H.J.: Eine Typisierung dynamischer Input-Output-Modelle, in: Zeitschrift für Nationalökonomie, Bd. 24 (1964), S. 403-418;
WURTELE, Z.S.: A Note on Some Stability Properties of Leontiefs Dynamic Models, in: Econometrica, Vol. 27 (1959), S. 672-675;

SARGAN, J.D.: The Instability of the Leontief Dynamic Model, in: Econometrica, Vol. 26 (1958), S. 381-392;
LEONTIEF, W.W.: Lags and the Stability of Dynamic Systems, in: Econometrica, Vol. 29 (1961), S. 659-675.

26) Auf breiter Ebene wurde vor allem die zeitliche Invarianz der Koeffizienten diskutiert. Vgl. hierzu u.a. KRELLE, W.: Volkswirtschaftliche Gesamtrechnung, a.a.O., S. 143 ff.;
LEONTIEF, W.W.: The Structure of American Economy 1919-1939, Second enlarged Edition, New York 1953, S. 38 ff.;
MEHRLÄNDER, H.: Methoden und Ergebnisse der Regionalplanung, Diss. Bonn 1968, S. 396 f.;
SPEHL, H.: Regionale und multiregionale Input-Output-Rechnung, Münster (Westf.) 1971, S. 13 ff.

27) So haben z.B. Untersuchungen gezeigt, daß sich die Koeffizienten für einen Gesamtraum nur sehr langsam ändern. Siehe hierzu FRERICH, J.: Die regionalen Wachstums- und Struktureffekte ..., a.a.O., S. 54. Ferner ist zu erwarten, daß bei unterentwickelten kleinen Regionen durch eine aktive Regionalpolitik die Koeffizienten ständigen Veränderungen unterworfen sind. Siehe hierzu z.B. MÜLLER, J.H.: Neuere Methoden der Regionalanalyse und ihre Anwendbarkeit auf kleinere Räume, in: Beiträge zur Regionalpolitik, Schriften des Vereins für Socialpolitik, N.F., Bd. 41, hrsg. v. Schneider, H.K., Berlin 1968, S. 96;
BREDE, H.; KRAFT, J.; OSSORIO-CAPELLA, Ch.: Leistungs- und Verflechtungsanalyse, in: Handwörterbuch der Raumforschung und Raumordnung, Teil II, Hannover 1970, Sp. 1904.

28) Zu diesem Problem siehe FISCHER, G.: Praxisorientierte Theorie der Regionalforschung, St. Gallener wirtschaftswissenschaftliche Forschungen, Bd. 29, Tübingen 1973, S. 181.

29) Zu diesen Datenerhebungs- und Umrechnungsproblemen siehe u.a. FISCHER, G.: Praxisorientierte Theorie der Regionalforschung, a.a.O., S. 180;
VOIGT, F.: Theorie der regionalen Verkehrsplanung, a.a.O., S. 196;
SCHNEIDER, H.K.: Modelle für die Regionalpolitik, in: Beiträge zur Regionalpolitik, hrsg. v. Schneider, H.K., Schriften des Vereins für Socialpolitik, N.F., Bd. 41, Berlin 1968, S. 76;
STRASSERT, G.: Möglichkeiten und Grenzen der Erstellung und Auswertung regionaler Input-Output-Tabellen unter besonderer Berücksichtigung der derivativen Methode, Schriften zu Regional- und Verkehrsproblemen in Industrie- und Entwicklungsländern, hrsg. v. Müller, J.H. und Dams, Th., Bd. 2, Berlin 1968, S. 50 ff.;
SIEBERT, H.: Zur Theorie des regionalen Wirtschaftswachstums, Tübingen 1967, S. 70 ff.

30) Zur Aufstellung von Hypothesen, die sich hier jedoch hauptsächlich auf die Qualität einer Verkehrsleistung beziehen, vgl. z.B. GREVSMÄHL, J.: Adaptive Verkehrsplanung, Verkehrswissenschaftliche Forschungen, Schriftenreihe des Instituts für Industrie- und Verkehrspolitik der Universität Bonn, hrsg. v. Voigt, F., Bd. 23, Berlin 1971

31) RICARDO, D.: The Principles of Political Economy and Taxation, 3. endgültige Fassung, London 1821.

32) THÜNEN, J.H. v.: Der isolierte Staat in Beziehung auf Landwirtschaft und Nationalökonomie, Stuttgart 1966 (Nachdruck der 1. Aufl., Hamburg 1826).

33) ISARD, W.: Location and Space Economy, New York 1956; DUNN, E.S.jr.:The Location of Agricultural Production, Gainesville 1954.

34) Es sei hier auf einige Ansätze hingewiesen, die zu Beginn des 20. Jahrhunderts den Bodenwert und die Bodennutzung zu erklären versuchten: HURT, R.M.: Principles of City Land-Values, New York 1903;
HAIG, R.M.: Toward an Understanding of Natural Policy, in: Quarterly Journal of Economy, Vol. 40 (1926), S. 421-423;
RATCLIFF, R.U.: Urban Land Economies, New York 1949;
TURVEY, R.: The Economics of Real Property: An Analysis of Property Values and Patterns of Use, London 1957.

35) ALONSO, W.: Location and Land-Use: Toward a General Theory of Land-Rent, Cambridge (Mass.) 1964.

36) ALONSO, W.: Location and Land-Use ..., a.a.O., 6. Kap., S. 101-142.

37) WINGO, L. jr.: Transportation and Urban Land, Resources of the Future, Washington 1961.

38) So hat z.B. das BART-System im Einzugsbereich von San Francisco entlang der Bahnlinie zu enormen Bodenpreisveränderungen geführt, auf die mit hoher Wahrscheinlichkeit auch eine veränderte Bodennutzung folgen wird.

39) SMITH, A.: An Inquiry into the Nature and Causes of the Wealth of Nations, 1776, weitere Auflagen London 1872.

40) MARSHALL, A.: Principles of Economics, Bd. 1, 5. Aufl., London 1907, S. 125 ff.

41) DUPUIT, J.:De la Mesure de l'Utilité des Traveaux Public. In: Annales des Ponts et Chaussées, Reihe II, Bd. 8 (1844), englische Übersetzung: Public Works and the Consumer. In: Munby, D. (Hrsg.): Transport, Selected Readings, Harmandsworth 1968, S. 19 ff.

42) Zu den Kritikern des Konzepts der Konsumentenrente gehören u.a. WALRAS, PARETO, SAMUELSON und LITTLE.

43) Vgl. dazu FRERICH, J.: Die Konsumentenrente - Ein hinreichendes Lenkungsinstrument für öffentliche Investitionen? In: Jahrbuch für Sozialwissenschaft, Bd. 25 (1974), S. 370.

44) Zur mathematischen und graphischen Ableitung des Nutzens einer Verkehrsinvestition gemäß dem Konzept der Konsumentenrente vgl. FRERICH, J.: Die Konsumentenrente ..., a.a.O., S. 374 f. sowie S. 371-383, wo in drei verschiedenen Modellen mit unterschiedlichen Bedingungen und Gegebenheiten ein entsprechender Nutzenmaßstab abgeleitet wird.

45) Zur Diskussion des Grenzkostenpreisprinzips vgl. u.a. THIEMEYER, T.: Die Grenzkostenpreise bei öffentlichen Unternehmen, Köln und Opladen 1964;

OORT, C.J.: Der Marginalismus als Basis der Preisbildung in der Verkehrswirtschaft, Rotterdam 1961.

46) Zur Ableitung dieser Fälle vgl. FRERICH, J.: Die Konsumentenrente ..., a.a.O., S. 385 f.

47) In einer Fallstudie über einen Industriekomplex in der Petrochemie stellen ISARD u.a. die Prämissen, die Methode und die Ergebnisse, die mit Hilfe der Industriekomplexanalyse erzielt werden können, dar. Siehe hierzu ISARD, W.; SCHOOLER,E.W.;VIETORISZ, Th.: Industrial Complex Analysis and Regional Development: A Case Study of Refinary-Petro Chemical-Synthetic-Fiber Complexes and Puerto Rico, New York, London 1959; über die Anwendbarkeit und Aussagefähigkeit von Industriekomplexanalysen siehe ferner: FISCHER, G.: Praxisorientierte Theorie der Regionalforschung, a.a.O., S. 180;
BREDE, H.; OSSORIO-CAPELLA, Ch.: Entscheidungsmodelle in der Regionalpolitik, in: Handwörterbuch der Raumforschung und Raumordnung, Teil I, Hannover 1970, Sp. 606;
SCHNEIDER, H.K.: Modelle für die Regionalpolitik, in: Beiträge zur Regionalpolitik, hrsg. v. Schneider, H.K., Schriften des Vereins für Socialpolitik, N.F., Bd. 41, Berlin 1968, S. 73.

48) Die Anwendung der Industriekomplexanalyse in bereits industrialisierten Ländern und ihre Fragenkomplexe behandeln MÜLLER, J.H.; RITTENBRUCH, K.: Die Methoden der Regionalanalyse unter besonderer Berücksichtigung ihrer Verwendbarkeit für die Beurteilung verschiedener Projekte, Forschungsbericht, erstellt i.A. des Bundesministers für Wirtschaft, Freiburg i.Br. 1968, S. 185.

49) Innerhalb dieses Analyseverfahrens zur Erstellung eines Industriekomplexes werden auch sämtliche möglichen Produktionsverfahren einbezogen. Daher sind detaillierte technische Kenntnisse notwendig. Vgl. hierzu ISARD, W.: Methods of Regional Analysis: An Introduction to Regional Science, New York, London 1960, S. 384.

50) VOIGT, F.: Theorie der regionalen Verkehrsplanung, a.a.O., S. 177.

51) KAU, W.: Theorie und Anwendung raumwirtschaftlicher Potentialmodelle, Tübingen 1970, S. 6.

52) STORBECK, D.: Die wirtschaftliche Problematik der Raumordnung, Volkswirtschaftliche Schriften, Heft 47, hrsg. v. Broermann, J., Berlin 1959, S. 121.

53) Das ausschließliche Vorhandensein von nachgefragten Standortfaktoren einer Region stellt allein noch nicht sicher, daß Betriebe und Menschen zur Ansiedlung motiviert werden, da das Vorhandensein dieser Standortfaktoren lediglich eine notwendige Voraussetzung für eine Ansiedlung ist, jedoch keine hinreichende Bedingung. Siehe hierzu BRÖSSE, U.: Raumordnungspolitik, Berlin, New York 1975, S. 136.

54) Siehe hierzu u.a. MÜLLER, J.H.; RITTENBRUCH, K.: Die Methoden der Regionalanalyse ..., a.a.O., S. 192.

55) Zu dieser Begriffsbestimmung der Netzplantechnik vgl. Aus-

schuß für Netzplantechnik (AFN) im Deutschen Normenausschuß (DNA): Netzplantechnik, Begriffe, DIN 69900 Blatt 1, Februar 1970.

56) Zu den Problemen der Berechnung von Netzplänen vgl. u.a. SUCHOWITZKI, S.I.; RADTSCHIK , J.A.: Mathematische Methoden der Netzplantechnik, Leipzig 1969;
MÜLLER-MEHRBACH,H.: Operations Research, 2. Aufl., München 1971;
VOIGT, J.-P.: Fünf Wege der Netzplantechnik, Köln 1971.

57) Zur Anwendung der Netzwerktheorie bzw. Netzplantechnik im Verkehrssektor vgl. u.a. FRERICH, J.; MELCHER, J.; RUSKE, W. u.a.: Die Methoden des Operations Research und ihre Anwendungsmöglichkeiten auf die Investitionsplanung im Straßenbau, Straßenbau und Straßenverkehrstechnik, Heft 159, hrsg. vom Bundesminister für Verkehr, Abt. Straßenbau, Bonn 1974, S. 10-25.

58) Zur dynamischen Programmierung vgl. u.a. BELLMAN, R.: Dynamische Programmierung und selbstanpassende Regelprozesse, München, Wien 1967;
HADLEY, G.: Nichtlineare dynamische Programmierung, Würzburg, Wien 1969. Zur adaptiven Programmierung vgl. u.a. BECKMANN, M.J.: Dynamic Programming of Economic Decisions, Berlin, Heidelberg, New York 1968, S. 76 ff.

59) Zum Dualitätsproblem vgl. u.a. KRELLE, W.; KÜNZI, H.P.: Lineare Programmierung, Zürich 1958, S. 30.

60) Zur Entscheidungstheorie vgl. u.a. KIRSCH, W.: Entscheidungsprozesse, 3 Bde., Wiesbaden 1970-1971;
BÜHLMANN, H.; NIEVERGELT, E.; LOEFFEL, H.: Einführung in die Theorie und Praxis der Entscheidung bei Unsicherheit, 2. Aufl., Berlin, Heidelberg, New York 1967.

61) Eine andere Darstellungsform ist der Entscheidungsbaum, der insbesondere bei mehrstufigen Entscheidungsproblemen die geeignetere Veranschaulichung ist. Vgl. zum Entscheidungsbaum Abschnitt B, Teil I, b), 1).

62) Zu diesen Entscheidungsregeln vgl. u.a. KRELLE, W.: Präferenz- und Entscheidungstheorie, Tübingen 1968, S. 185 ff.;
GÄFGEN, G.: Theorie der wirtschaftlichen Entscheidung, 3. Aufl., Tübingen 1974, S. 421 ff.

63) Vgl. zu diesen Lösungsmethoden u.a. CHURCHMAN, C.W.; ACKOFF, R.L.; ARNOFF, E.L.: Operations Research, 5. Aufl., München, Wien 1971.

64) NEUMANN, J.; MORGENSTERN, O.: Theory of Games and Economic Behavior, Princeton, N.Y. 1944.

65) BOREL, E.: Sur les systèmes de formes linéaires à déterminant symétrique gauche et la théorie générale du jeu, in: Comptes Rendus, Bd. 184, Paris 1927, S. 52-54.

66) FRERICH, J.; MELCHER, J.; RUSKE, W. u.a.: Die Methoden des Operations Research ..., a.a.O., S. 46-59.

67) Vgl. hierzu HARBORDT, S.: Gutachten zum Thema Simulation, in: Methoden der Prioritätsbestimmung III, hrsg. vom Bun-

desministers für Bildung und Wissenschaft, Schriftenreihe Forschungsplanung 5, Bonn 1971, S. 137 f.

68) Zur Simulation vgl. u.a. SIEBERT, H.: Simulation als Informationsinstrument der Wirtschaftspolitik, in: Z.f.d.g.St., Bd. 126 (1970), S. 407 ff.;
KLATT, S.: Simulationsverfahren als Instrument der empirischen Regionalforschung, in: Methoden der empirischen Regionalforschung (1.Teil), Veröffentlichungen der Akademie für Raumforschung und Landesplanung, Forschungs- und Sitzungsberichte, Bd. 87, Hannover 1973, S. 183 ff.;
ORCUTT, G.H.: Simulation of Economic Systems, in: A.E.R., Vol. 50 (1960), S. 893;
KRÜGER, S.: Simulation, Berlin, New York 1975.

69) Zur Methode des Scenario-writing vgl. u.a. BUNDESMINISTER FÜR BILDUNG UND WISSENSCHAFT (Hrsg.): Methoden der Prioritätsbestimmung III, Schriftenreihe Forschungsplanung 5, Bonn 1971, Teil I, S. 47, Teil II, S. 13 f.

70) Zum Brainstorming vgl. u.a. KLAGES, H.: Gutachten zum Thema Brainstorming, Delphi I und Delphi II, in: Bundesminister für Bildung und Wissenschaft (Hrsg.): Methoden der Prioritätsbestimmung III, Schriftenreihe Forschungsplanung 5, Bonn 1971, Teil II, S. 30-40;
CLARK, Ch.H.: Brainstorming, 2. Aufl., München 1967.

71) Zur Delphi-Methode vgl. u.a. HELMER, O.: 50 Jahre Zukunft, Hamburg 1967;
DALKEY, N.; HELMER, O.: Experimental Application of the Delphi Method to the Use of Experts, in: Management Science, Vol. 9 (1963), S. 458-467;
ALBACH, H.: Informationsgewinnung durch strukturierte Gruppenbefragung - Die Delphi-Methode -, in: Z.f.B., Ergänzungsheft 1970, S. 11-26.

72) Zur Morphologie-Methode vgl. u.a. ZWICKY, F.: Morphologische Forschung, in: Helvetia Physica Acta, Vol. 23 (1950), S. 223-238;
ROPOHL, G.: Grundlagen und Anwendungsmöglichkeiten der morphologischen Methode in Forschung und Entwicklung, in: Wirtschaftswissenschaftliches Studium (WiSt), 1. Jg. (1972), S. 495-499, 541-546.

73) Zur Relevanzbaummethode vgl. u.a. JANTSCH, E.: Technological Forecasting in Perspective, Paris 1967, S. 219 ff.;
ESCH, M.E.: Planungshilfe mittels eines technischen Bewertungsverfahrens von Relevanzzahlen-PATTERN, in: Politische Planungssysteme, hrsg. v. Naschold, F. und Väth, W., Uni-Taschenbücher 188, Opladen 1973, S. 444-460.

74) Zur Entscheidungsbaummethode vgl. u.a. MÜLLER-MEHRBACH, H.: Operations Research, Berlin, Frankfurt 1969, S. 303-348;
ZIMMERMANN, H.-J.: Einführung in die Grundlagen des Operations Research, München 1971, S. 96 ff.;
MAGEE, J.F.: Decision Trees for Decision Making, in: H.B.R., Juli-August 1964, S. 126-138.

75) Eine umfassende Darstellung der Cost-Benefit-Analyse findet sich bei HESSE, H.; ARNOLD, V.: Kosten-Nutzen-Analyse für

städtische Verkehrsprojekte - dargestellt am Beispiel der Unterpflaster-Straßenbahn in Hannover, in: Kyklos, Bd. XXIII (1970), S. 520 ff.;
EGGELING, G.: Probleme der praktischen Anwendbarkeit von Kosten-Nutzen-Analysen im Verkehrswesen, in: Zeitschrift für Verkehrswissenschaft, 41. Jg. (1970), S. 63;
KOELLE, H.H.; HEINECKE, E.: Gutachten zum Thema Kosten-Nutzen-Analyse, in: Methoden der Prioritätsbestimmung III, hrsg. vom Bundesminister für Bildung und Wissenschaft, Schriftenreihe Forschungsplanung Nr. 5, Bonn 1971, S. 59-106.

76) KOELLE und HEINECKE zählen ca. 30 verschiedene Ansätze der Kosten-Nutzen-Analyse auf. Vgl. KOELLE, H.H.; HEINECKE, E.: Gutachten zum Thema Kosten-Nutzen-Analyse, a.a.O., S. 65 ff. Der Begriff der Sozialproduktsmaximierung entspricht in den weiterentwickelten Kosten-Nutzen-Analysen nicht dem Begriff der amtlichen Statistik, sondern wird aufgrund des Fehlens von Marktpreisen für Kollektivgüter durch Schattenpreise ermittelt. Vgl. hierzu: EGGELING, G.: Probleme der praktischen Anwendbarkeit von Kosten-Nutzen-Analysen ..., a.a.O., S. 65. Um distributive oder allokative Zielsetzungen in die Kosten-Nutzen-Analyse mit einzubeziehen, werden sogenannte "Primary Benefits" und "Secondary Benefits" ausgewiesen, über die die Beiträge zu komplexeren Zielbündeln ermittelt werden. Siehe hierzu ABERLE, G.: Cost-Benefit-Analysen und Verkehrsinfrastrukturplanung, in: Zeitschrift für Verkehrswissenschaft, 42. Jg. (1971), S. 149 ff. Zur Einführung von Nebenbedingungen in die Kosten-Nutzen-Analyse siehe u.a. ECKSTEIN, O.: A Survey of Public Expendition Criteria, in: Buchanan, J.M. (Hrsg.): Public Finances: Needs, Sources and Utilization, Princeton 1961, 3. Printing, S. 450.

77) Auf die erhebliche Bedeutung der Erfassung aller Auswirkungen, die von den gegebenen Alternativen ausgehen, wird eindrücklich hingewiesen von GRÖBNER, G.: Effizienzanalysen im Staatssektor, in: Die Verwaltung, Folge 3 (1970), S. 299 und
FISCHER, L.: Probleme der Nutzenerfassung bei Kosten-Nutzen-Analysen und Kosten-Wirksamkeitsanalysen in der Verkehrsplanung, in: Zeitschrift für Verkehrswissenschaft, 44. Jg. (1973), S. 6.

78) Zu der Palette der für eine Kosten-Nutzen-Analyse relevanten direkten und indirekten Kosten siehe FRERICH, J.; POETZSCH, R.: Theoretische Grundlagen der Kosten-Nutzen-Analyse, in: Beiträge zur Industrie- und Verkehrspolitik, Bonn 1970, S. 22;
PESCHEL, K.: Der Zeitfaktor in Wirtschaftlichkeitsrechnungen für den Straßenbau, in: Zeitschrift für Verkehrswissenschaft, 34. Jg. (1963), S. 13.
EGGELING, G.: Probleme der praktischen Anwendbarkeit von Kosten-Nutzen-Analysen, a.a.O., S. 66; mit der Bedeutung der indirekten Kosten und Nutzen in der Cost-Benefit-Analyse befaßt sich eingehend
RECKTENWALD, H.C.:Die Kosten-Nutzen-Analyse, Recht und Staat, Bd. 394/95, Tübingen 1971. Die inkonsumerablen oder intangiblen Effekte werden zum Teil an Beispielen erläutert in: GEIGER, M.: Die Notwendigkeit einer Differenzierung von Kosten-Nutzen-Analysen für Maßnahmen im Personenverkehr unter

besonderer Berücksichtigung des Nutzens aus den Zeitgewinnen, Diss. München 1973, S. 17;
EGGELING, G.: Probleme der praktischen Anwendbarkeit von Kosten-Nutzen-Analysen, a.a.O., S. 66.

79) Vgl. hierzu VOIGT, F.: Ökonomische Untersuchungen zum Ausbauplan für die Bundesfernstraßen, in: Ausbauplan für die Bundesfernstraßen 1971-1985, Bd. B, Teil IV, hrsg. v. Bundesminister für Verkehr, Abt. Straßenbau, Bonn 1970, S.IV,69

80) Zur Problematik der Ermittlung der Diskontraten siehe:
KENTNER, W.: Planung und Auslastung der Verkehrsinfrastruktur in Ballungsräumen, Düsseldorf 1972, S. 87;
GWILLIAM, K.M.; VOIGT, F. u.a.: in: Koordinierung der Verkehrswegeinvestitionen. Analysen - Empfehlungen - Verfahren. Studien Reihe Verkehr, Nr. 3, Brüssel 1973, S. 75-78.

81) Zu dieser Konsequenz vgl. FREY, R.L.: Infrastruktur, Grundlagen der Planung öffentlicher Investition, Tübingen 1970.

82) Zur Darstellung der Kosten-Wirksamkeitsanalyse vgl. u.a. QUADE, E.S.: Kosten-Wirksamkeitsanalyse, in: Recktenwald, H.C. (Hrsg.): Nutzen-Kosten-Analyse und Programmbudget, Tübingen 1970, S. 235-242;
MEYKE, U.: Hilfsmittel der Infrastruktur-Planung: Nutzen-Kosten- oder Kosten-Wirksamkeits-Analyse? In: Internationales Verkehrswesen, 24. Jg. (1972), S. 146-150.

83) Zu diesen Varianten der Kosten-Wirksamkeitsanalyse vgl. u.a. SARRAZIN, T.; SPREER, F.; TIETZEL, M.: Rationale Infrastrukturplanung, Probleme und Methoden. Gesellschaft für wirtschafts- und verkehrswissenschaftliche Forschung e.V. Bonn, Diskussionspapier Nr. 10, Bonn 1974, S. 8.

84) Zur Nutzwertanalyse vgl. u.a. ZANGEMEISTER, Ch.: Nutzwertanalyse in der Systemtechnik. Eine Methode zur multidimensionalen Bewertung und Auswahl von Projektalternativen, 3. Aufl., München 1973;
STRASSERT, G.: Nutzwertanalyse, in: Methoden der empirischen Regionalforschung (1. Teil), Veröffentlichungen der Akademie für Raumforschung und Landesplanung, Forschungs- und Sitzungsberichte, Bd. 87, Hannover 1973, S. 147-160;
KUNZE, D.M.; BLANEK, H.-D.; SIMONS, D.: Nutzwertanalyse als Entscheidungshilfe für Planungsträger, in: KTBL - BAUSCHRIFTEN, Heft 1, Frankfurt 1969.
FISCHER, L.: Spezielle Aspekte der Anwendung von Nutzwertanalysen in der Raumordnung, in: Raumforschung und Raumordnung, 29. Jg. (1971), S. 57-64.

85) Zum Grundansatz der Nutzwertanalyse vgl. ZANGEMEISTER, Ch.: Nutzwertanalyse ..., a.a.O., S. 55-88.

86) Zur bedingten Nutzenunabhängigkeit vgl. u.a. STRASSERT, G.; TUROWSKI, G.: Nutzwertanalyse: Ein Verfahren zur Beurteilung regionalpolitischer Projekte, in: Informationen, 21. Jg. (1971), S. 30;
ZANGEMEISTER, Ch.: Nutzwertanalyse, a.a.O., S. 77.

87) Vgl. zur formalen Darstellung der Nutzwertanalyse ZANGEMEISTER, Ch.: Nutzwertanalyse ..., a.a.O., S. 71 ff.

88) Zu den Vorteilen der Nutzwertanalyse vgl. u.a. TUROWSKI, G.; STRASSERT, G.: Ein nutzwertanalytischer Ansatz für die Frei-

zeit- und Fremdenverkehrsplanung, in: Raumforschung und Raumordnung, 30. Jg. (1972), S. 30 f.;
STRASSERT, G.; TUROWSKI, G.: Nutzwertanalyse ..., a.a.O., S. 40.

89) Zu diesen Nachteilen vgl. ZANGEMEISTER, Ch.: Nutzwertanalyse ..., a.a.O., S. 9, 85, 301 ff.;
FISCHER, L.: Die Berücksichtigung raumordnungspolitischer Zielsetzungen in der Verkehrsplanung, ..., a.a.O., S. 64.

90) THÜNEN,J.H.von: Der isolierte Staat ..., a.a.O.

91) CHRISTALLER, W.: Die zentralen Orte in Süddeutschland, 2. Aufl., Darmstadt 1968 (1. Aufl., Jena 1933).

92) LÖSCH, A.: Die räumliche Ordnung der Wirtschaft, 3. Aufl., Stuttgart 1962, S. 86, Fußnote 1.

93) ALONSO, W.: Location Theory, Cambridge (Mass.) 1964;
BECKMANN, M.: Location Theory, New York 1968;
HOOVER, E.M.: The Location of Economic Activity, New York, Toronto, London 1948;
ISARD, W. u.a.: Methods of Regional Analysis ..., a.a.O.

94) Vgl. zu diesem Modell WALTERS, A.A.: The Economics of Road User Charges, World Bank Staff Occasional Papers, No. 5, Baltimore 1968, S. 121-166;
Ders.: Development Model of Transport, in: AER, Papers and Proceedings, Vol. 58 (1968), S. 360-377; ein Vorläufer dieses von WALTERS entwickelten Pyramidenmodells ist das sogenannte ELLET-Modell, das bereits 1836 von Charles ELLET konzipiert wurde. Vgl. dazu ELLET, Ch.: Report on the Survey for a Ship Canal from Richmond to Warwick, being the Plan proposed for the Connection of the James River and Kanawha improvement with Tide Water, Richmond 1836.

95) Vgl. WALTERS, A.A.: A Development Model of Transport, a.a.O., S. 360. Das Bemühen von WALTERS, ein Modell zu entwickeln, das durch Simplizität überzeugt, wird auch durch die Ausführungen von ALONSO gerechtfertigt, der behauptet, daß insbesondere auf den Gebieten Land-Use und Verkehr bereits zu komplexe Modelle für die vorhandene Datenqualität angewandt werden. Vgl. dazu ALONSO, W.: Bestmögliche Voraussagen mit unzulänglichen Daten, in: Stadt-Bauwelt 1969, Heft 21, S. 30-34, hier S. 32.

96) Vgl. zu diesen Annahmen WALTERS, A.A.: The Economics of Road User Charges, a.a.O., S. 118-121.

97) Vgl. zu diesen Modellannahmen ebenda, S. 121 ff.

98) Vgl. ebenda, S. 126.

99) Vgl. ebenda, S. 126 f.

100) Vgl. ebenda, S. 127-129.

101) Vgl. ebenda, S. 130 f.

102) Vgl. ebenda, S. 131 f.

103) Vgl. ebenda, S. 132.

104) Vgl. dazu ebenda S. 137-164.

105) Vgl. dazu ebenda, S. 164.

106) Vgl. ebenda, S. 165 f.

107) Vgl. ebenda, S. 166.

108) Vgl. dazu VAN DER TAK, H.G.; DE WEILLE, J.: Reappraisal of a Road Project in Iran, World Bank Staff Occasional Papers,No. 7, Baltimore 1969, S. 49 ff.

109) WALTERS, A.A.: A Development Modell ..., a.a.O., S. 373 ff.

110) STANLEY, W.R.: Evaluating Construction Priorities of Farm-to-Market-Roads in Developing Countries: A Case Study, in: Hurst, M.E.E. (Ed.): Transportation Geography. Comments and Readings, New York u.a. 1974, S. 417-440.

111) Vgl. ebenda, S. 437.

112) Bundesminister für Verkehr (Hrsg.): Straßenbaubericht 1974. Bericht des Bundesministers für Verkehr über den Fortgang des Bundesfernstraßenbaus im Jahre 1974, o.O., o.J., S. 6.
BUNDESMINISTER FÜR VERKEHR, Abt. Straßenbau: Überprüfung des Bedarfsplanes für die Bundesfernstraßen. Bewertung der Maßnahmen und deren Dringlichkeitsreihung, o.O., 1975;
HUBER, H.-J.: Dringlichkeitsreihung von Straßenbaumaßnahmen, in: Straße und Autobahn, 21. Jg. (1970), H. 4, S. 139-147;
ders.: Neuer Bedarfsplan für die Bundesfernstraßen ab 1976, in: Straße und Autobahn, 27. Jg. (1976), Nr. 3, S. 6-15, insbesondere S. 8;
BAYER, P.; ECKERT, K.; NIEMANN, D.: Verfahren und Durchführung der Maßnahmenbewertung bei der Überprüfung des Bedarfsplanes für die Bundesfernstraßen, in: Straße und Autobahn, 27. Jg. (1976), Nr. 3, S. 16-32.

113) BUNDESMINISTER FÜR VERKEHR: Bundesverkehrswegeplan, 1. Stufe, o.O., o.J., S. 29 ff. Zur Neufassung der Ziele der Bundesverkehrswegeplanung vgl. ders.: Koordiniertes Investitionsprogramm für die Bundesverkehrswege bis zum Jahre 1985 (Fortschreibung des Bundesverkehrswegeplanes), o.O., o.J., S. 3 ff.

114) Zu den jeweiligen Ausgangsindikatoren, Umrechnungs- und Bereinigungsfaktoren siehe BUNDESMINISTER FÜR VERKEHR, Abt. Straßenbau: Überprüfung des Bedarfsplanes ..., a.a.O., S. 10-20.

115) Zur Nutzwertanalyse mit Hilfe der Verteilung von Bewertungspunkten vgl. ZANGEMEISTER, Ch.: Nutzwertanalyse ..., a.a.O., S. 57-162, 324-333. Das BMV bezeichnet das Verfahren als Nutzen/Kosten-Rechnung, die nicht mit der Kosten-Nutzen-Analyse gleichzusetzen ist. Das Verfahren wird auch als Kosten-Wirksamkeitsanalyse aufgefaßt; vgl. BAYER, P.; ECKERT, U.; NIEMANN , D.: Verfahren und Durchführung der Maßnahmenbewertung , a.a.O., S. 18 f.

116) DORNIER-SYSTEM: Zukünftige Anforderungen an Verkehrssysteme (Bewertungsmodell für Verkehrssysteme) - Studienergebnis Nr. 135 - Friedrichshafen o.J.

117) Zur Grundstruktur des Modells vgl. ebenda, S. 6-9.

118) Vgl. ebenda, S. 7.

119) Ebenda, S. 10. Zur expliziten Darstellung der Nutzwertanalyse vgl. Abschnitt B.I. dieser Arbeit und die dort angegebene Literatur.

120) Eine ausführliche Darstellung der Bewertungskriterien für die Attraktivität eines Verkehrssystems gibt die DORNIER-Studie in den Punkten 3.4.-3.6.

121) Preis und Sicherheit werden in diesem Schema zwar noch aufgeführt, in der weiteren Untersuchung werden diese Elemente jedoch vernachlässigt, wie aus der Beschreibung der Systemeigenschaften und der Beziehungsmatrix hervorgeht, da keine Überschneidung mit dem Wirkungsbereich besteht. Vgl. ebenda, S. 40. Die Preisgestaltung wird allerdings nicht im Bereich Anbieter erörtert, da es sich überwiegend um eine politische Preisgestaltung handelt.

122) Vgl. dazu ebenda, S. 6.

123) ebenda, S. 133 f.; dies gilt für Befragungen.

124) Zur Verbesserung der Nutzwertanalyse durch Simulation der Nutzenerträge und Gewichte vgl. DREYER, A.: Nutzwertanalyse als Entscheidungsmodell bei mehrfacher Zielsetzung, Diss. Hamburg 1975, S. 170 ff.

125) Vgl. zur Kritik der Nutzwertanalyse Abschnitt B.I.

126) Ausgezählt nach Abb. 58 der DORNIER-Studie.

127) BIRRECK, M.; KLEMP, J.; KOELLE, H.H.; PICHLMAYER, H.; THIEME, M.: ZIEBUV. Entwurf alternativer Zielsysteme für den Verkehrsbereich als Anwendungsbeispiel experimenteller, EDV-gestützter Planungshilfen, Bundesministerium für Forschung und Technologie, Forschungsbericht DV 75-08, Berlin 1975, S. 17 (im folgenden als ZIEBUV zitiert).

128) D.h., es werden nicht nur finanz- und betriebswirtschaftliche Kosten- bzw. Nutzenvergleiche angestrebt, sondern auch gesellschaftliche Kosten und Nutzen berücksichtigt, wie es in § 7 Abs. 2 BHO gefordert wird.

129) ZIEBUV, S. 10.

130) Vgl. ebenda, S. 11.

131) Vgl. zu diesen Zielannahmen ebenda, S. 101-110.

132) Vgl. zu diesen Zielbereichen ebenda, S. 111-113.

133) Zur ausführlichen Darstellung der Indikatoren des ZIEBUV-Modells vgl. ebenda, S. 114-121 sowie Anlage 1 und 2.

134) Vgl. dazu ebenda, S. 122 f.

135) Ebenda, S. 139.

136) Vgl. dazu ebenda, S. 125 ff.; auf eine Darstellung der Rechenprogramme wurde hier verzichtet, da eine Erörterung in diesem Rahmen zu weit führen würde.

137) Vgl. hierzu ebenda, S. 141.

138) Vgl. zu dieser Problematik ZANGEMEISTER, Ch.: Nutzwertanalyse ..., a.a.O., S. 77 f.

139) INTERTRAFFIC GmbH: Das Ersatzproblem im Bau von Verkehrswegen, Gutachten im Auftrage des Bundesministers für Verkehr, Düsseldorf 1975.

140) BUNDESMINISTER FÜR VERKEHR: Bundesverkehrswegeplan, 1. Stufe, o.O., o.J., S. 135.

141) Vgl. BUNDESMINISTER DER FINANZEN: Rundschreiben betr. 'Vorläufige Verwaltungsvorschriften zur Bundeshaushaltsordnung (Vorl. VV-BHO)' vom 21. Mai 1973, in: Ministerialblatt des Bundesministers der Finanzen und des Bundesministers für Wirtschaft, 24. Jg. (1973), Nr. 13, S. 190-292; ders.: Rundschreiben betr. 'Vorläufige Verwaltungsvorschriften zu § 7 Abs. 2 BHO' vom 21. Mai 1973, in: Ministerialblatt des Bundesministers der Finanzen und des Bundesministers für Wirtschaft, 24. Jg. (1973), Nr. 13, S. 293-302. Siehe hierzu auch INTERTRAFFIC GmbH: Das Ersatzproblem ..., a.a.O., S. 10 und 468 ff.

142) Vgl. hierzu INTERTRAFFIC GmbH: Das Ersatzproblem ..., a.a.O., S. 10 f. und 25-75.

143) Eine ausführliche Darstellung der Fallstudien findet sich ebenda, S. 111-406.

144) Zur Definition des Verkehrsweges im Sinne der INTERTRAFFIC-Studie vgl. ebenda, S. 12 ff. und insbesondere das Tableau der S. 13.

145) Zu den vorausgehenden wörtlichen Zitaten vgl. ebenda, S. 75.

146) Vgl. hierzu die Abbildungen in der INTERTRAFFIC-Studie, ebenda, S. 79, 82, 85.

147) Vgl. ebenda, S. 75-85.

148) Vgl. hierzu ebenda, S. 25-75.

149) Vgl. hierzu ebenda, S. 86 f.; vgl. auch Abschnitt B, Teil I, a), 1), (I), (b) der vorliegenden Studie: "Dynamische Verfahren zur Bewertung einzelner Investitionsprojekte".

150) Vgl. zum "with-without-Prinzip" INTERTRAFFIC GmbH: Das Ersatzproblem ..., a.a.O., S. 87 f. und die Darstellung der Status-quo-Fälle in den durchgeführten Fallstudien S. 160-421.

151) Vgl. hierzu ebenda, S. 88 und S. 162.

152) Vgl. ebenda, S. 100 ff.

153) Vgl. hierzu FRERICH, J.: Straßenart und Straßenqualität in ihrer Beziehung zu Unfallhäufigkeit und Unfallstruktur auf den Bundesfernstraßen, Köln 1974, S. 30-34.

154) Vgl. INTERTRAFFIC GmbH: Das Ersatzproblem ..., a.a.O., S. 458 f.

155) Zur allgemeinen Kritik an der Kosten-Nutzen-Analyse siehe Abschnitt B, Teil I, b), 2) der vorliegenden Studie.

156) Folgende Darstellung bezieht sich auf die im Rahmen des Verkehrsministeriums durchgeführte Korridoruntersuchung: BUNDESMINISTER FÜR VERKEHR (Hrsg.): Korridorbericht. Unter-

suchung über Verkehrsinvestitionen in ausgewählten Korridoren der Bundesrepublik Deutschland, Bericht der Projektgruppe "Korridoruntersuchungen" im BMV, Schriftenreihe des Bundesministers für Verkehr, Heft 47, Bonn 1974.

157) Vgl. ebenda, S. 14.

158) Vgl. ebenda, S. 15.

159) Ebenda, S. 13.

160) FORSCHUNGSGESELLSCHAFT FÜR DAS STRASSENWESEN: Richtlinien für wirtschaftliche Vergleichsrechnungen im Straßenwesen (RWS), Köln 1971.

161) Vgl. BUNDESMINISTER FÜR VERKEHR (Hrsg.): Korridorbericht, a.a.O., S. 107-108.

162) Ebenda, S. 108.

163) WILLEKE, R.; KENTNER, W.: Die Verbindung von Preis- und Informationspolitik bei der Lösung von Stauungsproblemen im Straßenverkehr, Köln 1970.

164) BUNDESMINISTER FÜR VERKEHR (Hrsg.): Korridorbericht, a.a.O., S. 108.

165) Ebenda, S. 113.

166) Vgl. hierzu FISCHER, L.: Die kombinierte Anwendung von Kosten-Nutzen-Analyse (KNA) und Kosten-Wirksamkeitsanalyse (KWA) als Instrument zur Beurteilung von Investitionsmaßnahmen nach § 7 Abs. 2 Bundeshaushaltsordnung, in: Zeitschrift für Verkehrswissenschaft, 47. Jg. (1976), Heft 2, S. 80.

167) Sofern der zu untersuchende Bereich nicht vollständig theoretisch geklärt und empirisch abgesichert ist, beinhaltet die Aufstellung von Zielbereichen stets eine Reihe von Wirkungshypothesen. Die Formulierung und auch die Annahme dieser Wirkungshypothesen sind abhängig von der Plausibilität für den Entscheidungssuchenden bzw. Entscheidungsvorbereitenden. Auf diese Problematik verweist ARNOLD, V.: Methoden der Entscheidungsfindung bei staatlichen Allokationsaktivitäten - ein kritischer Vergleich, in: Finanzarchiv, NF, Bd. 33 (1974/75), S. 420.

168) Auf diesen Mangel des Korridorberichtes weist der wissenschaftliche Beirat beim Bundesminister für Verkehr hin. Vgl. WISSENSCHAFTLICHER BEIRAT BEIM BUNDESMINISTER FÜR VERKEHR - GRUPPE VERKEHRSWIRTSCHAFT -: Stellungnahme zum Bundesverkehrswegeplan 1. Stufe, in: Internationales Verkehrswesen, 27.Jg. (1975), Heft 3, S. 108 ff.

169) BUNDESMINISTER FÜR VERKEHR (Hrsg.): Korridorbericht, a.a.O., S. 92, 94.

170) Vgl. dazu ZANGEMEISTER, Ch.: Nutzwertanalyse ..., a.a.O., S. 77 f.;
FISCHER, L.: Die kombinierte Anwendung von Kosten-Nutzen-Analyse ..., a.a.O., S. 82-84.

171) Vgl. hierzu GOSSEN,H.H.:Entwicklung der Gesetze des menschlichen Verkehrs und der daraus fließenden Regeln für menschliches Handeln, 3. Aufl., Berlin 1927 (1. Aufl.

Braunschweig 1854);
GOTTINGER, H.-W.: Die Existenz einiger Klassen deterministischer Nutzenfunktionen, in: Jahrbücher für Nationalökonomie und Statistik, Bd. 183 (1969/70), S. 95-124.

172) Vgl. zu diesem Modell FRERICH, J.: Die regionalen Wachstums- und Struktureffekte von Autobahnen in Industrieländern, Verkehrswissenschaftliche Forschungen, Bd. 28, Berlin 1974, insbesondere S. 176-178.

173) Zu den von einem Verkehrssystem und den Teilsystemen hervorgerufenen Effekten vgl. VOIGT, F.: Die Einwirkungen der Verkehrsmittel auf die wirtschaftliche Struktur eines Raumes - dargestellt am Beispiel Nordbayerns, in: Die Nürnberger Hochschule im fränkischen Raum, Nürnberg 1955, S. 107-149;
ders.: Die gestaltende Kraft der Verkehrsmittel in wirtschaftlichen Wachstumsprozessen, Bielefeld 1959;
ders.: Verkehr, Bd. I, Berlin 1973, Bd. II, Berlin 1965.

174) Vgl. FRERICH, J.: Die regionalen Wachstums- und Struktureffekte ..., a.a.O., S. 222.

175) VAN DER TAK, H.G.; RAY, A.: The Economic Benefits of Road Transport Projects, World Bank Staff Occasional Papers, No. 13, Baltimore 1971.

176) Vgl. zu diesen einschränkenden Grundannahmen ebenda, S. 3-5.

177) Zu diesen Annahmen vgl. ebenda, S. 5.

178) Zu diesen Ausführungen vgl. ebenda, S. 8 ff., insbesondere Fußnote 7 auf S. 9.

179) Vgl. zu dieser Erweiterung des Modells ebenda, S. 13-18.

180) Zu dieser Modellvariante vgl. ebenda, S. 19-26.

181) Zu der Einführung von Marktunvollkommenheiten und externen Effekten vgl. ebenda, S. 27-34.

182) Vgl. zu diesem Modell TINBERGEN, J.: The Appraisal of Road Construction: Two Calculation Schemes, in: The Review of Economics and Statistics, Vol. XXXIX (1957), S. 241-249. Zur Anwendung dieses Modells vgl. BOS, H.C.; KOYCK, L.M.: The Appraisal of Road Construction Projects: A practical Example, in: The Review of Economics and Statistics, Vol. XLIII (1961), S. 13-20.

183) Vgl. zu diesem Modell ISRAEL, A.: Appraisal Methodology for Feeder Road Projects. IBRD, Economics Department Working Paper No. 70, Washington D.C. 1970.

184) Vgl. ebenda, S. 1.

185) Vgl. ebenda, S. 14.

186) Zu diesen Modellannahmen vgl. ebenda, S. 15.

187) Vgl. ebenda, S. 18. ISRAEL bezieht sich hier auf die Untersuchung von COFFY. (COFFY, J.D.: Estimated Costs, Yield and Resource Requirements for Crops and Livestock for the Cuto Sierra Region of Peru, North Carolina University Agrigultural Mission to Peru, Lima, Peru, 1965.)

188) PARDEE, F.S.; KIRKWOOD, E.F.; KRAEMER, K.L.; Mac CRIMMON, K.R.; MILLER III, J.R.; PHILIPS, C.T.; RANFTL, J.W.; SMITH, K.V.; WHITCOMB, D.K.: Measurement and Evaluation of Transportation System Effectiveness, prepared for U.S. Department of Transportation, Federal Railroad Administration, Office of High Speed Ground Transportation, Memorandum RM-5869-DOT, Santa Monica 1969. Grundlage dieser umfassenden Studie sind zum Teil die im folgenden zitierten Veröffentlichungen der RAND CORPORATION, die im Zusammenhang mit dem Auftrag "North East Corridor Transportation Project" erstellt wurden:
MILLER III, J.R.: Assessing Alternative Transportation Systems, prepared for U.S. Department of Transportation, Federal Railroad Administration, Office of High Speed Ground Transportation, Memorandum RM-5865-DOT, Santa Monica 1969;
RAIFFA, H.: Preferences of Multi-Attributed Alternatives, prepared for U.S. Department of Transportation, Federal Railroad Administration, Office of High Speed Ground Transportation, Memorandum RM-5868-DOT/RC, Santa Monica 1969;
LAVE, L.B.: Safety in Transportation: The Role of Government, Law and Insurance, prepared for Northeast Corridor Transportation Project, Office of High Speed Ground Transportation, U.S. Department of Transportation, Memorandum RM-5873-DOT, Santa Monica 1969;
ders.: Transportation, City Size and Congestion Tolls, prepared for U.S. Department of Transportation, Federal Railroad Administration, Office of High Speed Ground Transportation, Memorandum RM-5874-DOT, Santa Monica 1969;
Mac CRIMMON, K.R.: Improving the System Design and Evaluation Process by the Use of Trade-off Information: An Application to Northeast Corridor Transportation Planning, prepared for U.S. Department of Transportation, Federal Railroad Administration, Office of High Speed Ground Transportation, Memorandum RM-5877-DOT, Santa Monica 1969.

189) Vgl. PARDEE, F.S. u.a.: Measurement and Evaluation ..., a.a.O., S. 3-5.

190) Vgl. zu dieser Unterteilung ebenda, S. 21 f.

191) Zur Beschreibung der Zielfunktionen vgl. ebenda, S. 20 ff.

192) Vgl. hierzu Mac CRIMMON, K.R.: Improving the System Design and Evaluation Process ..., a.a.O., S. 3.

193) Vgl. PARDEE, F.S. u.a.: Measurement and Evaluation ..., a.a.O., S. 30. Die Sammlung der Bewertungskriterien kann aufgrund einer Literaturanalyse vorgenommen werden oder auf einer empirischen Untersuchung beruhen. Zur Diskussion der Vor- und Nachteile beider Methoden vgl. ebenda, S. 150 ff.

194) Vgl. zu exemplarischen Klassifikationsschemata ebenda, S. 52 ff.

195) Vgl. zu dieser Klassifikation ebenda, S. 65 ff.

196) Vgl. ebenda, S. 149-196.

197) Vgl. ebenda, S. 51-114, 271-302.

198) Vgl. ebenda, S. 204-262, 303-311.

199) Vgl. ebenda, S. 204-262, 309-311.

200) Vgl. zu den folgenden Erörterungen CONSAD RESEARCH CORPORATION: Impact Studies: Northeast Corridor Transportation Project - prepared for Northeast Corridor Transportation Project - U.S. Department of Transportation, Vol.I - Background, Overview and Summary, Pittsburgh (Penns.) 1967; Vol. II - Models, Results and Technical Discussion, Pittsburgh (Penns.) 1968;
Vol. III: Phase II - Modelling Efforts, Pittsburgh (Penns.) 1969; im folgenden zitiert als CONSAD.

201) Zur Identifikation der Bewertungskriterien siehe CONSAD, Vol. I, a.a.O., S. 31 ff.

202) Die Erfassung und Einbeziehung dieser Potentiale in das Modell ist im zweiten Abschnitt des dritten Teils der CONSAD-Studie dargestellt. Vgl. CONSAD, Vol. III, a.a.O., S. 2.1 ff.

203) Die Spezifizierung dieser Wohlfahrtsfunktion findet sich in CONSAD, Vol. II, a.a.O., S. 121-158.

204) Zur Konzeption der Nutzenfunktion vgl. CONSAD, Vol. II, a.a.O., S. 131 ff.

205) KRESGE, D.T.; ROBERTS,P.O.:Systems Analysis and Simulation Models, in: Meyer, J.R. (Hrsg.): Techniques of Transport Planning, Vol. 2, second printing, Washington D.C. 1972; HARVARD UNIVERSITY: An Analysis of Investment Alternatives in the Colombian Transport System, Transport Research Program, Final Report, Cambridge (Mass.) 1968 (vervielfältigtes Manuskript);
ROBERTS, P.O.; KRESGE, D.T.: Transport for Economic and Social Development. Simulation of Transport Policy Alternatives for Colombia, in: American Economic Review, Papers and Proceedings, Vol. LVIII (1968), S. 341-359.

206) Vgl. hierzu ROBERTS; P.O., KRESGE, D.T.: Transport for Economic and Social Development ..., a.a.O., S. 341.

207) Vgl. hierzu KRESGE, D.T.; ROBERTS, P.O.: System Analysis ..., a.a.O., S. 11.

208) Ebenda, S. 16 ff.; zur formellen Darstellung dieser Gleichungen vgl. Tab. 8 . Die Numerierung der Gleichungen aus der HARVARD-Studie ist aus Transparenzgründen beibehalten worden.

209) Ebenda, S. 17.

210) Vgl. hierzu HARVARD UNIVERSITY: An Analysis of Investment ..., a.a.O., Vol. I, S. 75.

211) Ebenda, S. 94 f.

212) Kritik an der zentralen Stellung der Transportkostenminimierung übt auch RANIS, G.: Discussion, in: American Economic Review, Papers and Proceedings, Vol. LVIII (1968), S. 393 f.

213) Vgl. hierzu HOLLAND, E.P.: Economic System Models for Transport Sector Studies. A critique of the Harvard Trans-

port Program's multiregional economic model and a proposal for a more practical one, International Bank for Reconstruction and Development (IBRD), International Association, Economic Staff Working Paper No. 131, o.O., July 1972, S. 28 f.

214) Vgl. ebenda, S. 30 f.

215) Vgl. ebenda, S. 33 ff.

216) Vgl. ebenda, S. 36.

217) HOLLAND weist auf den Mangel der Preisfunktion des HARVARD-Modells hin und macht hierzu einige Verbesserungsvorschläge. Vgl. HOLLAND, E.P.: Economic System Models ..., a.a.O., S. 46 ff.

218) Zu dem beschränkten Anwendungsbereich der linearen Programmierung in der Infrastrukturplanung vgl. SCHUSTER, H.: Transportation Planning Techniques: Problems and Prospects, in: Kyklos, Vol. XXVII (1974), S. 583-600.

219) Vgl. dazu KRESGE, D.T.; ROBERTS, P.O.: Systems Analysis ..., a.a.O., S. 53 ff.

220) Vgl. zu dem Problem des Spezifizierungsfehlers u.a. SCHÖNFELD, P.: Methoden der Ökonometrie, Bd. I, Berlin, Frankfurt a. M. 1969, S. 73-79, 140.

221) Vgl. zu diesem Modell KRELLE, W.: Das disaggregierte Prognosesystem für die BRD, Forschungsplan, Bonn 1972;
ders.: Vereinfachte Version des disaggregierten Prognosesystems für die Wirtschaft der BRD, Bonn 1973.

222) Vgl. dazu die Untersuchungen von VOIGT in Nordbayern. VOIGT, F.: Die Einwirkungen der Verkehrsmittel ..., a.a.O., S. 107-149;
ders.: Die gestaltende Kraft der Verkehrsmittel ..., a.a.O..

223) Der Begriff der Verkehrswertigkeit wurde 1953 von VOIGT in die Literatur eingeführt. Vgl. dazu VOIGT, F.: Verkehr und Industrialisierung, in: Z.f.d.g.St.,109.Bd.(1953), S. 198 ff; der Begriff hat seitdem einige Wandlungen durchgemacht und liegt nunmehr in einer Neufassung vor. Vgl. VOIGT, F.: Verkehr, Bd. I/1, a.a.O., S. 69-108.

224) Zur Messung der Verkehrswertigkeit vgl. WITTE, H.: Die Verkehrswertigkeit. Ein verkehrspolitisches Instrument zur Bestimmung der Leistungsfähigkeit alternativer Verkehrsmittel, Verkehrswissenschaftliche Forschungen, Bd. 31, Berlin 1977.

225) Zur ausführlichen Behandlung dieser Probleme vgl. ebenda, S. 165 ff.

226) Zum Begriff der Affinität vgl. VOIGT, F.: Verkehr und Industrialisierung, a.a.O., S. 208-210;
ders.: Verkehr, Bd. I/1, a.a.O., S. 108-147.

227) Eine ausführliche Charakteristik von regionalen Potentialfaktoren findet sich bei BIEHL, D.; HUSSMANN, E.; RAUTENBERG, K.; SCHNYDER, S.; SÜDMEYER, V.: Bestimmungsgründe des regionalen Entwicklungspotentials, Tübingen 1975, S. 14-60.

228) Vgl. zur Gestaltungskraft VOIGT, F.: Verkehr, Bd. I/1, a.a.O., S. 66 f.; zu den Anteludialbindungen vgl. ebenda, S. 67 und Bd. I/2, S. 640 f.

229) Vgl. hierzu VOIGT, F.: Die gestaltende Kraft der Verkehrsmittel ..., a.a.O., S. 12, 40 ff.

230) Zu den Differenzierungseffekten vgl. VOIGT, F.: Verkehr, Bd. I/2, a.a.O., S. 605-619; zu den Sekundäreffekten vgl. ebenda, S. 620 ff.

231) Vgl. hierzu DOWNS, A.: Ökonomische Theorie der Politik, Tübingen 1968.

232) Vgl. zu den theoretischen Erörterungen der Nutzwertanalyse in Kombination mit einem linearen Programm DREYER, A.: Nutzwertanalyse als Entscheidungsmodell ..., a.a.O., S. 157-160. Zur Berücksichtigung von sogenannten Investitionspaketen unter Nebenbedingungen vgl. ISRAEL, A.: Appraisal Methodology ..., a.a.O..

233) Zu den in diesem Rahmen zu lösenden Problemen vgl. KRELLE, W.: Das disaggregierte Prognosesystem ..., a.a.O.; FRERICHS, W.; KÜBLER, K.: Input-Output-Prognosemodelle für die Bundesrepublik Deutschland, in: Zeitschrift für die gesamte Staatswissenschaft, 133. Bd. (1977), S. 276-278 und die dort zitierte Literatur.

234) Vgl. ebenda, S. 277.

235) Vgl. ebenda, S. 278.

236) Zur Erörterung dieser Problemkreise unter dem allgemeinen Aspekt der Konzipierung von Input-Output-Prognosemodellen vgl. ebenda, S. 278-285.

237) Vgl. dazu KRELLE, W.: Das disaggregierte Prognosesystem ..., a.a.O.;
ders.: Vereinfachte Version des disaggregierten Prognosesystems ..., a.a.O.;
FRERICHS, W.; KÜBLER, K.: Input-Output-Prognosemodelle ..., a.a.O., S. 279-283.

238) Vgl. ebenda, S. 238 f.

239) Vgl. dazu KRELLE, W.: Das disaggregierte Prognosesystem ..., a.a.O.;
ders.: Ersetzung der Produktionsfunktion durch preis- und kapazitätsabhängige Produktionskoeffizienten, in: Jahrbücher für Nationalökonomie und Statistik, Bd. 176 (1964), S. 289 ff.;
FRERICHS, W.; KÜBLER, K.: Input-Output-Prognosemodelle ..., a.a.O., S. 285.

240) Eine ausführliche Erörterung der Konzeption und Anwendungsmöglichkeiten der Input-Output-Tabelle mit Vierfelderschemata findet sich bei OTT, A.E.; SCHWARZ, D.; WAGNER, A.: Die räumliche Disaggregation von Input-Output-Tabellen, Tübingen 1970.

241) Vgl. zur Bestimmung der Verkehrswertigkeit WITTE, H.: Die Verkehrswertigkeit ..., a.a.O.

242) Vgl. zu dieser Begriffsabgrenzung ebenda, S. 193-197.

243) Vgl. zur Definition der unterschiedlichen Investitionsarten Abschnitt A. III. dieser Arbeit.

LITERATURVERZEICHNIS

ABERLE, G. Cost-Benefit-Analysen und Verkehrsinfrastrukturplanung, in: Z.f.V., 42. Jg. (1971), S. 145-161

ALBACH, H. Informationsgewinnung durch strukturierte Gruppenbefragung - Die Delphi-Methode -, in: Z.f.B., Ergänzungsheft 1970, S. 11-26

ALBACH, H. Investition und Liquidität, Wiesbaden 1962

ALBACH, H. Wirtschaftlichkeitsrechnungen bei unsicheren Erwartungen, Köln, Opladen 1959

ALONSO, W. Bestmögliche Voraussagen mit unzulänglichen Daten, in: Stadt-Bauwelt 1969, Heft 21, S. 30-34

ALONSO, W. Location and Land-Use: Toward a General Theory of Land-Rent, Cambridge (Mass.) 1964

ALONSO, W. Location Theory, Cambridge (Mass.) 1964

ARNOLD, V. Methoden der Entscheidungsfindung bei staatlichen Allokationsalternativen - ein kritischer Vergleich, in: Finanzarchiv, N.F., Bd. 33 (1974/75), S. 418-434

AUSSCHUSS FÜR NETZPLANTECHNIK (AFN) IM DEUTSCHEN NORMENAUSSCHUSS (DNA) Netzplantechnik, Begriffe, Din 69900 Blatt 1, Februar 1970

AYRES, R.U. Technological Forecasting and Long-Range-Planning, London, New York, Toronto, San Francisco, Sydney 1969

BALDWIN, R.H. How to Assess Investment Proposals, in: H.B.R., Vol. 37 (1959), No. 3, S. 98-104

BALLMANN, W. Beiträge zur Klärung des betriebswirtschaftlichen Investitionsbegriffs und zur Entwicklung einer Investitionspolitik der Unternehmung, Diss. Mannheim 1954

BAYER, P.; ECKERT, K.; NIEMANN, D. Verfahren und Durchführung der Maßnahmenbewertung bei der Überprüfung des Bedarfsplanes für die Bundesfernstraßen, in: Straße und Autobahn, 27. Jg. (1976), Nr. 3, S. 16-32

BECKMANN, M.J. — Dynamic Programming of Economic Decisions, Berlin, Heidelberg, New York 1968

BECKMANN, M. — Location Theory, New York 1968

BELLMAN, R. — Dynamische Programmierung und selbstanpassende Regelprozesse, München, Wien 1967

BIEHL, D.; HUSSMANN, E.; RAUTENBERG, K.; SCHNYDER, D.; SÜDMEYER, V. — Bestimmungsgründe des regionalen Entwicklungspotentials, Tübingen 1975

BIRRECK, M.; KLEMP, J.; KOELLE, H.H.; PICHELMEYER, H.; THIEME, M. — ZIEBUV. Entwurf alternativer Zielsysteme für den Verkehrsbereich als Anwendungsbeispiel experimenteller, EDV-gestützter Planungshilfen, Bundesministerium für Forschung und Technologie, Forschungsbericht DV 75-08, Berlin 1975

BLOHM, H.; LÜDER, K. — Investition, 3. Aufl., München 1974

BLUNDEN, W.R. — The Land-Use Transport System: Urban and Regional Planning Series, Oxford, New York, Braunschweig 1971

BOREL, E. — Sur les systèmes de formes linéaires à déterminant symétrique gauche et la théorie générale du jeu, in: Comptes Rendus, Bd. 184, Paris 1927, S. 52-54

BOS, H.C.; KOYCK, L.M. — The Appraisal of Road Construction Projects: A practical Example, in: R.E.S., Vol. XLIII (1961), S. 13-20

BREDE, H.; OSSORIO-CAPELLA, C. — Entscheidungsmodelle in der Regionalpolitik, in: Handwörterbuch der Raumforschung und Raumordnung, Teil I, Hannover 1970, Sp. 606

BREDE, H.; KRAFT, J.; OSSORIO-CAPELLA, C. — Leistungs- und Verflechtungsanalyse, in: Handwörterbuch der Raumforschung und Raumordnung, Teil II, Hannover 1970, Sp. 1904

BROCKHOFF, K. — Probleme und Methoden technologischer Voraussagen, in Z.f.B., 39. Jg., Ergänzungsheft 2, Dezember 1969, S. 1-24

BRÖSSE, U. — Raumordnungspolitik, Berlin, New York 1975

BÜHLMANN, H.; NIEVERGELT, E.; LOEFFEL, H. — Einführung in die Theorie und Praxis der Entscheidung bei Unsicherheit, 2. Aufl., Berlin, Heidelberg, New York 1967

BUNDESMINISTER DER FINANZEN — Rundschreiben betr. 'Vorläufige Verwaltungsvorschriften zu § 7 Abs. 2 BHO' vom 21. Mai 1973, in: Ministerialblatt des Bundesministers der Finanzen und des Bundesministers für Wirtschaft, 24. Jg. (1973), Nr. 13, S. 293-302

BUNDESMINISTER DER FINANZEN — Rundschreiben betr. 'Vorläufige Verwaltungsvorschriften zur Bundeshaushaltsordnung (Vorl. VV-BHO)' vom 21. Mai 1973, in: Ministerialblatt des Bundesministers der Finanzen und des Bundesministers für Wirtschaft, 24. Jg. (1973), Nr. 13, S. 190-292

BUNDESMINISTER FÜR BILDUNG UND WISSENSCHAFT (Hrsg.) — Methoden der Prioritätsbestimmung III, Schriftenreihe Forschungsplanung 5, Bonn 1971

BUNDESMINISTER FÜR VERKEHR — Bundesverkehrswegeplan, 1. Stufe, o.O., o.J.

BUNDESMINISTER FÜR VERKEHR — Koordiniertes Investitionsprogramm für die Bundesverkehrswege bis zum Jahre 1985 (Fortschreibung des Bundesverkehrswegeplans), o.O., o.J.

BUNDESMINISTER FÜR VERKEHR — Korridorbericht. Untersuchung über Verkehrswegeinvestitionen in ausgewählten Korridoren der Bundesrepublik Deutschland, Bericht der Projektgruppe "Korridoruntersuchungen" im BMV, Schriftenreihe des Bundesministers für Verkehr, Heft 47, Bonn 1974

BUNDESMINISTER FÜR VERKEHR — Straßenbaubericht 1974. Bericht des Bundesministers für Verkehr über den Fortgang des Bundesfernstraßenbaus im Jahre 1974, o.O., o.J.

BUNDESMINISTER FÜR VERKEHR — Überprüfung des Bedarfsplanes für die Bundesfernstraßen. Bewertung der Maßnahmen und deren Dringlichkeitsreihung, o.O., 1975

CHENERY, H.B.; CLARK, P.G. — Interindustry Economics, New York 1959

CHRISTALLER, W. — Die zentralen Orte in Süddeutschland, 2. Aufl., Darmstadt 1968 (1. Aufl., Jena 1933

CHURCHMANN, C.W.; ACKOFF, R.L.; ARNOFF, E.L. — Operations Research, 5. Aufl., München, Wien 1971

CLARK, C.H. — Brainstorming, 2. Aufl., München 1967

COFFY, J.D. — Estimated Costs, Yield and Resource Requirements for Groups and Livestock for the Cuto Sierra Region of Peru, North Carolina University Agricultural Mission to Peru, Lima, Peru 1965

CONSAD RESEARCH CORPORATION — Impact Studies: Northeast Corridor Transportation Project - prepared for Northeast Corridor Transportation Project - U.S. Department of Transportation,
Vol. I - Background, Overview and Summary, Pittsburgh (Penns.) 1967
Vol. II - Models, Results and Technical Discussion, Pittsburgh (Penns.) 1968
Vol. III : Phase II - Modelling Efforts, Pittsburgh (Penns.) 1969

DALKEY, N.; HELMER, O. — Experimental Application of the Delphi-Method to the Use of Experts, in: Management Science, Vol. 9 (1963), S. 458-467

DINKELBACH, W. — Sensitivitätsanalysen und parametrische Programmierung, Berlin, Heidelberg, New York 1969

DORNIER SYSTEM (PLANUNGSBERATUNG) — Zukünftige Anforderungen an Verkehrssysteme (Bewertungsmodell für Verkehrssysteme) - Studienergebnis Nr. 135 -, Friedrichshafen o.J.

DOWNS, A. — Ökonomische Theorie der Politik, Tübingen 1968

DREYER, A. — Nutzwertanalyse als Entscheidungsmodell bei mehrfacher Zielsetzung, Diss. Hamburg 1975

DUNN, E.S. jr. — The Location of Agricultural Production, Gainesville 1954

DUPUIT, J. — De la Mesure de l'Utilité des Traveaux Public, in: Annales des Pont et Chaussées, Reihe II, Bd. 8 (1844), S. 332-375 (englische Übersetzung: Public Works and the Consumer, in: Munby, D. (Hrsg.): Transport, Selected Readings, Harmandsworth 1968)

ECKSTEIN, O. A Survey of Public Expendition Criteria, in: Buchanan, J.M. (Hrsg.), Public Finances, Needs, Sources and Utilisation, 3rd Printing, Princeton 1961, S. 439-494

EGGELING, G. Probleme der praktischen Anwendbarkeit von Nutzen-Kosten-Analysen im Verkehrswesen, in: Z.f.V., 41. Jg. (1970), S. 63-78

EICH, D. Artikel "Investition", in: Handwörterbuch der Finanzwirtschaft, hrsg. v. Büschgen, E., Stuttgart 1976, Sp. 828-833

ELLET, C. Report on the Survey for a Ship Canal from Richmond to Warwick, being the Plan proposed for the Connection of the James River and Kanawha Improvement with Tide Water, Richmond 1836

ESCH, M.E. Planungshilfe mittels eines technischen Bewertungsverfahrens von Relevanzzahlen - PATTERN, in: Politische Planungssysteme, hrsg. v. Naschold, F. und Väth, W., Uni-Taschenbücher 188, Opladen 1973, S. 444-460

FALES, R.; MOSES, L.N. Land-Use Theory and the Spatial Structure of the 19th Century City (Vortrag)

FISCHER, G. Praxisorientierte Theorie der Regionalforschung, St. Gallener wirtschaftswissenschaftliche Forschungen, Bd. 29, Tübingen 1973

FISCHER, L. Die Berücksichtigung raumordnungspolitischer Zielsetzungen in der Verkehrsplanung, Straßenbau und Straßenverkehrstechnik, Forschungsberichte, hrsg. v. Bundesminister für Verkehr, Abt. Straßenbau, Heft 115, Bonn 1971

FISCHER, L. Die kombinierte Anwendung von Kosten-Nutzen-Analyse (KNA) und Kosten-Wirksamkeitsanalyse (KWA) als Instrument zur Beurteilung von Investitionsmaßnahmen nach § 7 Abs. 2 Bundeshaushaltsordnung, in: Z.f.V., 47. Jg. (1976), Heft 2, S. 78-101

FISCHER, L. Probleme der Nutzenerfassung bei Kosten-Nutzen-Analysen und Kostenwirksamkeitsanalysen in der Verkehrsplanung, in: Z.f.V., 44. Jg. (1973), S. 1-18

FISCHER, L. Spezielle Aspekte der Anwendung von

Nutzwertanalysen in der Raumordnung, in: Raumforschung und Raumordnung, 29. Jg. (1971), S. 57-61

FORSCHUNGSGESELLSCHAFT FÜR DAS STRASSENWESEN — Richtlinien für wirtschaftliche Vergleichsrechnungen im Straßenwesen (RWS), Köln 1971

FRERICH, J. — Die Konsumentenrente - Ein hinreichendes Lenkungsinstrument für öffentliche Investitionen?, in: Jahrbuch für Sozialwissenschaft, Bd. 25 (1974), S. 367-392

FRERICH, J. — Die regionalen Wachstums- und Struktureffekte von Autobahnen in Industrieländern, Schriftenreihe des Instituts für Industrie- und Verkehrspolitik der Universität Bonn, Verkehrswissenschaftliche Forschungen, Bd. 28, hrsg. v. Voigt, F., Berlin 1974

FRERICH, J. — Straßenarten und Straßenqualität in ihrer Beziehung zur Unfallhäufigkeit und Unfallstruktur auf den Bundesfernstraßen, Köln 1974

FRERICH, J.; MELCHER, J.; RUSKE, W. u.a. — Die Methoden des Operations Research und ihre Anwendungsmöglichkeiten auf die Investitionsplanung im Straßenbau, Straßenbau und Straßenverkehrstechnik, Heft 159, hrsg. v. Bundesminister für Verkehr, Abt. Straßenbau, Bonn 1974

FRERICH, J.; POETZSCH, R. — Theoretische Grundlagen der Kosten-Nutzen-Analyse, in: Gesellschaft für wirtschafts- und verkehrswissenschaftliche Forschung e.V. Bonn (Hrsg.): Beiträge zur Industrie- und Verkehrspolitik, Bonn 1970, S. 7-35

FRERICHS, W.; KÜBLER, K. — Input-Output-Prognosemodelle für die Bundesrepublik Deutschland, in: Z.f.d.g.St., 133. Bd. (1977), S. 276-278

FREY, R.L. — Infrastruktur, Grundlagen der Planung öffentlicher Investition, Tübingen 1970

GÄFGEN, G. — Theorie der wirtschaftlichen Entscheidung, 3. Aufl., Tübingen 1974

GEIGER, M. — Die Notwendigkeit einer Differenzierung von Kosten-Nutzen-Analysen für Maßnahmen im Personenverkehr unter besonderer Berücksichtigung des Nutzens aus den Zeitgewinnen, Diss. München 1973

GOSSEN, H.H. — Entwicklung der Gesetze des menschlichen

Verkehrs und der daraus fließenden Regeln für menschliches Handeln, 3. Aufl., Berlin 1927 (1. Aufl., Braunschweig 1854)

GOTTINGER, H.W. Die Existenz einiger Klassen deterministischer Nutzenfunktionen, in: Jahrbücher für Nationalökonomie und Statistik, Bd. 183 (1969/70), S. 95- 124

GRABBE, H.W. Investitionsrechnung in der Praxis - Ergebnisse einer Unternehmensbefragung, Beiträge zur Wirtschafts- und Sozialpolitik, Institut der deutschen Wirtschaft, Heft 32, Köln 1976

GREVSMÄHL, J. Adaptive Verkehrsplanung, Verkehrswissenschaftliche Forschungen, Schriftenreihe des Instituts für Industrie- und Verkehrspolitik der Universität Bonn, hrsg. v. Voigt, F., Bd. 23, Berlin 1971

GRÖBNER, G. Effizienzanalysen im Staatssektor, in: Die Verwaltung, Zeitschrift für Verwaltungswissenschaft, 3. Bd. (1970), S. 297-316

GWILLIAM, K.M.; VOIGT, F. u.a. Probleme zur Bestimmung eines Diskontierungszinsfusses in der Kosten-Nutzen-Analyse, in: Kommission der europäischen Gemeinschaften (Hrsg.): Kooridinierung der Verkehrswege-Investitionen, Studien, Reihe Verkehr, Nr. 3, Brüssel 1973, S. 75-78

HADLEY, G. Nichtlineare dydnamische Programmierung, Würzburg, Wien 1969

HAIG, R.M. Toward an Understanding of Natural Policy, in: Quarterly Journal of Economy, Vol. 40 (1926), S. 421-423

HARBORDT, S. Gutachten zum Thema Simulation, in: Methoden der Prioritätsbestimmung III, hrsg. v. Bundesminister für Bildung und Wissenschaft, Schriftenreihe Forschungsplanung 5, Bonn 1971, S. 137-151

HARVARD UNIVERSITY An Analysis of Investment Alternatives in the Colombian Transport System, Transport Research Program, Final Report, Cambridge (Mass.) 1968 (vervielfältigtes Manuskript)

HAX, H. Investitionstheorie, Würzburg, Wien 1970

HEINEN, E. Zum Begriff und Wesen der betriebswirtschaftlichen Investition, in: Betriebswirtschaftliche Forschung und Praxis, 9. Jg. (1957), S. 16-31, 85-98

HELMER, O. 50 Jahre Zukunft, Hamburg 1967

HERTZ, D.B. Risk Analysis in Capital Investments, in: H.B.R., Januar-Februar 1964, S. 95-106

HESSE, H.; ARNOLD, V. Kosten-Nutzen-Analyse für städtische Verkehrsprojekte - dargestellt am Beispiel der Unterpflaster-Straßenbahn in Hannover, in: Kyklos, Bd. XXIII (1970), S. 520-557

HILLIER, F.S. The Derivation of Probabilistic Information for the Evaluation of Risky Investments, in: Management Science, Vol. 9 (1963), S. 443-457

HOLLAND, E.P. Economic System Models for Transport Sector Studies. A Critique of the Harvard Transport Program's multiregional Economic Model and Proposal for a more Practical one, International Bank for Reconstruction and Development, Economic Staff Working Paper No. 131, o.O., Juli 1972

HOLLOMON, J.H.; BLAKE, S.; PIORE, E.R.; KRELLE, W.; HERTZ, D.B. Systems Management, Köln, Opladen 1970

HOOVER, E.M. The Location of Economic Activity, New York, Toronto, London 1948

HUBER, H.J. Dringlichkeitsreihung von Straßenbaumaßnahmen, in: Straße und Autobahn, 21. Jg. (1970), Heft 4, S. 139-147

HUBER, H.J. Neuer Bedarfsplan für die Bundesfernstraßen ab 1976, in: Straße und Autobahn, 27. Jg. (1976), Nr. 3, S. 6-15

HURT, R.M. Principles of City Land-Values, New York 1903

INTERTRAFFIC GmbH Das Ersatzproblem im Bau von Verkehrswegen, Gutachten im Auftrage des Bundesministers für Verkehr, Düsseldorf 1975

ISARD, W. Location and Space Economy, New York 1956

ISARD, W. Methods of Regional Analysis: An Introduction to Regional Science, New York, London 1960

ISARD, W.; SCHOOLER, E.W.; VIETORISZ, T. — Industrial Complex Analysis an Regional Development: A Case Study of Refinary-Petrochemical-Synthetic-Fiber Complexes and Puerto Rico, New York, London 1959

ISRAEL, A. — Appraisal Methodology for Feeder Road Projects, International Bank for Reconstruction and Development, Economics Department Working Paper No. 70, Washington D.C. 1970

JAKSCH, H.J. — Eine Typisierung dynamischer Input-Output-Modelle, in Z.f.N., Bd. 24 (1964), S. 403-418

JANTSCH, E. — Technological Forecasting in Perspective; Organisation for Economic Co-Operation and Development, Paris 1967

KAU, W. — Theorie und Anwendung raumwirtschaftlicher Potentialmodelle, Tübingen, 1970

KENTNER, W. — Planung und Auslastung der Verkehrsinfrastruktur in Ballungsräumen, Düsseldorf 1972

KILGER, W. — Zur Kritik am internen Zinsfuß. in: Z.f.B., 35. Jg. (1965), S. 765-798

KIRSCH, W. — Entscheidungsprozesse, 3 Bde., Wiesbaden 1970-1971

KLAGES, H. — Gutachten zum Thema Brainstorming, Delphi I und Delphi II, in: Bundesminister für Bildung und Wissenschaft (Hrsg.): Methoden der Prioritätsbestimmung III, Schriftenreihe Forschungsplanung 5, Bonn 1971, Teil II, S. 30-40

KLATT, S. — Simulationsverfahren als Instrument der empirischen Regionalforschung, in: Methoden der empirischen Regionalforschung, 1. Teil, Veröffentlichungen der Akademie für Raumforschung und Landesplanung, Forschungs- und Sitzungsberichte, Bd. 87, Hannover 1973, S. 183-213

KOELLE, H.H.; HEINECKE, E. — Gutachten zum Thema Kosten-Nutzen-Analyse, in: Methoden der Prioritätsbestimmung III, hrsg. v. Bundesminister für Bildung und Wissenschaft, Schriftenreihe Forschungsplanung 5, Bonn 1971, S. 59-106

KOELLE, H.H. — Zur Problematik der Zielfindung und Zielanalyse, in: Analysen und Prognosen, Heft 16 (1971), S. 13-16

KOHLER, B.; NAGEL, R. — Die Zukunft Europas, Europäische Schriften des Bildungswerks Europäische Politik, Bd. 19, Köln 1968

KORNDÖRFER, W. — Allgemeine Betriebswirtschaftslehre, 3. Aufl., Wiesbaden 1974

KRELLE, W. — Das disaggregierte Prognosesystem für die BRD, Forschungsplan, Bonn 1972

KRELLE, W. — Ersetzung der Produktionsfunktion durch preis- und kapazitätsabhängige Produktionskoeffizienten, in: Jahrbücher für Nationalökonomie und Statistik, Bd. 176 (1964), S. 289-318

KRELLE, W. — Investitionsquote, Wachstumsrate, Kapazitätsausnutzung und Disproportionalitäten in der fortschreitenden Wirtschaft, in: Jahrbücher für Nationalökonomie und Statistik, Bd. 166 (1954), S. 261-296

KRELLE, W. — Präferenz- und Entscheidungstheorie, Tübingen 1968

KRELLE, W. — Vereinfachte Version des disaggregierten Prognosesystems für die Wirtschaft der BRD, Bonn 1973

KRELLE, W. — Volkswirtschaftliche Gesamtrechnung, 2. verb. Aufl., Berlin 1967

KRELLE, W.; KÜNZI, H.P. — Lineare Programmierung, Zürich 1958

KRESGE, D.T.; ROBERTS, P.O. — Systems Analysis and Simulation Models, in: Meyer, J.R. (Hrsg.): Techniques of Transport Planning, Vol. 2, Second Printing, Washington D.C. 1972

KRÜGER, S. — Simulation, Berlin, New York 1975

KUNZE, D.M.; BLANEK, H.D.; SIMONS, D. — Nutzwertanalyse als Entscheidungshilfe für Planungsträger, in: KTBL-Bauschriften, Heft 1, Frankfurt 1969

LAVE, L.B. — Safety in Transportation: The Role of Government, Law and Insurance, prepared for Northeast Corridor Transportation Project, Office of High Speed Ground Transportation, Memorandum RM-5873-DOT, Santa Monica 1969

LAVE, L.B. — Transportation, City Size and Congestion Tolls, prepared for U.S. Department of Transportation, Federal Railroad Administration, Office of High Speed Ground Transportation, Memorandum RM-5874-DOT,

Santa Monica 1969

LEONTIEF, W.W. | Die multiregionale Input-Output-Analyse, Arbeitsgemeinschaft für Forschung des Landes Nordrhein-Westfalen, Heft 123, Köln, Opladen 1963

LEONTIEF, W.W. | Interregional Theory, in: Leontief, W.W. u.a.: Studies in the Structure of the American Economy, New York 1953, S. 93-115

LEONTIEF, W.W. | Lags and the Stability of Dynamic Systems, in: Econometrica, Vol. 29, (1961), S. 659-675

LEONTIEF, W.W. | The Structure of American Economy 1919-1939, Second enlarged Edition, New York 1953

LEONTIEF, W.W. | Quantitative Input and Output Relations in the Economic System of the United States, in: R.E.S., Vol. XVIII (1936), S. 105-125

LÖSCH, A. | Die räumliche Ordnung der Wirtschaft, 3. Aufl., Stuttgart 1962

Mac CRIMMON, K.R. | Improving the System Design and Evaluation Process by the Use of Trade-off Information: An Application to Northeast Corridor Transportation Planning, prepared for U.S. Department of Transportation, Federal Railroad Administration, Office of High Speed Ground Transportation, Memorandum RM-5877-DOT, Santa Monica 1969

MAGEE, J.F. | Decision Trees for Decision Making, in: H.B.R., Juli-August 1964, S. 126-138

MARKOWITZ, H. | Portfolio Selection, New York, London, Sydney 1959

MARKOWITZ, H. | The Optimization of a Quadratic Function Subject Linear Constraints, in: Naval Research Logistics Quaterly, Vol. III (1956), S. 111-133

MARSHALL, A. | Priciples of Economics, Bd. 1, 5. Aufl., London 1907

MEHRLÄNDER, H. | Methoden und Ergebnisse der Regionalplanung, Diss. Bonn 1968

MEYKE, U. | Hilfsmittel der Infrastrukturplanung: Nutzen-Kosten- oder Kosten-Wirksamkeits-Analyse? In: I.V., 24. Jg. (1972), S.146-150

MILLER III, J.R. Assessing Alternative Transportation Systems, prepared for U.S. Department of Transportation, Federal Railroad Administration, Office of High Speed Ground Transportation, Memorandum RM-5865-DOT, Santa Monica 1969

MOSES, L.N. The Stability of Interregional Trading Patterns and Input-Output Analysis, in: A.E.R., Vol. XLV (1955), S. 803-832

MÜLLER, J.H. Neuere Methoden der Ragionalanalyse und ihre Anwendbarkeit auf kleinere Räume, in: Beiträge zur Regionalpolitik, Schriften des Vereins für Socialpolitik, N.F., Bd. 41, hrsg. v. Schneider, H.K., Berlin 1968

MÜLLER, J.H.; RITTENBRUCH, K. Die Methoden der Regionalanalyse unter besonderer Berücksichtigung ihrer Verwendbarkeit für die Beurteilung verschiedener Projekte, Forschungsbericht, erstellt i.A. des Bundesministers für Wirtschaft, Freiburg i.Br. 1968

MÜLLER-MEHRBACH, H. Operations Research, Berlin, Frankfurt 1969 (2. Aufl., München 1971)

NEUMANN, J.; MORGENSTERN, O. Theory of Games and Economic Behaviour, Princeton N.Y. 1944

OORT, C.J. Der Marginalismus als Basis der Preisbildung in der Verkehrswirtschaft, Rotterdam 1961

ORCUTT, G.H. Simulation of Economic Systems, in: A.E. R., Vol. 50 (1960), S. 893-907

OTT, A.E.; SCHWARZ, D.; WAGNER, A. Die räumliche Disaggregation von Input-Output-Tabellen, Tübingen 1970

PACK, L. Betriebliche Investition, Begriff-Funktion-Arten, Wiesbaden 1959

PARDEE, F.S.; KIRKWOOD, E.F.; KRAEMER, K.L.; Mac CRIMMON, K.R.; MILLER III, J.R.; PHILLIPS, C.T.; RANFTL, J.W.; SMITH, K.V.; WHITCOMBS, D.K. Measurement and Evaluation of Transportation System Effectiveness, prepared for U.S. Department of Transportation, Federal Railroad Administration, Office of High Speed Ground Transportation, Memorandum RM-5869-DOT, Santa Monica 1969

PESCHEL, K. Der Zeitfaktor in Wirtschaftlichkeitsrechnungen für den Straßenbau, in: Z.f.V., 34. Jg. (1963), S. 11-19

QUADE, E.S. Kosten-Wirksamkeitsanalyse, in: Recktenwald, H.C. (Hrsg.): Nutzen-Kosten-Analyse und Programmbudget, Tübingen 1970, S. 235-242

RAIFFA, H. Preferences for Multi-Attributal Alternatives, prepared for U.S. Department of Transportation, Federal Railroad Administration, Office of High Speed Ground Transportation, Memorandum RM-5868-DOT/RC, Santa Monica 1969

RANIS, G. Discussion, in: A.E.R., Papers and Proceedings, Vol. LVIII (1968), S. 393 f.

RATCLIFF, R.U. Urban Land Economies, New York 1949

RECKTENWALD, H.C. Die Kosten-Nutzen-Analyse, Recht und Staat, Bd. 394/95, Tübingen 1971

RICARDO, D. The Principles of Political Economy and Taxation, 3. endgültige Fassung, London 1821

ROBERTS, P.O.; KRESGE, D.T. Transport for Economic and Social Development. Simulation of Transport Policy Alternatives for Columbia, in: A.E.R., Papers and Proceedings, Vol. LVIII (1968), S. 341-359

ROPOHL, G. Grundlagen und Anwendungsmöglichkeiten der morphologischen Methode in Forschung und Entwicklung, in: Wirtschaftswissenschaftliches Studium (WiSt), 1. Jg. (1972), S. 495-499, 541-546

ROSENBERG, O. Investitionsplanung im Rahmen einer simultanen Gesamtplanung, Köln, Berlin, Bonn, München 1975

SARGAN, J.D. The Instability of the Leontief Dynamic Model, in: Econometrica, Vol. 26 (1958), S. 381-392

SARRAZIN, T.; SPREER, F.; TIETZEL, M. Rationale Infrastrukturplanung, Probleme und Methoden, Gesellschaft für wirtschafts- und verkehrswissenschaftliche Forschung e.V. Bonn, Diskussionspapier Nr. 10, Bonn 1974

SCHNEIDER, E. Wirtschaftlichkeitsrechnung und Theorie der Investition, 5. Aufl., Tübingen, Zürich 1964

SCHNEIDER, H.K. Modelle für die Regionalpolitik, in: Beiträge zur Regionalpolitik, hrsg. v. Schneider, H.K., Schriften des Vereins für Socialpolitik, N.F., Bd. 41, Berlin 1968

SCHÖNFELD, P. Methoden der Ökonometrie, Bd. I, Berlin Frankfurt a.M. 1969

SCHUSTER, H. Transportation Planning Techniques: Problems and Prospects, in: Kyklos, Vol. XXVII (1974), S. 583-600

SEELBACH, H. Planungsmodelle in der Investitionsrechnung, Würzburg, Wien 1967

SIEBERT, H. Simulation als Informationsinstrument der Wirtschaftspolitik, in: Z.f.d.g.St., 126. Bd. (1970), S. 407-426

SIEBERT, H. Zur Theorie des regionalen Wirtschaftswachstums, Tübingen 1967

SMITH, A. An Inquiry into the Nature and Causes of the Wealth of Nations, London 1776, weitere Auflagen London 1872

SPEHL, H. Regionale und multiregionale Input-Outputrechnung, Münster (Westf.) 1971

SPREEN, E. Räumliche Aktivitätsanalysen, Wirtschaftspolitische Studien aus dem Institut für europäische Wirtschaftspolitik der Universität Hamburg, Bd. 7, Göttingen 1966

STANLEY, W.R. Evaluating Construction Priorities of Farm-to-Market-Roads in Developing Countries: A Case Study, in: Hurst, M.E.E.: Transportation Geography. Comments and Readings, New York u.a. 1974, S. 417-440

STORBECK, D. Die wirtschaftliche Problematik der Raumordnung, Volkswirtschaftliche Schriften, Heft 47, hrsg. v. Broermann, J., Berlin 1959

STRASSERT, G. Möglichkeiten und Grenzen der Erstellung und Auswertung regionaler Input-Output-Tabellen unter besonderer Berücksichtigung der derivaten Methode, Schriften zu Regional- und Verkehrsproblemen in Industrie- und Entwicklungsländern, hrsg. v. Müller, J.H. und Dams, T., Bd. 2, Berlin 1968

STRASSERT, G. Nutzwertanalyse, in: Methoden der empirischen Regionalforschung (1. Teil), Veröffentlichungen der Akademie für Raumforschung und Landesplanung, Forschungs- und Sitzungsberichte, Bd. 87, Hannover 1973, S. 147-160

STRASSERT, G.; TUROWSKI, G. — Nutzwertanalyse: Ein Verfahren zur Beurteilung regionalpolitischer Projekte, in: Informationen, 21.Jg. (1971), S. 29-42

SUCHOWITZKI, S.I.; RADTSCHIK, J.A. — Mathematische Methoden der Netzplantechnik, Leipzig 1969

TERBORGH, G. — Leitfaden der betrieblichen Investitionspolitik, Wiesbaden 1969

THIEMEYER, T. — Die Grenzkostenpreise bei öffentlichen Unternehmen, Köln und Opladen 1964

THÜNEN, J.H. von — Der isolierte Staat in Beziehung auf Landwirtschaft und Nationalökonomie, Stuttgart 1966 (Nachdruck der 1. Aufl., Hamburg 1826)

TIETZEL, M. — Die Effizienz staatlicher Investitionsentscheidungen im Verkehrssektor, Bern, Frankfurt a.M. 1972

TINBERGEN, J. — The Appraisal of Road Construction, Two Calculation Schemes, in: R.E.S., Vol. XXXIX (1957), S. 241-249

TUCHTFELD, E. — Infrastrukturinvestitionen als Mittel der Strukturpolitik, in: Joachimsen, R.; Simonis, U.E. (Hrsg.): Theorie und Praxis der Infrastrukturpolitik, Schriften des Vereins für Socialpolitik, N.F., Vol. 54, Berlin 1970

TUROWSKI, G.; STRASSERT, G. — Ein nutzwertanalytischer Ansatz für die Freizeit- und Fremdenverkehrsplanung, in: Raumforschung und Raumordnung, 30. Jg. (1972), S. 27-31

TURVEY, R. — The Economics of Real Property: An Analysis of Property Values and Patterns of Use, London 1957

VAN DER TAK, H.G.; DE WEILLE, J. — Reappraisal of a Road Project in Iran, World Bank Staff Occasional Papers, No. 7, Baltimore 1969

VAN DER TAK, H.G.; RAY, A. — The Economic Benefits of Road Transport Projects, World Bank Staff Occasional Papers, No. 13, Baltimore 1971

VOIGT, F. — Die Einwirkungen der Verkehrsmittel auf die wirtschaftliche Struktur eines Raumes - dargestellt am Beispiel Nordbayerns, in: Die Nürnberger Hochschule im fränkischen Raum, Nürnberg 1955, S. 107-149

VOIGT, F.	Die gestaltende Kraft der Verkehrsmittel in wirtschaftlichen Wachstumsprozessen, Bielefeld 1959
VOIGT, F.	Theorie der regionalen Verkehrsplanung, Verkehrswissenschaftliche Forschungen, Schriftenreihe des Instituts für Verkehrswissenschaft der Universität Hamburg, Bd. 10, Berlin 1964
VOIGT, F.	Verkehr, Bd. I, Berlin 1973
VOIGT, F.	Verkehr, Bd. II, Berlin 1965
VOIGT, F.	Verkehr und Industrialisierung, in: Z.f.d.g.St., 109. Bd. (1953), S. 193-229
VOIGT, F. u.a.	Ökonomische Untersuchungen zum Ausbauplan für die Bundesfernstraßen, in: Ausbauplan für die Bundesfernstraßen 1971-1985, Bd. B, Teil IV, hrsg. v. Bundesminister für Verkehr, Abt. Straßenbau, Bonn 1971
VOIGT, J.P.	Fünf Wege der Netzplantechnik, Köln 1971
WALTERS, A.A.	A Development Model of Transport, in: A.E.R., Papers and Proceedings, Vol. 58 (1968), S. 360-377
WALTERS, A.A,	The Economics of Road User Charges, World Bank Staff Occasional Papers, No. 5, Baltimore 1968
WILLEKE, R.; KENTNER, W.	Die Verbindung von Preis- und Informationspolitik bei der Lösung von Stauungsproblemen im Straßenverkehr, Köln 1970
WINGO, L. jr.	Transportation and Urban Land, Resources of the Future, Washington 1961
WISSENSCHAFTLICHER BEIRAT BEIM BUNDESMINISTER FÜR VERKEHR - GRUPPE VERKEHRSWIRTSCHAFT -	Stellungnahme zum Bundesverkehrswegeplan 1. Stufe, in: I.V., 27. Jg. (1975), Heft 3, S. 105-111
WITTE, H.	Die Verkehrswertigkeit. Ein verkehrspolitisches Instrument zur Bestimmung der Leistungsfähigkeit alternativer Verkehrsmittel, Verkehrswissenschaftliche Forschungen, Bd. 31, Berlin 1977
WÖHE, H.	Einführung in die allgemeine Betriebswirtschaftslehre, 10. Aufl., Berlin und Frankfurt a.M. 1971

WURTELE, Z.S. A Note on Some Stability Properties of Leontief's Dynamic Models, in: Econometrica, Vol. 27 (1959), S. 672-675

ZANGEMEISTER, C. Nutzwertanalyse in der Systemtechnik. Eine Methode zur multidimensionalen Bewertung und Auswahl von Projektalternativen, 3. Aufl., München 1973

ZIMMERMANN, H.-J. Einführung in die Grundlagen des Operations Research, München 1971

ZWICKY, F. Entdecken, Erfinden. Forschung im morphologischen Weltbild, München, Zürich 1966

ZWICKY, F. Morphologisches Denken und Vorgehen, in: Die neuen Methoden der Entscheidungsfindung, hrsg. v. Tumm, G.W., München 1972

ZWICKY, F. Morphologische Forschung, in: Helvetia Physica Acta, Vol. 23 (1950), S. 223-238

SACHWORTVERZEICHNIS

Affinität 243 f., 252, 260
- Gewichtungsaffinität 259
- Wertigkeitsaffinität 259

Bonner Prognosemodell 241 f., 255

Brainstorming 48

CONSAD Research Corporation, Bewertungskonzept 177 ff., 230, 235
- Wohlfahrtsfunktion 186

Cost-Benefit-Analyse (Kosten-Nutzen-Analyse) 53 ff., 63, 129, 158

Delphi-Methode 49 f.

Differenzierungseffekt 246 ff., 262 ff.

Disaggregation 252
- regionale D. 252, 258
- sektorale D. 252, 258

DORNIER-System, Bewertungsmodell 94 ff., 232

Dringlichkeitsreihung 87 ff., 231

Entscheidungsbaumverfahren 53

Entscheidungstheorie 42 ff., 63
- Branch-and-Bound-Methode 44
- dynamische Programmierung 44
- Roll-Back-Analyse 44

Fehler 237 ff.
- Meßfehler 237 ff.
- Spezifizierungsfehler 237 ff.

FRERICH, Modell von 138 ff., 233

Funktionen des Verkehrs (Triologie) 1
- integrative F. 1
- konsumtive F. 1
- produktive F. 1

Gestaltungskraft 245 f., 258 ff.

Graphentheorie 39, 63

HARVARD-Modell 189 ff., 230, 235
- commodity-preference-Vektor 207, 212
- link-performance-Vektor 207, 212
- makroökonomisches Modell 190 ff.
- R-Faktor 206 ff.
- Transportmodell 202 ff.
- Verhaltensgleichungen 213 ff.

Hundertpunkteregel 84

Industriekomplexanalyse 36 ff., 63

Input-Output-Analyse 21 ff., 63, 184
- Input-Output-Tabelle 141, 190, 249

INTERTRAFFIG GmbH, Bewertungsmodell 116 ff., 233

- with-without-Prinzip 118

Investitionsrechnungsmethoden, betriebswirtschaftliche 9 ff., 62

- dynamische Verfahren 11 ff.

-- Amortisationsrechnung 13

-- Annuitätenmethode 13

-- interne Zinsfußmethode 12 f.

-- Kapitalwertmethode 12, 118

- statische Verfahren 9 ff.

-- Kosten- und Gewinnvergleichsmethoden 10

-- pay-off (pay-back)-Methode 10

-- Rentabilitätsrechnungen 10

- Verfahren bei Unsicherheit 15 ff.

-- Chance-Constrained-Programming-Ansatz 19 f.

-- flexible Investitionsprogrammplanung 21

-- Korrekturverfahren 15

-- Risikoanalyse 16

-- Sensitivitätsanalyse 17 ff.

--- globale S. 17

--- lokale S. 17

-- Theorie der Portefeuille-Auswahl 20 f.

-- Verfahren der kritischen Werte 15 f.

ISRAEL, Modell von 150, 234

Konsumentenrente 31 ff., 142 ff.

Korridorbericht 128 ff., 233

- Zielsystem 133

Kostenwirksamkeitsanalyse 56 f., 63, 129

- fixed-cost-approach 57

- fixed-efficiency-approach 57

Land-Use und Land-Value-Modelle 29 ff., 63

Lorie-Savage-Problem 17 ff.

Morphologiestudien 51 f.

Netzwerktheoretische Ansätze 39 ff.

- Netzplantechnik 39

Nutzwertanalyse 58 ff.

- Nutzenunabhängigkeit 60

- bedingte N. (Sollgrenzen) 60, 102

Philipps 66 48

Potentialfaktoren, regionale 244 f.

Programmierungsansätze 40 ff., 63

- dynamische Programmierung 41, 44

- lineare Programmierung 40 f., 150 ff.

Pyramidenmodell 71 ff., 231

- Gewinnpyramide 77

- Nutzenpyramide 80

RAND Corporation, Bewertungsansatz 156 ff., 230, 234

- Transformationskurve 165 ff.

- Zielfunktion 160

Relevanzbaummethode 51 ff.

Scenario-writing 48

Sensivity-Training 48

Simulation 46, 63

Spieltheorie 44 f., 63

STANLEY-Modell 84 ff., 232

Synektik 48

Theorie der stochastischen Prozesse 45 f.
- Markov-Prozeß 46
- Poisson-Prozeß 46

Theorie der zentralen Orte 67 ff.

THÜN'SCHEN Kreise 66 f.

time-lags 268
- action-lag 268
- decision-lag 268
- recognition-lag 268

TINBERGEN, Modell von 149

Transportkostenersparnisse 150

VAN DER TAK/RAY-Modell 142 ff., 234
- Konsumenten- und Produzentenrente 142 ff.
- Sozialrente 142
- Transportnachfragefunktion 143 ff.

Verkehrsinvestition 5 f.
- Begriff und Definition 5 f.
- Ersatzinvestitionen 7 f., 116
- Neuinvestitionen 6, 116
- Zusatzinvestitionen 6 f.
-- Erweiterungsinvestitionen 6 f.
-- Korrekturinvestitionen 7
-- Verbesserungsinvestitionen 7

Verkehrswertigkeit 242 f., 255, 257
- Bequemlichkeit 242
- Berechenbarkeit 242
- Häufigkeit 242
- Massenleistungsfähigkeit 242
- Netzbildungsfähigkeit 242
- Schnelligkeit 242
- Sicherheit 242

ZIEBUV-Modell 103 ff., 230, 232
- Zielsystem 109 ff.

Zubringerstraßen 84, 150
- Definition 150

GPSR Compliance

The European Union's (EU) General Product Safety Regulation (GPSR) is a set of rules that requires consumer products to be safe and our obligations to ensure this.

If you have any concerns about our products, you can contact us on ProductSafety@springernature.com

In case Publisher is established outside the EU, the EU authorized representative is:

Springer Nature Customer Service Center GmbH
Europaplatz 3
69115 Heidelberg, Germany

Batch number: 10809636

Printed by Printforce, the Netherlands